E-Book inside.

Mit folgendem persönlichen Code können Sie die E-Book-Ausgabe dieses Buches downloaden.

```
70184-r65p6-
xvc00-3juv1
```

Registrieren Sie sich unter
www.hanser-fachbuch.de/ebookinside
und nutzen Sie das E-Book
auf Ihrem Rechner*, Tablet-PC
und E-Book-Reader.

Der Download dieses Buches als E-Book unterliegt gesetzlichen Bestimmungen bzw. steuerrechtlichen Regelungen, die Sie unter www.hanser-fachbuch.de/ebookinside nachlesen können.
* Systemvoraussetzungen: Internet-Verbindung und Adobe® Reader®

Louis/Müller

Android

Bleiben Sie auf dem Laufenden!

Unser **Computerbuch-Newsletter** informiert Sie monatlich über neue Bücher und Termine. Profitieren Sie auch von Gewinnspielen und exklusiven Leseproben. Gleich anmelden unter

www.hanser-fachbuch.de/newsletter

Hanser Update ist der IT-Blog des Hanser Verlags mit Beiträgen und Praxistipps von unseren Autoren rund um die Themen Online Marketing, Webentwicklung, Programmierung, Softwareentwicklung sowie IT- und Projektmanagement. Lesen Sie mit und abonnieren Sie unsere News unter

www.hanser-fachbuch.de/update

Dirk Louis
Peter Müller

Android

Der schnelle und einfache Einstieg
in die Programmierung
und Entwicklungsumgebung

2. Auflage

HANSER

Die Autoren:
Dirk Louis, Saarbrücken, autoren@carpelibrum.de
Peter Müller, Saarbrücken, leserfragen@gmx.de

Alle in diesem Buch enthaltenen Informationen, Verfahren und Darstellungen wurden nach bestem Wissen zusammengestellt und mit Sorgfalt getestet. Dennoch sind Fehler nicht ganz auszuschließen. Aus diesem Grund sind die im vorliegenden Buch enthaltenen Informationen mit keiner Verpflichtung oder Garantie irgendeiner Art verbunden. Autoren und Verlag übernehmen infolgedessen keine juristische Verantwortung und werden keine daraus folgende oder sonstige Haftung übernehmen, die auf irgendeine Art aus der Benutzung dieser Informationen – oder Teilen davon – entsteht.

Ebenso übernehmen Autoren und Verlag keine Gewähr dafür, dass beschriebene Verfahren usw. frei von Schutzrechten Dritter sind. Die Wiedergabe von Gebrauchsnamen, Handelsnamen, Warenbezeichnungen usw. in diesem Buch berechtigt deshalb auch ohne besondere Kennzeichnung nicht zu der Annahme, dass solche Namen im Sinne der Warenzeichen- und Markenschutz-Gesetzgebung als frei zu betrachten wären und daher von jedermann benutzt werden dürften.

Bibliografische Information der Deutschen Nationalbibliothek:
Die Deutsche Nationalbibliothek verzeichnet diese Publikation in der Deutschen Nationalbibliografie; detaillierte bibliografische Daten sind im Internet über http://dnb.d-nb.de abrufbar.

Dieses Werk ist urheberrechtlich geschützt.
Alle Rechte, auch die der Übersetzung, des Nachdruckes und der Vervielfältigung des Buches, oder Teilen daraus, vorbehalten. Kein Teil des Werkes darf ohne schriftliche Genehmigung des Verlages in irgendeiner Form (Fotokopie, Mikrofilm oder ein anderes Verfahren) – auch nicht für Zwecke der Unterrichtsgestaltung – reproduziert oder unter Verwendung elektronischer Systeme verarbeitet, vervielfältigt oder verbreitet werden.

© 2016 Carl Hanser Verlag München, www.hanser-fachbuch.de
Lektorat: Brigitte Bauer-Schiewek
Copy editing: Sandra Gottmann, Münster-Nienberge
Herstellung: Irene Weilhart
Umschlagdesign: Marc Müller-Bremer, www.rebranding.de, München
Umschlagrealisation: Stephan Rönigk
Gesamtherstellung: Kösel, Krugzell
Ausstattung patentrechtlich geschützt. Kösel FD 351, Patent-Nr. 0748702
Printed in Germany

Print-ISBN: 978-3-446-44598-7
E-Book-ISBN: 978-3-446-45112-4

Inhalt

Vorwort XV

Teil I: Einführung 1

1 Der Rechner wird vorbereitet 3
1.1 Die nötigen Hilfsmittel 3
1.2 Installation des JDK 4
1.3 Installation von Android Studio 5
    1.3.1 Erster Start 7
1.4 Der Android-SDK-Manager 9
    1.4.1 Die Android-Versionen 9
    1.4.2 APIs/SDKs und anderes nachinstallieren 10
    1.4.3 Dokumentation und API-Referenz 12
1.5 Wo Sie weitere Hilfe finden 14
1.6 Nächste Schritte 15
1.7 Frage und Antworten 15
1.8 Übungen 15

2 Auf die Plätze, fertig ... App! 17
2.1 Die Ruhe vor dem Sturm 17
2.2 Das Projekt 18
2.3 Das vorgegebene Codegerüst 26
    2.3.1 Die package-Anweisung 28
    2.3.2 Die import-Anweisungen 28
    2.3.3 Die Klassendefinition 29
2.4 Layout und Ressourcen 31
    2.4.1 XML-Layouts 31
    2.4.2 Ressourcen 34
2.5 Die App bauen (Build) 37

2.6   Die App im Emulator testen 38
      2.6.1   AVD für Emulator anlegen 38
      2.6.2   Die App testen 41
2.7   Die App auf Smartphone oder Tablet testen 45
2.8   Nächste Schritte 47
2.9   Fragen und Antworten 47
2.10 Übungen 48

3   Was wann wofür 49
3.1   Was ist zu tun? – Die drei Pfeiler der App-Erstellung 49
3.2   Wer hilft uns? – Bausteine und Klassen 50
      3.2.1   Bausteine für den App-Aufbau 50
      3.2.2   Klassen zur Adressierung spezieller Aufgaben 54
3.3   Wo wird was gespeichert? – Dateitypen, die Sie kennen sollten 55
      3.3.1   Quelldateien 56
      3.3.2   Die Datei R.java 56
      3.3.3   Assets 57
      3.3.4   Die Ressourcendateien 57
      3.3.5   Die Manifestdatei *AndroidManifest.xml* 58
      3.3.6   Die APK-Datei 59
3.4   Frage und Antworten 59
3.5   Übung 60

Teil II: Grundlagen 61

4   Code 63
4.1   Der Editor 63
      4.1.1   Syntaxhervorhebung 64
      4.1.2   Code Folding (Code-Gliederung) 65
      4.1.3   Code Completion (Code-Vervollständigung) 67
      4.1.4   Syntaxfehler beheben 69
      4.1.5   Informationen über Klassen und Methoden 71
      4.1.6   Klammerpaare identifizieren 74
      4.1.7   Zeilennummern einblenden 74
      4.1.8   Code generieren 75
      4.1.9   Refactoring (Code umstrukturieren) 78
      4.1.10 Dateiverlauf (Local History) 81
4.2   Neue Klassen anlegen 81
4.3   Fragen und Antworten 84
4.4   Übungen 84

5 Benutzeroberfläche und Layout ... 85
- 5.1 Einführung ... 85
- 5.2 Der Layout-Designer ... 86
  - 5.2.1 Die Text-Ansicht (XML-Code) ... 88
  - 5.2.2 Die Design-Ansicht ... 92
- 5.3 Layouts (ViewGroups) ... 95
  - 5.3.1 Die allgemeinen Layoutparameter ... 96
  - 5.3.2 ViewGroups ... 99
  - 5.3.3 Hintergrundfarbe (oder -bild) ... 109
  - 5.3.4 Der Hierarchy Viewer ... 112
- 5.4 UI-Elemente ... 114
- 5.5 Richtlinien für das Design von Benutzeroberflächen ... 118
- 5.6 Praxisbeispiel: eine Quiz-Oberfläche ... 121
- 5.7 Hoch- und Querformat ... 126
- 5.8 Das App-Symbol ... 127
- 5.9 Views im Code verwenden ... 128
  - 5.9.1 Layouts laden ... 128
  - 5.9.2 Zugriff auf UI-Elemente ... 129
- 5.10 Fragen und Antworten ... 131
- 5.11 Übung ... 131

6 Ressourcen ... 133
- 6.1 Der grundlegende Umgang ... 133
  - 6.1.1 Ressourcen anlegen ... 134
  - 6.1.2 Ressourcen verwenden ... 136
  - 6.1.3 Ressourcen aus dem Projekt entfernen ... 140
- 6.2 Welche Arten von Ressourcen gibt es? ... 140
  - 6.2.1 Größenangaben ... 140
  - 6.2.2 Farben ... 141
  - 6.2.3 Strings ... 142
  - 6.2.4 Strings in mehreren Sprachen (Lokalisierung) ... 144
  - 6.2.5 Bilder ... 145
  - 6.2.6 Layouts ... 146
  - 6.2.7 Menüs ... 147
  - 6.2.8 Roh- und Multimediadaten ... 147
  - 6.2.9 Stile ... 148
- 6.3 Alternative Ressourcen vorsehen ... 152
  - 6.3.1 Das Grundprinzip ... 152
  - 6.3.2 Wie stellt man konfigurationsspezifische Ressourcen bereit? ... 153
- 6.4 Fragen und Antworten ... 155
- 6.5 Übungen ... 156

7 Mit dem Anwender interagieren ... 157
- 7.1 Das Grundprinzip ... 157
  - 7.1.1 Auf ein Ereignis reagieren ... 158
  - 7.1.2 Welche Ereignisse gibt es? ... 161
  - 7.1.3 Hintergrund der Ereignisverarbeitung ... 162
- 7.2 Vereinfachte Ereignisbehandlung ... 164
  - 7.2.1 Ereignisbehandlung mit anonymen Listener-Klassen ... 165
  - 7.2.2 Ereignisbehandlung mit anonymen Listener-Objekten ... 166
  - 7.2.3 Ereignisbehandlung mithilfe der Activity-Klasse ... 166
- 7.3 Eine Behandlungsmethode für mehrere Views ... 167
- 7.4 Auf Tipp- und Wischereignisse reagieren ... 168
  - 7.4.1 Tippereignisse ... 168
  - 7.4.2 Wischereignisse ... 170
- 7.5 Multi-Touch und Gesten erkennen ... 172
  - 7.5.1 Multi-Touch ... 172
  - 7.5.2 Gestenerkennung ... 174
- 7.6 Frage und Antworten ... 176
- 7.7 Übung ... 176

8 App-Grundlagen und Lebenszyklus ... 177
- 8.1 Die Android-Architektur ... 177
- 8.2 Der App-Lebenszyklus ... 179
- 8.3 Der Activity-Lebenszyklus ... 181
- 8.4 Lebenszyklusdemo ... 183
- 8.5 Fragen und Antworten ... 187
- 8.6 Übung ... 187

Teil III: Weiterführende Themen ... 189

9 In Views zeichnen ... 191
- 9.1 Das Grundprinzip ... 191
  - 9.1.1 Die Leinwand ... 191
  - 9.1.2 Das Atelier ... 191
  - 9.1.3 Die Zeichenmethoden und -werkzeuge ... 192
  - 9.1.4 Wie alles zusammenwirkt ... 192
- 9.2 Grafikprimitive zeichnen ... 196
- 9.3 Bilder laden ... 200
- 9.4 In Bilder hineinzeichnen ... 201
- 9.5 Bilder bewegen ... 203
- 9.6 Verbesserungen ... 208
- 9.7 Fragen und Antworten ... 209
- 9.8 Übung ... 209

10 Menüs, Fragmente und Dialoge 211
10.1 Menüs 211
10.1.1 Menüverwirrungen 212
10.1.2 Menüressourcen 213
10.1.3 Menüeinträge in der ActionBar (AppBar) 215
10.1.4 Das Optionen-Menü 216
10.1.5 Das Kontextmenü 217
10.1.6 Popup-Menü 219
10.1.7 Untermenüs 220
10.1.8 Auf die Auswahl eines Menüeintrags reagieren 221
10.2 Fragmente 223
10.2.1 Was ist ein Fragment? 223
10.2.2 Ein Fragment erzeugen 224
10.2.3 Fragment zur Activity hinzufügen 225
10.2.4 Ein Fragmentbeispiel 226
10.2.5 Definition der Fragment-Klassen 229
10.2.6 Die Activity 231
10.3 Dialoge 233
10.3.1 Dialoge erzeugen 234
10.3.2 Dialoge anzeigen 235
10.3.3 Standarddialoge mit AlertDialog 235
10.3.4 Dialoge für Datums- und Zeitauswahl 237
10.3.5 Der Fortschrittsdialog 240
10.3.6 Eigene Dialoge definieren 242
10.4 Benachrichtigungen mit Toasts 244
10.4.1 Toasts im Hintergrund-Thread 244
10.5 Fragen und Antworten 245
10.6 Übungen 246

11 Mehrseitige Apps 247
11.1 Intents 247
11.1.1 Was sind Intents? 248
11.1.2 Explizite und implizite Intents 249
11.1.3 Intent-Filter 249
11.2 Activities starten mit Intents 250
11.2.1 Intent-Objekte erzeugen 251
11.3 Intents empfangen 253
11.4 Ein Demo-Beispiel 253
11.5 Ergebnisse zurücksenden 256
11.6 Fragen und Antworten 257
11.7 Übung 257

12	**Daten speichern**	**259**
12.1	Preferences	259
12.2	Dateizugriffe	260
	12.2.1 Zugriff auf internen Speicher	261
	12.2.2 Externer Speicher (SD-Karte)	264
12.3	Die Reaktions-App	267
12.4	Fragen und Antworten	272
12.5	Übungen	272

13	**Quiz-Apps**	**273**
13.1	Aufbau und Benutzeroberfläche	273
13.2	Die Activity (QuizActivity.java)	274
13.3	Die Fragen (Frage.java)	276
13.4	Die Spielsteuerung (SpielLogik.java)	277
13.5	Verbesserungen	279
13.6	Frage und Antwort	280
13.7	Übung	280

14	**Multimedia**	**281**
14.1	Audioressourcen	281
14.2	Soundeffekte mit SoundPool	282
14.3	Das Universalgenie: MediaPlayer	284
	14.3.1 Audioressourcen abspielen	284
	14.3.2 Audiodateien vom Dateisystem abspielen	285
	14.3.3 Audiodateien aus dem Internet abspielen	285
	14.3.4 Auf das Abspielende reagieren	286
	14.3.5 MediaPlayer-Objekte wiederverwenden	287
	14.3.6 Ressourcen freigeben	289
	14.3.7 Audiodateien wiederholt abspielen	290
14.4	Piepen und andere Töne	290
14.5	Bilddateien anzeigen	292
14.6	Videos abspielen	293
14.7	Fotos und Videos aufnehmen	295
14.8	Fragen und Antworten	298
14.9	Übungen	298

15	**Sensoren**	**299**
15.1	Zugriff	299
	15.1.1 Was Sie benötigen	300
	15.1.2 Welche Sensoren sind verfügbar?	300
	15.1.3 Anmeldung beim Sensor	302

15.2	Sensordaten auslesen	303
	15.2.1 Beschleunigungswerte ermitteln	305
	15.2.2 Lagedaten ermitteln	309
15.3	Fragen und Antworten	312
15.4	Übung	313

16	**Einsatz der Datenbank SQLite**	**315**
16.1	Was ist eine relationale Datenbank?	315
16.2	Datenbank anlegen/öffnen	316
	16.2.1 onCreate()	317
	16.2.2 onUpgrade()	319
	16.2.3 close()	319
	16.2.4 Datenbanken als Ressourcen mitgeben	319
16.3	Datenzugriffe	320
16.4	Datenbankinhalte mit ListView anzeigen	325
16.5	Fragen und Antworten	329
16.6	Übung	330

17	**Geolokation**	**331**
17.1	Zugriff	331
	17.1.1 Verfügbarkeit feststellen	331
	17.1.2 Daten empfangen	332
	17.1.3 Empfänger abmelden	333
17.2	Geokoordinaten	334
	17.2.1 Sexagesimale und dezimale Darstellung	334
	17.2.2 Das Location-Objekt	334
17.3	Eine GPS-Tracker-App	336
17.4	Fragen und Antworten	340
17.5	Übung	340

18	**Brettspiel-Apps (TicTacToe)**	**341**
18.1	Aufbau und Benutzeroberfläche	341
18.2	Die Start-Activity (MainActivity)	343
18.3	Spielfeld und Logik (TicTacToeView)	344
	18.3.1 Vorbereitungen	344
	18.3.2 Spielfeld zeichnen	345
	18.3.3 Spielerzug durchführen	347
	18.3.4 Computerzug mit AsyncTask durchführen	348
18.4	Verbesserungen	351
18.5	Frage und Antwort	351
18.6	Übung	352

19	Tipps und Tricks	353
19.1	Das Smartphone vibrieren lassen	353
19.2	UI-Code periodisch ausführen lassen	354
19.3	Bildergalerien mit GridView und BaseAdapter	357
	19.3.1 Die Bildressourcen	358
	19.3.2 Die Adapter-Klasse	358
	19.3.3 Die GridView	361
	19.3.4 Angeklickte Bilder als Vollbild anzeigen	362
19.4	Spinner verwenden (Listenfelder)	364
	19.4.1 Den Spinner mit Daten füllen	365
	19.4.2 Ereignisbehandlung	366
19.5	Mehrsprachige Apps	367
19.6	Schlussbemerkung	370

Teil IV: Anhänge 371

Anhang A: Apps veröffentlichen oder weitergeben 373

A.1	Die App vorbereiten	373
A.2	Digitales Signieren	375
A.3	Die App exportieren und signieren	376
A.4	Bei Google Play registrieren	378
	A.4.1 Steuerliche Aspekte bei App-Verkauf	379
A.5	App hochladen	380
A.6	Weitergabe an Bekannte	380

Anhang B: Android Studio 383

B.1	Android-Projekt anlegen	383
B.2	Projekt bauen (Build)	383
B.3	Projekte löschen	385
B.4	Eclipse-ADT-Projekt importieren	385
B.5	Run-Konfigurationen anpassen	385
B.6	Fenster zurücksetzen	386
B.7	Apps exportieren	386
B.8	Kleines Android Studio-Wörterbuch	386

Anhang C: Emulator, ADM & Debugger 389

C.1	Der Emulator	389
	C.1.1 AVD-Dateien	390
	C.1.2 Emulator starten	393
	C.1.3 Die Emulator-Bedienung	395
	C.1.4 Apps installieren und deinstallieren	396

C.2	Android Device Monitor (ADM)	396
C.3	Der Debugger	401
	C.3.1 Debug-Lauf starten	401
	C.3.2 Debug-Möglichkeiten	402
C.4	Debugging-Beispiel	404

Anhang D: Das Material zum Buch ... 409

Anhang E: Lösungen ... 411

Anhang F: Glossar ... 427

Index ... 437

Vorwort

Willkommen in der Android-Welt! Seitdem sich der Touchscreen als Standardoberfläche von Mobilfunktelefonen etabliert hat und vor Kurzem noch völlig unbekannte Features wie GPS-Empfänger und Lagesensor zur Standardausstattung gehören, gibt es kein Halten mehr: Jede Woche erscheinen neue Android-basierte Geräte und die Zahl der verfügbaren Apps im Android Market explodiert geradezu.

Wenn auch Sie dazugehören wollen, wenn Sie nicht bloß Anwender sein möchten, sondern daran interessiert sind, eigene Ideen in Apps umzusetzen – sei es zum Spaß oder auch vielleicht als Einstieg in eine Existenz als selbstständiger Software-Entwickler –, dann kann Ihnen dieses Buch einen guten Einstieg (und ein bisschen mehr) in die Welt der App-Programmierung für Android-Systeme bieten.

Vorkenntnisse und Anforderungen

Wir wollen nichts beschönigen. Die Anforderungen an Android-Programmierer sind hoch. Doch mithilfe dieses Buchs und ein wenig Ausdauer und Mitdenken sollten Sie die größten Hürden meistern können.

Sehen wir uns dazu einmal an, welche Fähigkeiten ein Android-Programmierer besitzen muss und inwieweit Ihnen dieses Buch helfen kann, diese Fähigkeiten zu entwickeln.

- *Gute Kenntnisse der Programmiersprache Java*
  Sie erfüllen diesen Punkt nicht? Kein Grund zur Panik, aber lesen Sie unbedingt den nachfolgenden Abschnitt zum „idealen Leser".
- *Umgang mit der integrierten Entwicklungsumgebung (IDE) Android Studio.*
  Alles, was Sie zum Umgang mit Android Studio im Allgemeinen wie auch im Hinblick auf die Erstellung von Android-Apps wissen müssen, lernen Sie in diesem Buch. Zusätzlich finden Sie am Ende des Buchs einen eigenen Anhang zu Android Studio, wo die wichtigsten Aufgaben noch einmal zusammengefasst sind (inklusive eines kleinen Wörterbuchs, das Lesern, die im Englischen nicht so versiert sind, die Eingewöhnung in die durchweg englische Benutzeroberfläche erleichtern soll).
- *Einsatz verschiedener Hilfsprogramme wie HierarchyViewer, Debugger und Emulator.*
  Insbesondere der Emulator ist für die Entwicklung von Apps unerlässlich, da Sie mit seiner Hilfe unterschiedlich ausgestattete Android-Geräte simulieren („emulieren") können, ohne sie tatsächlich als echtes Gerät zu besitzen.

Unnötig zu erwähnen, dass wir Ihnen die wichtigsten Hilfsprogramme in diesem Buch vorstellen und Sie in die Arbeit mit ihnen einführen.

- *Wissen um den Aufbau von Apps und Kenntnis der Android-Klassenbibliothek*
  Dies ist das eigentliche Thema dieses Buchs. Wie sieht das Grundgerüst einer Android-App aus, worauf muss ich achten und was für tolle Sachen kann man mit der Android-Klassenbibliothek machen? (Kurzantwort: Nichts ist unmöglich!)

Nach dem erfolgreichen Durcharbeiten dieses Buchs werden Sie sicher noch kein Profi-Android-Entwickler sein. Das können und wollen wir Ihnen gar nicht versprechen, denn der Umfang an Material wäre so groß, dass kein Platz mehr für ausführliche Erläuterungen bliebe.

Sie werden aber eine sehr fundierte Grundlage erhalten, in viele fortgeschrittene Bereiche blicken und alles Notwendige lernen, um tolle Apps erstellen und sich selbstständig weiterbilden zu können.

Der ideale Leser, Java-Kenntnisse und das Java-Tutorium

Da es den idealen Leser im Grunde gar nicht gibt, sollten wir uns lieber fragen, welche Lesergruppen in welchem Umfang von dem vorliegenden Buch profitieren können:

Leser mit guten Java-Kenntnissen, die sicher objektorientiert programmieren können und bereits Erfahrung mit Konzepten wie Überschreibung, Interface-Implementierung, Ereignis-Listener und Threads haben, bilden eine der drei Hauptzielgruppen, für die dieses Buch geschrieben wurde. Sollten Sie zu dieser Gruppe zählen, legen Sie einfach los.

Leser mit grundlegenden Java-Kenntnissen bilden die zweite Hauptzielgruppe und sollten mit diesem Buch ebenfalls gut und schnell vorankommen. Sollten Sie zu dieser Gruppe gehören, achten Sie auf die im Buchtext eingestreuten Hinweise zu den Exkursen des Java-Tutoriums unter *http://files.hanser.de/fachbuch/PDFs.zip*. Mithilfe dieser Exkurse können Sie etwaige Wissenslücken zur Java-Programmierung schließen.

Umsteiger von anderen Programmiersprachen bilden die dritte Hauptzielgruppe. Doch Obacht! Es liegt viel Arbeit vor Ihnen, denn Sie müssen sich parallel auch noch mithilfe des Java-Tutoriums in Java einarbeiten. Sofern Sie allerdings bereits über gute Programmierkenntnisse in einer anderen objektorientierten Sprache (wie z. B. C++ oder C#) verfügen, dürfte dies für Sie keine große Schwierigkeit sein. Sie können das Tutorium vorab oder parallel zu diesem Buch lesen (die ersten Kapitel enthalten zu diesem Zweck Hinweise, wann Sie welche Teile des Tutoriums lesen sollten).

Bleibt die Gruppe der Leser, die über keine oder nur wenig Programmiererfahrung verfügen. Angehörigen dieser Gruppe können wir eigentlich nur empfehlen, sich zuerst einmal in die Java-Programmierung einzuarbeiten (beispielsweise mit unserem Java-Titel). Sie können es aber natürlich auch mit dem Java-Tutorium versuchen. Es geht zwar relativ flott voran, ist aber recht gut verständlich und beinhaltet sogar eine allgemeine Einführung in die grundlegenden Programmierkonzepte.

Aufbau des Buchs

Das Buch ist in drei Teile plus Anhang gegliedert.

- Der erste Teil behandelt die Installation der notwendigen Entwicklerwerkzeuge und die Grundlagen der App-Erstellung.
- Der zweite Teil vertieft die im ersten Teil angesprochenen Grundthemen: Code, Benutzeroberfläche, Arbeiten mit Ressourcen und der App-Lebenszyklus.
- Der dritte Teil behandelt zahlreiche fortgeschrittene Aspekte wie z. B. Grafik, Menüs, Sensoren, Spiele, Datenbanken oder Geolokation. Er unterscheidet sich nicht nur inhaltlich, sondern auch konzeptionell von den beiden vorangehenden Teilen und ist eher im Stile eines Fortgeschrittenenbuchs geschrieben.

Abgerundet wird das Buch mit Anhängen zur Veröffentlichung von Apps, zur Entwicklungsumgebung Android Studio sowie zu weiteren Werkzeugen wie Emulator, ADM und Debugger, einem Glossar und einem ausführlichen Index.

Software, Beispiel-Apps und sonstiges Material zum Buch

Die Android-Enwicklungsumgebung, die Beispielsammlung und die Tutorials stehen für Sie zum Download bereit. Die Download-Links finden Sie in Anhang D: Das Material zum Buch. Bitte beachten Sie, dass es für die Android-Entwicklungsumgebung und den Java-SDK mehrere Download-Links gibt. Wählen Sie einfach den Link, der zu Ihrem Betriebssystem passt.

Die Website zum Buch

Wir haben dieses Buch mit großer Sorgfalt erstellt. Falls Sie auf Probleme oder Fehler stoßen, sollten Sie nicht zögern, uns eine E-Mail unter Angabe von Buchtitel und Auflage zu senden. Schauen Sie auch einmal auf unserer Buch-Website

www.carpelibrum.de

nach. Neben zusätzlichem Material, den Lösungsprojekten zu den Übungen, Aktualisierungen und Errata finden Sie dort auch weitere Bücher zum Thema Programmieren in Java, C++, C# u. a.

Viel Spaß in der Android-Welt wünschen Ihnen

Dirk Louis (autoren@carpelibrum.de)

Peter Müller (leserfragen@gmx.de)

Teil I:
Einführung

In diesem Teil geht es darum, dass Sie sich mit dem Aufbau von Android-Programmen und den Entwicklerwerkzeugen vertraut machen, die wir für die Erstellung von Android-Programmen (fortan kurz „Apps" genannt) benötigen. Doch zunächst müssen wir diese natürlich erst einmal installieren.

1 Der Rechner wird vorbereitet

Bevor Sie mit der App-Programmierung beginnen können, müssen Sie sicherstellen, dass Sie das nötige Arbeitsgerät zur Verfügung haben. Die gute Nachricht ist: Alles, was Sie zum Schreiben eigener Apps benötigen, gibt es kostenlos beim Material zum Buch (siehe Anhang D) oder verteilt im Internet. Die weniger gute Nachricht ist: Sie müssen die nötigen Entwicklungswerkzeuge erst einmal installieren, konfigurieren und – siehe nächstes Kapitel – testen. Aber wie sagt schon ein auf Seneca zurückgehendes Sprichwort:

per aspera ad astra

(„Durch Mühsal zu den Sternen" oder wie es in Anlehnung an Hesiod heißt: „Vor den Erfolg haben die Götter den Schweiß gestellt.")

1.1 Die nötigen Hilfsmittel

Um Apps schreiben zu können, benötigen Sie:

- **Android Studio**
  Android Studio ist eine integrierte Entwicklungsumgebung (kurz IDE), die viele spezialisierte Werkzeuge und Hilfsprogramme zur App-Entwicklung in einer gemeinsamen Oberfläche zusammenfasst. Dazu gehören beispielsweise ein Editor zum Aufsetzen der Programmquelltexte, ein Compiler zum Übersetzen der Quelltexte in Programmcode und ein Debugger zur schrittweisen Ausführung einer App zwecks Fehleranalyse, um nur die wichtigsten Helfer zu nennen. Android Studio erleichtert Ihnen als Entwickler die Arbeit und erlaubt zudem eine intensivere Zusammenarbeit der eingesetzten Hilfsprogramme (wie z. B. die Zuordnung von Compiler-Fehlermeldungen zu Quelltextzeilen oder die Anzeige der aktuellen Ausführungsposition beim Debuggen im Editor).
- **Android SDK**
  Das Android SDK[1] enthält alle wichtigen Tools, Klassenbibliotheken und Dokumentationen, die für die Erstellung von Android-Apps benötigt werden.

---

[1] SDK steht für „Software Development Kit", grob übersetzt also ein „Bausatz zur Entwicklung von Software".

Das Android SDK wird normalerweise zusammen mit dem Android Studio installiert. Wir werden es allerdings im Nachhinein noch etwas anpassen.

- **Java Development Kit (JDK)**
  Zum Ausführen von Android Studio und zum Kompilieren von Android-Apps wird ein aktuelles Java SDK (kurz JDK) benötigt. Es umfasst neben diversen Werkzeugen auch die Java-Laufzeitumgebung, die sogenannte JRE (Java Runtime Environment).

  Die JRE wird nur für Android Studio und seine Hilfsprogramme benötigt. Die erzeugten Android-Apps brauchen natürlich auch eine Laufzeitumgebung, allerdings ist dies nicht die klassische JRE, sondern eine spezielle Variante, die vom Android-Gerät bereitgestellt wird (je nach Version heißt diese Laufzeitumgebung Dalvik oder ART).

- ein Android-Smartphone zum Testen (optional)
- einen nicht zu alten Rechner mit mindestens 5 Gbyte freiem Festplattenspeicher und mindestens 4 Gbyte Hauptspeicher und einem geeigneten Betriebssystem (unseres Wissens nach eignet sich jedes nicht zu alte Windows-, Mac OS- oder Linux-System). Realistisch betrachtet muss man hier anfügen, dass dies eine Minimalkonfiguration ist, die funktioniert, aber stellenweise viel Geduld erfordert. Für flottes Entwickeln brauchen Sie einen Rechner mit 8 bis 12 Gbyte und einer SSD.
- Spaß am Programmieren, Ausdauer und auch ein bisschen Mut

■ 1.2 Installation des JDK

Wie bereits erwähnt, benötigen wir zur App-Entwicklung unbedingt ein JDK in einer aktuellen Version (falls Sie bereits ein JDK installiert haben, können Sie es möglicherweise verwenden; sicherer ist aber eine Neuinstallation).

1. In Anhang D finden Sie den Download-Link der zu Ihrem System passenden JDK-Setup-Datei.

   Windows- und Linux-Anwender müssen zudem die zu ihrem System passende 32-Bit- oder 64-Bit-Setup-Datei wählen.

2. Nach dem Download doppelklicken Sie auf die Setup-Datei, um das Setup-Programm zu starten, und folgen Sie den Anweisungen des Setup-Programms.

32 ODER 64 BIT
Sie sind unsicher, ob Sie über einen 32-Bit- oder 64-Bit-Rechner verfügen? Wenn es sich um einen Windows-Rechner handelt, rufen Sie die Systemsteuerung auf, schalten Sie die **Anzeige** ggf. auf **Kleine Symbole** und klicken Sie auf **System**. Auf der erscheinenden Seite werden Ihnen Betriebssystem- und Prozessortyp angezeigt.

Auf der Oracle-Website

http://www.oracle.com/technetwork/java/javase/downloads/index.html

können Sie das jeweils neueste Java SDK herunterladen.

■ 1.3 Installation von Android Studio

In Anhang D finden Sie den Link zu der zu Ihrem System passenden Installationsdatei. Nach dem Download starten Sie das Programm und folgen Sie den weiteren Anweisungen (meistens einfach auf **Next** klicken). Achten Sie allerdings darauf, als Installationsort für Studio und SDK nicht die Vorgaben zu übernehmen, sondern einen neuen Ordner anzulegen (beispielsweise *c:\Android*). Die Erfahrung hat gezeigt, dass Sie damit vielen kleinen Problemen aus dem Weg gehen. Für den Rest des Buches gehen wir davon aus, dass Sie Android Studio und Android SDK nach *c:\Android* installiert haben.

Auf der Website

http://developer.android.com/sdk/index.html

können Sie die jeweils neueste Version des Android Studio herunterladen. Tun Sie dies aber möglichst erst nach Durcharbeiten dieses Buches! Android Studio wird fortlaufend überarbeitet, sodass sich beim Herunterladen der aktuellen Version Abweichungen zu den Abbildungen und Beschreibungen im Buch ergeben können.

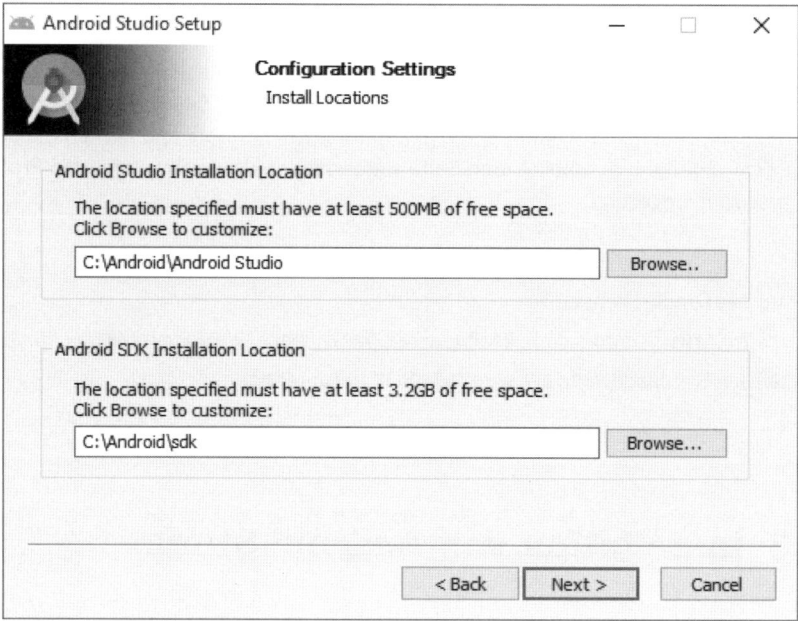

Bild 1.1 Installationsort festlegen

Nach erfolgter Installation bietet Ihnen das Setup-Programm die Option an, Android Studio für Sie zu starten. Halten Sie hier bitte einen kurzen Moment inne.

Bild 1.2 Die Installation ist fast beendet

Falls Sie ein 64-Bit System haben (und daher die 64-Bit-Version von Android Studio verwenden) und in der glücklichen Lage sind, über mindestens 8 Gbyte Hauptspeicher zu verfügen, dann sollten Sie an dieser Stelle eine Einstellung von Android Studio ändern. Öffnen Sie hierzu die Datei *C:\Android\Android Studio\bin\studio64.exe.vmoptions* mit einem Texteditor. Editieren Sie die Zeile mit dem Eintrag -Xmx und setzen Sie den für Android Studio verfügbaren Speicher hoch (speichern nicht vergessen!), z. B.:

```
-Xmx2500m
```

Stellen Sie als Nächstes sicher, dass Sie eine aktive Internetverbindung haben.

Kehren Sie nun zum obigen Abschluss-Dialog des Setup-Programms zurück. Lassen Sie das Häkchen für den Start von Android Studio aktiviert und beenden Sie mit **Finish** die Installation. Android Studio wird danach automatisch zum ersten Mal gestartet.

Android Studio basiert auf der IDE Intellij IDEA von JetBrains und ist unter professionellen Java-Programmierern sehr beliebt.

Falls Sie noch nie mit einer IDE gearbeitet haben, wird Sie die Fülle an Möglichkeiten einer IDE am Anfang „erschlagen". Aber keine Sorge. Wir werden daher gerade in den ersten Kapiteln dieses Buches nebenbei auch des Öfteren auf den Umgang mit Android Studio selbst eingehen. Der Aufwand lohnt sich allemal, denn die Alternative – Android-Programmierung mit bloßem Texteditor und dem reinen Android SDK – birgt noch weitaus mehr Tücken.

Die wichtigsten Arbeitsschritte mit Android Studio haben wir überdies für Sie noch einmal im Anhang zusammengefasst.

1.3.1 Erster Start

1. Android Studio wird automatisch nach Abschluss der Installation gestartet. Unter Windows ist es auch über das Startmenü mit **Programme/Android Studio** bzw. **Alle Apps/Android Studio** aufrufbar.

ACHTUNG
Falls eine Fehlermeldung erscheint, dass keine JRE- oder JDK-Installation gefunden werden konnte, dann setzen Sie die Umgebungsvariable JAVA_HOME auf das Verzeichnis, wo Ihre Java-Installation liegt (unter Windows setzen Sie Umgebungsvariablen über das Startmenü: **System/Systemeigenschaften/Erweitert/Umgebungsvariablen**).

2. Beim ersten Start von Android Studio erscheint möglicherweise eine Meldung Ihrer Firewall, weil ein Zugriff auf das Internet versucht wird. Erlauben Sie dies, da weitere Komponenten heruntergeladen bzw. auf den letzten Stand gebracht werden.

Falls Sie eine Firewall-Software verwenden, die nicht von selbst beim Benutzer nachfragt, müssen Sie Android Studio manuell bei der Firewall eintragen und Internet-Zugriff erlauben.

3. Üblicherweise fragt Android Studio auch noch diverse Einstellungen für die erste Einrichtung ab. Klicken Sie sich dann einfach durch die Dialoge und übernehmen Sie die Voreinstellungen. Wenn Android Studio mit dem Download beginnt, machen Sie sich in Ruhe einen Kaffee oder Tee und warten Sie, bis Android Studio fertig ist.

   Eventuell wird eine Fehlermeldung angezeigt, dass eine SDK-Komponente nicht installiert wurde. Klicken Sie in diesem Fall einfach auf **Retry**, dann verschwindet das Problem in der Regel.

4. Klicken Sie zum Schluss auf **Finish**. Der Startbildschirm von Android Studio erscheint.

Bild 1.3 Android Studio wurde das erste Mal gestartet

 Englischkenntnisse sind für die Arbeit mit dem englischsprachigen Android Studio hilfreich. Eine Umstellung der IDE auf Deutsch ist nicht möglich. Für Leser, die mit der englischen Fachterminologie noch nicht so vertraut sind, haben wir daher im Anhang ein kleines Wörterbuch mit wichtigen Begriffen zusammengestellt.

 Da Android Studio ständig aktualisiert wird, werden Sie von Anfang an Meldungen erhalten, dass es Updates für diverse Android Studio-Komponenten gibt. Solange Sie sich noch mithilfe dieses Buches in Android Studio einarbeiten, sollten Sie Android Studio möglichst nicht aktualisieren, da es sonst unnötige Abweichungen zwischen den Beschreibungen im Buch und der Software geben kann.

1.4 Der Android-SDK-Manager

Eigentlich könnten wir an diesem Punkt die Installation bereits als abgeschlossen ansehen und mit der Android-Programmierung beginnen. Doch es gibt da noch einen kleinen Aspekt, dem wir unsere Aufmerksamkeit schenken sollten.

1.4.1 Die Android-Versionen

Android gibt es in verschiedenen Versionen, manchmal auch Plattformen genannt. Und zu jeder Version gibt es eine zugehörige API[2], die benötigt wird, um Android-Apps für die betreffende Android-Version zu schreiben, beispielsweise gehört zu Android 6.0 (Codename Marshmallow) die API-Version 23. Wir verwenden im Buch Android 6.0, weil dies zu dem Zeitpunkt unserer Überarbeitung die aktuelle Version war. Wenn Sie das Buch in Händen halten, ist vermutlich schon 7.0 mit der API 24 oder 25 aktuell. Dies soll für Sie aber keine Rolle spielen. Verwenden Sie einfach zum Einstieg in die Android-Programmierung wie beschrieben Version 6.0 und API 23. Wenn Sie den Einstieg geschafft haben und dann in Ihren Apps auch Neuerungen von Android 7.0 nutzen möchten, können Sie jederzeit upgraden.

Android Studio (siehe Anhang D) installiert die jeweils aktuelle API (im Buch API 23). Mit dieser API können Sie nicht nur alle Neuerungen nutzen, sondern auch Apps schreiben, die zu älteren APIs, und damit auch älteren Android-Versionen, abwärtskompatibel sind.

Letzter Punkt ist extrem wichtig, denn nur die wenigsten Android-Anwender (sprich Kunden für Ihre Apps) aktualisieren bei jeder neu erscheinenden Android-Version ihr Smartphone.

Version	Codename	API	Distribution
2.2	Froyo	8	0.2%
2.3.3 - 2.3.7	Gingerbread	10	3.4%
4.0.3 - 4.0.4	Ice Cream Sandwich	15	2.9%
4.1.x	Jelly Bean	16	10.0%
4.2.x		17	13.0%
4.3		18	3.9%
4.4	KitKat	19	36.6%
5.0	Lollipop	21	16.3%
5.1		22	13.2%
6.0	Marshmallow	23	0.5%

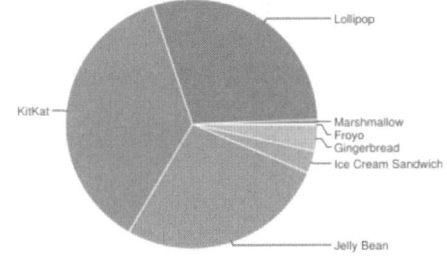

Bild 1.4 Aktuelle Verteilung der Android-Versionen im Januar 2016 (Screenshot der Webseite *http://developer.android.com/resources/dashboard/platform-versions.html*)

---

[2] API ist das Akronym für „Application Programming Interface" und die Schnittstelle zu den Bibliotheksklassen, die Sie für die App-Programmierung benutzen.

Wie Sie sehen können, konnten im Januar 2016 nur 0,5 % der Android-Anwender Apps auf ihren Smartphones ausführen, die auf Android 6.0 (API 23) basieren, während Apps, die mit der API 8 (Android 2.2 Froyo) auskommen, auf fast 100 % aller Android-Smartphones ausführbar sind (nämlich alle, die 2.2 und höher installiert haben).

Wenn Sie nun eigene Apps schreiben, können Sie beispielsweise festlegen, dass Sie zur Erstellung der App zwar die API 23 nutzen, die App aber abwärtskompatibel bis API 8 sein soll. Allerdings lauert hierbei eine kleine Falle.

Sie können zwar angeben, dass Ihre App zu einer älteren API abwärtskompatibel sein soll, aber die Android-Entwicklungsumgebung bewahrt Sie leider nicht davor, in einer solchen App Elemente zu verwenden, die dieser Abwärtskompatibilität widersprechen.

Sie sollten daher die Abwärtskompatibilität stets noch einmal explizit testen, bevor Sie eine App in die weite Android-Welt entlassen. Keine Angst, dies bedeutet nicht, dass Sie einen Satz von Smartphones mit den verschiedenen Android-Versionen anschaffen müssen. Zur Android-Entwicklungsumgebung gehört ein Emulator, mit dem Sie die verschiedensten Smartphones simulieren können. Um jedoch ein Smartphone für eine bestimmte Android-Version simulieren zu können, muss die zugehörige API (inklusive eines eigenen SDK) auf Ihrem Rechner installiert sein.

Und genau aus diesem Grund empfehlen wir Ihnen, schnell noch die API 16 zu installieren, um ggf. die Abwärtskompatibilität zu Smartphones ab Android 4.1 testen zu können. Damit haben Sie den größten Teil der aktiv genutzten Android-Versionen abgedeckt.

VERSIONEN UND APIS
Wie von jeder Software kommen auch von dem Android-Betriebssystem ständig neue und erweiterte Versionen (Plattformen) heraus. Zu jeder dieser Plattformen gibt es eine eigene API.

1.4.2 APIs/SDKs und anderes nachinstallieren

1. Zum Installieren weiterer SDK-Komponenten müssen Sie den sogenannten SDK-Manager öffnen. Klicken Sie hierzu auf der Startseite von Android Studio im Quick-Start-Bereich auf die Schaltfläche **Configure** (siehe Bild 1.3), dann auf die Schaltfläche **SDK Manager**.
2. Nun können Sie im Fenster des SDK-Managers unter dem Reiter **SDK Platforms** eine Übersicht sehen, welche API-Versionen bereits installiert sind bzw. welche installiert werden können. Wählen Sie nun aus, welche API nachinstalliert werden soll: API 16 (für Android 4.1).

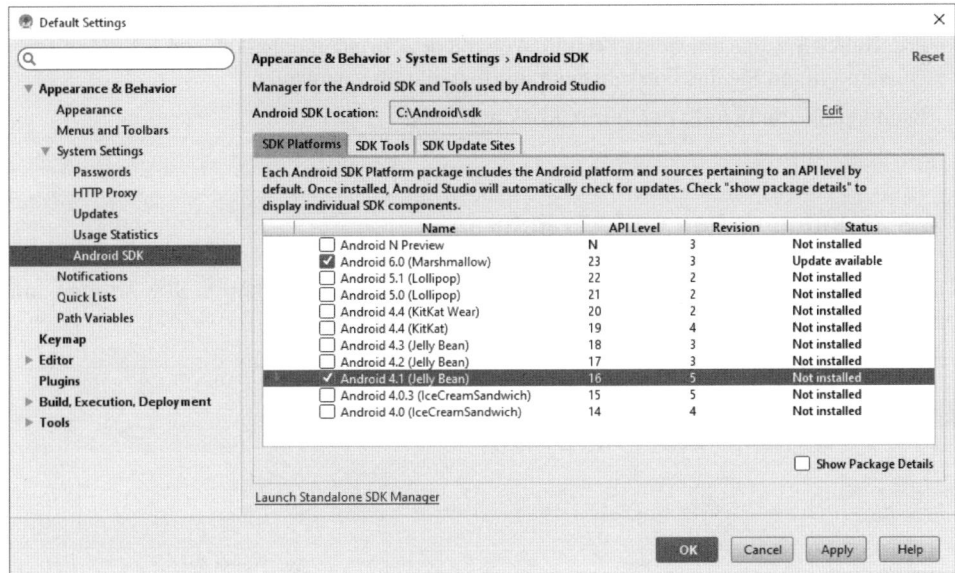

Bild 1.5 Auswahl der zu installierenden Android SDKs

3. Wechseln Sie jetzt zum Reiter **SDK Tools**. Wählen Sie dort die Einträge **Google USB Driver** und – falls noch nicht installiert – **Intel x86 Emulator Accelerator**.

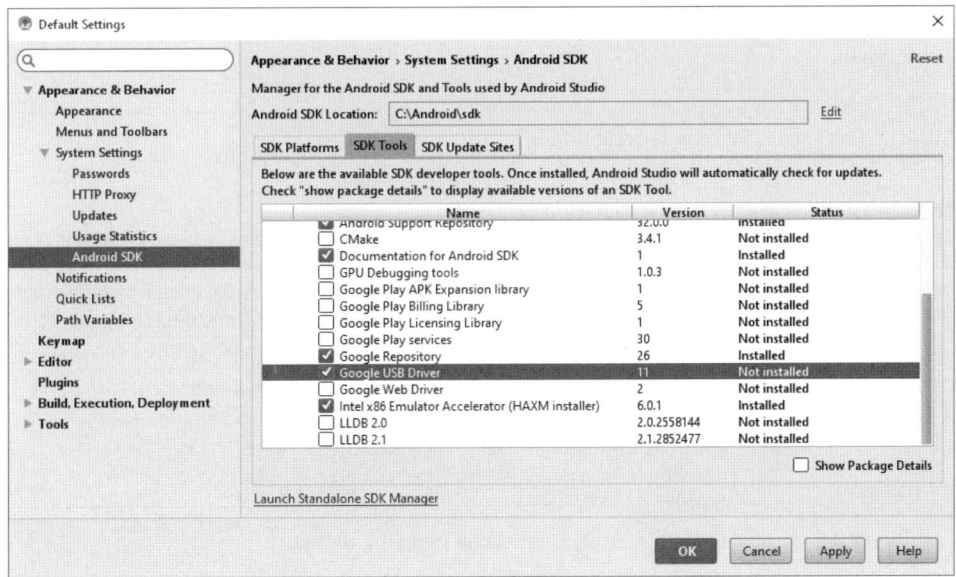

Bild 1.6 Auswahl weiterer Tools

4. Lassen Sie die ausgewählten Komponenten installieren, indem Sie auf **OK** klicken.

   Unter Umständen erscheint ein Dialog, in dem Sie die Lizenzvereinbarungen annehmen müssen.

Das Herunterladen und Installieren der Komponenten wird vermutlich etwas länger dauern. Haben Sie also ein wenig Geduld. Anhand des Fortschrittsbalkens im **SDK Manager**-Fenster können Sie das Fortschreiten der Installation verfolgen.

5. Beenden Sie die Installation durch Klick auf **Finish**.

1.4.3 Dokumentation und API-Referenz

Lassen Sie uns nun kurz durch das Installationsverzeichnis des Android SDK streifen, um zu sehen, ob alle wichtigen Komponenten heruntergeladen wurden.

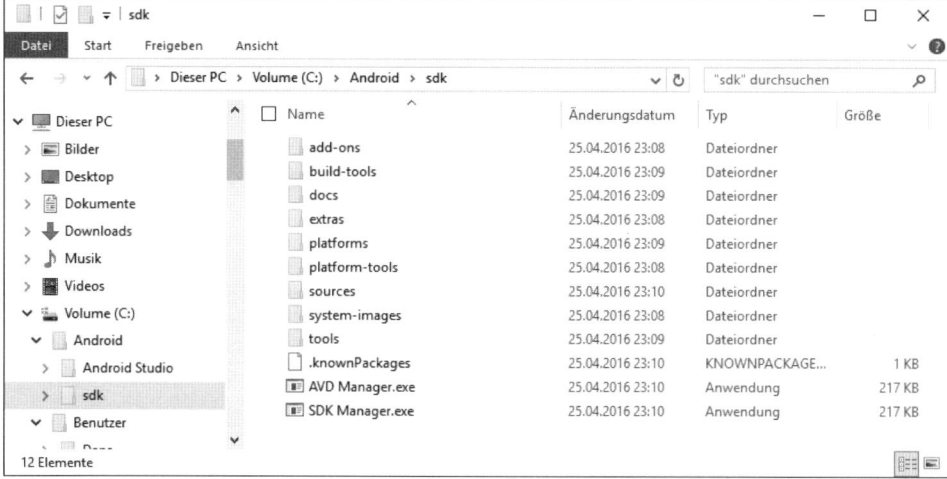

Bild 1.7 Das Verzeichnis des Android SDK

Tabelle 1.1 Wichtige Verzeichnisse des Android SDK

Unterverzeichnis	Inhalt
tools	Hier sind die verschiedenen Hilfsprogramme des SDK zusammengefasst; darunter z. B. auch der Emulator, der ein Android-Smartphone simuliert und mit dessen Hilfe Sie Ihre Apps direkt auf dem PC testen können.
platforms	Für jede Plattform (Android-Version), die Sie mithilfe des SDK-Managers heruntergeladen haben, finden Sie hier ein eigenes Unterverzeichnis mit der Programmierbibliothek *(android.jar)*, individuellen Oberflächen für den Emulator *(skins)* und diversen anderen plattformspezifischen Dateien.
platform-tools	Enthält plattformspezifische Hilfsprogramme
docs	Hilfe und Dokumentation

Besondere Aufmerksamkeit verdient das Verzeichnis *docs*. Hier finden Sie die vollständige Dokumentation zu Android, inklusive Programmierhandbüchern und API-Referenz, quasi ein lokales Abbild der Android-Website. Ausgangspunkt ist die Datei *index.html*.

Die Android-Hilfe ist komplett auf Englisch.

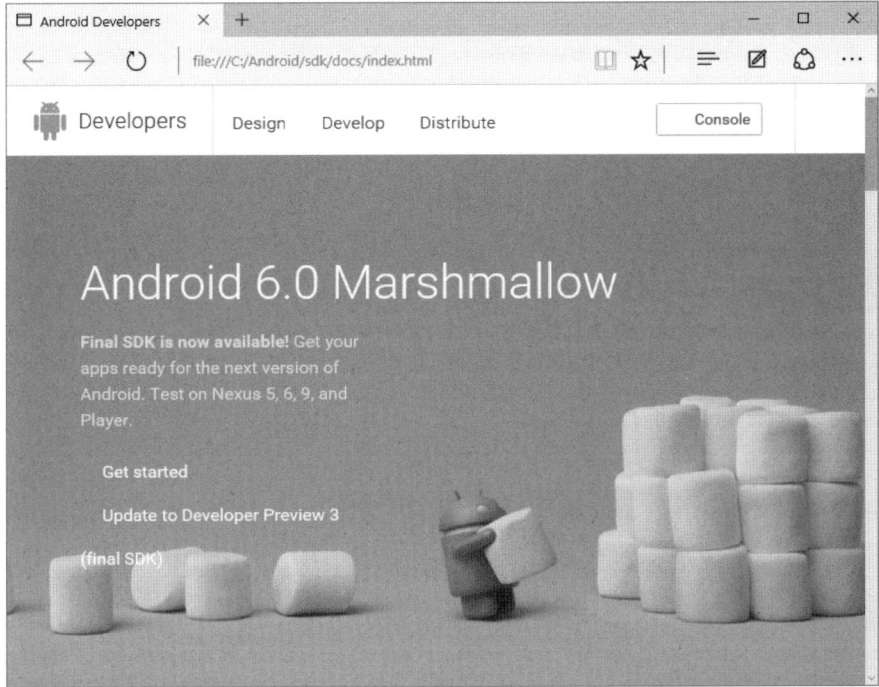

Bild 1.8 Die Startseite der lokal installierten Android-Hilfe

Tabelle 1.2 Wichtige Links der lokalen Android-Hilfe

Datei	Inhalt
file:///C:/Android/sdk/docs/sdk/index.html	Hier können Sie das neueste SDK herunterladen, sich über die Systemvoraussetzungen informieren oder Hilfe zur Installation finden.
file:///C:/Android/sdk/docs/training/index.html	Hier finden Sie viele hilfreiche Tutorien.
file:///C:/Android/sdk/docs/guide/index.html	Hier finden Sie Hinweise, Artikel und Hintergrundinformationen zu praktisch allen Aspekten der Android-Programmierung.
file:///C:/Android/sdk/docs/reference/packages.html	Dies ist die Referenz der Elemente aus der Android-Bibliothek. Die Referenz ist analog der Java-API-Dokumentation aufgebaut. Zuerst wählen Sie links oben ein Paket *(Package)* aus, dann links unten eine der im Paket enthaltenen Klassen *(Classes)* oder sonstigen Elemente. Danach wird im rechten Bereich die Dokumentation zu dem ausgewählten Element angezeigt.

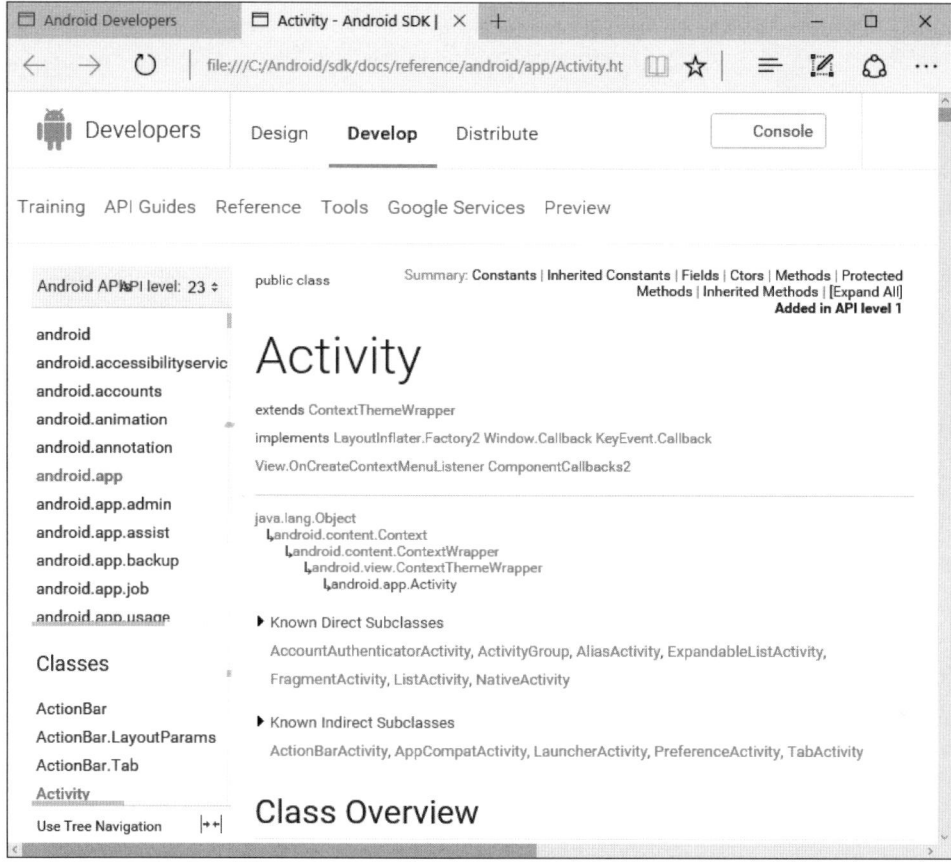

Bild 1.9 Referenzdokumentation zur Android-Klasse Activity

■ 1.5 Wo Sie weitere Hilfe finden

Weitere Informationen finden Sie auf der Support-Site zu diesem Buch

www.carpelibrum.de

und auf den Websites von Oracle

www.oracle.com

und Android

developer.android.com.

Sollten die Hinweise im Buch und auf der Website nicht ausreichen, haben Sie keine Scheu, sich per E-Mail an uns zu wenden (*autoren@carpelibrum.de* oder *leserfragen@gmx.de*).

1.6 Nächste Schritte

Der Rechner ist vorbereitet, die nötigen Hilfsmittel sind zusammengetragen, die Programmierumgebung ist eingerichtet. Nun wollen wir sehen, wie wir mithilfe dieser Programmierumgebung Apps erstellen, mit welchen Aufgaben wir bei der App-Programmierung konfrontiert werden und wie Apps grundsätzlich aufgebaut sind.

Für Programmieranfänger und Umsteiger von anderen Programmiersprachen ist jetzt ein guter Zeitpunkt, um mit dem Java-Schnellkurs unter *http://files.hanser.de/fachbuch/PDFs.zip* zu beginnen. Programmieranfänger sollten die Kapitel 1 bis 3 des Java-Tutoriums lesen. Umsteiger von anderen objektorientierten Sprachen können Kapitel 3 überspringen (sofern sie mit Begriffen wie Klassen, Instanziierung, Konstruktor, Methoden und Vererbung vertraut sind).

Wenn Sie möchten, können Sie auch bereits Kapitel 4 des Java-Tutoriums durcharbeiten, in dessen Zuge das Grundgerüst einer Java-Anwendung analysiert und das Konzept der Java-Bibliotheken und -Pakete vorgestellt wird. Es steht Ihnen aber auch frei, erst mit Kapitel 2 dieses Buchs zu beginnen und das Tutorium-Kapitel 4 dann parallel zu Kapitel 2.3 zu lesen.

1.7 Frage und Antworten

Die Versionsangaben zu Android sind ziemlich verwirrend. Gibt es da irgendwelche Regeln, die Ihnen helfen, besser durchzublicken?

Wichtig ist, zwischen Android-Betriebssystem und Android-API zu unterscheiden. Betriebssystemversionen werden üblicherweise mit Nachkommastelle angegeben (wie z. B. Android 4.4), die API-Nummern sind ganzzahlig. Leider gibt es keine Regel, wie man aus der Betriebssystemversion die zugehörige API ableiten kann. Man muss sich die Zuordnung einfach merken oder irgendwo nachschlagen (beispielsweise durch Aufruf des SDK-Managers).

1.8 Übungen

1. Falls Sie es noch nicht getan haben, sollten Sie jetzt Ihre Android-Entwicklungsumgebung einrichten.
2. Falls dies für Sie auch gleichzeitig der Einstieg in die Java-Programmierung ist, sollten Sie jetzt – sofern Sie es nicht schon getan haben –, wie im Abschnitt 1.6 vorgeschlagen, mit dem Durcharbeiten der ersten Kapitel des Java-Tutoriums beginnen.

2 Auf die Plätze, fertig ... App!

Um eine eigene App zu schreiben, müssen Sie sich mit Ihrer Entwicklungsumgebung auskennen, Sie müssen die Grundlagen der Programmierung mit Java beherrschen und nicht zuletzt müssen Sie natürlich auch noch mit den speziellen Erfordernissen und Techniken der Android-Programmierung vertraut sein. Dies sind gewaltige Anforderungen.

So schwierig, wie es sich jetzt vielleicht anhört, ist es allerdings auch nicht. Wer einen Berg abtragen will, muss mit dem ersten Spatenstich beginnen. Blicken Sie also nicht auf den Berg, der noch vor Ihnen liegt, sondern immer nur auf den nächsten Spatenstich. Wir werden es mit unseren Erläuterungen ebenso halten.

 Da Android Studio ständig aktualisiert wird, werden Sie von Anfang an Meldungen erhalten, dass es Updates für diverse Android Studio-Komponenten gibt. Solange Sie sich noch mithilfe dieses Buches einarbeiten, sollten Sie Android Studio möglichst nicht aktualisieren, da es sonst unnötige Abweichungen zwischen den Beschreibungen im Buch und der Software geben kann.

■ 2.1 Die Ruhe vor dem Sturm

Gerade der Einstieg in die App-Erstellung konfrontiert den Anfänger mit vielen neuen und ungewohnten Konzepten. Sie mit all diesen Konzepten direkt vertraut zu machen, wäre langwierig, ermüdend und nur wenig lehrreich.

Die gute Nachricht ist: Sie müssen sich nicht erst intensiv mit allen diesen Konzepten auseinandersetzen, um eine funktionierende App zu schreiben. Wir werden es daher im Folgenden so halten, dass wir uns jeweils nur auf die Konzepte, Techniken und Syntaxformen konzentrieren, die für den jeweils nächsten Schritt auf dem Weg zur angestrebten App wichtig sind. So wird niemand überfordert, es stellen sich schnell Erfolge ein, der Spaß an der App-Programmierung bleibt erhalten und wir dürfen dennoch sicher sein, dass sich nach und nach alles zu einem kompletten Gesamtbild zusammenfügt.

Holen Sie also noch einmal tief Luft ... und los geht's.

Die App, die wir in diesem Kapitel schreiben werden, soll nichts weiter tun, als uns auf dem Smartphone mit einem freundlichen „Hallo App-Entwickler!" zu begrüßen. Das ist nicht gerade viel, aber es geht auch gar nicht darum, im ersten Versuch gleich eine sinnvolle und perfekte App zu erstellen. Es geht darum, einen Überblick über den App-Entwicklungsprozess zu bekommen. Und es geht darum, uns selbst zu beweisen, dass wir fähig sind, eigene Apps zu schreiben. Wenn wir diese App meistern, dann können wir auch jede andere App programmieren.

ACHTUNG

Vergewissern Sie sich vor der Arbeit mit Android Studio immer, dass Sie mit dem Internet verbunden sind.

■ 2.2 Das Projekt

Wer wie wir Android Studio als Entwicklungsumgebung verwendet, für den beginnt die Arbeit an jeder neuen App mit dem Anlegen eines passenden Projekts. Starten wir also Android Studio und legen wir ein neues Projekt an.

PROJEKTE

Projekte sind die interne Verwaltungseinheit, in der Android Studio alle Daten und Dateien zusammenfasst, die nötig sind, um eine App zu erstellen.

1. Klicken Sie auf der Begrüßungsseite von Android Studio auf die Schaltfläche **Start a new Android Studio project**.

Es erscheint das Dialogfeld **Create New Project**, das aus mehreren Seiten besteht, über die man diverse Angaben zu dem neu anzulegenden App-Projekt festlegen kann. Sie werden gleich feststellen, dass eine ganze Menge von teils sehr technischen Angaben abgefragt wird, was für den Programmiereinstieg etwas verwirrend sein kann. Aber sei's drum. Sehen wir uns die notwendigen Angaben einmal an.

Bild 2.1 Ein neues Android-Projekt beginnen

Bild 2.2 Die erste Seite des Dialogfelds zum Anlegen neuer Projekte

2. Auf der ersten Seite, **New Project**, werden verschiedene grundlegende Einstellungen abgefragt.

Da diese Einstellungen ziemlich wichtig sind, haben wir sie in Tabelle 2.1 zusammengefasst – inklusive der für unser Beispielprojekt erforderlichen Eingaben sowie Erläuterungen, was sich hinter diesen Einstellungen verbirgt.

Tabelle 2.1 Einstellungen für die Seite **New Project**

Feld	Eingabe	Bedeutung
Application Name	SagHalloApp	Der Name der App. Dies ist gleichzeitig auch in Android Studio der Projektname. Daher sind Sonderzeichen oder Umlaute nicht erlaubt.
		Unter dem App-Namen wird Ihre App später intern auf dem Smartphone geführt. Und falls Sie eine App später einmal unter Google Play veröffentlichen, wird sie dort ebenfalls unter diesem Namen gelistet.
		Achtung! In der App-Liste des Smartphones erscheint üblicherweise statt des App-Namens der Titel der Start-Activity.
Company Domain	standard.example.com	Ein eindeutiger Domainname. Solange Sie nur Apps zur Übung oder für den Eigenbedarf schreiben, können Sie die Vorgabe einfach übernehmen.
		Falls Sie Apps über Google Play veröffentlichen, dann müssen Sie hier die Web-Domain Ihres Unternehmens/Webseite angeben.
Package Name	com.example.standard.saghalloapp	Packages bzw. zu Deutsch Pakete sind ein Element der Sprache Java, das zur Organisation des Codes genutzt wird. Die Angabe ist für App-Projekte zwingend erforderlich und muss eindeutig sein, um sicherzustellen, dass es auf einem Android-System keine zwei Apps mit gleichem Paketnamen gibt.
		Typisch ist daher die Verwendung des Domainnamens in umgekehrter Reihenfolge mit angehängtem App-Namen. Genau dies macht Android Studio bereits automatisch für Sie. Falls Sie einen anderen Paketnamen wünschen, klicken Sie auf den Link **Edit** an der rechten Fensterseite.
		Übrigens: Paketnamen werden traditionell kleingeschrieben.
Project Location	c:\MeineApps\SagHalloApp	Der Ort auf der Festplatte, wo das Projekt und alle zugehörigen Daten abgespeichert werden. Für alle Beispiele in diesem Buch verwenden wir hierzu das Verzeichnis c:\MeineApps.

3. Klicken Sie auf **Next**, um die Zielgeräte (**Target Devices**) festzulegen, auf denen Ihre App ausführbar sein soll.

   Übernehmen Sie die Vorgabe **Phone and Tablet**. Als **Minimum SDK** behalten Sie die Vorgabe bei oder wählen Sie **API 16: Android 4.1**.

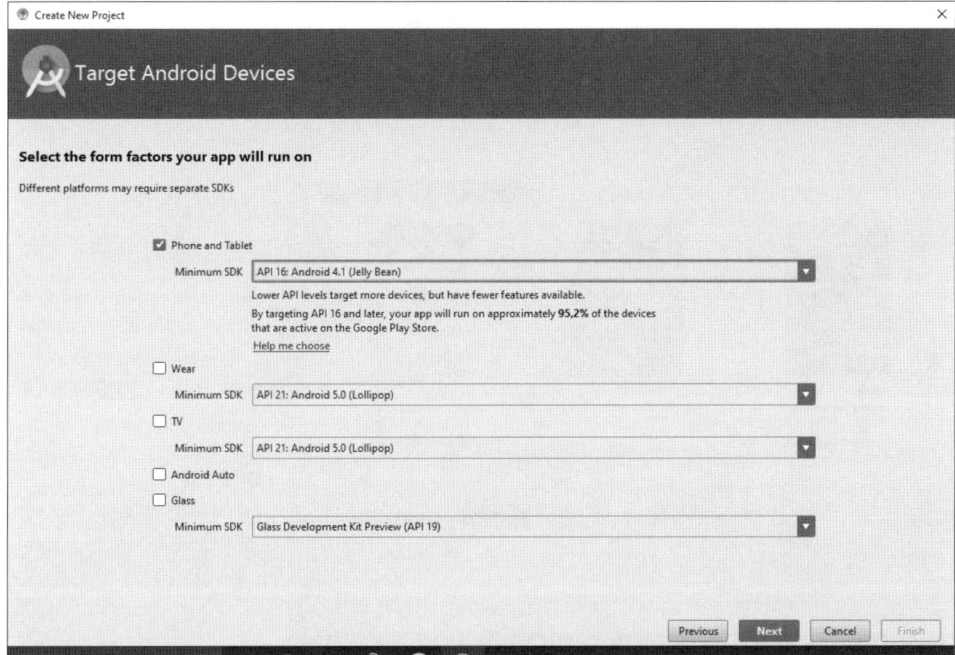

Bild 2.3 Die Zielplattform festlegen

 Minimum SDK ist die Mindestversion des Android SDK, die auf einem Gerät vorhanden sein muss, damit Ihre App auf diesem Gerät installiert und ausgeführt werden kann. Ferner gibt es noch Target SDK Version sowie Compile SDK Version. Diese beiden werden automatisch von Android Studio auf die neueste vorhandene Android API-Version gesetzt.

4. Klicken Sie auf **Next**. Auf der Seite **Add an activity** können Sie festlegen, ob und mit welchem Grundgerüst das App-Projekt erzeugt werden soll. Wählen Sie hier den Eintrag **EMPTY Activity** und klicken Sie auf **Next**.

 „Activities" repräsentieren in einer App im Wesentlichen die einzelnen Bildschirmseiten der App. Alle Apps, die wir in diesem Buch erstellen, besitzen mindestens eine Activity. Die hier ausgewählte *Empty Activity* macht nichts anderes, als eine leere Bildschirmseite anzuzeigen.

Bild 2.4
Eine leere Activity hinzufügen

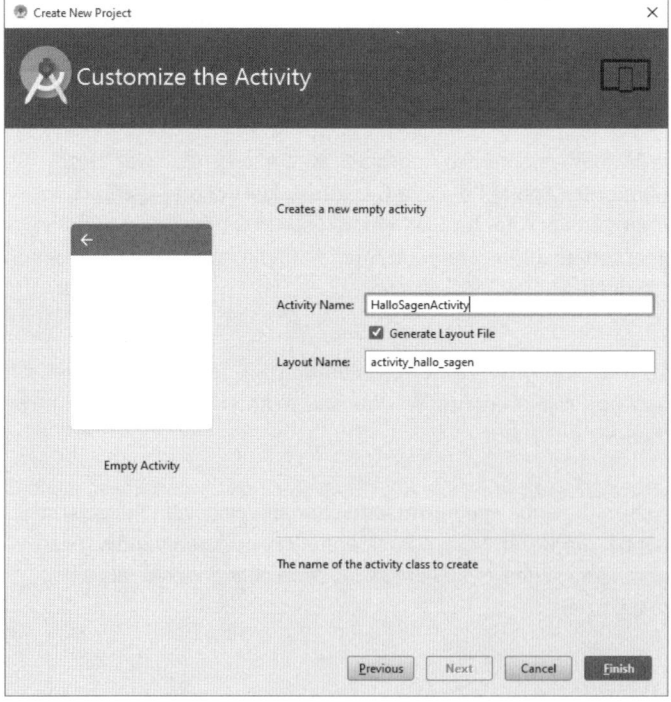

Bild 2.5
Die Activity konfigurieren

5. Nachdem wir uns entschlossen haben, mit einer leeren Activity (Empty Activity) zu starten, müssen wir noch nähere Angaben zu dieser Activity machen, damit Android Studio alles richtig anlegen kann.

Füllen Sie die Seite gemäß Bild 2.5 aus.

Tabelle 2.2 Einstellungen für die Seite **New empty Activity**

Feld	Eingabe	Bedeutung
Activity Name	HalloSagenActivity	Wir nennen die Haupt-Activity unserer App einfach HalloSagenActivity. Achtung! Falls Sie einen eigenen Namen vergeben, beachten Sie, dass dieser keine Leer- und keine Sonderzeichen enthalten darf, da das Android Studio unter diesem Namen eine Klasse definiert. (In Java dürfen Namen von im Code definierten Elementen keine Leer- oder Sonderzeichen enthalten.)
Layout Name	activity_hallo_sagen	Grundsätzlich wird zu jeder Activity ein Layout definiert, das angibt, wie die Bildschirmseite der Activity aufgebaut ist. Übernehmen Sie einfach die Vorgabe. Dann kann man leichter ableiten, welches Layout zu welcher Activity gehört.

Wenn Sie Namen für Verzeichnisse oder Programmelemente vergeben, verzichten Sie auf Leerzeichen, Sonderzeichen und möglichst auch auf Umlaute (obwohl Letztere mittlerweile von den meisten Systemen und Programmiersprachen korrekt verarbeitet werden).

6. Klicken Sie auf **Finish**, um das Projekt anlegen zu lassen.

Automatische Fehlerkontrolle

Gerade für Einsteiger sehr hilfreich ist die automatische Fehlerkontrolle des **Create New Project**-Dialogs, die eine ganze Reihe von fehlerbehafteten oder widersprüchlichen Einstellungen abfängt. Beispielsweise sind an vielen Stellen wie dem App-Namen keine Sonderzeichen oder Umlaute erlaubt. Falls Sie dennoch Leerzeichen einbauen, weist Sie das Dialogfeld mit einer roten Meldung im unteren Bereich darauf hin. Zusätzlich wird die Schaltfläche **Next** oder **Finish** deaktiviert, sodass Sie gezwungen sind, den Fehler zu beheben, bevor Sie weitermachen können.

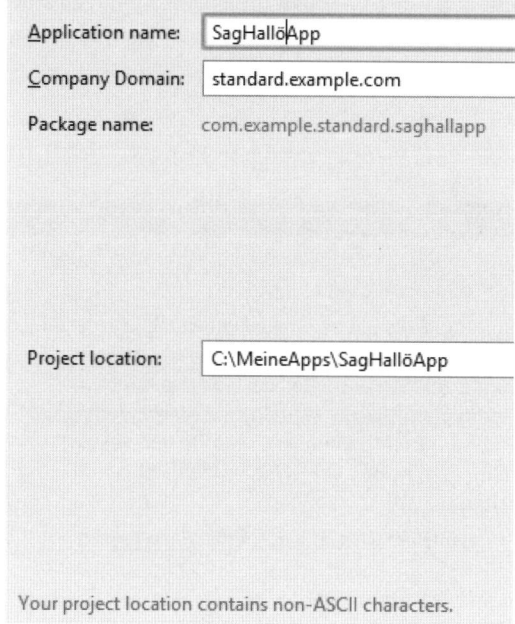

Bild 2.6
Das Dialogfeld weist Sie darauf hin, dass es in den Eingaben eine Unstimmigkeit gibt.

Das neu angelegte Projekt in Android Studio

Zurück im Hauptbildschirm von Android Studio sollten Sie nun das neu angelegte Projekt sehen. Die Oberfläche von Android Studio besteht aus verschiedenen Unterfenstern und Bereichen, die Sie einzeln verbergen können (Klick auf das Pfeil-Icon in der jeweiligen rechten oberen Ecke) und über das Menü **View/Tool Windows** wieder sichtbar machen.

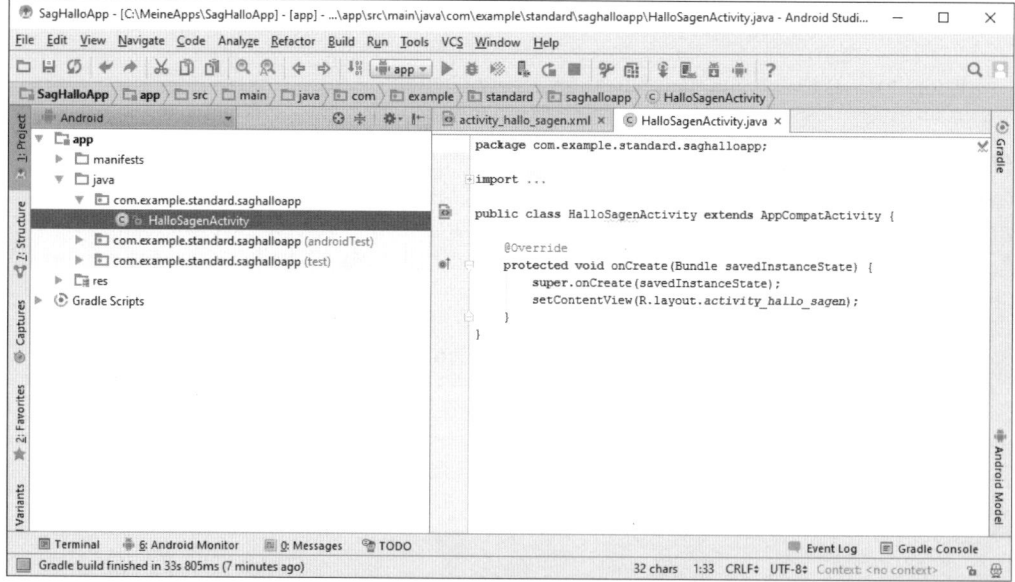

Bild 2.7 Das neu angelegte Projekt in Android Studio

In der linken Hälfte sehen Sie die Projektansicht, der wir uns gleich näher widmen. Im rechten Bereich wird in der Regel der Editor angezeigt: Für jede geöffnete Datei wird ein eigenes Register angelegt und der Inhalt kann betrachtet oder bearbeitet werden. Je nach Dateityp kann der Editor dabei eine rein textbasierte Sache oder aber auch ein spezifischer Designer mit grafischer Oberfläche sein.

Die Projektansicht auf der linken Seite zeigt alle Ordner und Dateien des Projekts und hat zwei Hauptzweige:

- *app:* Hier liegt der eigentliche Quellcode der App, inklusive der notwendigen Bilder, Texte, Bibliotheken usw. Hier dürfen Sie sich als App-Entwickler austoben.
- *Gradle Scripts:* Beinhaltet Skripte und Informationen für das Build-System von Android Studio, um aus den verschiedenen Artefakten eine funktionierende App zu erzeugen. Hier brauchen und sollten Sie als Einsteiger nichts anfassen!

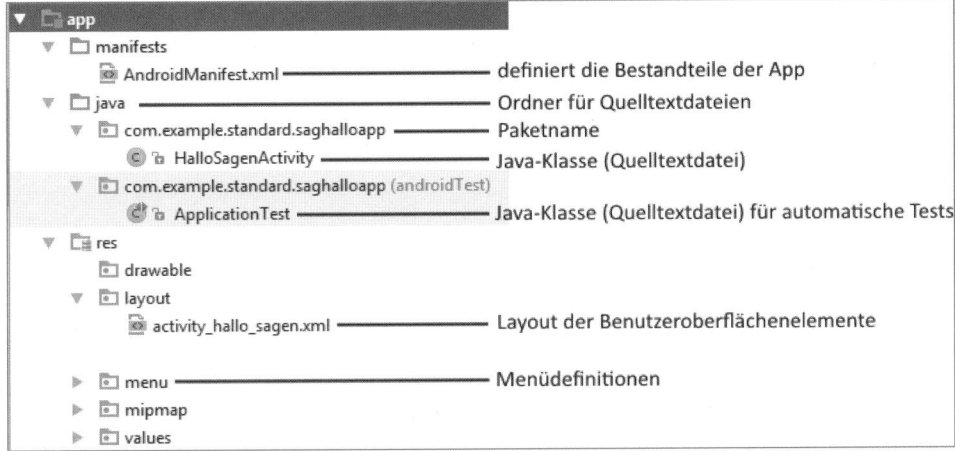

Bild 2.8 Der app-Ordner in der Projektansicht

Das Projekt auf der Festplatte

Die Ordnerstruktur des Projekts in Android Studio finden Sie fast identisch auch auf der Festplatte wieder. Aus dem vorangehenden Abschnitt wissen Sie ja bereits, dass Android Studio zu jedem Projekt ein gleichnamiges Projektverzeichnis auf der Festplatte anlegt. Aber auch die Unterordner der Projektstruktur finden Sie als Unterordner im Projektverzeichnis wieder.

Eine kleine Abweichung gibt es lediglich bei den Dateien, die den Java-Teil einer App beinhalten. Der Basisordner ist nicht wie in der Projektansicht *app\java*, sondern *app\src\main\java*. Darunter liegen dann weitere Unterverzeichnisse, die den Namensteilen des Paketnamens entsprechen: Java verlangt nämlich, dass für jeden der durch Punkte getrennten Namensteile eines Paketnamens ein eigenes Unterverzeichnis erstellt wird und dass die Quelldateien aus einem Paket in dem durch den Paketnamen spezifizierten Verzeichnis stehen. Aus diesem Grund finden Sie die Quelltextdatei *HalloSagenActivity.java* aus unserem Paket com.example.standard.saghalloapp nicht direkt im Unterverzeichnis *app\src\main\java*, sondern unter *app\src\main\java\com\example\standard\saghalloapp*.

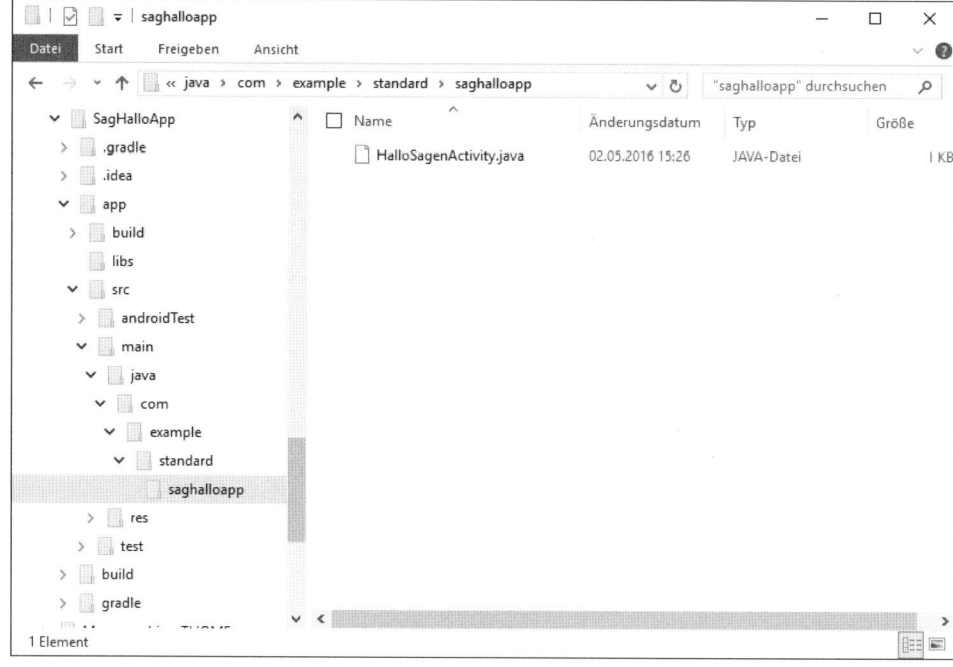

Bild 2.9 Das Projekt SagHalloApp auf der Festplatte

TIPP

Sie erinnern sich nicht mehr, wo auf der Festplatte Ihr Projekt liegt, oder Sie wollen einfach mal direkt dorthin gehen? Klicken Sie nur in der Projektansicht den gewünschten Ordner mit der rechten Maustaste an und wählen Sie aus dem Kontextmenü den Eintrag **Show in Explorer**. Der registrierte Dateimanager (z. B. Windows Explorer) wird automatisch geöffnet und Sie befinden sich im gewünschten Verzeichnis.

2.3 Das vorgegebene Codegerüst

Lassen Sie uns nun einen Blick in den Code werfen, der bereits für uns erzeugt wurde.

MATERIAL ZUM BUCH

Auch wenn der Code des für uns angelegten Codegerüsts nur wenige Zeilen umfasst, nutzt er bereits eine Vielzahl objektorientierter und Java-typischer Syntaxelemente. Programmieranfänger und Umsteiger von anderen Sprachen sollten daher jetzt Kapitel 4 des Java-Tutoriums öffnen und das Tutorium vorab oder parallel zu den folgenden Ausführungen lesen.

Doppelklicken Sie in der Projektansicht auf den Knoten *HalloSagenActivity*. An dem **C** (wie Class) vor dem Knoten erkennen Sie übrigens, dass es sich um den Quelltext einer Java-Klasse handelt.

Android Studio lädt den Inhalt der Datei in den Editor und zeigt ihn in der rechten Fensterhälfte in einem neuen Editor-Register an.

Listing 2.1 Inhalt der Klasse HalloSagenActivity

```
package com.example.standard.saghalloapp;

import android.support.v7.app.AppCompatActivity;
import android.os.Bundle;

public class HalloSagenActivity extends AppCompatActivity {

    @Override
    protected void onCreate(Bundle savedInstanceState) {
        super.onCreate(savedInstanceState);
        setContentView(R.layout.activity_hallo_sagen);
    }
}
```

Leser, die bereits über Erfahrung in der Java-Programmierung verfügen, werden die grundlegende Struktur sicher schnell entschlüsselt haben ... und sich vielleicht wundern, dass keine `main()`-Methode definiert wird.

Auf Leser, die noch über keinerlei Erfahrung in der Java-Programmierung verfügen, dürfte dieses Codebeispiel eher abschreckend wirken, doch der Aufbau ist gar nicht so kompliziert, wie es auf den ersten Blick aussieht. Blendet man die Details aus, schälen sich nur wenige Komponenten heraus (siehe Bild 2.10). Klicken Sie hierzu im Editor am linken Rand auf das Minus-Symbol neben dem Methodennamen `onCreate()`. Dadurch wird der Methodenrumpf ausgeblendet und das Ganze ist etwas übersichtlicher. Lassen Sie uns nun von oben nach unten die Bestandteile näher betrachten.

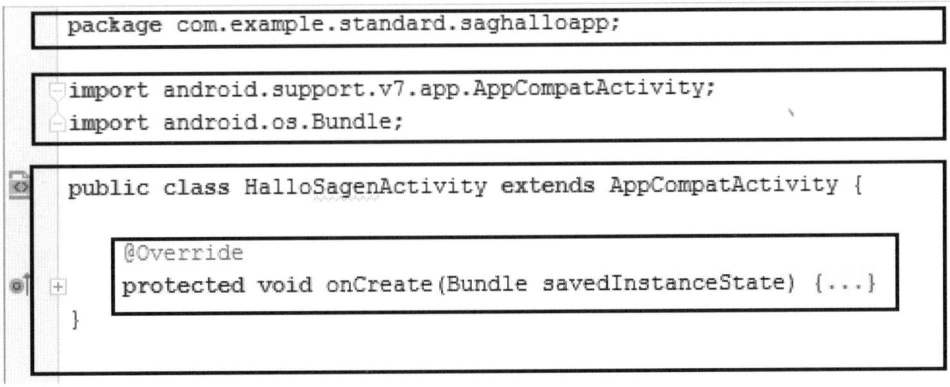

```
package com.example.standard.saghalloapp;

import android.support.v7.app.AppCompatActivity;
import android.os.Bundle;

public class HalloSagenActivity extends AppCompatActivity {

    @Override
    protected void onCreate(Bundle savedInstanceState) {...}
}
```

Bild 2.10 Struktur des Code-Grundgerüsts

2.3.1 Die package-Anweisung

In der obersten Zeile treffen wir den Paketnamen wieder, den wir im Dialogfeld **Create New Project** eingegeben hatten.

Die Anweisung

```
package com.example.standard.saghalloapp;
```

sorgt dafür, dass alle nachfolgend definierten Codeelemente – in unserem Grundgerüst wäre dies die Klasse `HalloSagenActivity` – untergeordnete Elemente des Pakets `com.example.standard.saghalloapp` sind.

PAKETE

Die Android-Programmierung verlangt, dass alle Klassen einer App in einem gemeinsamen Paket zusammengefasst werden. Außerdem sollte der verwendete Paketname, der beim Anlegen des Android-Projekts angegeben wird, eindeutig sein, damit es auf den Smartphones nicht zu Namenskonflikten durch Klassen aus gleichlautenden Paketen kommt.

Die gute Nachricht ist, dass Android Studio-Anwender mit der Paketverwaltung kaum aktiv zu tun haben. Sie geben den Paketnamen einfach bei der Einrichtung des Projekts an (siehe Abschnitt 2.2) und um alles Weitere kümmert sich Android Studio.

Mehr zur Codeorganisation mit Paketen erfahren Sie in Kapitel 4 des Java-Tutoriums.

2.3.2 Die import-Anweisungen

Unter der Paketangabe stehen diverse `import`-Anweisungen.

```
import android.support.v7.app.AppCompatActivity
import android.os.Bundle;
```

Die Namen `android.support.v7.app` und `android.os` sind Pakete aus der Android-Bibliothek. In dieser Bibliothek gibt es zahlreiche Klassen, die wir für die Programmierung unserer Apps verwenden können. Zwei dieser Klassen sind `AppCompatActivity` und `Bundle`: Letztere ist im Paket `android.os` definiert, `AppCompatActivity` im Paket `android.support.v7.app`.

IMPORT-ANWEISUNGEN

Die Aufgabe von import-Anweisungen ist es, Klassennamen in unseren Code zu importieren. Dies vereinfacht den Code und spart uns Tipparbeit.

Grundsätzlich ist es nämlich so, dass Klassen, die in Paketen definiert sind, nur über ihren vollständigen Namen (der die Paketangabe einschließt) angesprochen werden können – also z. B. mit:

```
public class HalloSagenActivity extends
                android.support.v7.app.AppCompatActivity
```

Das ist doch recht langatmig und macht den Code unübersichtlich. Wenn Sie einen Klassennamen jedoch via import-Anweisung bekannt gemacht haben, können Sie auf die Paketangabe verzichten:

```
public class HalloSagenActivity extends AppCompatActivity
```

Mehr zur import-Anweisung erfahren Sie im Java-Tutorium (Kapitel 4).

Klassennamen beginnen in Java üblicherweise mit einem Großbuchstaben (während Paketnamen immer kleingeschrieben werden).

2.3.3 Die Klassendefinition

So langsam lassen wir den notwendigen Verwaltungskram hinter uns und kommen zu dem eigentlichen funktionellen Code, der in unserem Grundgerüst in der Klasse HalloSagenActivity zusammengefasst ist.

Bevor wir uns den Code der Klasse allerdings etwas genauer ansehen, müssen wir den Begriff der „Activity" einführen. Als Anwender sind Sie gewohnt, dass Sie mit Apps (jedenfalls mit den meisten) interagieren können – beispielsweise indem Sie die Schaltfläche einer App drücken oder in einem Spiel ein Raumschiff mit dem Finger nach links oder rechts bewegen. Alle diese Interaktionen laufen über die visuelle Benutzeroberfläche der App (das, was Sie auf dem Touchscreen Ihres Android-Geräts sehen). Apps organisieren diese Benutzeroberfläche in einzelne Bildschirmseiten. Jede dieser Bildschirmseiten erfüllt eine bestimmte Aufgabe oder „Aktivität" *(Activity)* – eine zusammengehörende Gruppe von Interaktionen, wie z. B. das Ausfüllen eines E-Mail-Formulars oder das Anschauen einer Diashow.

MERKSATZ

Activity = Bildschirmseite + zugehöriger Code

Erinnern Sie sich noch an unsere Einstellungen beim Anlegen des neuen Projekts im Dialogfeld **New Project**? Dort haben wir Android Studio mitgeteilt, dass es für unsere App schon einmal eine erste leere Activity namens HalloSagenActivity einrichten soll. Diese Activity finden wir nun im Code wieder.

Im Code sind Activities immer Klassen, die direkt oder indirekt von der Basisklasse `Activity` abgeleitet sind. Im Falle von `HalloSagenActivity` ist die Klasse nur indirekt von `Activity` abgeleitet: Unmittelbar ist sie von der Klasse `AppCompatActivity` abgeleitet (die wiederum letztlich von `Activity` abgeleitet ist).

Von der Basisklasse erbt unsere Activity-Klasse unter anderem die Methode `onCreate()`, die automatisch aufgerufen wird, wenn die Activity vom Anwender oder vom System das erste Mal gestartet wird.

ACHTUNG

Activity-Klassen müssen immer `public` sein, damit sie vom System instanziiert werden können.

```
public class HalloSagenActivity extends AppCompatActivity {
    @Override
    protected void onCreate(Bundle savedInstanceState) {
        super.onCreate(savedInstanceState);
        setContentView(R.layout.activity_hallo_sagen);
    }
}
```

Wenn der Anwender die App startet, instanziiert das Laufzeitsystem die Klasse `HalloSagen Activity` und führt die Methode `onCreate()` aus.

Die erste Zeile ruft die Methode `onCreate()` der Basisklasse (`Activity`) auf. Auf diese Weise werden alle in der Basisklasse definierten Initialisierungsarbeiten automatisch für uns ausgeführt.

Die zweite Anweisung ruft die ebenfalls von `Activity` geerbte Methode `setContentView()` auf. Diese Methode legt das Layout unserer App fest, sprich den Aufbau ihrer Benutzeroberfläche.

MATERIAL ZUM BUCH

Ausführliche Informationen zur Programmierung mit Klassen und Methoden finden Sie in den Kapiteln 5 bis 9 des Java-Tutoriums.

@OVERRIDE

Sicher ist Ihnen das Symbol `@Override` aufgefallen. Es handelt sich dabei um eine Java-Annotation – eine an den Compiler gerichtete Anmerkung –, die in diesem Fall darauf aufmerksam machen soll, dass die nachfolgend definierte Methode eine gleichnamige Methode aus der Basisklasse überschreiben soll. (Zur Erläuterung des Prinzips der Überschreibung siehe Kapitel 9 des Java-Tutoriums.)

Überschreibung funktioniert aber nur, wenn die Methode mit dem gleichen Namen und der gleichen Signatur definiert wird. Gibt es Abweichungen, wird stattdessen eine neue Methode definiert. Im Fall der `onCreate()`-Methode wäre dies fatal, denn es würde bedeuten, dass der von uns vorgesehene Code nicht beim Start der Activity ausgeführt wird.

> Um derartige Probleme zu vermeiden, setzt man die Annotation @Override. Der Compiler prüft dann, ob tatsächlich eine Überschreibung vorliegt. Falls nicht, gibt er eine Fehlermeldung aus. Dadurch fällt der Fehler bereits beim Kompilieren auf und nicht erst später zur Laufzeit.

2.4 Layout und Ressourcen

Jede App verfügt über ein Layout, das bestimmt, wie die Benutzeroberfläche aussieht. Mit anderen Worten: Das Layout legt im Wesentlichen fest, was der Anwender auf dem Touchscreen sieht, wenn er die App startet und ausführt.

Aus Sicht des Programmierers bedeutet Layout, dass er im Code die Elemente erzeugt, aus denen die Oberfläche zusammengesetzt ist. Die meisten Java-Programmierer sind es gewohnt, hierfür Code zu schreiben. Das heißt, sie suchen sich die Klassen zusammen, die die gewünschten Elemente definieren, erzeugen von diesen Klassen Objekte und konfigurieren diese. Obwohl diese Vorgehensweise auch in der Android-Programmierung gangbar ist ...

```
package com.example.standard.saghalloapp;

import android.support.v7.app.AppCompatActivity;
import android.os.Bundle;
import android.widget.TextView;     // Klasse für Textfelder

public class HalloSagenActivity extends AppCompatActivity {

    @Override
    protected void onCreate(Bundle savedInstanceState) {
        super.onCreate(savedInstanceState);

        TextView tv = new TextView(this);
        tv.setText("Hallo App-Entwickler!");
        setContentView(tv);
    }
}
```

... ist es in Android üblich, das Layout über XML-Code zu definieren – eine Technik, die mehr und mehr auch in der traditionellen Anwendungsprogrammierung eingesetzt wird.

2.4.1 XML-Layouts

Das Programmgerüst, das für unsere App angelegt wurde, verfügt bereits über ein erstes, einfaches XML-Layout, das nach Belieben angepasst oder ausgetauscht werden kann. Wie dies geht, lesen Sie in Kapitel 5. Für unsere erste App werden wir das vorgegebene Layout einfach beibehalten. Wir sehen uns allerdings schon einmal an, wie die Technik des XML-Layouts grundsätzlich funktioniert und wie wir ein solches Layout konfigurieren können.

Werfen wir noch einmal einen Blick in den Code unserer App:

```
package com.example.standard.saghalloapp;

// ... (Import-Anweisungen)

public class HalloSagenActivity extends AppCompatActivity {

    @Override
    protected void onCreate(Bundle savedInstanceState) {
        super.onCreate(savedInstanceState);
        setContentView(R.layout.activity_hallo_sagen);
    }

    // ...
}
```

Die Zeile in der Methode onCreate(), welche die Activity-Methode setContentView() aufruft, richtet die Benutzeroberfläche der App ein. Sie können dieser Methode als Argument wahlweise ein Objekt einer View-Klasse übergeben (wie weiter oben gezeigt mit einer TextView) oder eine ID, die eine Layoutdatei referenziert. Letzteres geschieht im obigen Code. Die ID lautet in diesem Fall R.layout.activity_hallo_sagen.

MERKSATZ

ID ist das Kürzel für „IDentifier" – ein eindeutiger Bezeichner für ein Artefakt.

R ist der Name einer Klasse, die automatisch für das Projekt erzeugt wird und deren Aufgabe die **R**essourcenverwaltung ist (daher der Name R). Diese Klasse enthält als Elemente eine Reihe von untergeordneten Klassen, darunter eben auch die Klasse layout, in der schließlich die ID activity_hallo_sagen definiert ist.

TIPP

Wenn Sie wissen möchten, welcher konkrete Wert sich hinter der ID activity_hallo_sagen verbirgt, klicken Sie im Editor mit der rechten Maustaste in die ID und wählen Sie im Kontextmenü den Befehl **Goto/Implementation(s)**.
Sie springen daraufhin in den Code der automatisch generierten Datei *R.java*. Aber Achtung! Nur einsehen, nicht ändern! Änderungen in *R.java* sollte nur der Compiler vornehmen.

Die ID stammt letztlich aus der Ressourcendatei *activity_hallo_sagen.xml*, die im Projektunterverzeichnis unter *app/ res/layout* liegt.

1. Expandieren Sie in der Projektansicht die Knotenfolge *app/res/layout* und doppelklicken Sie auf den Eintrag für die Datei *activity_hallo_sagen.xml*, um diese in der Strukturansicht zu öffnen.

   Für XML-Layoutdateien gibt es zwei unterschiedliche Ansichten, die über Reiter am unteren Rand der Strukturansicht ausgewählt werden. Per Voreinstellung zeigt Android Studio immer erst die Ansicht **Design**.

2. Klicken Sie am unteren Rand auf den Reiter **Text**, um die Layoutdatei in der XML-Ansicht zu betrachten.

Listing 2.2 Inhalt der Layoutdatei activity_hallo_sagen.xml

```xml
<?xml version="1.0" encoding="utf-8"?>
<RelativeLayout xmlns:android="http://schemas.android.com/apk/res/android"
    xmlns:tools="http://schemas.android.com/tools"
    android:layout_width="match_parent"
    android:layout_height="match_parent"
    android:paddingBottom="16p"
    android:paddingLeft="16p"
    android:paddingRight="16p"
    android:paddingTop="16p"
    tools:context="com.example.standard.saghalloapp.HalloSagenActivity">

    <TextView
        android:layout_width="wrap_content"
        android:layout_height="wrap_content"
        android:text="Hello World!" />
</RelativeLayout>
```

Wir haben es hier mit einem hierarchischen Layout zu tun. Auf der obersten Ebene steht eine `RelativeLayout`-Komponente. In diese Komponente ist eine `TextView`-Komponente eingebettet.

Layout-Komponenten haben vor allem die Aufgabe, die in ihnen eingebetteten Komponenten nach einer bestimmten Strategie auszurichten. Die Strategie der `RelativeLayout`-Komponente ist, die eingebetteten Komponenten relativ zueinander bzw. zur umliegenden Komponente auszurichten.

Die `TextView`-Komponente erlaubt die Anzeige eines Textes.

Für jedes dieser XML-Elemente wird bei der Kompilierung die entsprechende Android-Klasse instanziiert und das so erzeugte Objekt gemäß den in den XML-Elementen definierten Attributen konfiguriert.

Für das `TextView`-Element wurde z. B. unter anderem festgelegt, wie breit und hoch es ist (Attribute `android:layout_width` und `android:layout_height`) und welchen Text es anzeigen soll (Attribut: `android:text`).

Welche Werte Sie den Attributen zuweisen können, hängt von der Art des Attributs ab (mehr dazu in Kapitel 5). Uns interessiert im Moment vor allem das `text`-Attribut des `TextView`-Elements. Hier wird der anzuzeigende Text festgelegt. Zurzeit ist dies die Meldung `Hello World!`, die Android Studio beim Erstellen des Projekts generiert hat.

3. Ändern Sie den Text `Hello World` in `Hallo App-Entwickler`.

Wenn Sie die Maus über die betreffende Zeile bewegen, erscheint in Android Studio ein warnender Hinweis, dass wir soeben einen „hartcodierten" String geschaffen haben. Dies bezieht sich darauf, dass es in der App-Programmierung üblich und guter Stil ist, Texte, Bilder und andere Elemente, die das Erscheinungsbild der Benutzeroberfläche prägen, nicht direkt („hart") in der Layoutdatei einzutragen, sondern als Ressourcen zu verwalten.

2.4.2 Ressourcen

Eine typische Ressource ist Text, der angezeigt werden soll. Anstatt ihn wie oben im Fall von `Hallo App-Entwickler` direkt in den Programm- oder Layoutcode einzubauen, ist es besser, eine Indirektion herzustellen: Man sammelt alle Zeichenketten in einer eigenen Datei (sie heißt übrigens *strings.xml*) und weist dabei jeder Zeichenkette einen eindeutigen und dennoch aussagefähigen Namen zu, z. B. `grussbotschaft`. Nur noch dieser Name wird dann im Java-Code (in der Form `R.string.grussbotschaft`) oder in XML-Dateien als `@string/grussbotschaft` verwendet. Alle Änderungen von Zeichenketten kann man dann zentral in einer Datei, also in *strings.xml*, durchführen und muss nicht den gesamten App-Code durchforsten. Außerdem ist diese Vorgehensweise notwendig, wenn Mehrsprachigkeit der Oberfläche geplant ist.

> **STRINGS**
> Texte („Zeichenketten"), die ein Java-Programm ausgibt oder anderweitig verarbeitet, werden in der Programmierung als „Strings" bezeichnet.

1. Klicken Sie in den String `Hallo App-Entwickler`. Warten Sie, bis das Glühbirnensymbol erscheint. Drücken Sie dann auf den kleinen Pfeil und wählen Sie den Befehl **Extract string resource**.

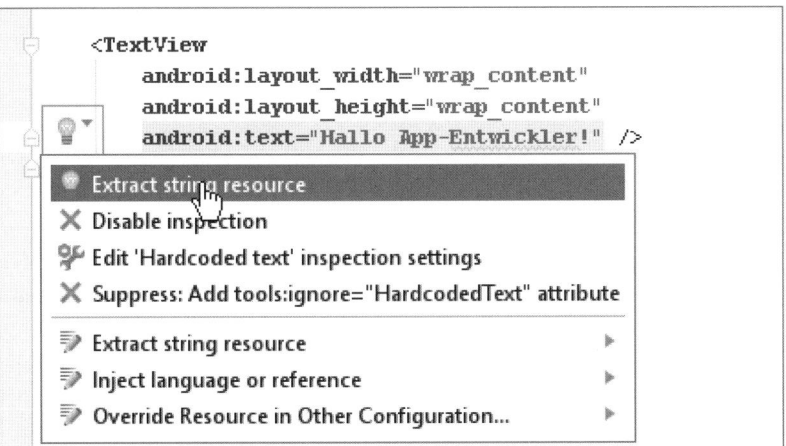

Bild 2.11 Einen hartcodierten String in eine String-Ressource verwandeln

2. Geben Sie in dem erscheinenden Dialog als **Resource name** den Namen `grussbotschaft` ein und verlassen Sie den Dialog mit **OK**.

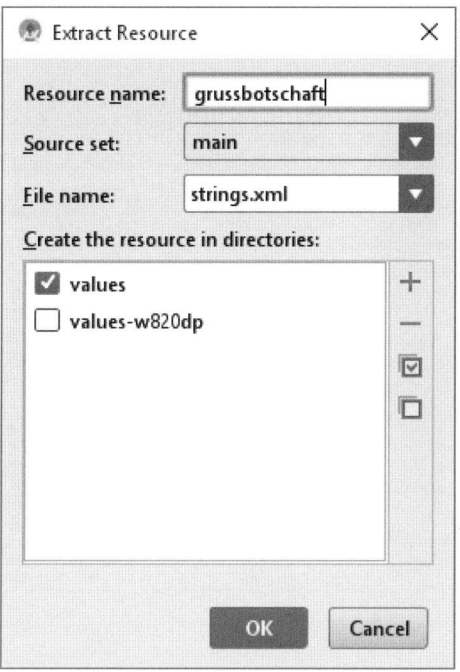

Bild 2.12
Der Datei strings.xml wird eine neue Ressource hinzugefügt

Listing 2.3 Änderungen in activity_hallo_sagen.xml
```xml
<?xml version="1.0" encoding="utf-8"?>
...
    <TextView
        android:layout_width="wrap_content"
        android:layout_height="wrap_content"
        android:text=" @string/grussbotschaft" />
</RelativeLayout>
```

Zum Schluss wollen wir noch kurz einen Blick in die XML-Datei werfen, in der unsere Strings gesammelt werden.

3. Expandieren Sie in der Projektansicht die Knotenfolge *app/res/values* und doppelklicken Sie auf den Eintrag *strings.xml*, um die Datei in den Editor zu laden.

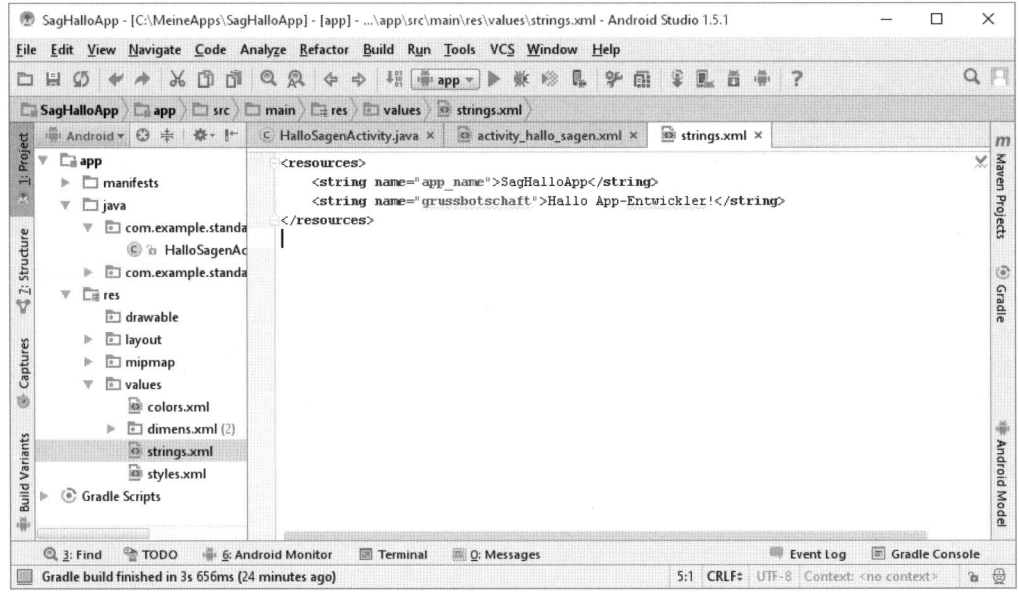

Bild 2.13 Die Ressourcendatei strings.xml im Editor

Listing 2.4 Inhalt der Datei strings.xml

```
<resources>
    <string name="app_name">SagHalloApp</string>
    <string name="grussbotschaft">Hallo App-Entwickler!</string>
</resources>
```

Neben unserer String-Ressource `grussbotschaft` wurde hier bereits eine String-Ressource für den Titel der App definiert: Der Name ist `app_name` und der zugewiesene Wert ist `SagHalloApp`. Wir nutzen die Gelegenheit und machen eine zweite, zaghafte Änderung: Überschreiben Sie den Wert mit etwas anderem, beispielsweise `Meine erste App`.

```
<resources>
    <string name="app_name">Meine erste App</string>
    <string name="grussbotschaft">Hallo App-Entwickler!</string>
</resources>
```

4. Speichern Sie Ihre Änderungen, indem Sie den Menübefehl **File/Save All** aufrufen oder die Speichern-Schaltfläche in der Symbolleiste klicken.

■ 2.5 Die App bauen (Build)

Nachdem wir uns nun ein wenig mit den Zutaten einer App vertraut gemacht haben, können wir darangehen, die Einzelteile zu einem funktionierenden Ganzen zusammenzufügen, d. h., wir „bauen" – man sagt auch „erstellen" – die App bzw. das Projekt (englisch Build). Hierzu gehen Sie wie folgt vor:

1. Speichern Sie das Projekt mit dem Menübefehl **File/Save All** (oder durch Klick auf die entsprechende Symbolschaltfläche). Dieser Schritt ist ganz wichtig, da sonst die letzten Änderungen beim Kompilieren nicht berücksichtigt werden.
2. Rufen Sie den Menübefehl **BUILD/MAKE Project** auf.

    Alternativ können Sie die Tastenkombination **STRG+F9** drücken oder in der Symbolleiste auf die **Make Project**-Schaltfläche klicken.

Bild 2.14 Aufruf des AVD-Managers via Symbolleiste

Da unsere App fast komplett von Android Studio generiert worden ist, sollte der Bauvorgang ohne Probleme durchlaufen. Am unteren Fensterrand von Android Studio können Sie Statusinformationen über den Fortschritt sehen.

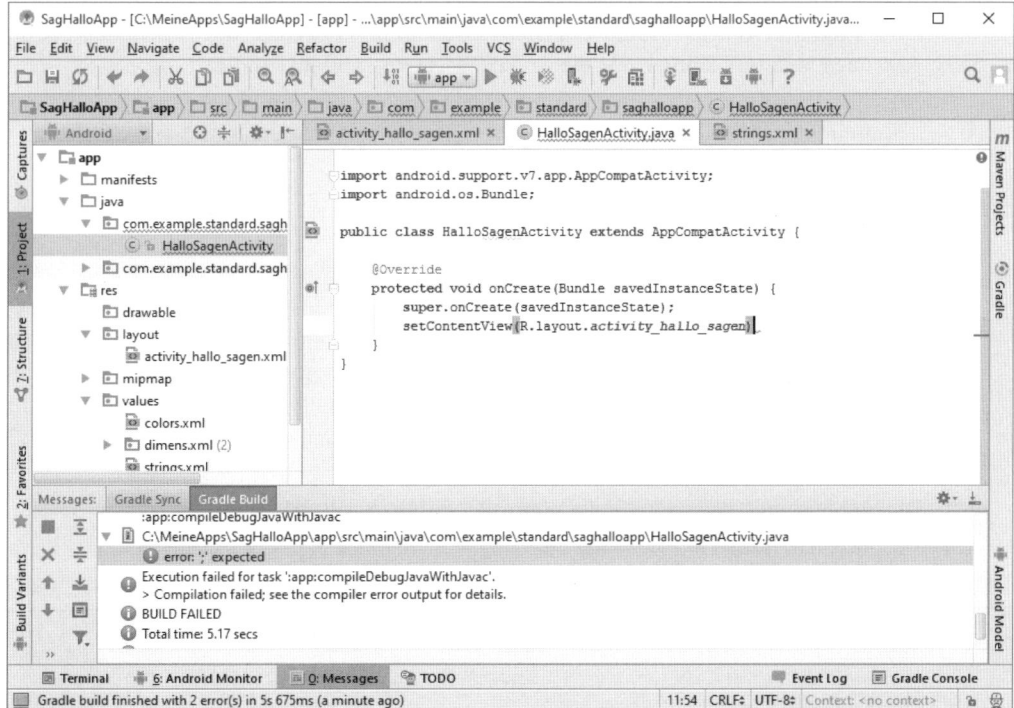

Bild 2.15 Anzeige von Fehlern beim Build

Gibt es Fehler im Projekt, markiert Android Studio die betroffenen Klassen in der Projektansicht sowie (falls im Editor geöffnet) die Stellen im Quelltext durch rote Markierungen. Provozieren Sie doch mal einen Fehler: Öffnen Sie die Klasse `HalloSagenActivity` im Editor und löschen Sie ein Semikolon aus einer Codezeile. Sofort erscheinen die roten Fehlermarkierungen. Falls Sie jetzt noch zusätzlich einen Build anstoßen (via **Build/Make Project**), werden in einem neuen Fenster im unteren Drittel von Android Studio ebenfalls Fehlermeldungen angezeigt.

TIPP

Gibt es syntaktische, rot markierte Fehler in Ihrem Quelltext, sollten Sie diese übrigens immer von oben nach unten beheben. In dieser Reihenfolge arbeitet auch in der Regel der Compiler, sodass nachfolgende Fehler oft nur Folgefehler vom ersten angetroffenen Fehler sind. Nach Beheben des obersten Fehlers und erneutem Build verschwinden dann häufig viele weitere Fehlermeldungen von selbst.

■ 2.6 Die App im Emulator testen

Es wird nun Zeit, unsere erste App auszuführen. Wir müssen sie dazu nicht erst auf ein Android-Smartphone übertragen, ja wir müssen nicht einmal Android Studio verlassen. Ein Befehl genügt und Android Studio lädt einen Emulator und überträgt auf diesen die App. Im Fenster des Emulators können wir die App dann starten und testen.

Doch damit dies alles so reibungslos und einfach funktioniert, müssen wir dem Emulator zuerst mitteilen, welchen Typus von Android-Gerät er simulieren soll.

2.6.1 AVD für Emulator anlegen

Um Apps auf Ihrem Rechner ausführen zu können, müssen Sie ein virtuelles Android-Gerät anlegen – quasi also ein virtuelles Smartphone –, das der Emulator simulieren[1] soll. Doch keine Angst, dies ist nicht die Fortsetzung des Installationsmarathons aus dem vorangehenden Kapitel. Alles, was zur Einrichtung eines solchen virtuellen Geräts – Android spricht von einem „Android Virtual Device" (kurz AVD) – nötig ist, haben Sie bereits in Kapitel 1.2 mit dem SDK-Manager heruntergeladen.

1. Stellen Sie sicher, dass Sie mit dem Internet verbunden sind.
2. Starten Sie den Android-AVD-Manager.

---

[1] Wir beteiligen uns nicht an philosophischen Grundsatzdiskussionen bzgl. des Unterschieds zwischen „emulieren" und „simulieren" und verwenden es gleichwertig!

Sie können den AVD-Manager mithilfe des Menüs **Tools/Android/AVD Manager** starten oder durch Klicken auf das entsprechende Symbol in der Symbolleiste.

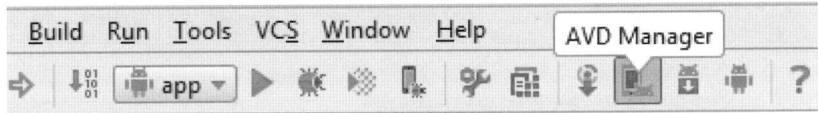

Bild 2.16 Aufruf des AVD-Managers via Symbolleiste

Im Zuge der Installation von Android Studio sollte bereits ein AVD angelegt worden sein, und zwar für die neueste Android-Version: in unserem Fall also für Android 6.0 (API 23).

Da das automatische Anlegen dieses AVD einerseits häufig schiefgeht, es andererseits für Testzwecke besser ist, auch eine ältere Version z. B. mit Android 4.1 (API 16) mit geringerer virtueller Bildschirmauflösung verfügbar zu haben, sollten Sie wissen, wie Sie eigene AVDs anlegen können.

Wir werden daher im Folgenden ein neues AVD für die API 16 anlegen.

 Sollte im Zuge der Installation kein AVD installiert worden sein, legen Sie sich mithilfe der nachfolgenden Beschreibung auch ein AVD für die aktuelle API 23 (Marshmallow) an (siehe Angaben in Bild 2.17).

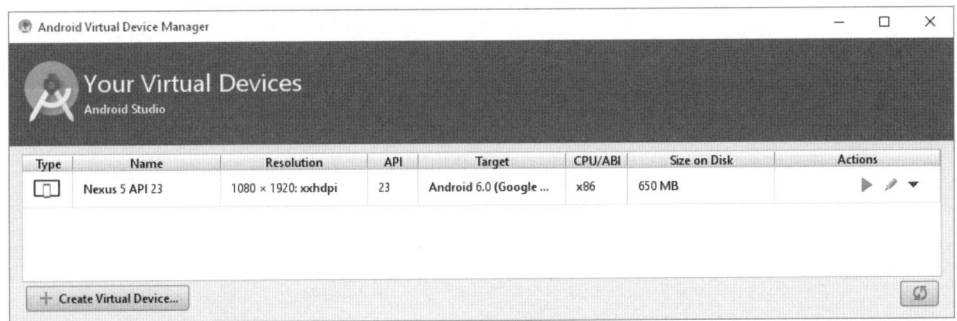

Bild 2.17 Der AVD-Manager

3. Klicken Sie auf die Schaltfläche **Create virtual device**.

   Es erscheint das Dialogfeld **Virtual Device Configuration**. Wählen Sie die Kategorie **Phone** und den ersten Eintrag aus der Liste (**Nexus S, 4 Zoll**). Klicken Sie auf **Next**.

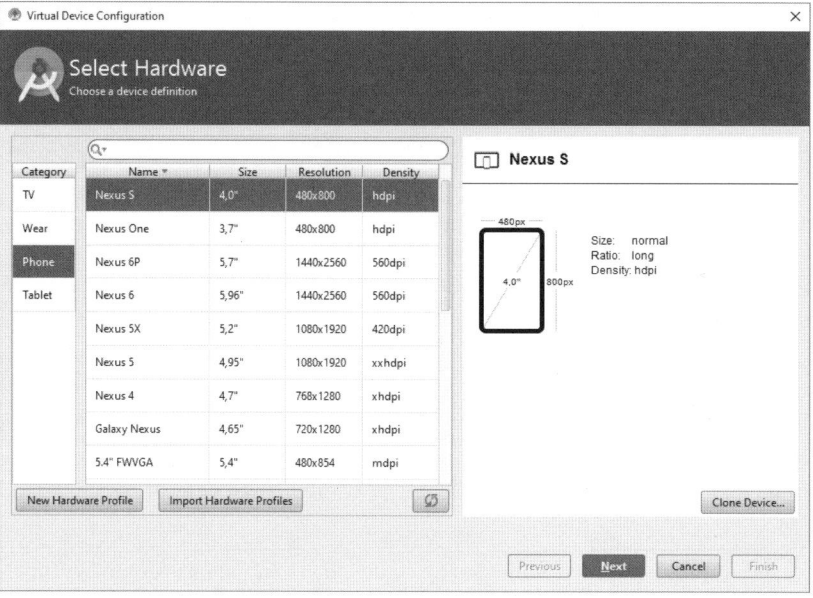

Bild 2.18 Das AVD-Gerät auswählen

4. Wählen Sie auf der Registerkarte **x85 Images** (für Windows-Rechner) z. B. den Eintrag **Jelly Bean API Level 16 x86**. Wenn neben dem Namen ein **Download**-Link angezeigt wird, klicken Sie auf diesen, warten Sie, bis das System-Image heruntergeladen wurde, und schließen Sie den Download mit **Finish** ab.

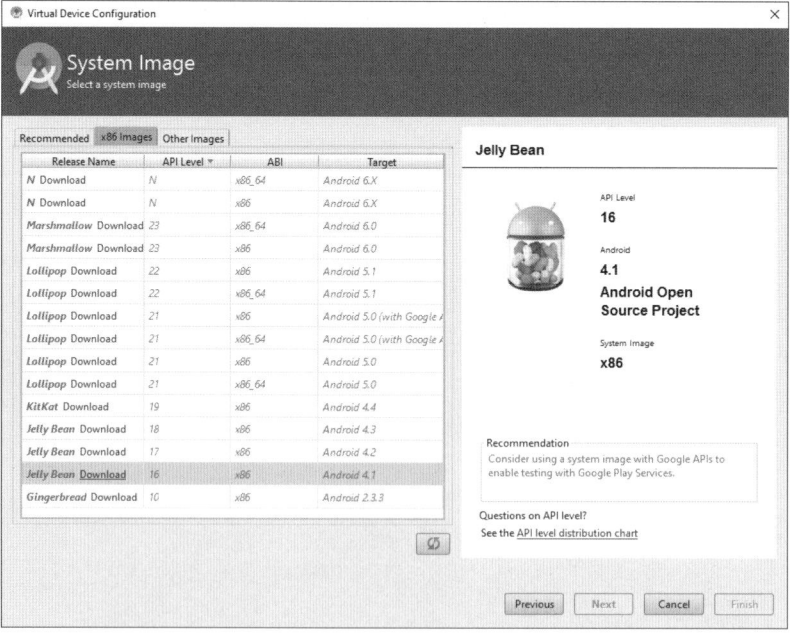

Bild 2.19 Das AVD-System auswählen

5. Zurück im AVD-Manager klicken Sie auf **Next** und auf der nächsten Seite auf **Finish**.
6. Ein neues AVD sollte nun im AVD-Manager angezeigt werden und Sie können ihn schließen.

   Hinweis: Falls in der Actions-Spalte eine Fehlermeldung angezeigt wird: Beenden Sie Android Studio, starten Sie neu und gehen Sie wieder in den AVD-Manager.

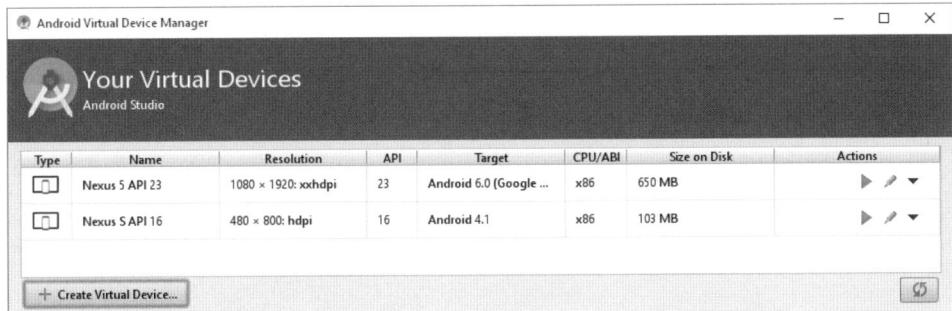

Bild 2.20 Das neue AVD *Nexus S API 16* ist angelegt

 AUFSTEIGER

Zum Einarbeiten in die App-Programmierung genügt in der Regel ein einziges AVD. Sobald Sie aber beginnen, Apps an Bekannte weiterzugeben oder gar auf Google Play anzubieten, sollten Sie mehrere AVDs für unterschiedliche Android-Versionen und Hardware-Ausstattungen einrichten, um bequem testen zu können, wie sich Ihre App auf unterschiedlichen Android-Geräten verhält. (Tipp: Bauen Sie dann Informationen über Plattform, Auflösung und evtl. auch Ausstattung in den AVD-Namen ein.)

2.6.2 Die App testen

Jetzt ist es bald so weit, dass wir die App im Emulator ausführen können.

1. Rufen Sie den Menübefehl **run/run app** auf. Alternativ können Sie in der Symbolleiste auf das entsprechende Symbol klicken.

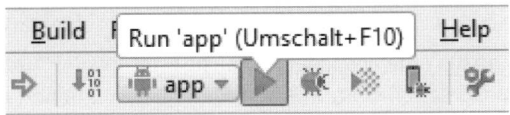

Bild 2.21 Die App starten

2. Es erscheint ein Dialog, um das AVD auszuwählen. Markieren Sie in der Liste das neu angelegte AVD **Nexus S API 16** und klicken Sie auf **OK**.

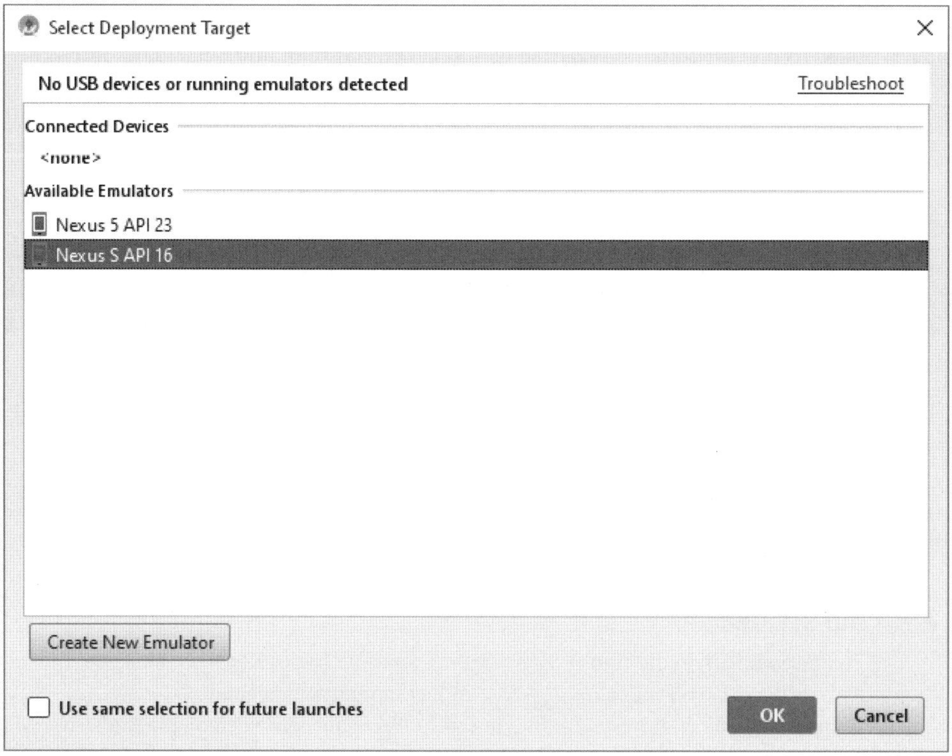

![Select Deployment Target dialog]

Bild 2.22 AVD auswählen

Android Studio startet nun den Emulator und blendet gleichzeitig im unteren Fensterbereich das Register **Run** ein. Wenn Sie es anklicken, können Sie die Logausgaben zum Programmstart mitverfolgen.

> Sollten Sie statt des Emulators eine Fehlermeldung „Cannot launch AVD in emulator" mit einem Hinweis auf HAXM erhalten, müssen Sie den HAXM-Beschleuniger manuell nachinstallieren. Wenn Sie das SDK unter *C:\Android\sdk* installiert haben, wechseln Sie im Windows Explorer in das Verzeichnis *C:\Android\sdk\extras\intel\Hardware_Accelerated_Execution_Manager* und führen Sie per Doppelklick die Datei *silent_install.txt* aus. Starten Sie den Emulator danach neu.

Außerdem wird automatisch eine besondere Ansicht geöffnet: der **Android Monitor**. Er zeigt Ihnen an, was auf dem Gerät selbst an Ausgaben und Informationen erzeugt wird. In unserem Fall stammen sie lediglich von einem virtuellen Gerät (AVD), aber bei Ausführung auf einem angeschlossenen Smartphone wären es „echte" Daten.

2.6 Die App im Emulator testen

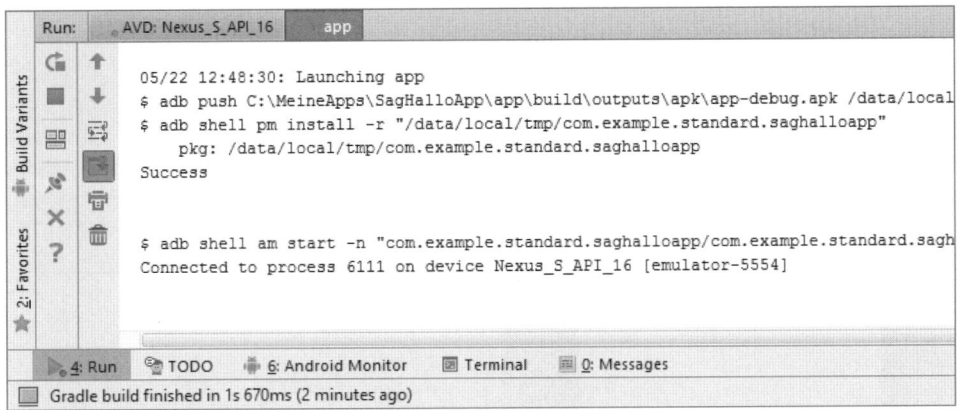

Bild 2.23 Logausgaben von Android Studio

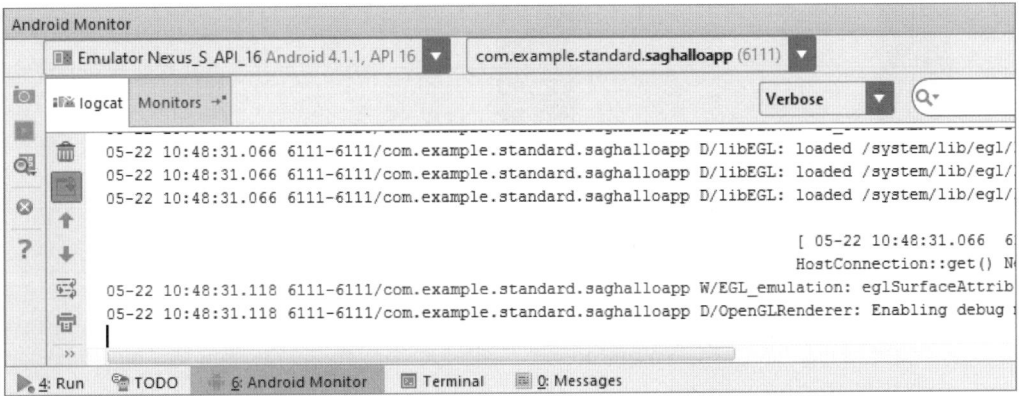

Bild 2.24 Logausgaben von Android Monitor

 Beim ersten Aufruf werden Sie eventuell das virtuelle Smartphone, das im Emulator angezeigt wird, noch mit einer Wisch- oder Mausziehgeste (linke Maustaste) entsperren müssen.

Bild 2.25
Die App läuft mit Titelleiste und dem Begrüßungstext

Die onCreate()-Methode wird offensichtlich ausgeführt. Im Textfeld ist der Begrüßungstext aus der Layoutdatei zu lesen und in der Titelleiste können Sie den von uns modifizierten App-Namen sehen.

3. Spielen Sie bei dieser Gelegenheit ein bisschen mit dem Emulator. Setzen Sie die linke Maustaste wie Ihren Finger ein und rufen Sie z. B. den Homescreen auf und gehen Sie zur Liste der installierten Apps und halten Sie Ausschau nach unserer App namens **Meine erste App.**
4. Schließen Sie das Emulatorfenster.

 TIPP
Sie müssen den Emulator nicht nach jedem Testlauf beenden, sondern können das Fenster auch offen lassen. Beim nächsten App-Start taucht das AVD-Image im Start-Dialog unter **Running Devices** auf und Sie können es für die Ausführung auswählen.

 Ausführliche Informationen zum Emulator finden Sie in Anhang C.

2.7 Die App auf Smartphone oder Tablet testen

Sie besitzen ein Android-Smartphone? Dann möchten Sie doch bestimmt auch gleich einmal sehen, wie sich Ihre App auf dem Smartphone macht? Nun, sofern Ihr Smartphone mit Android 4.1 oder höher läuft (oder zumindest eine Version verwendet, die höher oder gleich dem Minimum SDK ist), sollte dies kein Problem darstellen.

Um die App auf einem realen Smartphone zu testen, gibt es zwei Möglichkeiten:

- den schnellen Weg mit Unterstützung durch Android Studio
- den manuellen Weg, der auch ohne Android Studio funktioniert und beispielsweise interessant ist, um eine App an Freunde weiterzugeben oder die App eines Freundes vom eigenen Rechner auf ein Smartphone zu übertragen.

Die manuelle Übertragung läuft ähnlich ab wie die Veröffentlichung von Apps im Internet unter Google Play. Wir behandeln daher beide Vorgänge zusammen in Anhang A.

Automatische Übertragung mit Android Studio

Wenn Sie die App öfter zum Testen auf Ihr Smartphone übertragen möchten, können Sie Android Studio so einrichten, dass beim Ausführen der App von Android Studio aus das gewünschte Zielgerät (Emulator oder angeschlossenes Smartphone) abgefragt wird.

1. Stellen Sie Ihr Smartphone auf USB-Debugging um. Dies ist leider herstellerspezifisch. Allgemein müssen Sie in den **Einstellungen** nach **Entwickler-Optionen** suchen.

   Im Galaxy-Nexus-Smartphone i9250 muss dazu beispielsweise unter **Einstellungen/System/Entwickleroptionen** die Option **USB-Debugging** aktiviert sein. (Im Galaxy-Smartphone i9000 finden Sie die Option unter **Einstellungen/Anwendungen/Entwicklung**.)

Wenn das Smartphone mit Android 5.x läuft, müssen Sie zuerst die Entwickleroptionen sichtbar machen: Öffnen Sie in den Telefoneinstellungen den Eintrag **Über das Telefon** und gehen Sie dann zu **Build-Nummer**. Tippen Sie dann siebenmal (!) auf **Build-Nummer** und es erscheint eine Meldung, dass die Entwickleroptionen aktiviert sind.

2. Stellen Sie sicher, dass der für Smartphones spezifische USB-Treiber auf dem PC installiert ist (z. B. der *Kies* bei Samsung oder *Motorola Device Manager* bei Motorola-Geräten). Der Treiber ist meistens über die Hersteller-Webseite herunterladbar.
3. Verbinden Sie Smartphone und PC mit einem USB-Kabel.
4. Starten Sie in Android Studio die App (wieder über den Menübefehl **Run/RUn app** oder die entsprechende Schaltfläche in der Symbolleiste. Im erscheinenden Dialog können Sie nun das angeschlossene Smartphone unter **Choose a running device** sehen und auswählen.

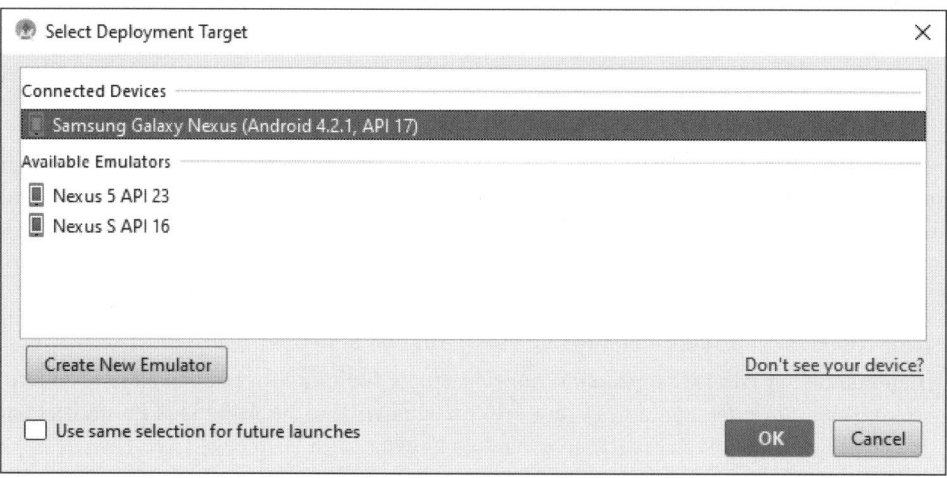

Bild 2.26 Ein angeschlossenes Smartphone als Zielgerät auswählen

>
> **TIPP**
>
> Bei manchen Smartphones wird in der Spalte **Compatible** ein **No** angezeigt, sodass man es nicht als Gerät auswählen kann (obwohl die API-Versionen von App und Gerät passen). Probieren Sie Folgendes: Beenden Sie Android Studio, danach sollten Sie im Smartphone das USB-Debugging deaktivieren und dann wieder aktivieren. Nun können Sie Android Studio wieder starten.
>
> Wenn es immer noch nicht geht, dann können Sie kurzzeitig diese Brachialmethode wählen: Öffnen Sie über die Projektansicht die Datei *Gradle Scripts/build.gradle* (Achtung: Es gibt zwei davon. Nehmen Sie die für das Modul.) und setzen Sie den Wert für `minSdkVersion` auf 1. Gehen Sie dann in der Projektansicht zur Manifestdatei (*app/manifests/AndroidManifest.xml*), öffnen Sie sie mit Doppelklick und fügen Sie **vor** dem `application`-Tag die folgende Zeile ein:
>
> ```
> <uses-sdk tools:overrideLibrary="android.support.v7.appcompat,
> android.support.v4" />
> ```
>
> Danach müssen Sie alles speichern und das Projekt neu bauen.

In aller Regel sollte die App jetzt auf dem Smartphone ausgeführt werden. Tut sie es immer noch nicht, empfehlen wir, erst einmal mit der Lektüre des Buchs und der Android-Programmierung fortzufahren. Zum Programmieren und Testen reicht der Emulator ja vollauf.

Später, wenn Sie sich dann besser mit Android auskennen, können Sie die Übertragung auf Ihr Smartphone noch einmal versuchen. Und sollte es dann noch immer nicht klappen, kommt Ihnen sicherlich eher eine Idee, wo der Fehler liegen könnte.

■ 2.8 Nächste Schritte

Sie haben nun bereits Ihre erste App erstellt und ausgeführt. Dabei ist eine ganze Menge von neuen Konzepten auf Sie eingeströmt und sicher sind von Ihrer Seite auch etliche Fragen aufgetaucht. Unsere nächste Aufgabe wird daher sein, die drängendsten Fragen zu klären und etwas mehr Licht auf die angesprochenen Konzepte zu werfen.

Leser, für die dies der Einstieg in die Java-Programmierung überhaupt ist, sollten sich vor dem Weiterlesen die Zeit nehmen, sich etwas intensiver mit Java vertraut zu machen – beispielsweise indem sie den Praxisteil des Java-Schnellkurses unter *http://files.hanser.de/ fachbuch/PDFs.zip* durcharbeiten. Die Grundlagen von Java werden ab dem nächsten Kapitel vorausgesetzt!

■ 2.9 Fragen und Antworten

1. *Beim Anlegen eines Projekts kann ich die* Minimum SDK Version *festlegen. Im Text wurde erwähnt, dass es noch* Target SDK Version *und* CompileWith SDK Version *gibt. Wozu brauche ich diese?*

   Kurze Antwort: Als Einsteiger in die Android-Programmierung brauchen Sie sich um diese Werte nicht zu kümmern, da sie von Android Studio automatisch gesetzt werden.

   Und jetzt die etwas längere Antwort, falls es Sie wirklich interessiert. *Target SDK Version* bezeichnet die API-Version, für die Ihre App vornehmlich gedacht ist und daher optimiert und intensiv getestet worden ist, sie soll der Android-Laufzeitumgebung eine Hilfe sein. In der Praxis hat sich das eher als Luftnummer erwiesen und wird daher kaum genutzt.

   Wichtiger und wirklich relevant ist die *CompileWith SDK Version*. Dies ist die Version des Android SDK, gegen die Ihre App kompiliert wird und die bestimmt, welche Version von Klassen und Methoden aus den Standard-Android-Bibliotheken verwendet werden. Da neuere Versionen garantiert immer alle Klassen und Methoden aus früheren Versionen enthalten, kann man im Prinzip gefahrlos immer die neueste Version für *CompileWith SDK Version* nehmen. Eine kleine Tücke lauert allerdings: Möglicherweise hat sich in einer neueren Version die Implementierung einer bestimmten API-Methode geändert (ein Fehler wurde behoben oder die Laufzeit verbessert, vielleicht auch ein neuer Fehler unabsichtlich eingebaut), sodass sich eine App, kompiliert mit einer älteren Version, leicht anders verhalten könnte als mit einer neueren.

2. *Wie kann ich* CompileWith- *und* Target SDK Version *nachträglich verändern?*

   Also, wenn Sie das unbedingt ändern möchten: Markieren Sie in der Projektansicht den Knoten *app* und drücken Sie die Taste **F4**. Es erscheint ein Dialog, wo Sie beim Reiter **Properties** die *CompileWith SDK Version* setzen können sowie beim Reiter **Flavors** die *Target SDK Version*.

■ 2.10 Übungen

1. Jede App bzw. jedes Projekt, das man mit Android Studio erzeugt, hat als App-Symbol das bekannte grüne Männchen. Aber natürlich kann man auch ein selbst definiertes Symbol bzw. Bild verwenden. Markieren Sie in der Projektansicht den *app* Knoten und rufen Sie mit der rechten Maus das Kontextmenü auf und wählen Sie **New/Image Asset**. Im erscheinenden Dialog aktivieren Sie für **Asset Type** den Wert **Image** und können dann eine Bilddatei auswählen. Beachten Sie bei der Vorbereitung der Bilddatei, dass sie ein möglichst quadratisches Format und eine hohe Auflösung hat. Bauen Sie danach die App neu und testen Sie das Ergebnis im Emulator.
2. Ändern Sie den Wert der String-Ressource `grussbotschaft` so, dass die App Sie namentlich begrüßt. Das heißt, Sie müssen die Datei *strings.xml* öffnen und den Wert der Ressource überschreiben.

3 Was wann wofür

Nachdem die ersten Schritte getan sind, die erste App erstellt und hoffentlich auch erfolgreich im Emulator getestet wurde, wir also die ersten Hürden erfolgreich genommen haben – und dies gilt ganz besonders für diejenigen Leser, die nebenbei auch noch das Java-Tutorium unter *http://files.hanser.de/fachbuch/PDFs.zip* durchgearbeitet haben –, werden wir in diesem Kapitel eine kurze Zwischenpause einlegen, die Entwicklerwerkzeuge und den Compiler für eine Weile ruhen lassen und diese Unterbrechung dazu nutzen, uns geistig auf die nächsten Aufgaben vorzubereiten.

Konkret werden wir uns eine Übersicht darüber verschaffen, was bei der App-Programmierung eigentlich von uns erwartet wird, mit welchen Komponenten (Android-Klassen) wir es dabei zu tun haben und wie Android-Projekte im Detail aufgebaut sind. Wir werden dabei etlichem Bekannten begegnen, aber auch viel Neues entdecken.

■ 3.1 Was ist zu tun? – Die drei Pfeiler der App-Erstellung

Zur App-Programmierung gehört, dass Sie

- den **Code schreiben**, der festlegt, wie sich die App verhält,
- das **Layout festlegen**, das bestimmt, wie die App auf dem Anzeigegerät dargestellt wird,
- die **Ressourcen bereitstellen**, die für die Anzeige und Funktion der App benötigt werden.

Haben Sie die Aufgabenkomplexe wiedererkannt? Es sind die gleichen Aufgaben, die wir bereits in Kapitel 2.3 und 2.4 angesprochen haben.

Der Code ist naturgemäß das eigentliche, ureigene Metier des Programmierers. Wie das Codegerüst einer App aussieht, haben Sie ja bereits in Kapitel 2.3 gesehen. In Kapitel 4 werden wir uns etwas näher mit dem Code befassen, ein paar Fingerübungen machen und uns vor allem ansehen, wie uns Android Studio bei der Codebearbeitung unterstützt.

App-Benutzeroberflächen werden üblicherweise über XML-Layoutdateien definiert (siehe Kapitel 2.4). Da sie für den Erfolg und die Bedienbarkeit einer App von großer Bedeutung sind, werden wir uns in Kapitel 5 etwas ausführlicher mit ihnen beschäftigen. Wir werden uns in den XML-Code einarbeiten und sehen, welche Unterstützung der Android Studio-Designer bei der visuellen Bearbeitung der Layouts bietet, und uns nebenbei mit Hintergrundbildern, Orientierungen und App-Symbolen befassen.

Apps arbeiten viel mit Ressourcen: Bilder, anzuzeigende Texte und Beschriftungen, Farben, Stile, Mediendateien etc. In Kapitel 6 werden wir die verschiedenen Ressourcentypen vorstellen. Vor allem die Arbeit mit Strings und Bildern, inklusive der Unterstützung unterschiedlicher Geräteauflösungen, werden wir etwas eingehender betrachten.

■ 3.2 Wer hilft uns? – Bausteine und Klassen

Android-Apps werden in der Umgebung eines Android-Betriebssystems ausgeführt. Das Betriebssystem stellt, unterstützt von passender Hardware, den Apps viele interessante Optionen zur Verfügung (wie z. B. das Abspielen von Sounddateien, das Aufnehmen von Fotos, das Starten fremder App-Komponenten, das Speichern von Dateien), stellt umgekehrt aber auch Anforderungen an die Apps (vorgegebener Aufbau, vorgegebene Kommunikationswege, DEX-Bytecode etc.).

Um dem Entwickler die Arbeit zu erleichtern, sodass er mit möglichst geringem Aufwand Android-Apps erstellen und die vielen technischen Möglichkeiten nutzen kann, stellt uns Google die Klassen der Android-Bibliothek zur Verfügung.

3.2.1 Bausteine für den App-Aufbau

Apps bestehen aus diversen Bausteinen, hinter denen naturgemäß Klassen aus der Android-Bibliothek stehen. Sehen wir uns einige dieser Bausteine etwas genauer an.

Activities

Während Windows-Anwendungen üblicherweise **ein** Hauptfenster besitzen, in dem der Anwender **eine Vielzahl** von Aktionen durchführen kann, bestehen Apps aus **einer oder mehreren** Bildschirmseiten, die jede **einer** bestimmten Aktivität gewidmet sind. Womit wir beim Thema Aktivitäten oder, wie der Android-Programmierer auch sagt, „Activities" wären.

Eine Activity ist eine Kombination aus Bildschirmseite und zugehörigem Code. Eine Activity sollte einer in sich abgeschlossenen Aufgabe (Aktivität) gewidmet sein, sie wird als Klasse implementiert, die von der Bibliotheksklasse `android.app.Activity` abzuleiten ist, und sie muss in der Manifestdatei der App aufgeführt werden.

Eine Besonderheit der App-Activities ist, dass sie in sich geschlossene Bausteine darstellen und nur lose an ihre App gebunden sind. Dies hat zwei Konsequenzen:

- Eine Activity kann grundsätzlich von jeder App auf dem Android-Gerät aufgerufen werden.

- Für den Aufruf von Activities gibt es einen globalen Aufrufmechanismus: der Aufruf über sogenannte Intents. Diesen Mechanismus müssen Sie verwenden, gleichgültig, ob Sie eine Activity der eigenen oder einer fremden App aufrufen möchten.

WIEDERVERWENDBARE KOMPONENTEN

Ist es nicht seltsam, eine Anwendung als eine Sammlung eigenständiger binärer Software-Komponenten zu definieren? Ganz und gar nicht! Microsoft betreibt seit Jahren einen enormen Aufwand, um über diverse Technologien (COM, DCOM, COM+, .NET Framework) seiner Windows-Entwicklergemeinde das zu bieten, was Android von vornherein mitbringt: die einfache anwendungsübergreifende Wiederverwendung von auf dem System installierten Software-Bausteinen.

Intents

Betrachtet man Apps als lose verbundene Activities, so sind es die Intents, zu Deutsch „Absichten", die die lose Verbindung zwischen den Activities herstellen.

Konkret bedeutet dies: Wenn Sie aus einer Activity heraus eine andere Activity starten möchten, müssen Sie

- einen Intent erzeugen, der angibt, welche Activity aufzurufen ist und welche Daten dieser Activity gegebenenfalls übergeben werden sollen,
- den Intent mit einer passenden Android-Methode abschicken.

Das Android-System empfängt den Intent und sucht nach der auszuführenden Activity. Gibt es auf dem System eine Activity, die zur Beschreibung in dem Intent passt, wird die Activity gestartet.

Tauchen wir noch ein wenig tiefer in den Intent-Mechanismus ein. Grundsätzlich gibt es zwei Wege, einen Intent zu adressieren:

- als expliziten Intent – in diesem Fall wird als Adressat die Activity angegeben, die aufgerufen werden soll.
- als impliziten Intent – in diesem Fall wird als Adressat keine konkrete Activity angegeben. Stattdessen werden bestimmte Informationen über die gewünschte Aktion mitgeliefert *(action, type* und *category)* und das Android-System bestimmt, welche der auf dem System vorhandenen Activities zu den Informationen passt. (Zur Unterstützung dieses Mechanismus definieren die Activities in der Manifestdatei sogenannte Intent-Filter, deren Daten mit den Informationen im Intent-Objekt abgeglichen werden, siehe auch weiter unten die Ausführungen zur Manifestdatei.)

AUFSTEIGER

Activities sind nicht die einzigen Komponenten, die über Intents aufgerufen werden können. Auch Services und Broadcast Receiver sind ausführbare binäre Komponenten, die über Intents gestartet werden.

BROADCAST INTENTS

Nicht nur Apps können Intents abschicken. Auch das Android-System selbst kann Intents versenden, die von interessierten Apps über Broadcast Receiver abgefangen werden können. Wir sprechen in diesem Fall von Broadcast Intents.

Views

Kommen wir noch einmal auf die grafischen Benutzeroberflächen der Apps zurück. Diese sind, wie Sie wissen, auf Bildschirmseiten verteilt und werden üblicherweise über XML-Layoutdateien definiert (siehe auch Kapitel 2.4).

Aufgebaut werden diese Bildschirmseiten aus Views. Eine View, zu Deutsch „Ansicht", ist einfach ein rechteckiges Element einer UI-Oberfläche, das sich selbst zeichnet und grundsätzlich mit dem Anwender interagieren kann.

DAS ACTIVITY-VIEW-INTENT-GEFLECHT

Eine Android-App besteht aus einer oder mehreren Activities. Jede dieser Activities steht für einen in sich abgeschlossenen Aufgabenbereich inklusive zugehöriger Bildschirmseite. Die erste sichtbare Activity wird in der Regel als MainActivity bezeichnet. Apps können aus beliebig vielen Activities (Bildschirmseiten) bestehen. Der Wechsel von einer Activity zur anderen erfolgt stets durch Absendung eines Intent.

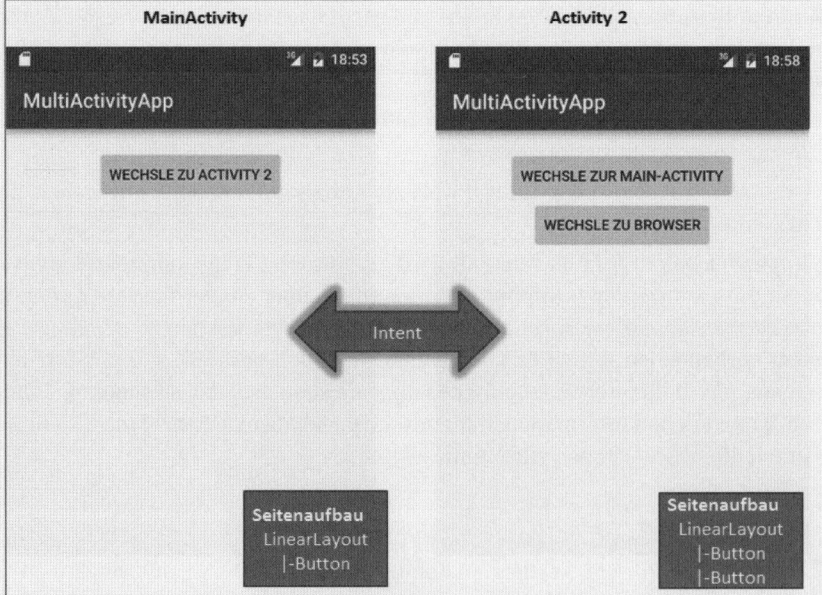

Bild 3.1 Drückt der Anwender den Button auf der ersten Bildschirmseite, wird ein Intent abgesetzt, der die Bildschirmseite der zweiten Activity aufruft. Will der Anwender zurück zur ersten Seite, muss er auf den entsprechenden Button drücken, der natürlich ebenfalls einen Intent absetzt.

Drei Arten von Views sind für uns besonders interessant:

- *Zeichenflächen* – Instanzen der Klassen `View`, `ImageView` oder `SurfaceView`, die rechteckige Bereiche auf einer Bildschirmseite repräsentieren, in die wir zeichnen können.
- *Widgets* – spezialisierte Views, die einer bestimmten Aufgabe gewidmet sind. So sind z. B. die typischen Steuerelemente wie Eingabefelder, Schaltflächen, Listenfelder etc. als Widgets im Paket `android.widget` definiert.
- *ViewGroups* – Container-Views, die andere Views in sich aufnehmen können. ViewGroups, die andere Views nicht nur aufnehmen, sondern auch noch nach bestimmten Regeln anordnen, bezeichnen wir als Layout-Views (siehe Kapitel 5.3).

Sonstige Bausteine

Es gibt noch eine Reihe weiterer App-Bausteine, die in diesem Buch zwar keine besondere Rolle spielen, von denen Sie aber dennoch schon einmal gehört haben sollten.

- *Services*
  Ein Service, zu Deutsch „Dienst", ist eine Arbeit, die im Hintergrund erledigt wird. Im Gegensatz zu Activities besitzen Services daher keine eigene Benutzeroberfläche. Mithilfe von Services kann man Aufgaben parallel zur laufenden App ausführen (beispielsweise eine Hintergrundmusik abspielen) oder langwierige Aktionen, wie z. B. das Herunterladen großer Multimediadateien aus dem Internet, im Hintergrund erledigen, ohne dass die App dadurch lahmgelegt wird. Services werden als Unterklassen der Klasse `Service` implementiert.

- *Broadcast Receiver*
  Broadcast Receiver sind Komponenten, die auf Meldungen des Android-Systems reagieren, wie z. B. „niedriger Batteriestand" (`ACTION_BATTERY_LOW`) oder „Der Kameraknopf wurde gedrückt" (`ACTION_CAMERA_BUTTON`). Broadcast Receiver besitzen keine eigene Benutzeroberfläche, können aber Nachrichten und Optionen zur Reaktion auf das Ereignis in die System-Statusleiste ausgeben.

- *Content Provider*
  Content Provider sind Komponenten, die Ihnen bei der Verwaltung externer Daten helfen. Sie können sie für Daten benutzen, die nur von einer App verwendet werden. Sie können über einen Content Provider aber auch Daten verwalten, die von mehreren oder allen Apps auf einem Android-Gerät genutzt werden können.

- *Fragmente*
  Mit Android 3.0 (API-Level 11) eingeführte Komponente. Fragmente erlauben es dem Programmierer, den Code umfangreicher Activities aufzuteilen, indem er Teile der Activity in Fragmente auslagert. Fragmente definieren ihre eigene Benutzeroberfläche und haben einen eigenen Lebenszyklus. Ihr wohl größter Vorzug: Auf Fragmente basierende grafische Benutzeroberflächen können so aufgebaut werden, dass funktionell zusammengehörende Fragmente auf einem Tablet-PC nebeneinander, auf einem Smartphone aber nacheinander angezeigt werden. Eine so konzipierte App bietet auf Tablet-PCs einen größeren Bedienungskomfort, ist aber auch auf Smartphones ausführbar.

APP-KOMPONENTEN

Activities, Services, Content Provider, Broadcast Receiver und Fragmente werden in der Android-Terminologie als *„Android-Komponenten"* bezeichnet – essenzielle Bausteine, die Aufgaben definieren, die vom Anwender oder vom System gestartet werden können.

Threads und asynchrone Tasks

Wenn Sie im Code einer Activity zeitraubende Aktionen ausführen, wie z. B. das Herunterladen größerer Dateien aus dem Internet, langweilen Sie den Anwender (der warten muss und nicht mit der App fortfahren kann) und alarmieren das Android-System, das irgendwann erkennt, dass die App nicht mehr reagiert (sie ist ja beschäftigt), und dem Anwender eine „Application Not Responding"-Meldung anzeigt.

Sie können dies verhindern, indem Sie die zeitraubende Aktion im Hintergrund ausführen lassen – wahlweise als eigenen Service oder als Thread. Threads können Sie mit der Java-Klasse `java.lang.Thread` oder mithilfe der Android-Klasse `android.os.AsyncTask` implementieren (siehe z. B. Kapitel 18).

MATERIAL ZUM BUCH

Für Leser, die mit der Thread-Programmierung unter Java nicht vertraut sind, gibt es in dem Java-Tutorium einen Exkurs zu diesem Thema.

3.2.2 Klassen zur Adressierung spezieller Aufgaben

Neben den grundlegenden App-Bausteinen gibt es in der Android-Bibliothek natürlich noch einen reichen Fundus weiterer Klassen, die Ihre App nutzen kann, um bestimmte Aufgaben zu erledigen, wie z. B.:

Tabelle 3.1 Nützliche Android-Klassen

Klasse	Für
`BitmapFactory` `Bitmap`	Zum Laden, Erzeugen und Arbeiten mit Bildern Paket `android.graphics`
`Camera`	Zur Durchführung von 3D-Transformationen auf Grafiken Paket `android.graphics`
`Camera`	Zum Zugriff auf die Kamera des Android-Geräts Paket `android.hardware`
`LocationManager` `Location`	Zum Abfragen und Arbeiten mit geografischen Positionen Paket `android.location`

Klasse	Für
Log	Zum Ausgeben von Protokollmeldungen
	Paket `android.util`
MediaPlayer	Zum Abspielen von Mediadateien
	Paket `android.media`
SensorManager	Zum Zugriff auf die Sensoren
	Paket `android.hardware`
SoundPool	Zum Abspielen von Signaltönen
	Paket `android.media`

■ 3.3 Wo wird was gespeichert? – Dateitypen, die Sie kennen sollten

In Kapitel 2 haben wir uns bereits einen groben Überblick über den Aufbau von Android-Projekten und die darin verwalteten Dateien verschafft. Jetzt, da wir bereits ein bisschen Praxis in der App-Programmierung gesammelt haben, wollen wir an das Gelernte anknüpfen und uns die beteiligten Dateitypen etwas näher ansehen.

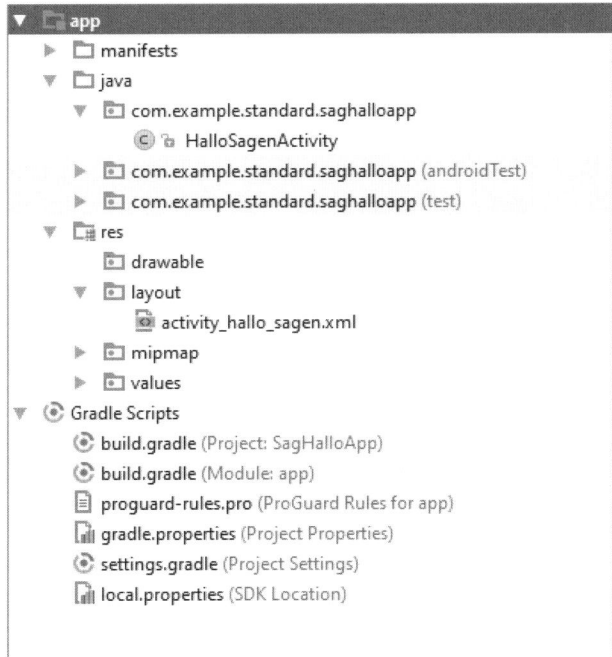

Bild 3.2
Aufbau eines Android-Projekts (dargestellt in der Projektansicht von Android Studio)

3.3.1 Quelldateien

Android-Apps werden in Java geschrieben, weswegen der Code einer App in Java-Dateien im Ordner *java* zu finden ist. Falls im Assistenten für die Projekterstellung eine Start-Activity ausgewählt wurde, wird für diese Activity eine erste (mehr oder weniger leere) Implementierung in Form einer Java-Datei automatisch von Android Studio angelegt. Weitere Quelldateien für zusätzliche Activities oder andere Java-Klassen müssen Sie selbst anlegen – vorzugsweise über das Menü **File/New/Java Class** (siehe auch Kapitel 4.2).

Die Quelldateien der App müssen – wir haben es bereits mehrfach angesprochen – in einem eigenen Paket (hier com.example.standard) definiert werden. Sie müssen allerdings nicht zwangsweise alle in einem Paket liegen. Im Gegenteil ist es üblich und empfehlenswert, die Dateien und damit die in ihnen definierten Klassen nach Aufgabenbereichen auf diverse Unterpakete zu verteilen.

Per Doppelklick auf einen Quelldateiknoten in der Projektansicht können Sie die Quelldatei zur Bearbeitung in den Android Studio-Editor laden.

ACHTUNG

Zur Erinnerung für Java-Neulinge: In einer Java-Quelldatei kann immer nur eine public-Klasse definiert werden und die Datei muss dann den gleichen Namen tragen wie diese Klasse.

3.3.2 Die Datei R.java

Für das Ressourcen-Handling gibt es eine besondere Klasse: *R.java*, welche die ID-Konstanten für den Zugriff auf die Ressourcen der App definiert. Diese Datei wird automatisch von Android Studio erstellt und verwaltet. Sie können sie einsehen, indem Sie sie in den Editor laden, aber Sie sollten sie nicht bearbeiten. Sie finden die Datei daher auch nicht in der Projektansicht. Um sie anzuschauen, tippen Sie in Android Studio einfach die Tastenkombination **STRG+UMSCHALT+N** (dient zum Suchen nach Dateien) und geben Sie *R.java* ein. Wählen Sie den Eintrag aus, der zum Paketnamen des Projekts gehört.

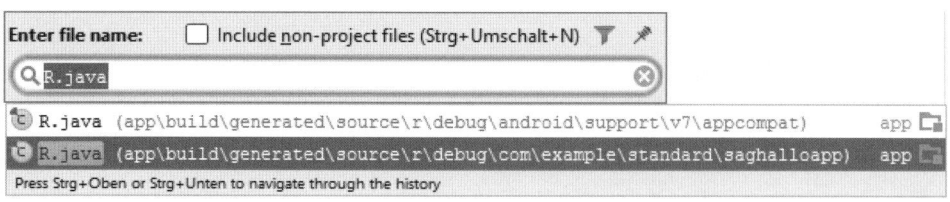

Bild 3.3 R.java aufspüren

Wenn Sie der Ansicht sind, dass die Datei nicht auf dem aktuellen Stand ist, speichern Sie einfach (Befehl **File/Save All**) und bauen Sie das Projekt danach neu.

R.java wird immer nur von Android Studio angelegt bzw. aktualisiert. Sie dürfen sie nicht selbst ändern!

Listing 3.1 Die R.java-Datei des Projekts SagHalloApp (Auszug)

```
/* AUTO-GENERATED FILE.  DO NOT MODIFY.
 *
 * This class was automatically generated by the
 * aapt tool from the resource data it found.  It
 * should not be modified by hand.
 */

package com.example.standard.saghalloapp;

public final class R {
    // ....
    public static final class layout {
        // ...
        public static final int activity_hallo_sagen=0x7f040019;
    }
}
```

Wir finden z. B. die ID R.layout.activity_hallo_sagen, die wir in unserer *SagHalloApp* zum Laden des Layouts aus *activity_hallo_sagen.xml* benutzt haben:

```
setContentView(R.layout.activity_hallo_sagen);
```

Mehr zu der *R.java*-Datei und den darin definierten ID-Konstanten finden Sie in Kapitel 6, „Ressourcen".

Apropos automatisch generierte Dateien. Wo stehen eigentlich die CLASS-Dateien, die der Compiler beim Kompilieren der App erzeugt? Sie stehen im Unterverzeichnis *app\build\intermediates\classes\debug*, das Sie im Projektverzeichnis auf Ihrer Festplatte finden.

3.3.3 Assets

Eine App kann auch zusätzliche Assets haben. Sie wären dann in einem eigenen Unterordner *app/assets* in der Projektansicht sichtbar. Assets sind Dateien aller Art, beispielsweise eine SQLite-Datenbank. Wir werden in späteren Kapiteln näher auf Assets eingehen.

3.3.4 Die Ressourcendateien

Der Unterordner *app/res* ist das Zuhause für verschiedene Arten von Ressourcendateien. Zwei haben Sie schon kennengelernt: *activity_hallo_sagen.xml* und *strings.xml*. Welche weiteren Dateien es gibt, wie diese auf Ordner verteilt werden und wie man auf die in den Ressourcendateien definierten Ressourcen zugreift, ist uns ein eigenes Kapitel – das sechste – wert.

3.3.5 Die Manifestdatei *AndroidManifest.xml*

Aufgabe der Manifestdatei ist es, Ihre App dem Android-System vorzustellen, das die App installieren und ausführen soll. Dazu gehört unter anderem, dass die Manifestdatei angibt,

- welche Activities und anderen Komponenten zur App gehören,
- wie der Paketname der App lautet,
- wie der Anzeigename („Label") der App ist und welches Icon sie haben soll.

Wenn Sie in der Projektansicht auf die Manifestdatei *app/manifests/AndroidManifest.xml* doppelklicken, sehen Sie alle diese Informationen übersichtlich als XML-Code präsentiert.

Listing 3.2 Die Manifestdatei von SagHalloApp

```xml
<?xml version="1.0" encoding="utf-8"?>
<manifest xmlns:android="http://schemas.android.com/apk/res/android"
    package="com.example.standard.saghalloapp">

    <application
        android:allowBackup="true"
        android:icon="@mipmap/ic_launcher"
        android:label="@string/app_name"
        android:supportsRtl="true"
        android:theme="@style/AppTheme">
        <activity android:name=".HalloSagenActivity">
            <intent-filter>
                <action android:name="android.intent.action.MAIN" />

                <category
                    android:name="android.intent.category.LAUNCHER" />
            </intent-filter>
        </activity>
    </application>

</manifest>
```

Die Start-Activity

Die *SagHalloApp*, die wir in Kapitel 2 erstellt haben, besteht aus nur einer einzigen App-Komponente – der Activity `HalloSagenActivity` –, sodass es unter dem XML-Element `application` der Manifestdatei auch nur ein untergeordnetes Element gibt: eben für die Activity `HalloSagenActivity`:

Dies war zu erwarten[1], denn die Manifestdatei soll ja die Komponenten auflisten, die zur App gehören. Spannender ist da zweifelsohne das Unterelement `intent-filter`:

---

[1] Wenn Sie allerdings später zusätzliche Activities für eine App anlegen, müssen Sie diese eigenhändig in die Manifestdatei eintragen.

```
<intent-filter>
    <action android:name="android.intent.action.MAIN" />

    <category android:name="android.intent.category.LAUNCHER" />
</intent-filter>
```

Intent-Filter dienen dazu, dem Android-System Sinn und Zweck einer Activity zu beschreiben. Der obige Intent-Filter teilt dem Android-System z. B. mit, dass die zugehörige App in der Liste der installierten Apps aufgeführt werden soll, von wo aus der Anwender sie starten kann (LAUNCHER-Kategorie), und dass diese Activity ausgeführt werden soll, wenn die App gestartet wird (MAIN-Action).

3.3.6 Die APK-Datei

Die APK-Datei ist ein besonderes Archiv mit dem kompletten Code und allem, was dazugehört. Sie ist die Installationsdatei der App und wird benötigt, wenn Sie Ihre App im Internet unter Google Play anbieten oder an Bekannte weitergeben möchten (siehe Anhang A). Man kann sie durch Aufruf von **Build/Build APK** erzeugen lassen; anschließend ist sie auf der Festplatte im Projektverzeichnis unter *app\build\outputs\apk* zu finden.

■ 3.4 Frage und Antworten

Kann ich andere Java-Bibliotheken für meine Apps benutzen?

Ja, natürlich! Im Rahmen dieses Einsteigerbuches werden wir zwar keine externen Bibliotheken (in Form eines jar-Archivs) benötigen, aber wenn Sie später hoffentlich anfangen, umfangreichere Apps zu erstellen, dann werden Sie bestimmt auch externe Bibliotheken einsetzen. Man fügt eine Bibliothek als Abhängigkeit (Dependency) in den Projekteigenschaften hinzu. Markieren Sie hierzu in der Projektansicht den *app*-Knoten und drücken Sie die Taste **F4**. Wählen Sie dann den Reiter **Dependencies** und fügen Sie über das +-Zeichen die gewünschte Bibliothek (aus einem Online-Repository oder aus einer Datei) hinzu.

Zu beachten ist allerdings, dass man nicht jede beliebige Java-Bibliothek nehmen kann: Sie muss Android-kompatibel sein, z. B. dürfen keine Klassen aus den Paketen `java.awt` oder `java.swing` verwendet werden, da es diese in der Android-Welt nicht gibt.

3.5 Übung

Versuchen Sie, die folgenden Fragen kurz und knapp aus dem Gedächtnis zu beantworten:
- Welches sind die drei Grundpfeiler der App-Programmierung?
- Was ist eine Activity?
- Wie wird die Verbindung zwischen Activities hergestellt?
- Was ist die Klasse R?

Teil II:
Grundlagen

Ihre Entwicklungsumgebung ist eingerichtet und Sie konnten die Erstellung Ihrer ersten App erfolgreich nachvollziehen? Sehr schön, dann können wir uns jetzt etwas eingehender und in angemessener Ausführlichkeit mit den Grundlagen der App-Programmierung befassen.

4 Code

Der Einstieg in die Android-Programmierung macht es notwendig, dass man sich gleichzeitig auch noch in die Entwicklungsumgebung Android Studio einarbeiten muss. Das kann gerade für Einsteiger schon etwas Stress am Rande der Überforderung bedeuten, aber keine Sorge: In diesem Buch werden Sie alle notwendigen Grundlagen kennenlernen und der Rest wird sich mit der Zeit ergeben. Wir beginnen mit einem detaillierteren Blick auf den Editor.

Falls Sie schon Erfahrungen mit einer Entwicklungsumgebung (wie Eclipse, NetBeans oder IntelliJ IDEA) haben, dann können Sie dieses Kapitel im Schnelldurchgang überfliegen, allen anderen ist es wärmstens empfohlen.

■ 4.1 Der Editor

Der Großteil der App-Programmierung besteht aus dem Editieren von Java- und XML-Dateien. Daher werden Sie intensiven Kontakt mit der Editor-Komponente von Android Studio haben. Es würde den Rahmen dieses Buchs sprengen, wollten wir die vielen nützlichen Funktionen und Optionen des Editors auch nur aufzählen. Picken wir uns also lieber einige der interessanteren Features heraus.

Nebenbei werden wir auch ein wenig programmieren. So bleiben Sie in Übung und können die vorgestellten Editorfunktionen gleich aktiv ausprobieren.

1. Legen Sie ein neues Android-Projekt *Tusch* mit den Parametern aus Tabelle 4.1 an (Befehl File/New Project).

Tabelle 4.1 Parameter für das Projekt Tusch

Dialogfeld	Eingabe/Einstellung
Application name	TuschApp
company Domain	standard.example.com
Platform	Phone and Tablet
Minimum Required SDK	15
Add an Activity	Empty Activity
Activity Name	MainActivity

2. Nach Anlegen des Projekts öffnet Android Studio automatisch die Quelldatei *Main Activity.java* in einem neuen Editor-Register. Falls nicht: Doppelklicken Sie in der Projektansicht auf den Knoten der Klasse *MainActivity* (im Ordner *app/java/com/example/standard/tuschapp*), um die entsprechende Datei in den Editor zu laden.

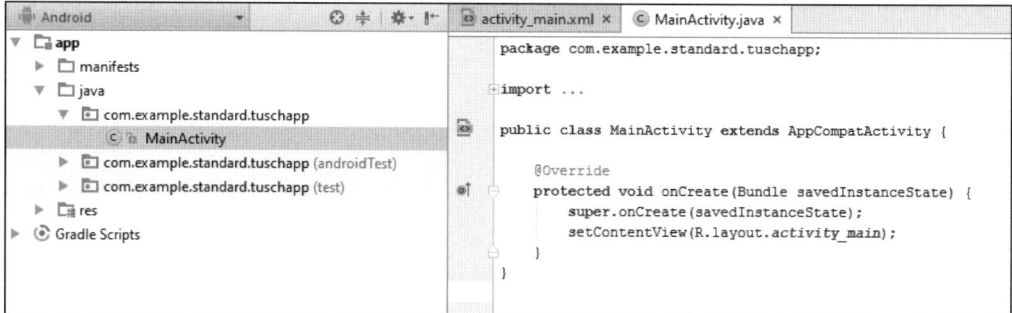

Bild 4.1 Die frisch erzeugte Datei MainActivity.java

4.1.1 Syntaxhervorhebung

Zu den auffälligsten Features des Editors gehört zweifelsohne die optische Hervorhebung der diversen Sprachelemente, z. B. blauer Fettdruck für die Schlüsselwörter von Java, Lila für String-Literale, Grau für Kommentare, Kursivdruck für statische Klassenelemente etc.

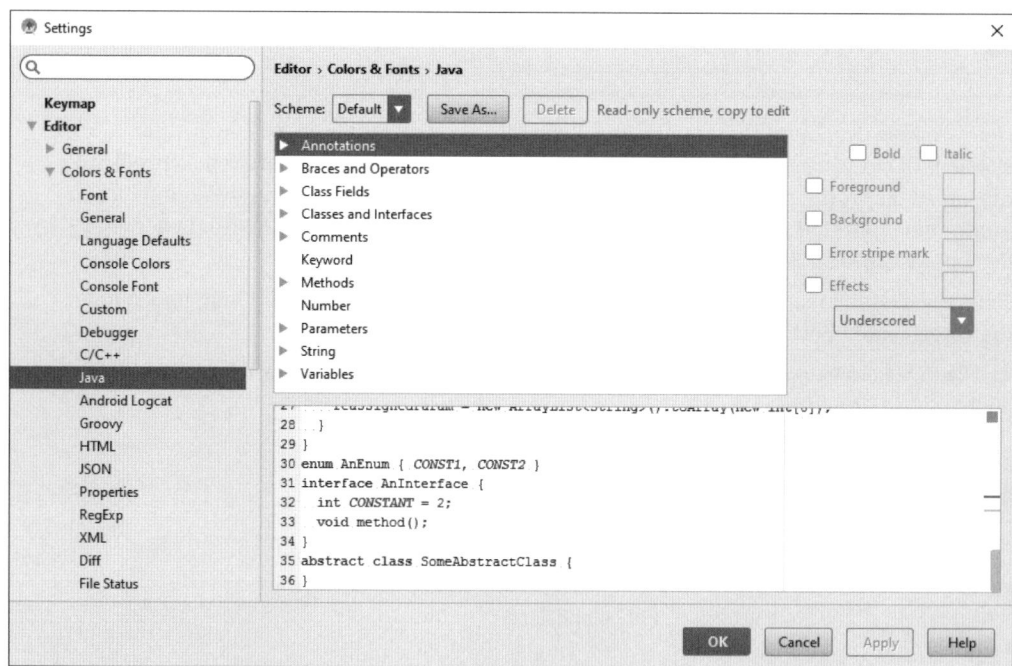

Bild 4.2 Anzeigeformate der Java-Sprachelemente

Um einen Überblick zu erhalten, gehen Sie am besten in die Einstellungen von Android Studio (Menübefehl **File/Settings**) und wählen dann den Eintrag **Editor/Colors & Fonts/Java**.

Hier können Sie in der Liste sehen, wie die verschiedenen Sprachelemente von Java angezeigt werden, und dies bei Bedarf ändern (nach Änderungen die Schaltfläche **Apply** zum Speichern klicken).

4.1.2 Code Folding (Code-Gliederung)

Sicher sind Ihnen auch schon die Gliederungsmarkierungen in der Randspalte links neben dem Code aufgefallen. Markierungen mit einem Plus stehen für einen zusammengefalteten (kollabierten) Codebereich, ein Minus markiert den Anfang eines Bereichs, der nicht kollabiert ist und durch Klick zusammengefaltet werden kann. Man kann auch über das Kontextmenü (rechter Mausklick, dann **Folding**) verschiedene Befehle aufrufen, um den zur aktuellen Cursorposition gehörenden Bereich zu expandieren oder zu kollabieren.

```
package com.example.standard.tuschapp;

import ...

public class MainActivity extends AppCompatActivity {

    @Override
    protected void onCreate(Bundle savedInstanceState) {
        super.onCreate(savedInstanceState);
        setContentView(R.layout.activity_main);
    }
}
```

Bild 4.3 import-Anweisungen sind kollabiert, `onCreate()` expandiert.

Erzeugt werden die Gliederungsmarkierungen vom Editor, der beim Laden der Datei die Struktur des Codes analysiert und Markierungen für bestimmte Sprachelemente erzeugt.

Sinn und Zweck der Gliederungspunkte ist es natürlich, Codeelemente, an denen aktuell nicht gearbeitet wird, auszublenden. Für Dateien, die wie unsere bisherigen Beispiele insgesamt nur wenige Codezeilen umfassen, kann man auf diese Möglichkeit natürlich in der Regel verzichten; bei umfangreichen Codestrukturen kann das Ausblenden sehr praktisch sein. Insbesondere für XML-Dateien ist es nützlich, da man XML-Tags so ein- und ausblenden kann, um den Durchblick zu behalten.

Konfiguration der Gliederungsfunktion

Man kann konfigurieren, welche Sprachelemente nach dem Öffnen einer Datei standardmäßig expandiert und welche zusammengefaltet angezeigt werden sollen. Öffnen Sie hierzu die Einstellungen von Android Studio (Menübefehl **File/Settings**) und wählen dann den Eintrag **Editor/general/Code Folding**.

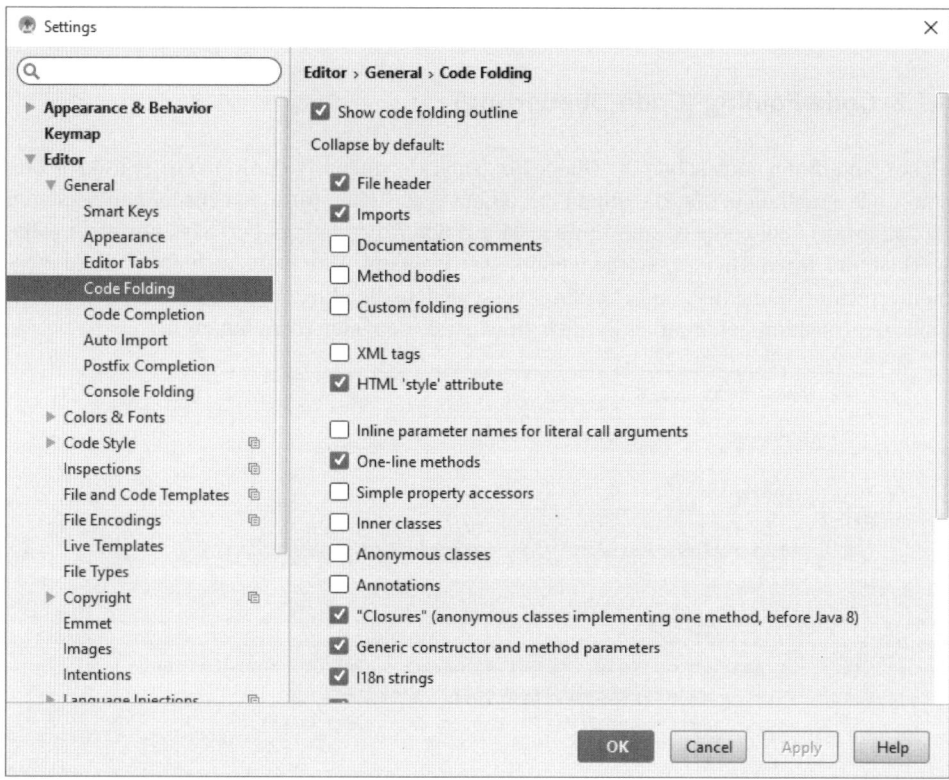

Bild 4.4 Konfiguration der Gliederungsfunktion

Vorschau

Eine unseres Erachtens besonders nette Aufmerksamkeit des Editors ist, dass man zusammengeklappte Elemente nicht erst per Klick auf ihren Gliederungspunkt entfalten muss, wenn man nur einen kurzen Blick hineinwerfen möchte. Es genügt, einfach den Mauszeiger kurz über den drei Auslassungspunkten ... stehen zu lassen. Der Editor blendet Ihnen dann ein Info-Fenster mit dem Inhalt des zusammengefalteten Bereichs ein. Probieren Sie es doch gleich einmal bei dem Bereich mit den `import`-Anweisungen aus.

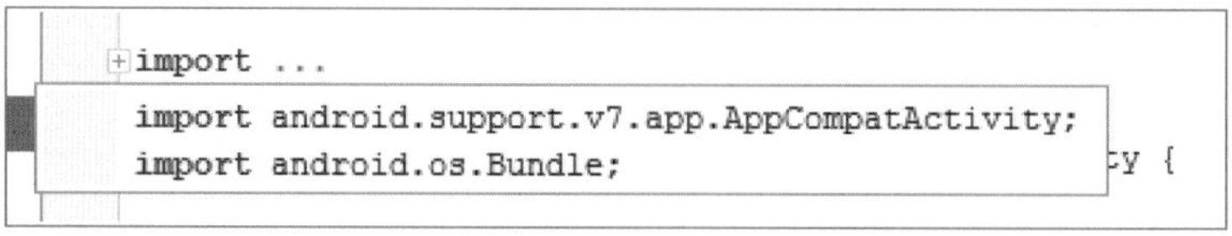

Bild 4.5 Info-Fenster mit Inhalt des zusammengeklappten `import`-Codeelements

TIPP

Um in ein zusammengefaltetes Element nur kurz hineinzuschauen, genügt es, den Mauszeiger für kurze Zeit über dem kollabierten Bereich (...) stehen zu lassen.

4.1.3 Code Completion (Code-Vervollständigung)

Eins der wichtigsten Unterstützungsmerkmale einer modernen Entwicklungsumgebung wie Android Studio ist die Code Completion: Während Sie Code tippen, erhalten Sie Vorschläge, die Sie durch Auswahl mit Maus oder Tastaturpfeilen und abschließender **Eingabe**-Taste akzeptieren können. Wir probieren dies im Folgenden, indem wir die onCreate()-Methode der TuschActivity durch einige Codezeilen erweitern, damit die App beim Start einen Tusch spielt. Der zugehörige Code sieht grundsätzlich wie folgt aus:

```
// in onCreate():
  MediaPlayer mp = new MediaPlayer();
  mp.setDataSource("http://www.carpelibrum.de/test/tada.mp3");
  mp.prepare();
  mp.start();
```

Zuerst wird hier ein MediaPlayer-Objekt erzeugt und der Verweis auf das Objekt in der Variablen mp abgelegt. Mit den Methoden setDataSource() und prepare() legen wir fest, welche Sounddatei geladen und abgespielt werden soll. In der letzten Zeile wird die Sounddatei dann einmalig abgespielt.

Doch eins nach dem anderen.

1. Tippen Sie nach der letzten Codezeile in der onCreate()-Methode den Anfang des obigen Codes bis zum Anfang des MediaPlayer, z. B. MediaPl.

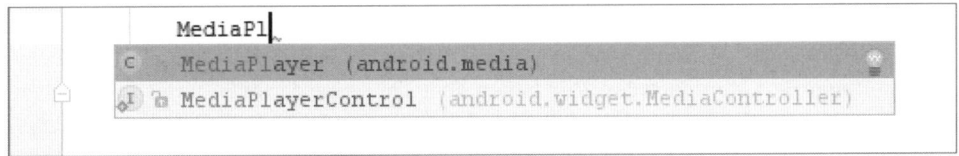

Bild 4.6 Info-Fenster mit Namensvorschlägen

Nach kurzer Zeit werden Ihnen Vorschläge unterbreitet. Der erste Eintrag ist das, was wir wollen. Akzeptieren Sie ihn durch **Eingabe**.

2. Tippen Sie nun ein Leerzeichen und ein m. Warten Sie ganz kurz. Android Studio macht nun automatisch Vorschläge für den Namen der Variablen. Typischerweise lautet dieser Name wie der Name der Klasse, aber mit Kleinbuchstaben.

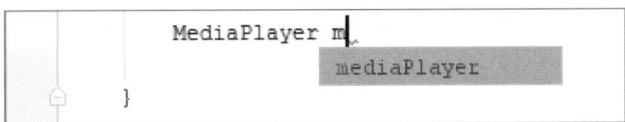

Bild 4.7 Info-Fenster mit Namensvorschläge für Variablen

Sie können diesen Vorschlag akzeptieren oder ignorieren und einfach weitertippen, was Ihnen vorschwebt. Das tun wir hier und tippen nur ein p, damit der Name nicht zu lang wird.

3. Geben Sie nun den Rest der Zeile ein. Falls Sie nicht schnell genug tippen, wird Android Studio Ihnen dabei wieder Vorschläge machen.

4. Tippen Sie nun den Beginn der nächsten Zeile ein, aber erst mal nur bis zum Punkt. Es wird Ihnen dann eine Liste von möglichen Methoden angezeigt, welche die Klasse MediaPlayer besitzt. Wenn Sie weitere Buchstaben eingeben, wird die Auswahl verengt, bis wir zur gewünschten Methode setDataSource() gelangen, die mit **Eingabe** übernommen werden kann.

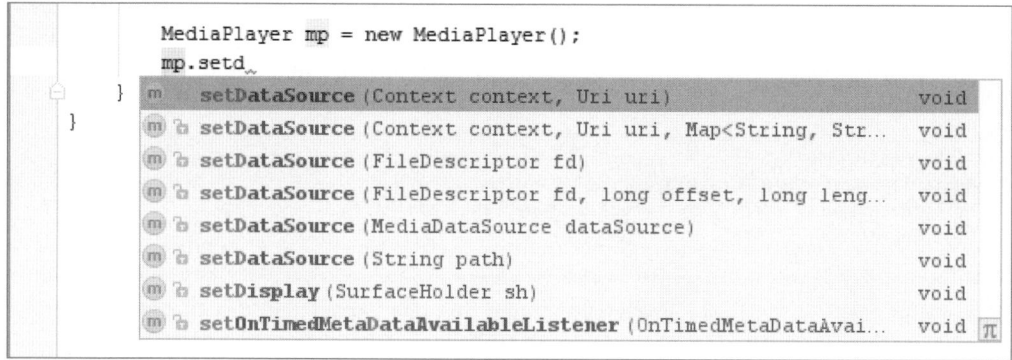

Bild 4.8 Info-Fenster mit Methodenvorschlägen

Geben Sie die weiteren Zeilen ein und genießen Sie die Unterstützung von Android Studio. Selbst wenn man nicht den genauen Namen einer Klasse oder einer Methode weiß, kann man damit flüssig programmieren, ohne ständig in einer Online-Hilfe oder einer Klassenreferenz nachblättern zu müssen.

Aber halt! Haben wir nicht etwas vergessen? Wir benutzen doch die Klasse MediaPlayer aus dem Paket android.media und als guter Java-Programmierer wissen Sie mittlerweile, dass sie importiert werden muss. Wir haben aber gar keine import-Anweisung eingegeben?! Das brauchen wir auch nicht, weil Android Studio es automatisch für uns erledigt hat, als wir bei Schritt 1 die Klasse MediaPlayer aus den Vorschlägen akzeptiert hatten. Prüfen Sie es und schauen Sie im Quelltext bei den import-Anweisungen nach!

Es gibt noch eine weitere Art, um Klassen zu importieren. Löschen Sie hierzu die import-Anweisung für die MediaPlayer-Klasse. Die Code-Stellen, wo wir sie benutzen, werden nun rot markiert. Klicken Sie auf eine beliebige leere Zeile im Editor: Android Studio macht Ihnen automatisch Vorschläge für bestimmte Code-Probleme, darunter in unserem Fall die fehlende import-Anweisung:

Bild 4.9 Info-Fenster mit Befehl zum Einfügen von import-Anweisungen

Durch Drücken der Tastenkombination **Alt+Eingabe** können Sie die `import`-Anweisung einfügen lassen. Dies ist vor allem praktisch, falls Sie Codeschnipsel über das Clipboard kopiert haben und nun in eine Java-Datei einfügen.

4.1.4 Syntaxfehler beheben

Android Studio unterstützt Sie auch bei der Behebung von Syntaxfehlern. Codestellen mit Fehlern/Problemen werden rot unterschlängelt. In unserem Beispiel ist dies der Fall aufgrund der neu eingefügten Codezeilen:

```
MediaPlayer mp = new MediaPlayer();
mp.setDataSource("http://www.carpelibrum.de/test/tada.mp3");
mp.prepare();
mp.start();
```

Bild 4.10 Rot markierte Syntaxfehler

Bewegen Sie die Maus auf eine rot unterschlängelte Stelle und warten Sie kurz. Ein kleines Info-Fenster erscheint und gibt Ihnen weitere Informationen; in unserem Fall erscheint die Meldung **Unhandled exception: java.io.Exception**.

In der Tat können die Methoden `setDataSource()` und `prepare()` eine `IOException` werfen und wir müssen uns darum kümmern, indem wir einen `try/catch`-Block setzen. Normalerweise müsste man dies erstens wissen und zweitens nun von Hand eingeben, aber Android Studio bietet auch hierbei Unterstützung.

MATERIAL ZUM BUCH

Zur Exception-Behandlung in Java siehe den Exkurs „Ausnahmen" im Java-Tutorium.

Klicken Sie mit der linken Maustaste auf die rot unterschlängelte Codestelle `setDataSource()` und drücken Sie die Tastenkombination **Alt+Eingabe** (alternativ können Sie auch auf die rote Glühbirne klicken, die am linken Rand angezeigt wird).

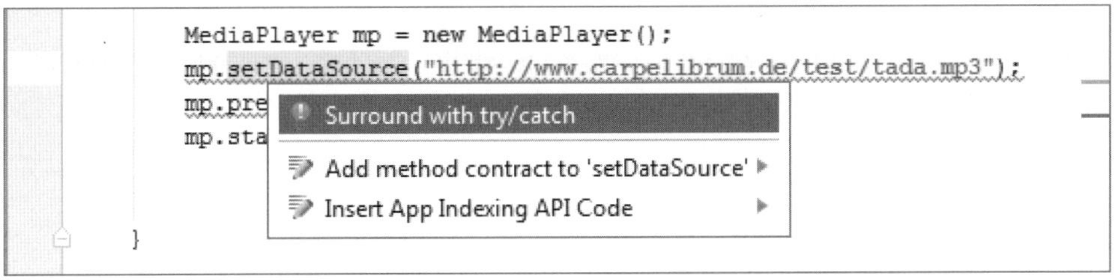

```
MediaPlayer mp = new MediaPlayer();
mp.setDataSource("http://www.carpelibrum.de/test/tada.mp3");
mp.pre    ⚠ Surround with try/catch
mp.sta
          ≡ Add method contract to 'setDataSource'  ▶
          ≡ Insert App Indexing API Code            ▶
}
```

Bild 4.11 Vorschlag für Problemlösung

Es erscheint eine Liste mit dem Lösungsvorschlag **Surround with try/catch**, den Sie mit **Eingabe** annehmen: Problem gelöst!

Für die rot markierte Zeile darunter könnten wir genauso vorgehen. Da es sich aber um dasselbe Problem handelt, würde ein zweiter `try/catch`-Block erzeugt, was hier nur den Code unnötig aufblähen würde. Eleganter wäre es, die untere Zeile einfach in den bereits erzeugten `try/catch`-Block zu verschieben: Machen Sie im `try`-Block Platz durch Einfügen einer Leerzeile, markieren Sie dann mit der linken Maustaste die Anweisung `mp.prepare();` und verschieben Sie sie einfach mit gedrückter Maustaste in den `try`-Block an die freie Stelle.

```
MediaPlayer mp = new MediaPlayer();

try {
    mp.setDataSource("http://www.carpelibrum.de/test/tada.mp3");
    mp.prepare();
} catch (IOException e) {
    e.printStackTrace();
}

mp.start();
```

Bild 4.12 Problem beseitigt

Wir haben nun die Tusch-App erfolgreich um eine neue Fähigkeit erweitert und können sie ausprobieren. Eine Kleinigkeit fehlt allerdings noch: Wir müssen signalisieren, dass die App die Erlaubnis benötigt, Daten aus dem Internet zu laden (die Sound-Datei kommt von unserer Webseite *www.carpelibrum.de*). Mehr Details hierzu lernen Sie später. Hier geht es jetzt nur darum, ein Erfolgserlebnis zu haben!

- Laden Sie dazu die Datei *AndroidManifest.xml* (in der Projektansicht unter *app/manifests* zu finden) in den Editor und fügen Sie oberhalb des Tags `<application>` eine Zeile ein, welche den Internet-Zugriff anzeigt:

```
<uses-permission android:name="android.permission.INTERNET"/>

<application
....
</application>
```

- Stellen Sie eine Internetverbindung her, schließen Sie ggf. Kopfhörer oder Lautsprecher an die Soundausgabe Ihres PC an und führen Sie die App im Emulator aus.

TIPP

Wenn Sie keinen Tusch hören, prüfen Sie vielleicht zuerst Ihre Soundausgabe, indem Sie die URL in die Adressleiste Ihres Browsers eingeben. Achten Sie auch darauf, die App im Emulator zu beenden, bevor Sie sie erneut ausführen.

Für eine ausführlichere Behandlung der Klasse `MediaPlayer` siehe Kapitel 14.

4.1.5 Informationen über Klassen und Methoden

Android Studio bietet umfangreiche Informationen und Navigationsmöglichkeiten über Klassen und deren Methoden, und zwar sowohl von den selbst erstellten als auch externen Klassen aus Bibliotheken, beispielsweise den offiziellen Android-Klassen. Aus der Vielzahl an Möglichkeiten sollten Sie für effektives Arbeiten die folgenden kennen:

- Wenn Sie mit gedrückter **Strg**-Taste den Mauszeiger auf einen Klassennamen positionieren, werden Informationen über die Klassenhierarchie und implementierte Schnittstellen angezeigt. Alle blau angezeigten Namen können dabei angeklickt werden und Sie landen direkt im Quellcode der jeweiligen Klasse.

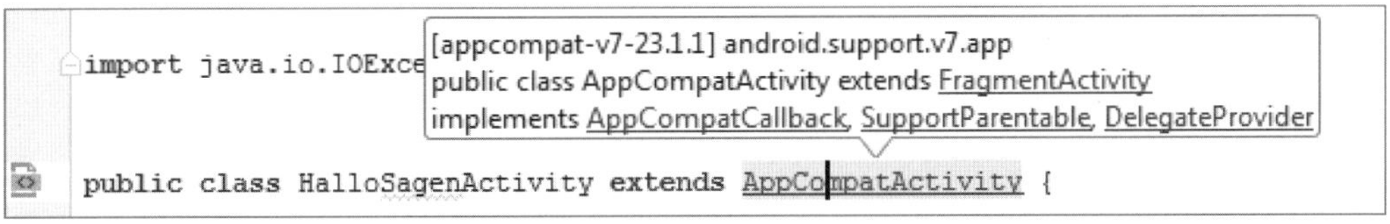

import java.io.IOExce
[appcompat-v7-23.1.1] android.support.v7.app
public class AppCompatActivity extends FragmentActivity
implements AppCompatCallback, SupportParentable, DelegateProvider
public class HalloSagenActivity extends AppCompatActivity {

Bild 4.13 Kurzinfos zur Klasse `AppCompatActivity`

- Wenn Sie analog mit gedrückter **Strg**-Taste den Mauszeiger auf einen Methodennamen positionieren, werden Informationen über die Methodensignatur angezeigt. Wenn man auf den blauen Methodennamen klickt, landet man im Code der Implementierung.
- Sie können auch bequem auf die API-Dokumentation (sofern lokal verfügbar) einer Klasse oder Methode zugreifen, indem Sie den Cursor auf den gewünschten Klassen- oder Methodennamen positionieren und dann die Tastenkombination **STRG+Q** drücken.

Documentation for AppCompatActivity
appcompat-v7-23.1.1
android.support.v7.app
public class AppCompatActivity
extends android.support.v4.app.FragmentActivity
implements android.support.v7.app.AppCompatCallback, android.
Base class for activities that use the support library action bar features.

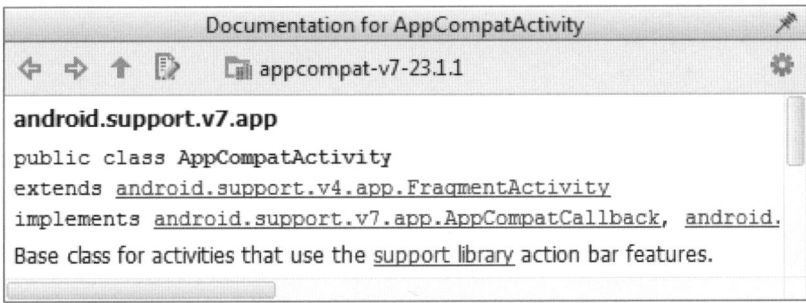

Bild 4.14 API-Dokumentation der Klasse `AppCompatActivity`

- Zum Suchen einer Java-Klassendefinition (oder anderer Java-Artefakte wie Schnittstelle oder Enumeration) muss man nicht mühsam in der Projektansicht herumstöbern (bei großen Projekten sehr zeitraubend!). Geben Sie einfach die Tastenkombination **Strg+N** ein und im erscheinenden Fenster dann den Namen oder auch nur Teilsilben davon (mit Großbuchstaben beginnend). Sofort werden alle Treffer zur Auswahl angezeigt.
- Zum Suchen einer Datei drücken Sie die Tastenkombination **STRG+Umschalt+N** und geben dann den (Teil-)Namen der gesuchten Datei ein. Sehr hilfreich für XML-Dateien!

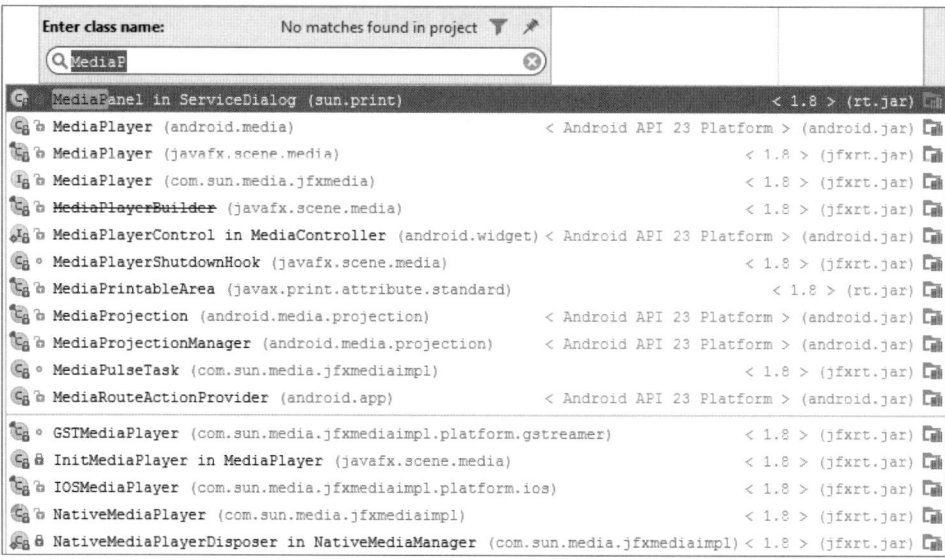

Bild 4.15 Suche nach einer Klassendefinition

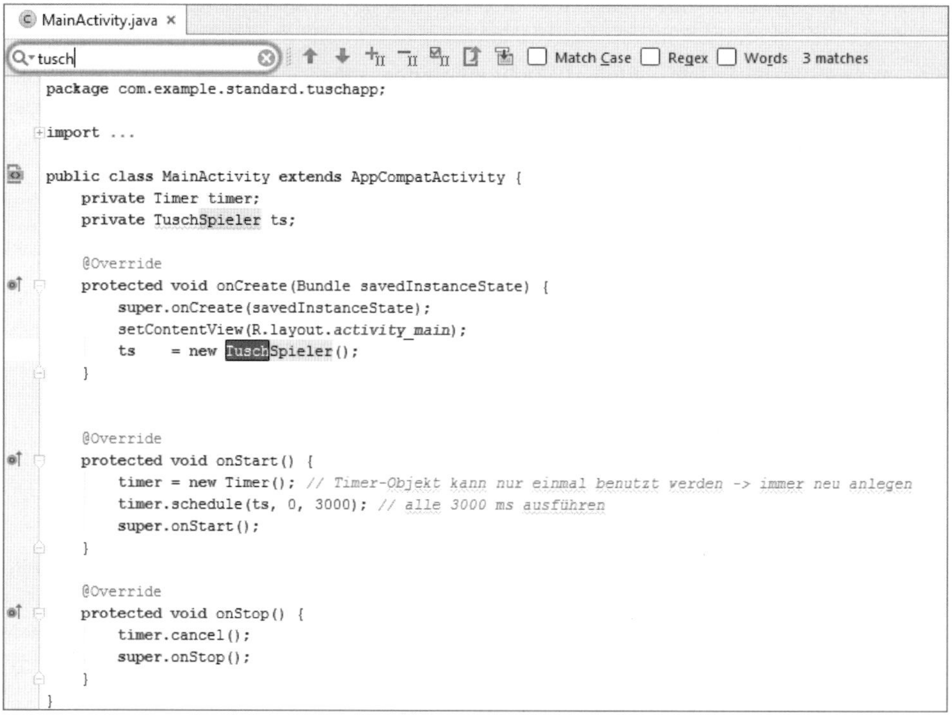

```
  MainActivity.java ×
Q▼ tusch                              ⊗  ↑ ↓ ⊤ᴵᴵ ⊤ᴵᴵ ᴿᴵᴵ ▯ ▯  ☐ Match Case ☐ Regex ☐ Words  3 matches
    package com.example.standard.tuschapp;

    import ...

    public class MainActivity extends AppCompatActivity {
        private Timer timer;
        private TuschSpieler ts;

        @Override
        protected void onCreate(Bundle savedInstanceState) {
            super.onCreate(savedInstanceState);
            setContentView(R.layout.activity_main);
            ts    = new TuschSpieler();
        }


        @Override
        protected void onStart() {
            timer = new Timer(); // Timer-Objekt kann nur einmal benutzt werden -> immer neu anlegen
            timer.schedule(ts, 0, 3000); // alle 3000 ms ausführen
            super.onStart();
        }

        @Override
        protected void onStop() {
            timer.cancel();
            super.onStop();
        }
    }
```

Bild 4.16 Vorkommen der Zeichenkette *tusch* in aktueller Datei

- Um eine bestimmte Zeichenkette innerhalb der aktuellen Datei (d. h. die Datei, die im Editor den Fokus hat) zu suchen, können Sie die vermutlich vertraute Tastenkombination **STRG+F** drücken. Alle Vorkommen werden gelb markiert.

Man kann natürlich auch eine Zeichenkette global suchen, d. h. in allen Dateien des Projekts. Drücken Sie hierfür die Tastenkombination **STRG+Umschalt+F** und geben Sie im Suchdialog den Suchtext ein. Im unteren Bereich werden dann alle Vorkommen (klassifiziert nach verschiedenen Kategorien) aufgelistet. Mit Doppelklick können Sie die betreffenden Stellen direkt im Editor öffnen.

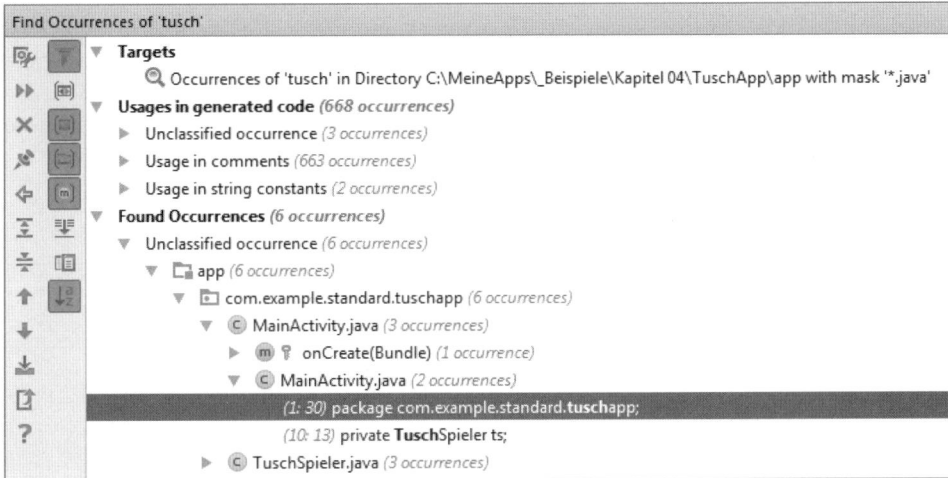

Bild 4.17 Alle Vorkommen von *tusch* projektweit

- Wenn Sie wissen möchten, wo überall in Ihrem Projekt eine bestimmte Klasse oder Methode verwendet wird, klicken Sie im Quelltext auf den Namen und drücken dann die Tastenkombination **Alt+F7**. Für unsere Klasse `MainActivity` sehen Sie so, dass sie an zwei Stellen im Projekt vorkommt.

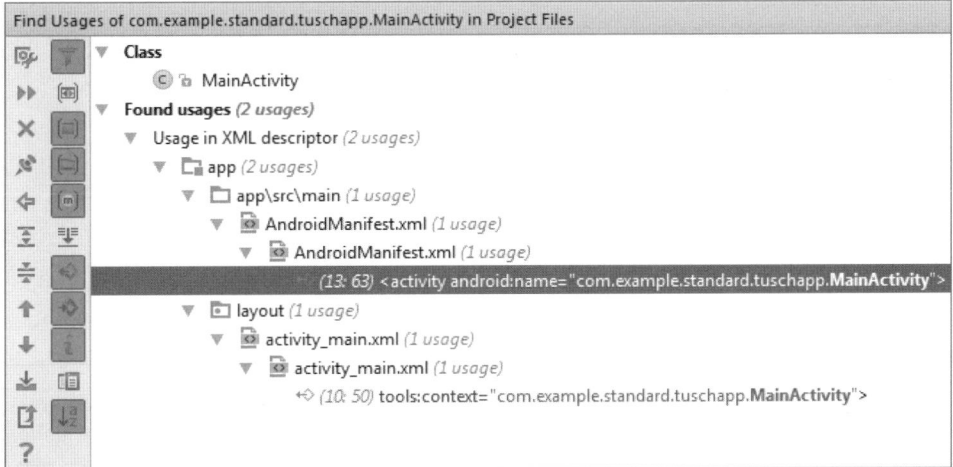

Bild 4.18 Alle Verwendungen der Klasse `MainActivity`

4.1.6 Klammerpaare identifizieren

Ein häufiges Problem bei der Erstellung von Java-Code ist eine fehlende schließende Klammer (oder auch manchmal eine zu viel). In der Regel erhalten Sie von Android Studio eine genaue Fehlermeldung (eventuell das Projekt bauen) und man kann das Problem mühelos beheben. Bei sehr komplexen und verschachtelten Konstruktionen kann es aber passieren, dass Android Studio nicht genau angibt, wo eine Klammer fehlt bzw. dass überhaupt etwas mit Klammern nicht stimmt. In solchen Situationen sollten Sie mithilfe der Klammerpaaridentifizierung des Editors prüfen, ob es zu jeder öffnenden Klammer eine korrespondierende schließende gibt.

Klicken Sie einfach mit der Maus hinter eine öffnende Klammer und der Editor zeichnet einen Markierungsrahmen um die zugehörige schließende Klammer. Passt die schließende Klammer, die der Editor identifiziert hat, offensichtlich nicht zu der öffnenden Klammer, wo der Textcursor steht, haben Sie den Fehler gefunden.

```
mp = new MediaPlayer();

try
    mp.setDataSource("http://www.carpelibrum.de/test/tada.mp3");
    mp.prepare();
} catch (IOException e) {
    e.printStackTrace();
}
```

Bild 4.19 Hier wurde ein try-Block nicht korrekt begonnen.

4.1.7 Zeilennummern einblenden

Wenn Sie möchten, können Sie im Editor für die aktuelle Datei eine Zeilennummerierung einblenden lassen.

1. Klicken Sie einfach mit der rechten Maustaste in den linken grauen Randbereich des Editors und wählen Sie im Kontextmenü den Befehl **Show line numbers** aus.

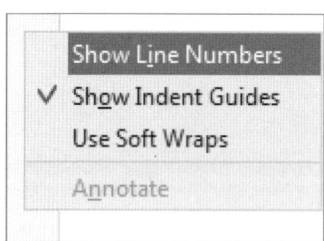

Bild 4.20
Zeilennummern sichtbar machen

2. Wenn Sie generell Zeilennummern sehen möchten, können Sie dies in den Einstellungen von Android Studio global festlegen: Wählen Sie den Menübefehl **File/Settings**, gehen dann zum Eintrag **Editor/General/Appearance**, um bei **Show line numbers** ein Häkchen zu setzen.

4.1.8 Code generieren

Programmieren bedeutet viel nachdenken und viel tippen. Damit Sie sich mehr auf das Nachdenken konzentrieren können, bietet Ihnen der Editor von Android Studio viele Optionen an, wie Sie sich leidige Tipparbeit sparen können, indem typische Java-Konstrukte generiert werden.

Surround with

Häufig schreibt man einige Zeilen Code und merkt dann, dass man noch darum eine Klammerung benötigt, z. B. ein `try/catch`-Konstrukt oder eine `for`-Schleife, eine `if/else`-Verzweigung o. Ä. Dies lässt sich blitzschnell folgendermaßen erledigen:

1. Markieren Sie die gewünschten Codezeilen.
2. Drücken Sie die Tastaturkombination **STRG+Alt+T** und wählen Sie das gewünschte Konstrukt aus.

Bild 4.21 Markierten Code in einen `try/catch`-Block setzen

Live Templates

Für viele andere immer wieder vorkommende Codemuster gibt es die Live Templates. Man tippt hierzu spezielle Schlüsselwörter ein und abhängig vom vorhandenen Kontext generiert Android Studio ein passendes Codegerüst.

Beispiel: Wir haben im Code Folgendes geschrieben:

```
List<String> texte = getTexts(); // Texte besorgen
```

Und wir wollen nun über die einzelnen Strings der Liste iterieren und brauchen dabei auch die jeweilige Position in der Liste. Hier hilft uns das Live Template *itli* weiter, das wir einfach tippen, und dann warten wir kurz, bis Android Studio uns das Template anbietet:

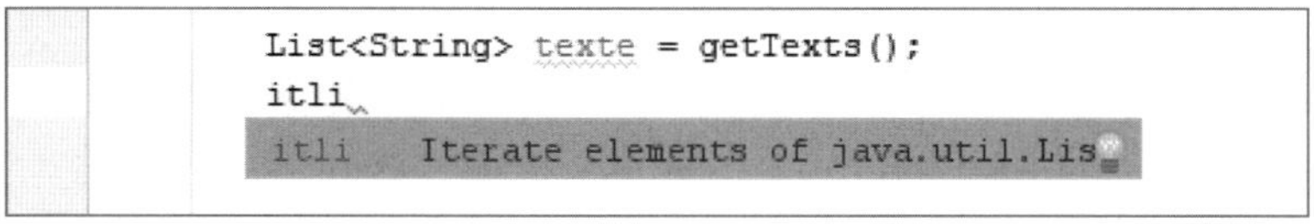

```
List<String> texte = getTexts();
itli
    itli    Iterate elements of java.util.Lis
```

Bild 4.22   Einsatz des Live Templates *itli*

Mit der Taste **Eingabe** akzeptieren wir den Vorschlag und unser Code wird dann automatisch erweitert, sodass wir innerhalb der Schleife weiterarbeiten können:

```
List<String> texte = getTexts();
for (int i = 0; i < texte.size(); i++) {
    String o = texte.get(i);

}
```

Tolle Sache, oder? Der einzige Nachteil: Die magischen Schlüsselwörter müssen Sie auswendig kennen. Schauen Sie doch einfach in die Liste der vordefinierten Live Templates (Menübefehl **File/Settings**, Eintrag **Editor/Live Templates**) und prägen Sie sich diejenigen ein, die Sie oft brauchen. Man kann sogar über das +-Symbol eigene Live-Templates definieren.

Wundersame Code-Generierung mit Alt+Eingabe

In zahllosen Situationen können und sollten Sie durch Aufruf der magischen Tastenkombination **Alt+Eingabe** einfach probieren, ob und was Android Studio an Code-Generierung im konkreten Fall anbietet. Sie werden überrascht sein, wie oft eine hilfreiche Option angeboten wird.

Beispiel: Wir haben Folgendes getippt:

```
List<Integer> numbers = readNumbers();
```

Die Methode readNumbers() gibt es (noch) gar nicht und wird daher im Editor rot angezeigt, aber wir wissen schon, dass wir sie haben wollen. Platzieren Sie den Cursor auf readNumbers() und drücken Sie **Alt+Eingabe**.

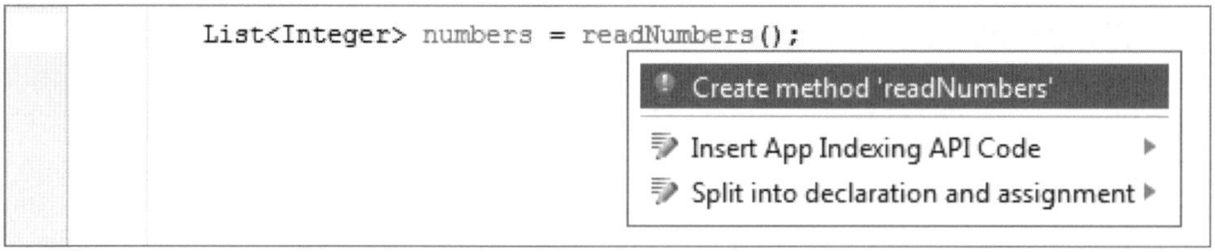

```
List<Integer> numbers = readNumbers();
                        ! Create method 'readNumbers'
                        ≡▸ Insert App Indexing API Code         ▸
                        ≡▸ Split into declaration and assignment ▸
```

Bild 4.23   Vorschlag zur Code-Generierung

Wenn Sie den Vorschlag akzeptieren, wird in der aktuellen Klasse eine lokale Methode mit der passenden Signatur erstellt (Sie müssen noch einmal **Eingabe** drücken, um den Vorschlag für den Rückgabewert zu übernehmen). So schnell kann Programmieren sein!

```
private List<Integer> readNumbers() {
    return null;
}
```

Geerbte Methoden überschreiben

In vielen Fällen beruhen die selbst erstellten Klassen auf Basisklassen aus der Android-Bibliothek. Ein typisches Vorgehen ist dann, dass bestimmte, interessierende Methoden aus der Basisklasse in der eigenen Klasse überschrieben werden sollen. Dabei muss man etwas aufpassen: Sie müssen bei der Definition der Methode den gleichen Namen, die gleichen Parameter, den gleichen Rückgabetyp und ggf. die gleiche `throws`-Klausel verwenden. Sie finden alle diese Informationen natürlich in der API-Dokumentation, aber es geht viel schneller und sicherer:

1. Klicken Sie zuerst mit der linken, dann mit der rechten Maustaste in die Definition Ihrer Klasse und wählen Sie im Kontextmenü den Eintrag **Generate…** Alternativ drücken Sie einfach die Tastenkombination **Alt+Einf**.

   Wählen Sie in der angebotenen Liste den Eintrag **Override Methods…**

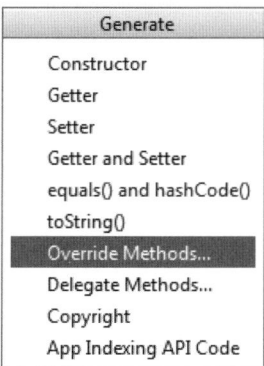

Bild 4.24
Überschreiben von Methoden

2. Es erscheint eine Liste mit allen möglichen Methoden, die wir überschreiben können. Wählen Sie `onDestroy()` aus.

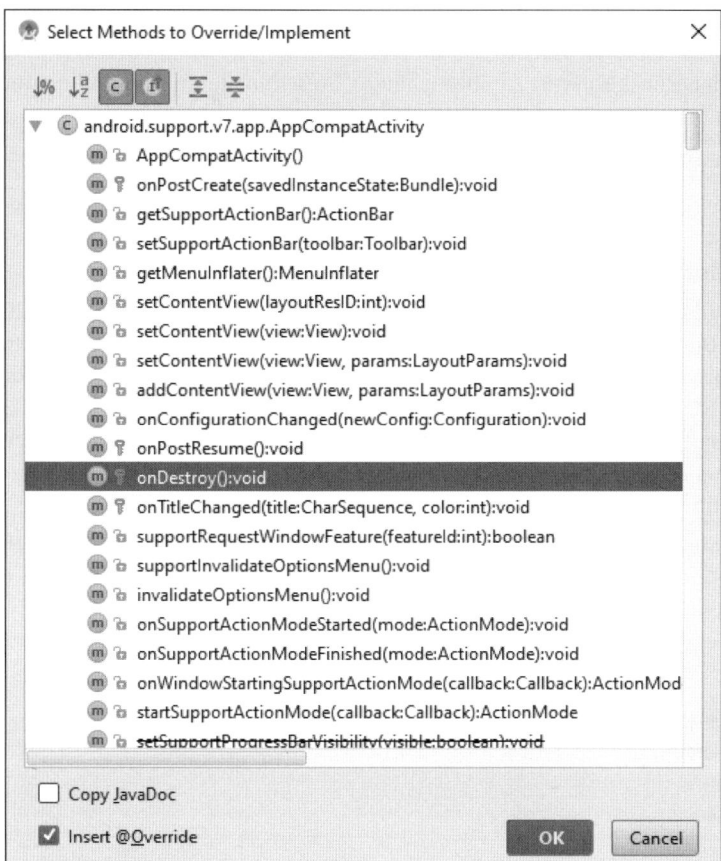

Bild 4.25 Auswählen der Methode

Klicken Sie auf **OK**, um das Methodengerüst anlegen zu lassen.

Listing 4.1 Das vom Editor erzeugte Methodengerüst

```
@Override
protected void onDestroy() {
    super.onDestroy();
}
```

4.1.9 Refactoring (Code umstrukturieren)

Extrem mächtig sind die Optionen, die Android Studio zur Umstrukturierung von Code anbietet, und dies aus gutem Grund: Vorhandenen Code zu überarbeiten und anzupassen, ist das tägliche Brot eines Software-Entwicklers. Einen Teil der Möglichkeiten haben Sie schon in den vorangegangenen Passagen kennengelernt. Aber es gibt noch viel mehr. Drei typische Szenarien sollten Sie für den Anfang kennen.

- **Eine Klasse oder Methode umbenennen**
  Oft merkt man später, dass ein ursprünglich gewählter Name doch nicht so gut ist, und ein anderer soll her. Anstatt nun händisch alles umzuändern (was zeitraubend und fehleranfällig ist, falls beispielsweise ein Methodenname an Dutzenden Stellen verwendet wird), können Sie einfach auf den Namen der Klasse oder Methode klicken und die Tastenkombination **Umschalt+F6** drücken (oder per rechtem Mausklick im Kontextmenü **Refactor/Rename**) und den neuen Namen eintippen. Nach Abschluss durch die Eingabe-Taste werden alle Vorkommen angepasst, bei Klassen sogar der Name der Java-Datei sowie alle Vorkommen in sonstigen Projektdateien!

- **Eine Anweisungsfolge in Methode extrahieren**
  Ihr Code enthält eine Folge von Anweisungen, die Sie wohl auch an anderer Stelle benötigen und die Sie daher in eine eigene Methode auslagern möchten?

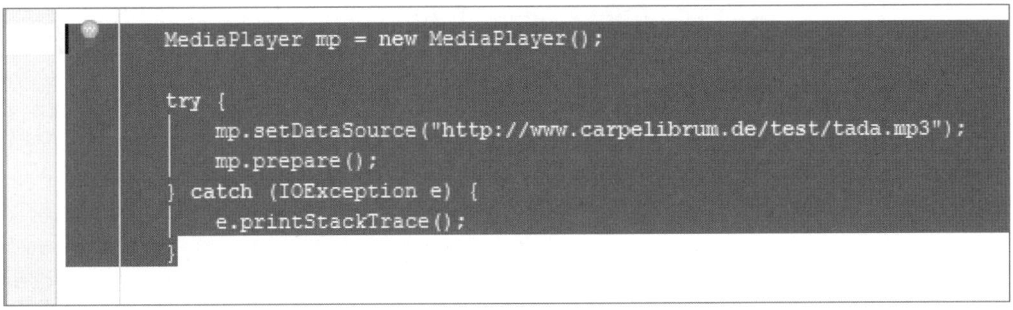

```
MediaPlayer mp = new MediaPlayer();

try {
    mp.setDataSource("http://www.carpelibrum.de/test/tada.mp3");
    mp.prepare();
} catch (IOException e) {
    e.printStackTrace();
}
```

Bild 4.26 Markieren einer Anweisungsfolge zur Extraktion in eigene Methode

Hierzu markieren Sie die Anweisungsfolge und drücken die Tastenkombination **STRG+Alt+M** (oder um noch die Generierung weitergehend beeinflussen zu können, wählen Sie im Kontextmenü des Editors den Befehl **Refactor/Extract/Method** und füllen das Dialogfeld **Extract Method** aus).

Listing 4.2 Generierter Code

```
@Override
protected void onCreate(Bundle savedInstanceState) {
    super.onCreate(savedInstanceState);
    setContentView(R.layout.activity_tusch);

    MediaPlayer mp = getMediaPlayer();

    mp.start();

}

@NonNull
private MediaPlayer getMediaPlayer() {
    MediaPlayer mp = new MediaPlayer();

    try {
        mp.setDataSource("http://www.carpelibrum.de/test/tada.mp3");
        mp.prepare();
    } catch (IOException e) {
```

```
        e.printStackTrace();
    }
    return mp;
}
```

- **Lokale Variable in Feld (Instanzvariable) umwandeln**
  Ihr Code definiert in einer Methode eine lokale Variable, die Sie in ein Feld verwandeln möchten, damit sie auch von den anderen Methoden der Klasse verwendet werden kann?

  Dann setzen Sie den Textcursor in den Namen der Variablen (am besten in der Zeile, in der die lokale Variable definiert wird) und drücken **STRG+Alt+F**.

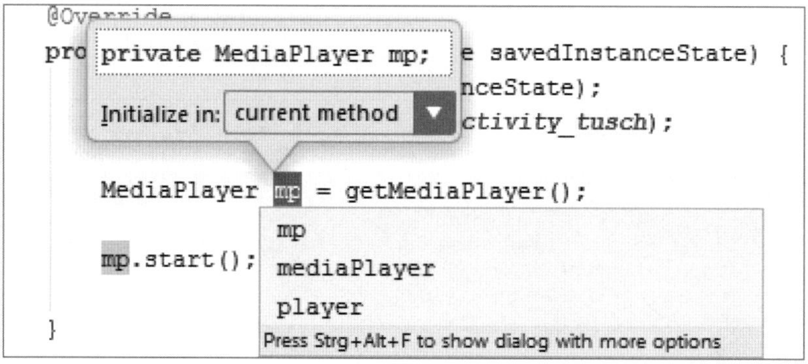

Bild 4.27 Eine lokale Variable in ein Feld umwandeln

Im Nu ist aus der lokalen Variablen ein Feld geworden. Solche Variablen werden von Android Studio übrigens immer lila dargestellt (sofern Sie nicht die Farbe in den Einstellungen geändert haben).

Listing 4.3 Generierter Code der Umwandlung

```
public class MainActivity extends AppCompatActivity {

private MediaPlayer mp;

@Override
protected void onCreate(Bundle savedInstanceState) {
    super.onCreate(savedInstanceState);
    setContentView(R.layout.activity_main;

    mp = getMediaPlayer();

    mp.start();

}
```

4.1.10 Dateiverlauf (Local History)

Beim fleißigen Bearbeiten und Verändern von Java-Klassen und XML-Dateien kann es öfter mal passieren, dass man wieder auf einen älteren Stand zurückgehen oder zumindest etwas vergleichen möchte, z. B. weil man in eine Sackgasse gelaufen ist und der neue Algorithmus nicht schneller und besser arbeitet, sondern nur Probleme macht. Normalerweise kann man auf ältere Versionen einer Datei nur zurückgreifen, wenn man die IDE zusammen mit einer VCS-Software (Version Control System) wie Git, Perforce, CVS usw. betreibt. Wer diesen Aufwand scheut, kann auf den lokalen Dateiverlauf in Android Studio zurückgreifen. Für jede Textdatei, die über den Editor von Android Studio bearbeitet wird, werden alle Änderungen mitprotokolliert (nur bis maximal 1 Mbyte Dateigröße), sodass man problemlos Unterschiede zwischen verschiedenen Versionen vergleichen und ggf. eine ältere Version wieder zur aktuellen Version machen kann, oder auch nur bestimmte divergierende Zeilen aus einer älteren Version in die aktuelle übernommen. Sie finden den Dateiverlauf in der Projektansicht bei selektierter bzw. bei einer im Editor geöffneten Datei im Kontextmenü unter **Local History**.

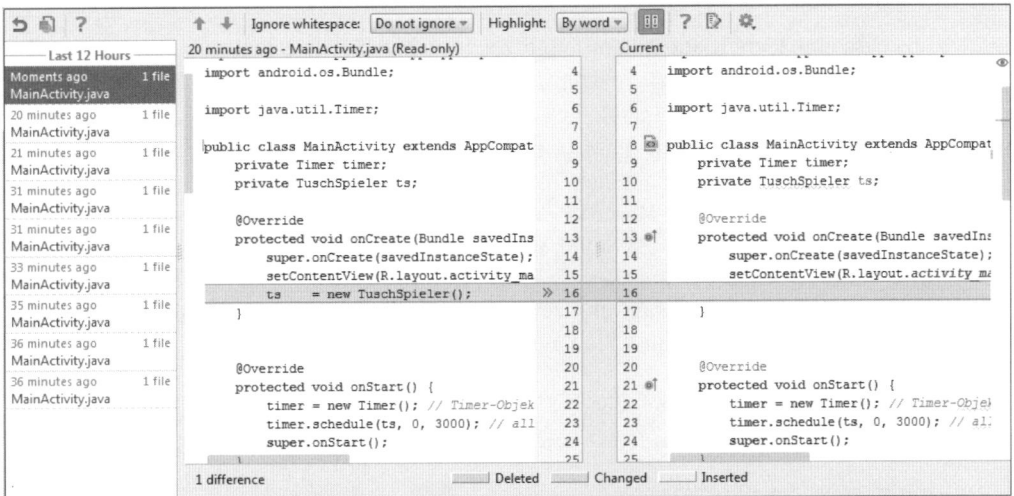

Bild 4.28 Lokaler Versionsverlauf einer Datei

4.2 Neue Klassen anlegen

Bisher haben wir lediglich an der bestehenden (von Android Studio generierten) `MainActivity`-Klasse herumgefummelt. Nun wird es aber endlich Zeit, eine eigene Klasse zu erstellen und sie in der App zu verwenden. Ausgangspunkt soll die *TuschApp* sein. Bisher spielt sie beim Start einmal den Tusch ab. Wir wollen dies ändern, sodass der Tusch in regelmäßigen Abständen ertönt.

Eine neue Klasse wird üblicherweise in einer neuen Datei erstellt[1]. Man muss sich dabei zuerst überlegen, in welchem Java-Paket die neue Klasse liegen soll.

1. Markieren Sie in der Projektansicht den Knoten *app/java/com.example.standard/tuschapp*.
2. Rufen Sie mit der rechten Maustaste das Kontextmenü auf und wählen Sie **New/Java Class**. Geben Sie dann den Klassennamen ein wie abgebildet:

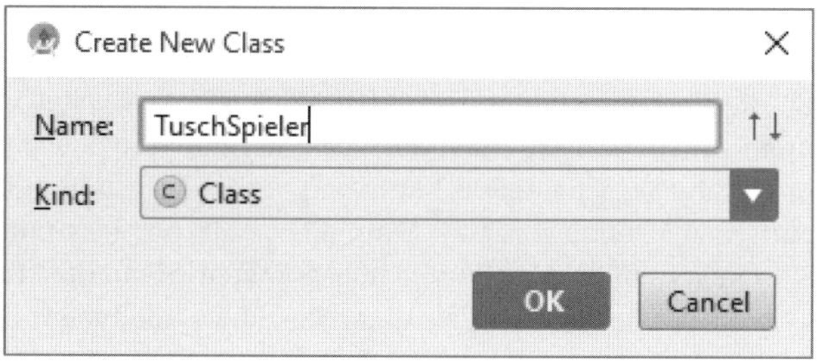

Bild 4.29 Neue Klasse erzeugen

3. Es wird eine leere Klassendefinition erzeugt und im Editor geöffnet. Fügen Sie nun den fett gedruckten Code hinzu. Machen Sie aber dabei Gebrauch von dem, was Sie in diesem Kapitel an Code-Unterstützung gelernt haben.

   Lassen Sie beispielsweise die `import`-Anweisungen weg und warten Sie, bis Android Studio Ihnen die Klassen anbietet.
   Außerdem sollten Sie die Methode `run()` ebenfalls erst mal weglassen und nur den übrigen Code eingeben. Android Studio wird Ihnen deshalb den Klassennamen TuschSpieler rot unterschlängelt anzeigen, weil die `run()`-Methode obligatorisch ist. Klicken Sie daher auf die rote Linie und drücken Sie die Tastenkombination **Alt+Eingabe**, um den Rumpf zu generieren. Füllen Sie ihn dann mit Leben.

Listing 4.4 Aufbau der Klasse TuschSpieler

```java
package com.example.standard.tuschapp;

import android.media.MediaPlayer;
import java.io.IOException;
import java.util.TimerTask;


public class TuschSpieler extends TimerTask {
    private MediaPlayer mp;

    public TuschSpieler() {
        mp = new MediaPlayer();

        try {
            mp.setDataSource("http://www.carpelibrum.de/test/tada.mp3");
            mp.prepare();
        } catch (IOException e) {
            e.printStackTrace();
```

---

[1] Es gibt auch innere sowie anonyme Klassen, sodass es mehrere Klassendefinitionen in einer Datei geben kann.

```
        }
    }

    @Override
    public void run() {
        mp.start();
    }
}
```

Wir leiten unsere neue Klasse von `java.util.TimerTask` ab, die für die periodische Ausführung von Hintergrundaufgaben gedacht ist. In der Methode `run()` wird definiert, was in regelmäßigen Abständen gemacht werden soll; in unserem Fall also das Abspielen des Tuschs mithilfe des `MediaPlayer`-Objekts.

Nach dem Anlegen der Klasse werden Sie sehen, dass der Klassenname `TuschSpieler` im Editor grau angezeigt wird. Dies ist ein Hinweis, dass die Klasse bisher noch nirgendwo verwendet wird. Das ändern wir nun, indem wir sie in `MainActivity` einbauen. Um die in der `TuschSpieler`-Klasse verpackte `run()`-Methode periodisch im Hintergrund ausführen zu lassen, benötigt man noch eine weitere Zutat, nämlich eine Instanz der Java-Klasse `java.util.Timer`. Mit ihrer `schedule()`-Methode kann dann die regelmäßig auszuführende TimerTask angestoßen bzw. mit `cancel()` beendet werden.

Listing 4.5 Einsatz von `TuschSpieler` und `Timer` in der `MainActivity`

```
public class MainActivity extends AppCompatActivity {
    private Timer timer;
    private TuschSpieler ts;

    @Override
    protected void onCreate(Bundle savedInstanceState) {
        super.onCreate(savedInstanceState);
        setContentView(R.layout.activity_main);
        ts = new TuschSpieler();
    }

    @Override
    protected void onStart() {
        timer = new Timer();
        timer.schedule(ts, 0, 3000); // alle 3000 ms ausführen
        super.onStart();
    }

    @Override
    protected void onStop() {
        timer.cancel();
        super.onStop();
    }
}
```

Das Starten und Beenden des Tuschspektakels geschieht in zwei besonderen Methoden `onStart()` bzw. `onStop()`, die beim Öffnen einer App automatisch durchlaufen werden (keine Sorge: Mehr Details hierzu lernen Sie später im Verlauf des Buches).

4.3 Fragen und Antworten

1. *Die in diesem Kapitel erwähnten Helferlein wie Code Completion und Refactoring sind praktisch, aber was mache ich, wenn ich mich verklickt habe und das gar nicht wollte?*

   Kein Problem. Alles, was der Editor automatisch erzeugt oder verändert hat, können Sie über das normale Undo (Rückgängig machen) wieder zurücknehmen (Menübefehl **Edit/Undo** oder die Tastenkombination **STRG+Z**).

2. *Die API-Kurzinfo mit* **STRG+Q** *ist ja ganz nett, aber wo finde ich die volle API-Dokumentation aller Android-Klassen?*

   Wenn Sie alles so installiert haben, wie in Kapitel 1 beschrieben, dann finden Sie die Klassendokumentation unter *file:///C:/Android/sdk/docs/reference/packages.html*.

4.4 Übungen

1. Rufen Sie für die Datei *MainActivity.java* den Dateiverlauf (Local History) auf und spielen Sie ein bisschen damit herum: Machen Sie eine ältere Version zur aktuellen oder vergleichen Sie zwei Versionsstände.
2. Falls Sie es nicht schon parallel zum Lesen getan haben: Sie sollten unbedingt die *TuschApp* bauen und im Emulator testen, damit Sie etwas Übung darin sammeln. Probieren Sie auch, diese App auf ein Smartphone zu bringen und damit herumzuspielen. Denken Sie daran, dass Ihr Computer bzw. Smartphone eine Internetverbindung benötigt, um die Audiodatei herunterzuladen.

5 Benutzeroberfläche und Layout

5.1 Einführung

Die Benutzeroberfläche ist die Schnittstelle zwischen Benutzer und App-Logik und daher eine der wichtigsten Aspekte der App-Programmierung. Sie prägt entscheidend die sogenannte *User Experience* und somit das Gesamturteil, das ein Anwender über Ihre App fällt. Vernachlässigen Sie also niemals die Benutzeroberfläche, falls Sie planen, eine App an Freunde und Bekannte weiterzugeben oder gar über einen App-Store wie Google Play zu publizieren.

Technisch gesehen ist die Benutzeroberfläche einer App eine gewisse Menge von Bildschirmseiten. Sehr einfache Apps haben oft nur eine einzige Seite, komplexe Apps können aber auch ein Dutzend oder mehr haben. Je nach Aktion wandert der Benutzer von einer Seite zur nächsten. Sie wissen bereits, dass jede Seite in der Regel genau einer Activity zugeordnet ist, und in diesem Kapitel werden wir tiefer in das Layout einer solchen Bildschirmseite eintauchen. Der Begriff *Layout* bedeutet dabei, was genau und wo auf dem Bildschirm angezeigt werden soll.

Das Layout einer Seite besteht aus ineinander verschachtelten Containern (den *ViewGroups*) und den anzuzeigenden Oberflächenelementen, *Views* genannt. Eine ViewGroup selbst ist immer unsichtbar. Sie dient lediglich zur Strukturierung der sichtbaren Elemente oder anderer ViewGroups, sodass ein Layout typischerweise eine Hierarchie von ViewGroups und Views ist.

 In Android Studio und generell in der Android-Literatur wird auch oft mit den alternativen Begriffen *Layout* (für eine ViewGroup) und *Widget* (für View-Element) gearbeitet!

Das Layout wird üblicherweise in einer XML-Datei definiert (in der Projektstruktur im Ordner *app/res/layout*), die man genauso oder so ähnlich nennt wie die Activity-Klasse, in der das Layout benutzt werden soll (dies ist reine Konvention und man kann natürlich davon abweichen). In dieser Layoutdatei muss man im Prinzip die gewünschte Hierarchie an ViewGroups und Views eintragen und mit diversen Attributen versehen, um zu steuern, wie das Endergebnis im Detail aussehen soll.

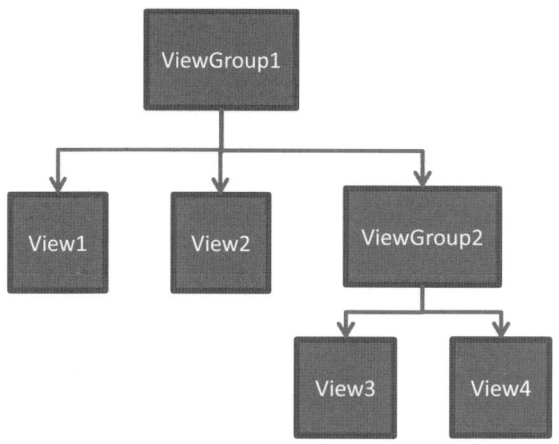

Bild 5.1
Layout-Hierarchie einer Bildschirmseite

Dies ist leider in der Praxis schwieriger, als man erwarten würde, und kann manchmal eine recht nervtötende und frustrierende Tätigkeit sein, wenn sich das gewünschte Ergebnis trotz aller Versuche nicht einstellen will. Glücklicherweise (oder besser genau aus diesen Gründen) besitzt Android Studio einen Layout-Designer, der uns tatkräftig bei der Erstellung einer Layoutdatei unterstützt. Bevor wir uns daher mit dem eigentlichen Layout näher beschäftigen, sollten wir uns zuerst mit diesem Werkzeug etwas vertraut machen.

■ 5.2 Der Layout-Designer

Mit dem Layout-Designer kann man bestehende Layoutdateien bearbeiten und auch gleich das Ergebnis (als Preview) optisch überprüfen.

Schauen wir uns nun eine solche Layoutdatei näher an. Lassen Sie hierzu Android Studio ein neues Projekt erstellen (falls Sie noch ein anderes Projekt offen haben, über den Menübefehl **File/New/New Project**, ansonsten auf der Startseite mit **Start a new Android Studio project**). Nennen Sie Ihre App *Meine App* und übernehmen Sie ansonsten die Vorgaben, achten Sie aber darauf, als Minimum SDK die Version 16 (Android 4.1) zu setzen und auf der Seite **Add an activity to Mobile** den Eintrag **Empty Activity** auszuwählen. Nach kurzer Zeit ist das Projekt erstellt. Im Editor werden automatisch zwei Dateien geöffnet: der Quellcode der generierten (leeren) Activity sowie die zugehörige XML-Datei mit dem Layout. Klicken Sie auf den Reiter *activity_main.xml*, um den Layout-Designer in den Vordergrund zu bringen.

 Behalten Sie **nicht** den vorgegebenen App-Namen *My Application* bei, da dieser merkwürdigerweise gelegentlich zu Problemen führt.

5.2 Der Layout-Designer

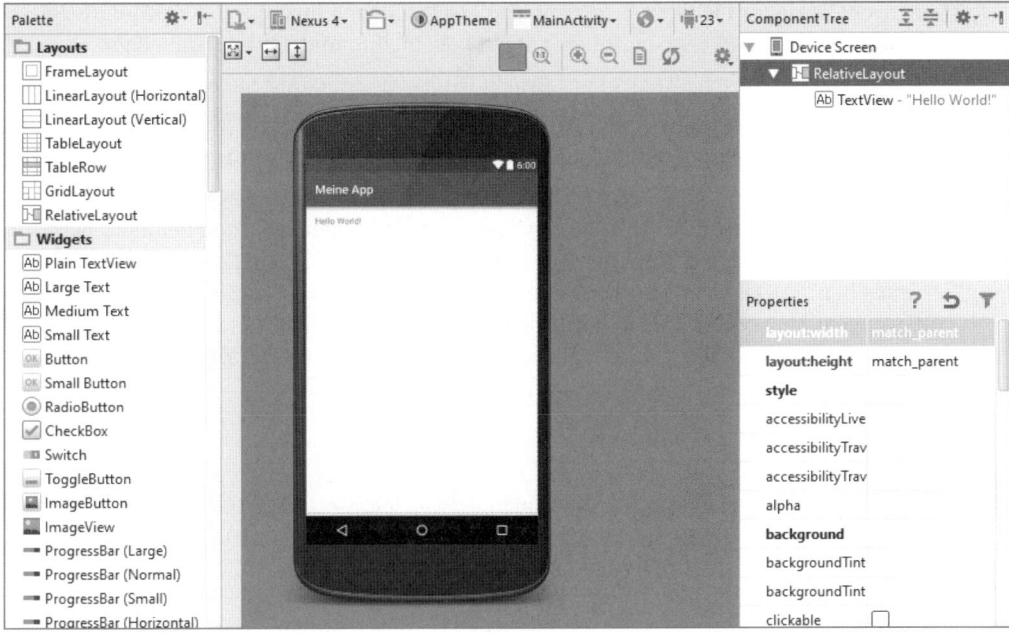

Bild 5.2 Die Layoutdatei *activity_main.xml* in der **Design**-Ansicht

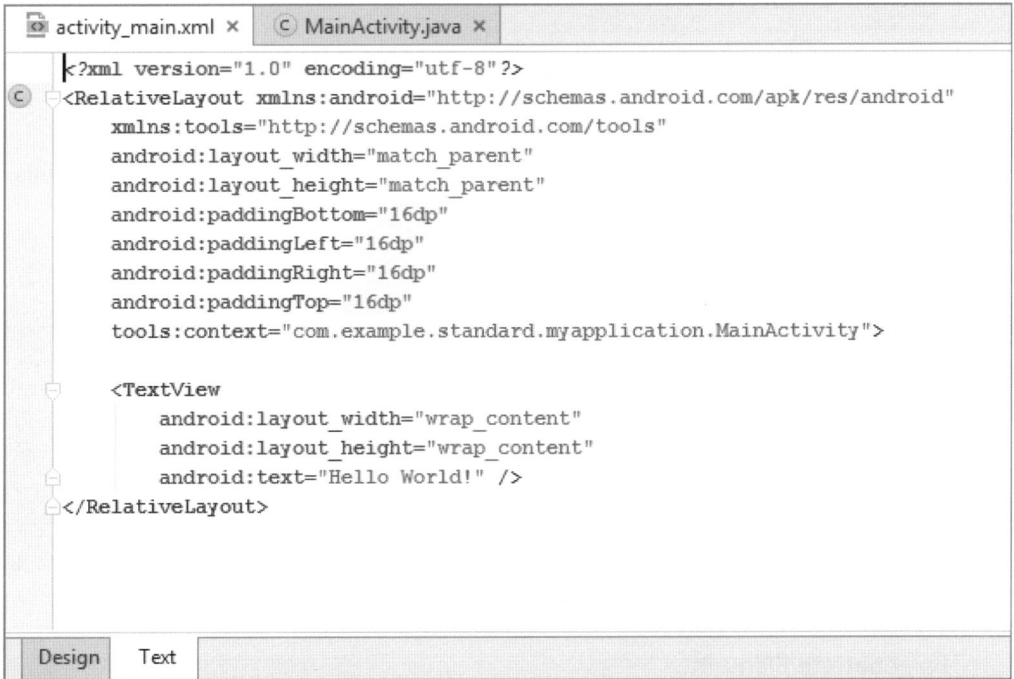

Bild 5.3 Die Layoutdatei in der **Text**-Ansicht

Der Layout-Designer bietet zwei Ansichten, zwischen denen man durch Klick auf die Registerlaschen **Design** und **Text** am unteren Rand beliebig hin und her wechseln kann.

- **Design** ist die grafische Ansicht mit Drag'n-Drop-Unterstützung; sie erlaubt das bequeme Positionieren von Elementen per Maus mit direktem visuellem Feedback.
- **Text** zeigt die korrespondierende XML Ansicht und ist somit die Low Level Darstellung des Layouts.

Bevor wir Design- und Text-Ansicht gleich etwas näher unter die Lupe nehmen, noch ein Wort zur grundsätzlichen Nutzung. Für den Einsteiger ist die visuelle Erstellung der Bildschirmseiten im Designer natürlich eine großartige Sache. Für Fortgeschrittene wird die XML-Ansicht aber wichtiger, da man hier bestimmte Aufgaben wesentlich schneller und effizienter erledigen kann – vorausgesetzt, man ist hinreichend mit XML und dem Aufbau der Android-Layoutdateien vertraut.

TIPP

Unsere Empfehlung ist, für den Einstieg ruhig intensiv mit dem Designer zu arbeiten. Wechseln Sie dabei regelmäßig in die XML-Ansicht und schauen Sie sich an, wie sich Ihre Arbeit im Designer im XML-Code niederschlägt. Nach und nach werden Sie dann automatisch mehr und mehr Arbeiten direkt in der XML-Ansicht erledigen. Als fortgeschrittener App-Programmierer werden Sie womöglich überwiegend mit der XML-Ansicht arbeiten und den Designer nur zur optischen Kontrolle des Layouts benutzen.

5.2.1 Die Text-Ansicht (XML-Code)

Wie jede XML-Datei muss auch eine Android-Layoutdatei ein übergeordnetes Element, das sogenannte Wurzelelement, besitzen, dem alle anderen Elemente untergeordnet sind:

```
<RelativeLayout>

    <TextView
        android:layout_width="wrap_content"
        android:layout_height="wrap_content"
        android:text="Hello World!" />

</RelativeLayout>
```

Das Wurzelelement

Das Wurzelelement ist immer eine ViewGroup, also ein unsichtbarer Container, hier z. B. RelativeLayout, welche die in ihr eingebetteten View-Elemente arrangiert.

Eingebettete Elemente

In das Wurzelelement können Sie beliebige View- oder ViewGroup-Elemente einbetten. Der Name des XML-Elements entspricht dabei stets dem Klassennamen des zu erzeugenden

View-Elements – also im obigen Beispiel `<TextView>` für ein Objekt der Klasse `TextView`, das zur Anzeige von Text dient.

Eine äußerst erfreuliche Sache ist, dass der XML-Editor Sie beim Einbetten der UI-Elemente[1] tatkräftig unterstützt. Sie müssen einfach nur die öffnende spitze Klammer für das Start-Tag eintippen und dann die Leertaste tippen: Der Editor öffnet nun ein Auswahlfenster mit allen zur Verfügung stehenden Elementen. Sie können dann das gewünschte Element per Doppelklick oder mit den Pfeiltasten auswählen. Ist Ihnen die Auswahlliste zu lang, tippen Sie die Anfangsbuchstaben des gesuchten Elements ein und die Liste wird automatisch angepasst.

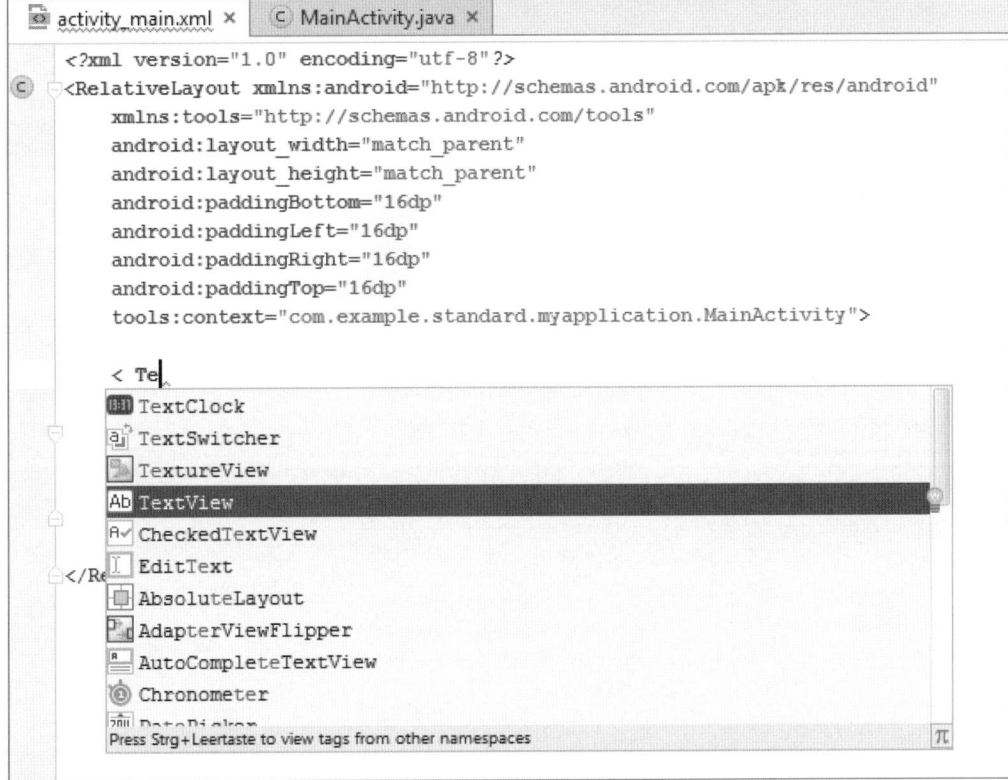

Bild 5.4 Mit dem XML-Editor fällt das Bearbeiten von Layoutdateien nicht schwer

Attribute

Ein wesentliches Merkmal aller View-Elemente ist, dass sie über XML-Attribute konfiguriert werden können. Einige dieser Attribute sind elementspezifisch, so zum Beispiel das Attribut `android:startYear`, das nur von der View-Klasse `DatePicker` zur Konfiguration des Datumsauswahlelements definiert wird. Andere Attribute werden von den Basisklassen an die einzelnen View-Klassen vererbt. Oberste Basisklasse aller Views ist die Klasse `View`, die z.B. Attribute wie `android:background` oder `android:focusable` definiert.

---

[1] UI = User Interface. Damit ist die Benutzeroberfläche gemeint.

Die Android-Attribute sind im XML-Namespace android definiert, der im Wurzelelement über das XML-Attribut xmlns eingebunden wird:

```
< RelativeLayout
    xmlns:android="http://schemas.android.com/apk/res/android"
```

Die angegebene URL dient allein der eindeutigen Identifizierung. Sie können sich also die Mühe sparen, die URL zur Probe in einen Browser einzugeben.

Das Namespace-Präfix muss den Attributen immer vorangestellt werden. Wenn Sie es vergessen, kann das Attribut bei Ausführung der App nicht richtig zugeordnet werden und Ihre Bildschirmseite wird verstümmelt.

Tabelle 5.1 Attribute, die von der Basisklasse View an alle UI-Elemente vererbt werden (Auswahl)

Attribut	Beschreibung
android:alpha	Transparenzwert
	Wert zwischen 0.0 (durchsichtig) und 1.0 (undurchsichtig)
android:background	Hintergrund
	Wahlweise eine Bildressource oder ein RGB-Farbwert, wie z. B. #000000 für Schwarz (siehe auch Abschnitt 5.3.3)
android:id	Eindeutige ID zur Identifizierung des Elements im Code, z. B.: `android:id="@+id/button1"`

android:padding
android:paddingBottom
android:paddingLeft
android:paddingRight
android:paddingTop
	Padding – Abstand zwischen Inhalt und Rand des UI-Elements
	Angaben wahlweise in px (Pixel), dp (dichteunabhängige Pixel), sp (skalierte Pixel), in (Inch) oder mm (Millimeter), z. B.:
	`<TextView`
	`    android:paddingLeft="10dp"`
	`    android:paddingRight="10dp"`
	`    android:paddingTop="5dp"`
	`    android:paddingBottom="5dp"`
	oder bei einem Wert für alle Seiten:
	`<TextView`
	`    android:padding="10dp"`
	Achtung! Setzen Sie kein Leerzeichen zwischen Wert und Einheit, also nicht `"10 dp"` schreiben.

android:rotationX android:rotationY	Drehung um x- bzw. y-Achse Der Wert ist eine Gleitkommazahl, die den gewünschten Drehwinkel angibt.
android:visibility	Sichtbarkeit visible – das UI-Element ist sichtbar (Standardwert). invisible – das UI-Element ist nicht sichtbar, sein Platz im Layout wird aber freigehalten. gone – das UI-Element ist komplett verschwunden.

Da es sehr viele View-Klassen gibt, mit ganz unterschiedlichen Abfolgen von Basisklassen, ist es gar nicht so leicht, im Kopf zu behalten, für welche View nun gerade welche Attribute zur Verfügung stehen. Natürlich können Sie die Attribute in der API-Dokumentation zu der betreffenden View-Klasse nachschlagen. Es geht aber auch bequemer.

Tippen Sie im Editor innerhalb eines Tags (also vor der schließenden Klammer) einfach die Leertaste und es wird Ihnen ein Auswahlfenster mit allen zur Verfügung stehenden Attributen für das aktuelle Element angezeigt. Ist Ihnen die Auswahlliste zu lang, tippen Sie die Anfangsbuchstaben des gesuchten Attributs ein und die Liste wird automatisch angepasst. Ein einfacher Klick auf eines der angebotenen Attribute ruft die Hilfe zu dem Attribut ab, ein Doppelklick fügt das Attribut in Ihren XML-Code ein.

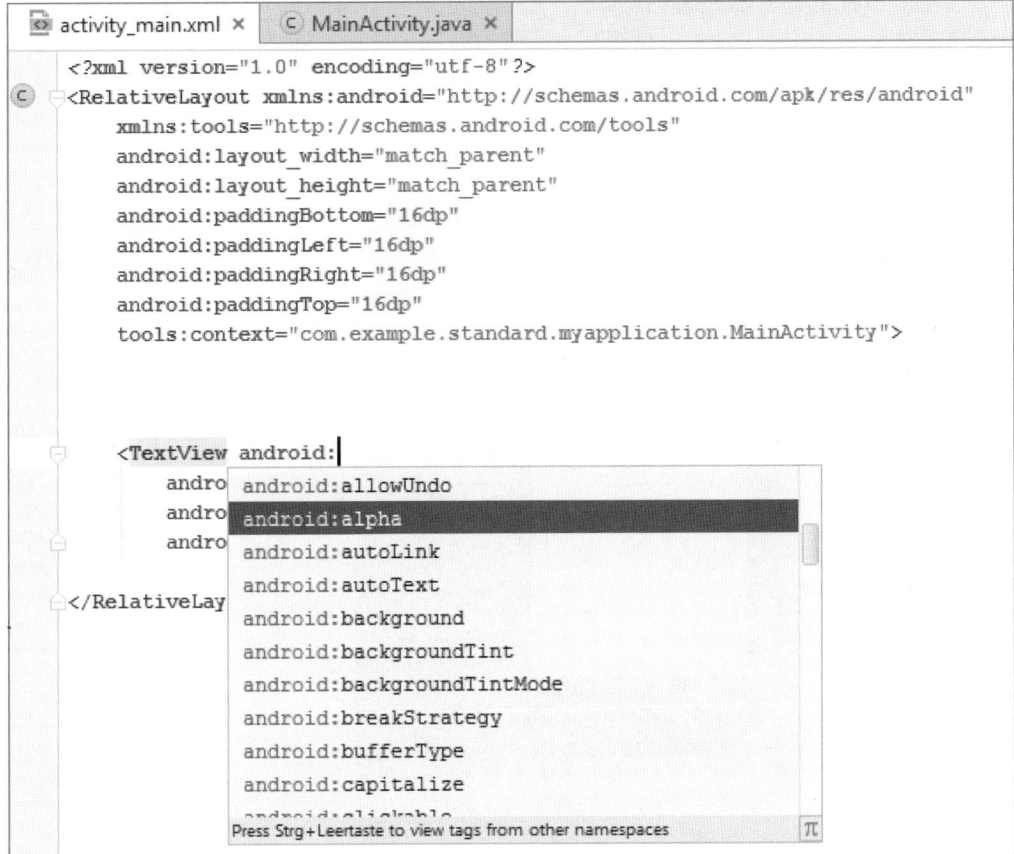

Bild 5.5 Mit Unterstützung des XML-Editors haben Sie alle Attribute im Griff.

Codeformatierung

Wer viel im XML-Editor arbeitet, Zeilen und Attribute einfügt und löscht oder Code aus anderen Layoutdateien einkopiert, der steht irgendwann vor dem Problem, dass die Einrückungen nicht mehr stimmen und der XML-Code immer unübersichtlicher formatiert ist.

Um das Ganze auf einen Schlag wieder etwas schöner zu machen, können Sie die Tastenkombination **STRG+ALT+L** drücken (oder den Menübefehl **Code/Reformat Code** aufrufen).

5.2.2 Die Design-Ansicht

Eine große Hilfe bei der Erstellung von Bildschirmseiten ist die Design-Ansicht. Gerade als Einsteiger werden Sie Ihr Layout vermutlich überwiegend damit gestalten. Aber auch für fortgeschrittene Entwickler ist die Design-Ansicht natürlich hilfreich, um sich einen ersten optischen Eindruck einer Bildschirmseite zu verschaffen oder um zu testen, wie die Seite unter Verwendung verschiedener Themen (siehe Kapitel 6.2.9) oder unterschiedlicher Android-Versionen aussieht.

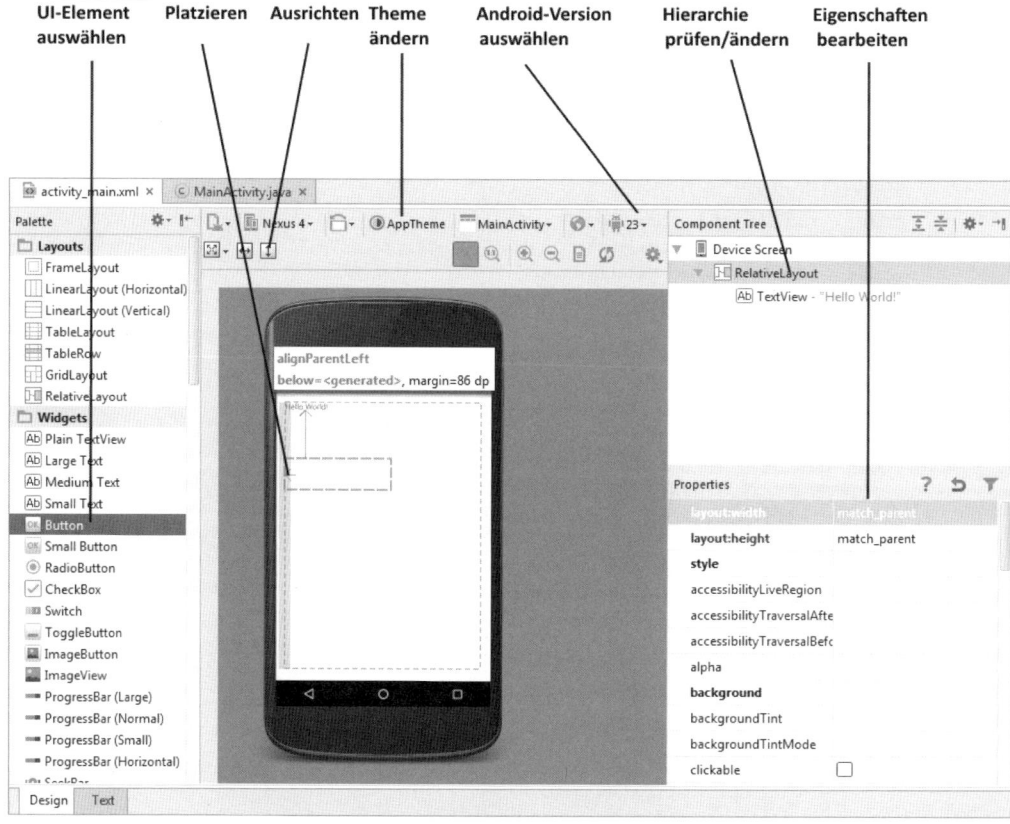

Bild 5.6 Wichtige Arbeitsschritte in der Design-Ansicht

Am besten probieren Sie das jetzt einmal aus. Wählen Sie links in der Liste den Eintrag **Button** und ziehen Sie ihn mit gedrückter linker Maustaste auf die Mitte des Vorschaubereichs und lassen ihn los.

In der Symbolleiste über der virtuellen Bildschirmseite blendet der Designer Schaltflächen ein, über die Sie das aktuell ausgewählte UI-Element (gekennzeichnet durch den blauen Rahmen) ausrichten können (was gerade ausgewählt ist, können Sie rechts im **Component Tree** festlegen). Diese Schaltflächen dienen aber nur als Abkürzung, weil man bestimmte Aktionen sehr oft machen will. Generell können alle Eigenschaften rechts im Properties-Bereich geändert werden.

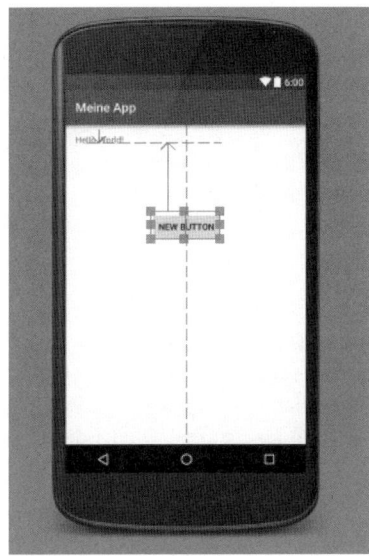

Bild 5.7
Ein frisch platzierter Button

Welche Ausrichtungsoptionen und Eigenschaften Ihnen bei einem Element zur Verfügung stehen, hängt vom Element selbst und auch von dem übergeordneten Layout ab.

Im Falle eines Buttons können wir beispielsweise festlegen, ob er die gesamte von seinem Vater-Element zur Verfügung gestellte Breite ausfüllen soll. Das hierfür zuständige Attribut heißt `layout_width`. Es kann die Werte `match_parent` (maximal möglich) oder `wrap_content` (minimaler Bedarf) annehmen.

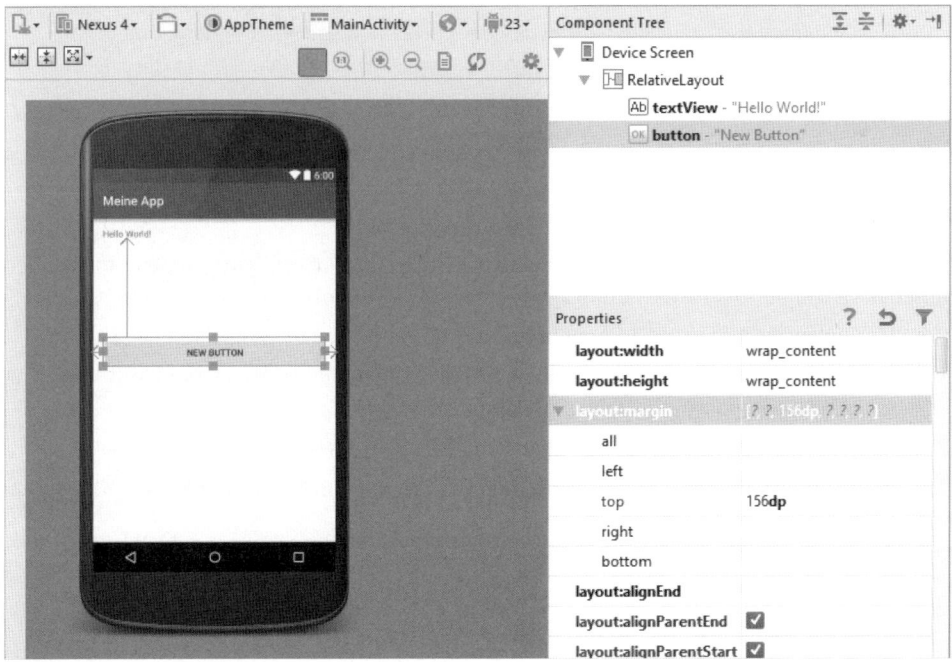

Bild 5.8 Button mit maximaler Breite und 156 dp Abstand nach oben

Wir können auch bestimmen, wie viel Abstand das Element zu seinen Nachbarn haben soll. Im Beispiel befindet sich oberhalb des Buttons eine TextView. Über das Attribut `layout:margin` legen wir z. B. fest, dass der Abstand vom Button nach open (top) 156 dp betragen soll.

Mehr Informationen zu den Layout-Attributen finden Sie im Abschnitt 5.3.1.

TIPP

Wenn Sie UI-Elemente im Designer bearbeiten, wird es Ihnen immer wieder passieren, dass Sie Konfigurationen einstellen, die Ihr Design unerwartet und gravierend verändern. Nehmen Sie solche Änderungen dann mit **Strg+Z** zurück. Schlimmstenfalls können Sie jederzeit in die Text-Ansicht wechseln und dort das XML direkt bearbeiten und Ordnung schaffen.

Die UI-Hierarchie

Eine große Hilfe bei der Arbeit im Designer ist die Hierarchie-Ansicht (Component Tree). Hier können Sie die Hierarchie der platzierten UI-Elemente auf der aktuellen Bildschirmseite im Auge behalten und einzelne UI-Elemente auswählen oder innerhalb der Hierarchie verschieben.

TIPP

Manchmal ist es in der Design-Ansicht schlichtweg unmöglich, ein bestimmtes UI-Element per Mausklick auszuwählen – etwa weil es von anderen Elementen verdeckt wird oder weil es sich um eine leere ViewGroup handelt. In der Hierarchie-Ansicht können Sie dann einfach das betreffende Element suchen und auswählen.

Eigenschaften (Properties)

Die Attribute, über die Sie View-Elemente in der XML-Ansicht konfigurieren können, stehen Ihnen als sogenannte Eigenschaften (Properties) zur Verfügung.

Um eine Eigenschaft für ein UI-Element zu setzen, gehen Sie wie folgt vor:

1. Klicken Sie mit der rechten Maustaste auf das UI-Element in der virtuellen Bildschirmseite oder in der Hierarchie-Ansicht (Component Tree).
2. Bearbeiten Sie die einzustellende Eigenschaft im **Properties**-Fenster.

Alternativ können Sie viele Eigenschaften auch über die Befehle im Kontextmenü bearbeiten.

Konfigurationen

Anfangs werden Sie zuerst einmal Apps für Ihr eigenes Android-Gerät schreiben. Sobald Sie aber dazu übergehen, Ihre Apps an Freunde oder Kunden zu verteilen, müssen Sie beachten, dass diese ganz unterschiedliche Android-Endgeräte mit unterschiedlich beschaffenen Touchscreens verwenden.

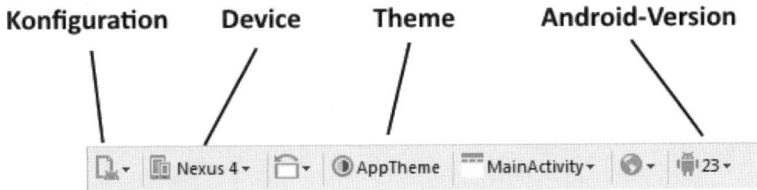

Bild 5.9 Auswahl von Konfiguration und verwandten Einstellungen

Glücklicherweise können Sie mit dem Designer praktisch beliebige Touchscreens simulieren. Wählen Sie die gewünschte Kombination von Konfiguration, virtuellem Device, Theme und Android-Version nach Bedarf über die Symbolleiste über dem virtuellen Bildschirm. Für eigene Gerätekonfigurationen mit individuellen Einstellungen für Maße, Bildschirmauflösung, Tastaturfeld etc. müssen Sie allerdings zuvor ein passendes AVD kreiert haben (siehe Kapitel 1.4).

 Besonders interessant ist das Listenfeld zur Auswahl der Android-Version. Hier sollte grundsätzlich die API-Version des für das Projekt ausgewählten Target-SDK eingestellt sein. Sie können aber auch andere APIs auswählen (sofern Sie die zugehörigen SDKs installiert haben) und auf diese Weise frühzeitig testen, wie Ihre Bildschirmseite unter verschiedenen Android-Betriebssystemversionen aussieht. Einen endgültigen Test mit einem passenden AVD im Emulator kann dies allerdings nicht ersetzen.

■ 5.3 Layouts (ViewGroups)

Wie ein Anwender mit einer Bildschirmseite konkret interagieren kann, hängt im Wesentlichen von den UI[2]-Elementen (Widgets genannt)[3] ab, die Sie in die Seite eingebettet haben. Wie diese Widgets auf der Bildschirmseite angeordnet sind, hängt dagegen vor allem von den ViewGroups ab, also den Layout-Containern, die Sie verwenden.

Android kennt mittlerweile eine ganze Reihe von Layouts – also ViewGroups, die andere View-Elemente einbetten können und diese nach bestimmten Regeln arrangieren.

---

[2] UI = User Interface
[3] Zur Erinnerung: Widgets sind View-Elemente, die mit dem Anwender interagieren können.

Wichtig ist dabei zu wissen, dass Anordnung und Ausrichtung der View-Elemente in einer ViewGroup durch zwei Mechanismen gesteuert werden:

- die allgemeine **Layoutregel**, für die das gewählte Layout steht.

  Beispielsweise arrangiert TableLayout die eingebetteten UI-Elemente in Tabellenform, während LinearLayout die Elemente unter- oder nebeneinander anzeigt.

- die individuellen **Layoutparameter**, die von einem Layout an die eingebetteten View-Elemente weitergereicht werden und von den View-Elementen überschrieben werden können.

  Über diesen Mechanismus kann jedes View-Element selbst angeben, wie es – im Rahmen der vorgegebenen Layoutregel – in der übergeordneten ViewGroup angeordnet werden soll.

5.3.1 Die allgemeinen Layoutparameter

Die Layoutparameter stellen einen Mechanismus dar, über den eingebettete View-Elemente Informationen über die Art und Weise, in der sie ausgerichtet werden möchten, an die übergeordnete ViewGroup zurückliefern können.

Einige dieser Layoutparameter sind allgemeiner Natur und werden von allen Layouts verwendet. Dies sind `layout_width` und `layout_height` für Breite und Höhe sowie `layout_marginBottom`, `layout_marginLeft` etc. für die Zwischenabstände.

Andere Layoutparameter sind layoutspezifisch. Zum Beispiel erlaubt LinearLayout die Angabe relativer Breiten/Höhen für die eingebetteten Elemente (`layout_weight`), während RelativeLayout Layoutparameter zur relativen Anordnung vorsieht und FrameLayout keine anderen Layoutparameter als für Breite, Höhe und Abstände kennt.

DER TRICK MIT DEN LAYOUTPARAMETERN

Wie kann ein View-Element, sagen wir ein einfacher Button, je nach Layout, in das er eingebettet ist, unterschiedliche Layoutparameter setzen? Also z. B. einen `layout_weight`-Wert, wenn er in ein LinearLayout eingebettet ist, und einen `layout_alignParentLeft`-Wert, wenn er in ein RelativeLayout eingebettet ist.

Eine Möglichkeit wäre natürlich, dass der Button für alle erdenklichen Layoutparameter Felder besitzt, in denen er die gewünschten Werte abspeichert und die von den Layout-Views bei Bedarf abgefragt werden können. Dies hieße dann aber, dass er viele layoutspezifische Felder definiert, von denen je nach übergeordnetem Layout immer nur einige ausgewählte wirklich benötigt werden (mit der Konsequenz, dass ein Button-Objekt unnötig viel Speicherplatz belegen würde). Schlimmer noch wäre aber, dass dieses Konzept sehr unflexibel ist. Hieße es doch, dass beim Herauskommen neuer Layout-Views mit eigenen Layoutparametern auch die Definition der Button-Klasse überarbeitet werden müsste, um Felder für die neuen Layoutparameter vorzusehen.

Es verwundert daher nicht, dass Android hier einen anderen Weg geht. Jede ViewGroup definiert für ihre Layoutparameter eine eigene, innere Layoutparameter-Klasse, die auf die Basisklasse `ViewGroup.LayoutParams` zurückgeht. Letzter Punkt ist ganz wichtig, damit Objekte dieser Klasse an Methodenparameter vom gemeinsamen Basistyp `ViewGroup.LayoutParams` übergeben werden können.

Als Pendant dazu besitzen alle View-Klassen eine Methode `setLayoutParams (ViewGroup.LayoutParams params)`. Wird nun ein View-Element in eine ViewGroup eingebettet, erzeugt man zusätzlich ein Objekt vom Typ der passenden Layoutparameter-Klasse, speichert darin die gewünschten Layoutwerte und übergibt das Objekt an die `setLayoutParams()`-Methode des View-Elements.

```
Button btn = new Button(this);
LinearLayout.LayoutParams lparams;
lparams = new LinearLayout.LayoutParams(
            LinearLayout.LayoutParams.MATCH_PARENT,
            LinearLayout.LayoutParams.WRAP_CONTENT);
lparams.gravity = Gravity.CENTER_HORIZONTAL;
btn.setLayoutParams(lparams);
```

Danach kann die Layout-View das Layoutparameter-Objekt jederzeit mit `getLayoutParams()` abfragen.

Breite und Höhe

Wie breit und hoch ein View-Element dargestellt werden soll, können Sie über die Attribute `layout_width` und `layout_height` des Elements festlegen.

Tabelle 5.2 Mögliche Werte für Breite und Höhe

Wert	Beschreibung
match_parent bzw.[4] fill_parent	Die Breite (Höhe) wird so eingestellt, dass die Restbreite (Resthöhe) des übergeordneten Layout-Containers ausgefüllt wird. Für das Wurzelelement sollten Sie immer diesen Wert für Breite und Höhe verwenden, damit das Layout den kompletten Touchscreen ausfüllt.
wrap_content	Die Breite (Höhe) richtet sich nach dem Inhalt des Elements (inklusive Padding).
Zahlenwert	Feste Größe in px, pt, dp, sp, in oder mm. Zu empfehlen sind vor allem die relativen Einheiten dp und sp. Achtung! Die Einheit muss zwingend mit angegeben werden und folgt ohne Leerzeichen auf den Zahlenwert, also z. B. 12dp.

---

[4] Hier hat Google den Namen geändert. Vor der API-Version 8 hieß der Wert `fill_content`, seit API-Version 8 (Android-Plattform 2.2) heißt er `match_parent`. Der Wert `fill_content` wird gelegentlich heute noch aus Gründen der Abwärtskompatibilität verwendet.

Grundsätzlich sollten Sie für die Dimensionierung relative Größenangaben nutzen, also idealerweise `match_parent` oder `wrap_content` bzw. dp- oder sp-Werte, wenn Sie feste Vorgaben machen wollen.

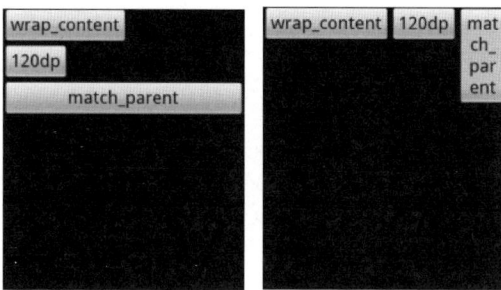

Bild 5.10 Dimensionierung von Buttons in einem vertikalen (links) bzw. horizontalen (rechts) Linear-Layout. Beachten Sie, dass in dem rechten Layout der `match_parent`-Wert keinen Effekt mehr hat, weil der Platz ehedem nicht mehr ausreicht, den Button mit Titel darzustellen. Würden Sie allerdings dem zweiten Button den `match_parent`-Wert zuweisen, würde dieser die Restbreite einnehmen und den dritten Button aus der Seite drängen!

TIPP
Wenn Sie feste Zahlenwerte für Breite oder Höhe im Designer angeben möchten, markieren Sie das zu dimensionierende UI-Element und tippen Sie den Zahlenwert im **Properties**-Fenster bei der entsprechenden Eigenschaft ein.

GRÖSSENEINHEITEN
Dimensionsangaben für Breite, Höhe, Ränder (Margin) oder Innenabstände (Padding) müssen Sie immer mit Einheit angeben, wobei die relativen Einheiten dp und sp (für Schriftgrößen) zu bevorzugen sind. Zur Verfügung stehen:

- **px** – Pixelwert. Das Problem mit dieser Einheit ist, dass die tatsächlichen Abmaße abhängig von der Bildschirmdichte des Ausgabegeräts variieren können. Wenn Sie das Layout beispielsweise für ein Gerät mit mittlerer Bildschirmdichte entwerfen, kann es auf Geräten mit hoher oder niedriger Dichte zu unschönen Verzerrungen kommen.
- **dp** – Pixelwert, der automatisch an die Dichte des Ausgabegeräts angepasst wird
- **sp** – Ähnlich dp, wird aber zusätzlich gemäß der vom Anwender eingestellten Schriftgröße skaliert
- **pt** – Punktgröße, wird üblicherweise für Schriftgrößen verwendet
- **mm** – Millimeter
- **in** – Inch

Außenabstand (Margin)

Über die Margin-Layoutparameter können Sie angeben, welcher Abstand zwischen einem UI-Element und den umgebenden Elementen oder Layout-View-Rändern bleiben soll. Sie können wahlweise einen Abstandswert für alle Seiten oder individuelle Werte für die einzelnen Seiten angeben.

Für das Wurzelelement ist die Angabe von Margin-Werten sinnlos.

Tabelle 5.3 Abstandsattribute

Margin-Attribut	Beschreibung
layout_marginBottom	Abstand nach unten
layout_marginLeft	Abstand nach links
layout_marginRight	Abstand nach rechts
layout_marginTop	Abstand nach oben

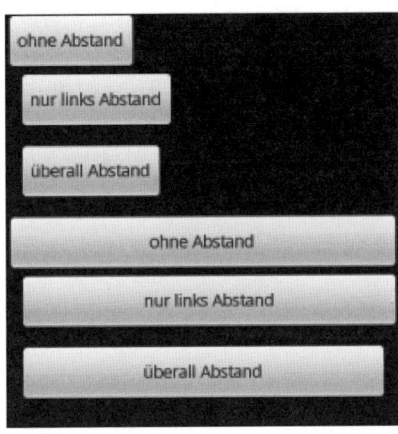

Bild 5.11 Beachten Sie, dass der Layout-Container möglicherweise von sich aus bereits kleine Zwischenabstände einfügt (siehe z. B. den Abstand zwischen dem ersten und zweiten Button).

 Die Margin gehört nicht zum UI-Element. Ihre Farbe ist die Hintergrundfarbe (background-Attribut) des Layout-Containers, nicht die des UI-Elements.

5.3.2 ViewGroups

Wie Sie bereits wissen, bezeichnet man Views, die als Container für andere View-Elemente dienen, als ViewGroups. Der Name rührt einfach daher, dass diese Klasse auf die Basisklasse `ViewGroup` zurückgeht.

Zu den wichtigsten ViewGroups gehören `LinearLayout`, `RelativeLayout`, `TableLayout` und `GridLayout`. Darüber hinaus gibt es noch viele weitere, z. B.

- `HorizontalScrollView` – horizontale, scrollbare Abfolge von typischerweise Bildern,
- `ScrollView` – eine von `FrameLayout` abgeleitete ViewGroup mit Scrollbalken,

- `GridView` – Layout-Gitter aus Spalten und Zeilen mit Scrollbalken in beide Richtungen,
- `ListView` – einspaltige Liste mit Scrollbalken,
- `ViewFlipper` – Diashow, auch als Liste verwendbar, die immer nur ein Element zeigt.

Auf der Android-Website unter *http://developer.android.com/reference/android/view/View Group.html* können Sie die Definitionen dieser und vieler weiterer Layouts nachschlagen.

Die grundlegenden Layouts sollten wir uns aber direkt hier ein wenig näher ansehen.

LinearLayout – das „Einsteiger"-Layout

`LinearLayout` ordnet die in ihm eingebetteten Elemente wahlweise unter- oder nebeneinander an. Die gewünschte Anordnung kann im `LinearLayout`-Element über das Attribut `orientation` eingestellt werden. Mögliche Werte sind `vertical` und `horizontal`.

```
<LinearLayout
    xmlns:android="http://schemas.android.com/apk/res/android"
    android:orientation="vertical"
    android:layout_width="match_parent"
    android:layout_height="match_parent">
```

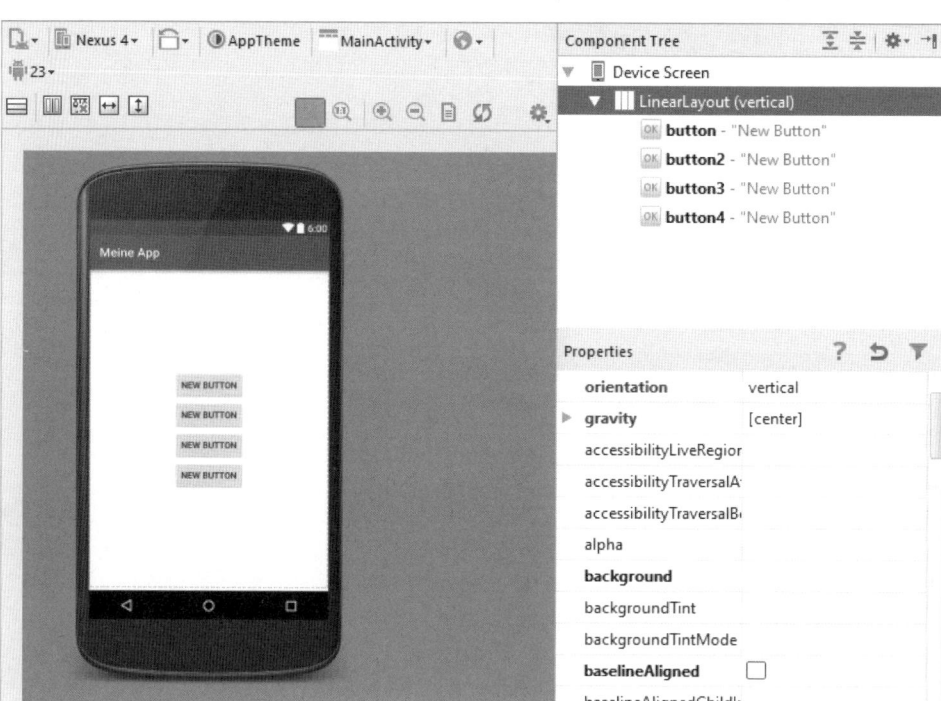

Bild 5.12 LinearLayout (vertikal, mit vier Buttons)

Darüber hinaus können Sie über das Attribut `gravity` angeben, wie die eingebetteten Elemente ausgerichtet werden sollen. Als Werte können Sie die gleichen Konstanten übergeben wie für den Layoutparameter `layout_gravity`, der die Ausrichtung eines bestimmten UI-Elements vorgibt (siehe Tabelle 5.4).

```
<LinearLayout
    xmlns:android="http://schemas.android.com/apk/res/android"
    android:orientation="vertical"
    android:gravity="center"
    android:layout_width="match_parent"
    android:layout_height="match_parent">
```

LinearLayout ist einfach und unkompliziert in der Handhabung, aber sehr vielseitig, vor allem wenn man LinearLayout-Views ineinander verschachtelt. Allerdings sollte man beim Verschachteln sehr zurückhaltend sein! Flache Hierarchien kann das Android-Laufzeitsystem schneller darstellen und auch die Fehlersuche ist bei flachen Strukturen schlichtweg einfacher.

Tabelle 5.4 Spezifische LinearLayout-Layoutparameter

Layoutparameter	Beschreibung
layout_gravity	Wert, der angibt, wie das Element verankert werden soll. Mögliche Werte sind: top, bottom, left, right, center_vertical, fill_vertical, center_horizontal, fill_horizontal, center, fill, clip_vertical und clip_horizontal.
layout_weight	Legt fest, wie freier Platz im Layout-Container auf die eingebetteten UI-Elemente zu verteilen ist. Mögliche Werte liegen zwischen 0 und 1 und geben das Verhältnis an, in dem der Platz aufgeteilt wird. Enthält ein Layout-Container also zwei Elemente mit layout_weight="1.0", so teilen sich diese den Platz gerecht auf (Verhältnis 1:1).

ACHTUNG

Verschachtelte Layout-Views setzen die Performance herab. Wenn Sie für ein auf LinearLayout-Views basierendes Layout mehr als zwei Verschachtelungsebenen benötigen, sollten Sie überlegen, ob dasselbe Layout nicht mit anderen Layout-Views, beispielsweise einem TableLayout oder einem RelativeLayout, günstiger zu erreichen wäre.

RelativeLayout – der Alleskönner

RelativeLayout ordnet die in ihm eingebetteten Elemente relativ zueinander bzw. relativ zu seinen Rändern an. Es ist sehr flexibel, erlaubt auch die Ausrichtung an umliegenden Elementen und ist geeignet, komplexere Layouts ohne die Verschachtelung von ViewGroups umzusetzen (was in der Regel die Performance der App verbessert).

Um ein eingebettetes Element relativ zu einem anderen eingebetteten Element zu **positionieren**, wählen Sie den Layoutparameter aus, der die gewünschte relative Position beschreibt – z. B. layout_below, um das Element unterhalb des Bezugselements zu positionieren –, und geben Sie die ID des Bezugselements als Wert für das Attribut an. Die Positionierung am Rand des Layout-Containers erfolgt analog, nur dass Sie statt einer ID einfach true als Wert zuweisen.

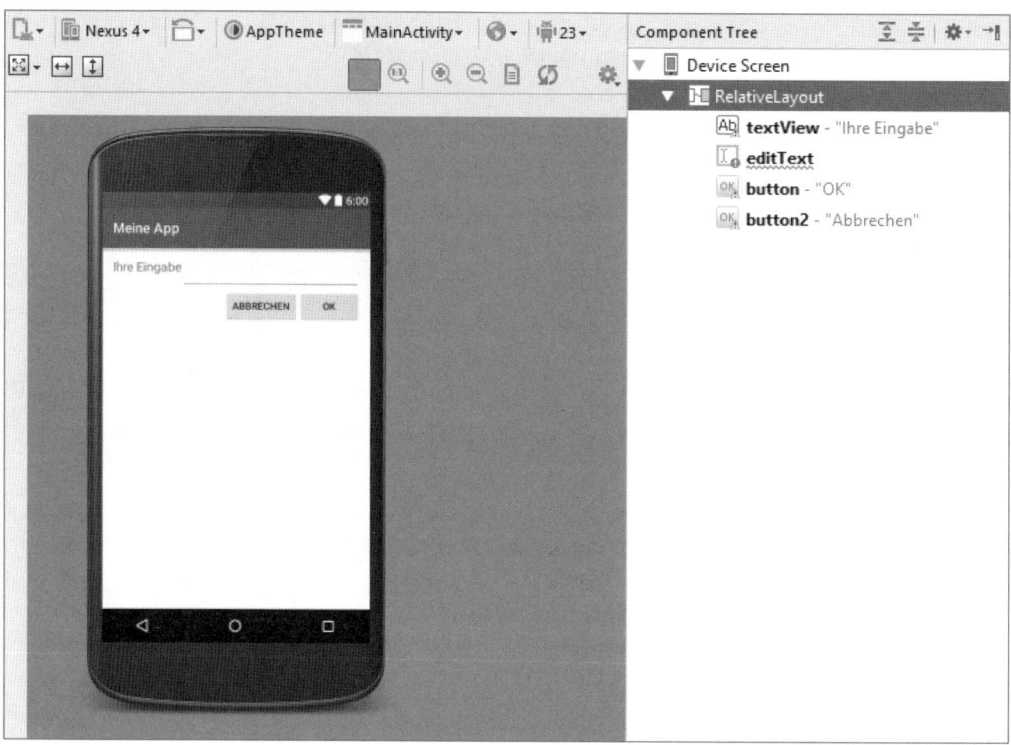

Bild 5.13 Beispiel für ein RelativeLayout mit einem EditText-Eingabefeld, das rechts von einem Text-View-Element ganz oben angezeigt wird, einem OK-Button, der unter dem Eingabefeld und rechtsrandig ausgerichtet wird, sowie einem Abbrechen-Button, der links von dem OK-Button positioniert wird.

```
<TextView
    android:id="@+id/beschriftung"
    android:layout_width="match_parent"
    android:layout_height="wrap_content"
    android:text="Möchten Sie den Titel abspielen?"/>
<Button
    android:layout_width="wrap_content"
    android:layout_height="wrap_content"
    android:layout_below="@id/beschriftung"
    android:text="Play" />
```

Um ein eingebettetes Element an einem anderen eingebetteten Element **auszurichten**, wählen Sie den Layoutparameter aus, der die gewünschte Ausrichtung beschreibt – z.B. layout_alignTop, um das Element am oberen Rand des Bezugselements auszurichten –, und geben Sie die ID des Bezugselements als Wert für das Attribut an. Die Ausrichtung am Rand des Layout-Containers erfolgt analog, nur dass Sie statt einer ID einfach true als Wert zuweisen.

Tabelle 5.5 Spezifische RelativeLayout-Layoutparameter zur Positionierung am Rand der Relative-Layout-View

Layoutparameter	Beschreibung
layout_centerHorizontal	Zentriert das Element horizontal im Layout-Container
layout_centerInParent	Zentriert das Element horizontal und vertikal im Layout-Container
layout_centerVertical	Zentriert das Element vertikal im Layout-Container

Tabelle 5.6 Spezifische RelativeLayout-Layoutparameter zur Positionierung an anderen UI-Elementen

Layoutparameter	Beschreibung
layout_above	Positioniert das Element über dem Bezugselement
layout_below	Positioniert das Element unter dem Bezugselement
layout_toLeftOf	Positioniert das Element links vom Bezugselement
layout_toRightOf	Positioniert das Element rechts vom Bezugselement

Tabelle 5.7 Spezifische RelativeLayout-Layoutparameter zur Ausrichtung am Rand der RelativeLayout-View

Layoutparameter	Beschreibung
layout_alignParentBottom	Richtet das Element am unteren Rand des Layout-Containers aus
layout_alignParentLeft	Richtet das Element am linken Rand des Layout-Containers aus
layout_alignParentRight	Richtet das Element am rechten Rand des Layout-Containers aus
layout_alignParentTop	Richtet das Element am oberen Rand des Layout-Containers aus
layout_alignWithParentIfMissing	Richtet das Element am Layout-Container aus, wenn die Ausrichtung an einem Bezugselement scheitert

Tabelle 5.8 Spezifische RelativeLayout-Layoutparameter zur Ausrichtung an anderen UI-Elementen

Layoutparameter	Beschreibung
layout_alignBaseline	Richtet die Grundlinie des Elements an der Grundlinie des Bezugselements aus
layout_alignBottom	Richtet den unteren Rand des Elements am unteren Rand des Bezugselements aus
layout_alignLeft	Richtet den linken Rand des Elements am linken Rand des Bezugselements aus
layout_alignRight	Richtet den rechten Rand des Elements am rechten Rand des Bezugselements aus
layout_alignTop	Richtet den oberen Rand des Elements am oberen Rand des Bezugselements aus

ACHTUNG

Die relative Positionierung oder Ausrichtung an Bezugselementen setzt voraus, dass diese über eine ID verfügen.

TableLayout – die Tabelle

TableLayout ordnet die in ihm eingebetteten Elemente in Zeilen (Rows) und Spalten (Columns) an. Zeilen werden dabei als TableRow-Elemente erzeugt, die Elemente werden in die gewünschte Spalte mit dem Attribut layout_column gesetzt:

Listing 5.1 TableLayout mit zwei Zeilen, drei Spalten und vier Buttons darin

```xml
<?xml version="1.0" encoding="utf-8"?>
<TableLayout xmlns:android="http://schemas.android.com/apk/res/android"
    xmlns:tools="http://schemas.android.com/tools"
    android:orientation="vertical"
    android:layout_width="match_parent"
    android:layout_height="match_parent"
    android:padding="10dp"
    tools:context="com.example.standard.myapplication.MainActivity">

    <TableRow
        android:layout_width="match_parent"
        android:layout_height="match_parent">

        <Button
            android:layout_width="match_parent"
            android:layout_height="wrap_content"
            android:text="Button 1-1"
            android:id="@+id/button"
            android:layout_column="0" />

        <Button
            android:layout_width="match_parent"
            android:layout_height="wrap_content"
            android:text="Button 1-2"
            android:id="@+id/button2"
            android:layout_column="1" />
    </TableRow>

    <TableRow
        android:layout_width="wrap_content"
        android:layout_height="wrap_content">

        <Button
            android:layout_width="match_parent"
            android:layout_height="wrap_content"
            android:text="Button 2-1"
            android:id="@+id/button3"
            android:layout_column="1" />

        <Button
            android:layout_width="match_parent"
```

```
            android:layout_height="wrap_content"
            android:text="Button 2-2"
            android:id="@+id/button4"
            android:layout_column="2" />
    </TableRow>
</TableLayout>
```

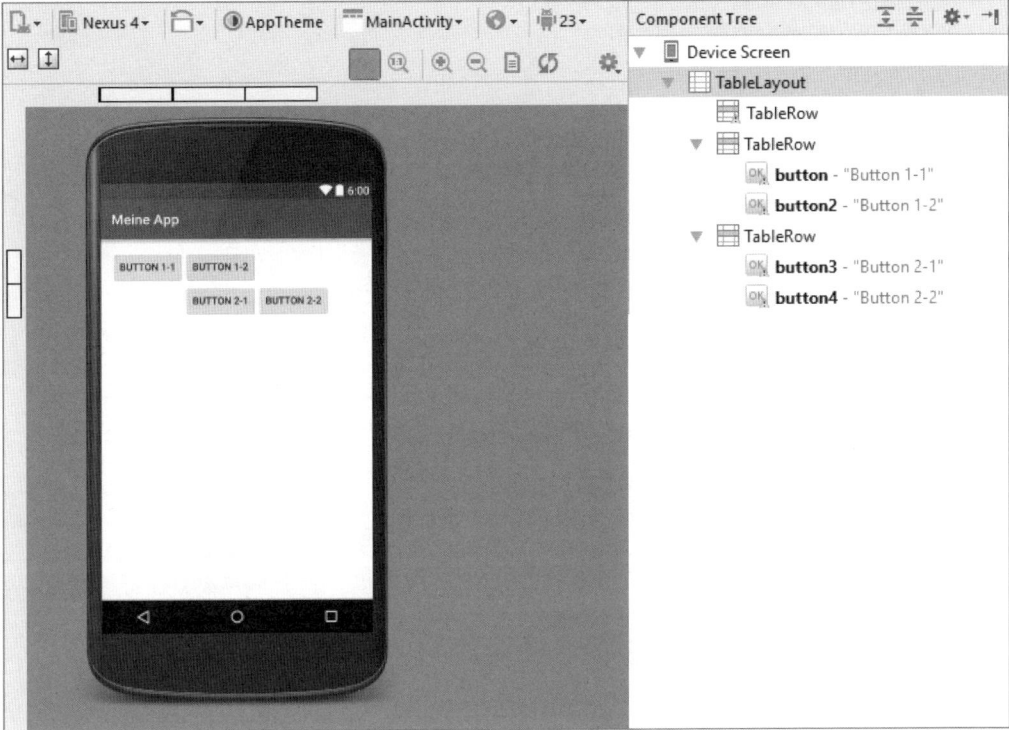

Bild 5.14 Das TableLayout zu Listing 5.1 mit zwei Zeilen, drei Spalten

TableLayout definiert keine eigenen spezifischen Layoutparameter, ist aber von der Klasse LinearLayout abgeleitet und verwendet daher neben den Layoutparametern für Breite, Höhe und Abstand auch die Layoutparameter layout_gravity und layout_weight.

GridLayout – der Ordentliche

Erzeugt ein Gitter-Layout. Die Anzahl der gewünschten Spalten (Columns) und Zeilen (Rows) geben Sie über die Layoutparameter columnCount und rowCount an.

```
<GridLayout ...
    android:layout_width="wrap_content"
    android:layout_height="match_parent"
    android:layout_gravity="center"
    android:columnCount="3"
    android:rowCount="3" >
```

Die eingebetteten UI-Elemente ordnen Sie über die Attribute layout_column und layout_row zu:

```
<Button
android:layout_width="wrap_content"
android:layout_height="wrap_content"
android:text="1"
android:id="@+id/button"
android:layout_row="0"
android:layout_column="0" />

<Button
    android:layout_width="wrap_content"
    android:layout_height="wrap_content"
    android:text="2"
    android:id="@+id/button2"
    android:layout_row="0"
    android:layout_column="1" />
```

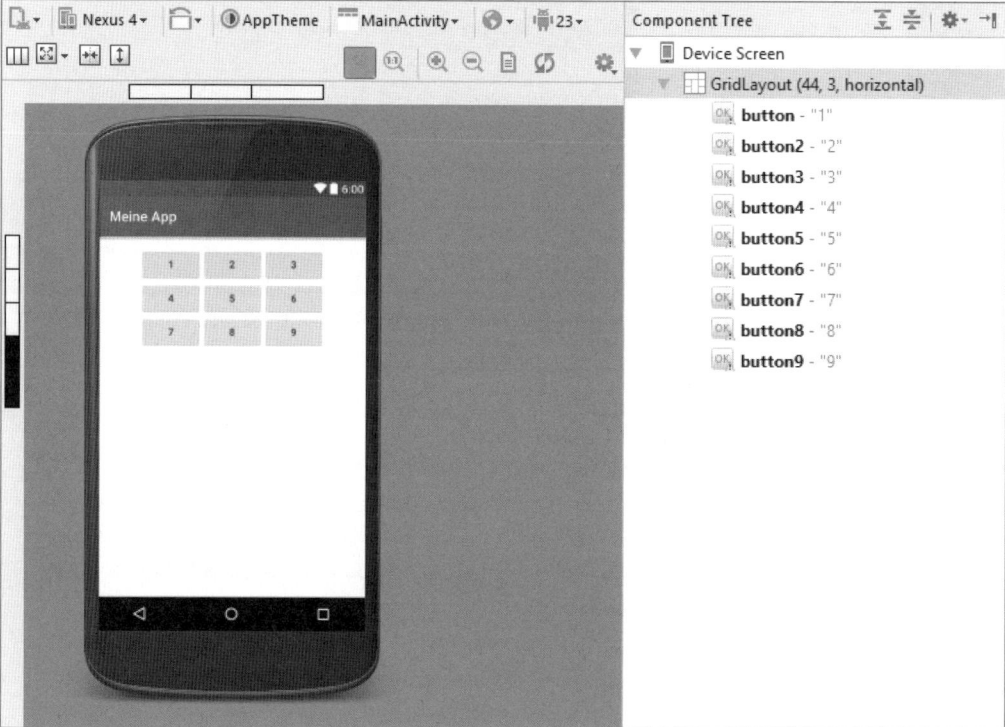

Bild 5.15 Das GridLayout mit 3 x 3 Buttons

Die Spaltenbreite (bzw. Zeilenbreite) wird bei der Einstellung "wrap_content" an den Inhalt der breitesten (höchsten) Zellen angepasst. Soll sich ein UI-Element stattdessen über mehrere Spalten (Zeilen) ausbreiten, geben Sie neben der gewünschten Breite (Höhe) auch noch mittels des Attributs layout_columnSpan (bzw. layout_rowSpan) an, über wie viele Spalten (Zeilen) sich das Element ausdehnen soll:

```
<GridLayout ...
    android:layout_width="wrap_content"
    android:layout_height="wrap_content"
    android:layout_gravity="center"
    android:columnCount="3"
    android:rowCount="3" >
    <Button
        android:id="@+id/button1"
        android:width="150dp"
        android:layout_columnSpan="1"
        android:layout_column="0"
        android:layout_row="0"
        android:text="1" />
```

AUFSTEIGER

Abstände zwischen den eingebetteten Elementen können Sie über die Margin-Einstellungen oder durch Einbettung von Space-Elementen erzeugen.

GridView – die UI-Galerie

GridView ordnet UI-Elemente wie z. B. Bilder (ImageView-Elemente), Buttons oder Ähnliches in einer Galerie an, mit freiem Bildlauf in beide Richtungen. Die Anzahl der Spalten in der Galerie wird fest vorgegeben; die Anzahl der Zeilen ergibt sich automatisch aus der Anzahl der eingebetteten Bilder.

Die Einbettung der Elemente ist im Übrigen der einzige schwierige Part bei der Erstellung einer GridView, denn er verlangt die Implementierung einer passenden Adapter-Klasse. Da es sich bei GridView um ein relativ spezielles Layout handelt, ersparen wir uns hier eine ausführliche Beschreibung und heben uns diese für Kapitel 19.3 auf.

Bild 5.16
Beispiel für ein GridView-Layout (siehe auch Kapitel 19.3)

Zur Konfiguration der GridView stehen folgende XML-Attribute zur Verfügung:

Tabelle 5.9 GridView-Attribute

Attribut	Beschreibung
columnWidth	Die Spaltenbreite. Der Wert wird fest vorgegeben, üblicherweise in dp-Einheiten.
gravity	Wert, der angibt, wie ein Element in seiner Zelle verankert werden soll. Mögliche Werte sind: top, bottom, left, right, center_vertical, fill_vertical, center_horizontal, fill_horizontal, center, fill, clip_vertical und clip_horizontal.
horizontalSpacing	Horizontaler Abstand zwischen den Zellen
numColumns	Vorgegebene Anzahl Spalten. Ein ganzzahliger Wert oder auto_fit. Im letzteren Fall wird die Breite des Touchscreens ganz ausgenutzt.
stretchMode	Regel, die angibt, wie Spalten etwaigen Leerraum nutzen können. Mögliche Werte sind: • none – Leerraum wird nicht genutzt, • spacingWidth – der Abstand zwischen den Zellen wird vergrößert, • columnWidth – die Spaltenbreite wird vergrößert, • spacingWidthUniform – Spaltenbreite und Zwischenabstände werden beide vergrößert.
verticalSpacing	Vertikaler Abstand zwischen den Zellen

 GridView definiert keine spezifischen Layoutparameter.

FrameLayout – der Platzhalter

FrameLayout besitzt keine spezifischen Layoutparameter und ist nicht mehr als ein Platzhalter für View-Elemente, die zur Laufzeit ein- oder ausgeblendet werden.

Sie können mehrere Elemente einfügen, die allerdings übereinander angeordnet werden (ausgerichtet an der oberen rechten Ecke) und sich somit, sollten sie gleichzeitig angezeigt werden, verdecken.

Mit FrameLayout können Sie z. B.

- über ein View-Element ein weiteres Element stapeln (das dann allerdings kleiner oder teilweise transparent sein sollte, damit das darunter liegende Element noch zu sehen ist).
- zur Laufzeit das angezeigte Element wechseln (das anzuzeigende Element erhält das Attribut android:visibility="visible", die anderen eingebetteten Elemente android:visibility="invisible") – wobei der Platz, den das FrameLayout freihält, sich immer nach dem größten (!) eingebetteten Element richtet, auch wenn gerade ein kleineres Element sichtbar ist. Zur Laufzeit kann die Sichtbarkeit eines View-Elements mithilfe der Methode setVisibility() geändert werden.
- Registerseitenlayouts erzeugen.

AUFSTEIGER
Bei Ausführung auf Ihrem Android-Gerät ist der Haupt-View Ihrer Activities immer ein vom Laufzeitsystem erzeugtes FrameLayout übergeordnet.

In der Hierarchie-Ansicht (Component Tree) können Sie den Layout-Container recht einfach ändern: Markieren Sie den entsprechenden Layout-Knoten und rufen Sie im Kontextmenü den Eintrag **Morphing** auf und dann das gewünschte Layout. Leider hat Android Studio manchmal dabei Probleme und bietet den Eintrag gar nicht an. Dann müssen Sie es im XML-Code (Text-Ansicht) von Hand ändern.

5.3.3 Hintergrundfarbe (oder -bild)

Im Abschnitt „Attribute" aus Kapitel 5.2.1 konnten Sie bereits lesen, dass die Hintergrundfarbe jeder beliebigen View über das Attribut background eingestellt werden kann. Um die Hintergrundfarbe einer ganzen Bildschirmseite festzulegen, brauchen Sie folglich lediglich die background-Eigenschaft der obersten Layouts zu bearbeiten:

```xml
<?xml version="1.0" encoding="utf-8"?>
<LinearLayout
   xmlns:android="http://schemas.android.com/apk/res/android"
   android:orientation="vertical"
   android:layout_width="match_parent"
   android:layout_height="match_parent"
   android:gravity="center"
   android:background="#ff0000">
   ...
</LinearLayout>
```

Farben

Farben werden in Android als eine Kombination ihrer Rot-, Grün- und Blauanteile definiert. Jeder Farbanteil kann dabei einen hexadezimalen Wert zwischen 00 (= 0) und ff (= 255) annehmen. Den Zahlenwerten muss das Zeichen # vorangestellt sein.

```
#ffffff    // Weiß
#000000    // Schwarz
#ff0000    // Rot
#ff00ff    // Mischung aus Rot und Blau: Rosa
#09ff77    // leuchtend Hellgrün
```

Grauwerte zwischen Weiß und Schwarz erzeugen Sie, indem Sie allen drei Farbanteilen den gleichen Wert zuweisen:

```
#555555    // Dunkelgrau
#AAAAAA    // Hellgrau
```

Transparente Farben erzeugen Sie, indem Sie vor den RGB-Anteilen noch einen Wert für den Alpha-Kanal übergeben. Dieser Wert muss ebenfalls zwischen 00 (= 0) und ff (= 255) liegen. Ein Wert von 00 steht dabei für hundertprozentige Transparenz.

```
#55ffffff    // transparentes Weiß (= Aufhellung)
#00ffffff    // transparent
```

 RGB-FARBEN

Die RGB-Codierung beruht auf dem Effekt, dass man durch Variation der Farbintensitäten für die drei Lichtfarben Rot, Grün und Blau sämtliche Farben mischen kann. Werden beispielsweise rotes, grünes und blaues Licht in voller Intensität ausgestrahlt, erhält man Weiß. Ist die Intensität aller drei Farben gleich null (d. h., es wird kein Licht ausgestrahlt), erhält man Schwarz.

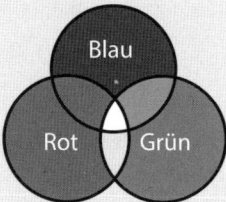

Bild 5.17
Das RGB-Farbmodell

 Android Studio bietet Ihnen eine bequeme Möglichkeit, den richtigen RGB-Wert zu bestimmen. Wenn Sie über das Properties-Fenster ein Attribut mit Farbwerten haben, gibt es immer daneben eine Schaltfläche …, um einen Farbauswahldialog zu starten.

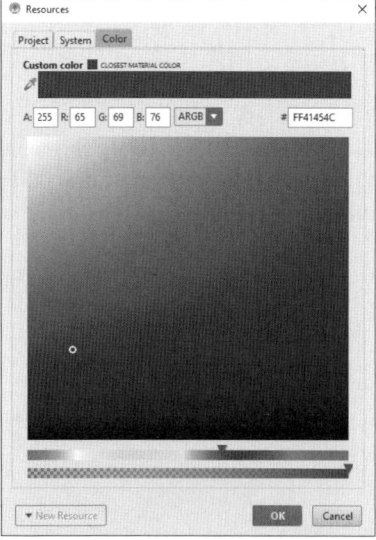

Bild 5.18
Farbauswahl-Dialog

Hintergrundbilder

Statt einer Farbe können Sie auch ein Bild als Hintergrund wählen. Der Weg führt ebenfalls über das Attribut background, ist aber etwas holpriger:

1. Bereiten Sie das Bild vor.

   Schneiden Sie das Bild mit einem geeigneten Grafikprogramm so zu, dass es ungefähr die Abmaße eines modernen Smartphones hat (z. B. 480 × 800).

   Speichern Sie es im Format PNG (weniger gut, aber auch möglich: JPG oder GIF) und unter einem Namen, der nur Kleinbuchstaben und Ziffern enthält, z. B. als *hintergrund.png*.

2. Nehmen Sie das Bild in Ihr Projekt auf.

   Kopieren Sie hierzu die Bilddatei in den Ordner *…res/drawable* des Projektverzeichnisses. Wenn Sie nicht sicher sind, wo das genau ist, dann markieren Sie in der Projektansicht den entsprechenden Knoten *app/res/drawable* und wählen Sie im Kontextmenü den Eintrag **Show in Explorer**. (Mehr zur korrekten Auswahl des Ressourcen-Ordners lesen Sie in Kapitel 6.) Nach dem Kopieren sollte die Bilddatei in Android Studio im Ordner *res/drawable* aufgeführt werden.

3. Wählen Sie die Bilddatei als Hintergrund für das oberste Layout aus.

   Markieren Sie hierzu in der Hierarchie-Ansicht das oberste Layout-Element (eine ViewGroup wie GridLayout usw.). Dann wählen Sie unten im Eigenschaftsfenster das Attribut **background** und klicken daneben auf die Schaltfläche … Im erscheinenden **Resources**-Fenster wählen Sie links die Rubrik **Drawable**. Scrollen Sie nun nach unten zum Namen des Bildes oder tippen Sie oben in das Suchfeld den Anfang des Bilddateinamens, sodass die in der Regel recht lange Liste verkürzt wird, und wählen Sie die gewünschte Datei aus.

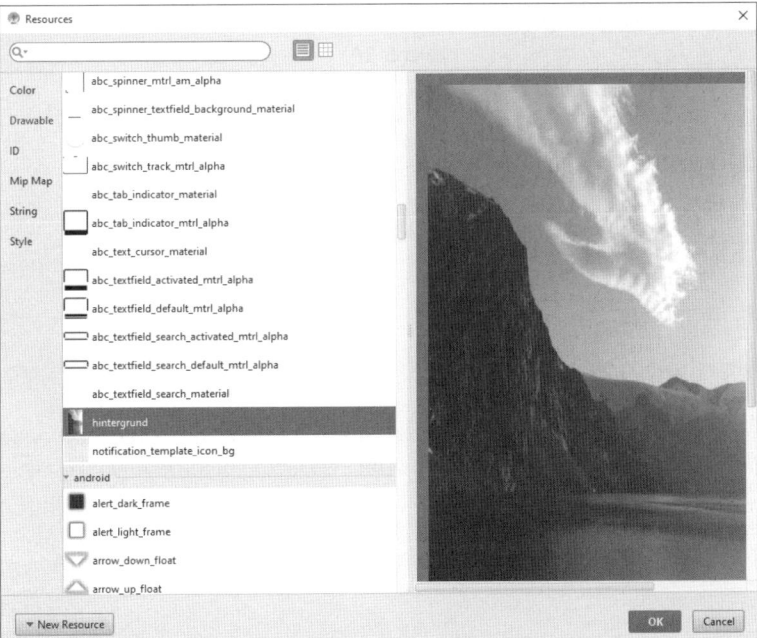

Bild 5.19 Eine Bildressource auswählen

Alternativ können Sie die Ressource in der Text-Ansicht auch als Attribut am Wurzelelement über den XML-Code zuweisen:

```
android:background="@drawable/hintergrund">
```

Bild 5.20
App mit Hintergrundbild

 ACHTUNG
Zu große Bilder können zum Absturz einer App oder zum Scheitern der Installation auf dem Endgerät führen.

5.3.4 Der Hierarchy Viewer

Wir können das Thema Layout schlecht abschließen, ohne Ihnen noch schnell eines der Hilfsprogramme aus dem Android-SDK ans Herz zu legen: den *Hierarchy Viewer*.

Mit seiner Hilfe können Sie die Hierarchie von Bildschirmseiten analysieren, die im Emulator angezeigt werden.

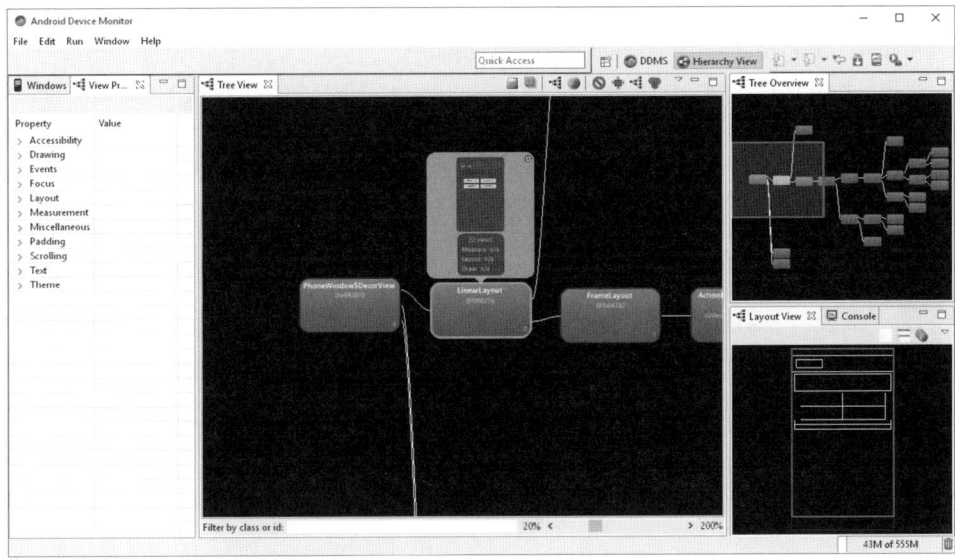

Bild 5.21 Analyse einer Bildschirmseite im Hierarchy Viewer

1. Führen Sie zunächst die Activity mit der zu analysierenden Bildschirmseite im Emulator aus.

   Achten Sie darauf, dass die Bildschirmseite im Emulator zu sehen ist, und klicken Sie zur Sicherheit noch einmal in die Seite, damit diese den Fokus erhält.

2. Starten Sie zuerst den Android Device Monitor, indem Sie den Menübefehl **Tools/ Android/Android** aufrufen.

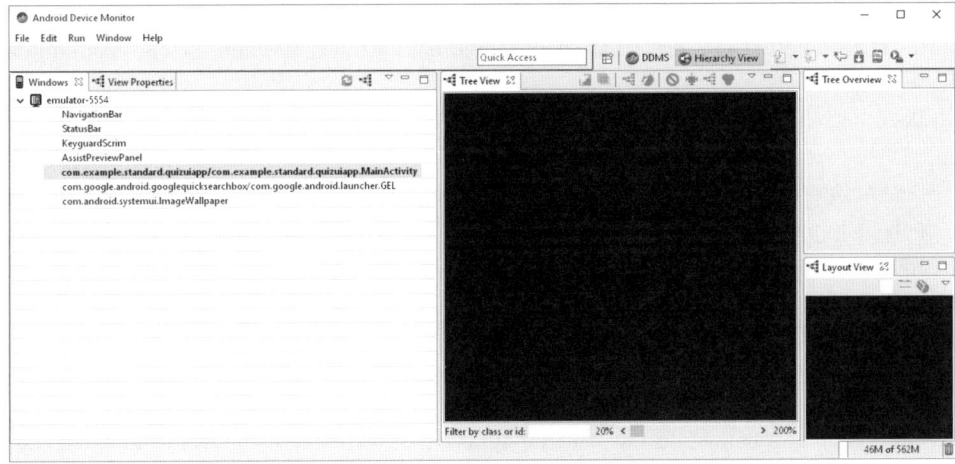

Bild 5.22 Den Hierarchy Viewer aufrufen

3. Starten Sie den Hierarchy Viewer, indem Sie auf **Hierarchy View** klicken.

   Wenn die **Hierarchy View**-Schaltfläche nicht angezeigt wird, klicken Sie zuerst etwas weiter links auf die **Open Perspective**-Schaltfläche.

4. Doppelklicken Sie im Fenster links unter dem Emulator-Knoten auf den Eintrag für die Activity, deren Layout Sie begutachten möchten.

Nach einer kurzen Weile erscheint die View-Hierarchie. Die Anzeige links zeigt die Hierarchie. Sie können die Anzeige mithilfe der Zoomleiste im unteren Rand vergrößern oder verkleinern oder durch Ziehen mit der Maus den angezeigten Ausschnitt verändern.

Wenn Sie auf einen der View-Kästen klicken, werden in der Tabelle links die Werte ausgesuchter Properties der View angezeigt. In der **Layout View** sehen Sie eine Umrissskizze der Bildschirmseite, in der die jeweils ausgewählte View dick rot umrandet ist.

AUFSTEIGER

Wie Sie unschwer erkennen können, bildet die oberste Layout-View Ihrer Bildschirmseite nicht die Wurzel des View-Stammbaums.

■ 5.4 UI-Elemente

Trotz der großen Zahl an UI-Elementen (UI = User Interface), die uns die Android-Bibliothek mittlerweile zur Verfügung stellt, sind die grundlegenden Schritte bei der Verwendung fast immer die gleichen.

1. Sie fügen das UI-Element in das Layout der Bildschirmseite ein.

   Sie können im XML-Code ein XML-Element für das UI-Element eintragen oder im Designer das Element mit der Maus aus der Palette auf die virtuelle Bildschirmseite ziehen (siehe auch Abschnitt 5.2).

2. Sie sorgen dafür, dass das UI-Element in seinem Layout-Container korrekt positioniert wird.

   Dazu setzen Sie die von dem jeweiligen Layout vorgegebenen Layoutparameter (siehe Abschnitt 5.3).

3. Sie konfigurieren das UI-Element.

   Jedes UI-Element verfügt über eine Vielzahl von Eigenschaften, über die es konfiguriert werden kann. Einige dieser Eigenschaften erbt es von seinen Basisklassen, wie z.B. `id`, `padding` oder `visibility` (siehe auch Tabelle 5.1). Andere Eigenschaften sind UI-Element-spezifisch, wie z.B. `text`, `textColor` und `password` für TextViews.

   Sie können diesen Eigenschaften über die zugehörigen XML-Attribute oder das **Properties**-Fenster im Designer Werte zuweisen (siehe Abschnitt 5.2).

4. Sie greifen gegebenenfalls zur Laufzeit auf das instanziierte Objekt des UI-Elements zu, um es zu manipulieren oder Einstellungen des Anwenders abzufragen.

   Halten Sie in diesem Fall in der API-Dokumentation bzw. dem Info-Fenster des Editors nach passenden set- und get-Methoden Ausschau, z.B. `setText()` und `getText()` für den Zugriff auf den Text in einem Textfeld.

Meist erfolgen solche Zugriffe auf UI-Elemente im Code von Ereignisbehandlungsmethoden – Methoden, die dank eines zuvor eingerichteten Listeners (Lauschers) automatisch ausgeführt werden, wenn für das beobachtete UI-Element ein bestimmtes Ereignis eintritt (wie z. B. das Drücken eines Buttons). Wir werden uns in Kapitel 7 ausführlicher damit befassen.

Leider herrscht bei der Bezeichnung der verschiedenen Oberflächen-Elemente eine historisch gewachsene, geradezu babylonische Sprachverwirrung. Wir verwenden in diesem Buch überwiegend den neutralen Begriff UI-Element für sichtbare Elemente (z. B. eine Schaltfläche). In der Design-Ansicht von Android Studio werden sie teilweise als Widget, teilweise als TextField oder anderweitig eingeordnet. Das gleiche Chaos gibt es bei den ViewGroups, die in Android Studio teilweise unter Layouts, teilweise unter Containern zu finden sind.

Wenn Sie ganz unglücklich mit einem UI-Element sind, löschen Sie es, indem Sie sein XML-Element aus dem XML-Code löschen oder indem Sie es im Designer oder dem Component Tree auswählen und `Entf` drücken.

Tabelle 5.10 Einige wichtige UI-Elemente

Widget	Beschreibung
Button `Button`	Button mit Titel (Schaltfläche), den der Anwender drücken kann, um eine Aktion auszulösen Wichtige Eigenschaften: • `text` – der Titel des Buttons Wichtige Ereignisse: • `onClick` – wird ausgelöst, wenn der Button gedrückt wird
CheckBox ☑ `CheckBox`	Kontrollkästchen, das der Anwender markieren kann Wichtige Eigenschaften: • `text` – der Titel des Kontrollkästchens • `checked` – der Auswahlstatus des Kontrollkästchens Wichtige Ereignisse: • `onClick` – wird ausgelöst, wenn das Kontrollkästchen gedrückt wird. Der Status des Kontrollkästchens kann dann mit der Methode `isChecked()` abgefragt werden, die `true` oder `false` zurückliefert.
EditText `Ihre Einga...`	Eingabefeld, in das der Anwender einen Text eingeben kann Wichtige Eigenschaften: • `text` – ein vorgegebener Eingabetext (bleibt meist leer, sollte aber in XML-Code gesetzt werden: `android:text=""`) • `minLines` – die (Mindest-)Höhe des Eingabefelds in Zeilen

(Fortsetzung nächste Seite)

Tabelle 5.10 Einige wichtige UI-Elemente *(Fortsetzung)*

Widget	Beschreibung
	• `inputType` – bestimmt das Verhalten des Eingabefelds; der Attributwert `text` erzeugt ein simples Texteingabefeld, die Kombination `text|textCapCharacters` erzeugt ein simples Texteingabefeld, das alle eingetippten Buchstaben groß schreibt; Standard ist ein Eingabefeld mit AutoComplete-Funktion. • `password` – maskiert die Eingabe (interessant für die Abfrage von Passwörtern) Wichtige Ereignisse: • `onKey` – wird ausgelöst, wenn der Anwender eine Eingabetaste drückt. Meist werden Sie in der Ereignisbehandlungsmethode abfragen, ob die gedrückte Taste die **(Enter)**-Taste war, und dann den eingegebenen Text mit `getText()` abfragen.
`ImageButton`	Symbol-Button (Symbolschaltfläche), den der Anwender drücken kann, um eine Aktion auszulösen Wichtige Eigenschaften: • `src` – die anzuzeigende Bildressource • `contentDescription` – Textbeschreibung des angezeigten Bilds Wichtige Ereignisse: • `onClick` – wird ausgelöst, wenn der Button gedrückt wird
`ImageView`	Zum Anzeigen von Bildern, kann auch als Zeichenfläche verwendet werden Wichtige Eigenschaften: • `src` – die anzuzeigende Bildressource • `scaleType` – Regel, nach der das geladene Bild in das Widget eingepasst wird. Mögliche Werte sind u. a. `fitXY` (Widget füllen), `fitCenter` (skaliert zentrieren, aber Seitenverhältnis beibehalten), `fitStart` (Breite oder Höhe füllen und linksbündig anzeigen) oder `center` (unskaliert zentrieren). • `contentDescription` – Textbeschreibung des angezeigten Bilds Achtung! Zu große Bilder können eine App zum Absturz bringen.
`ProgressBar`	Fortschrittsanzeige, die dem Anwender anzeigt, dass eine länger andauernde Aktion durchgeführt wird Wichtige Eigenschaften: • `style` – Stil der Fortschrittsanzeige, z. B. `"@android:style/Widget.ProgressBar.Horizontal"` für eine horizontale Fortschrittsanzeige (Voreinstellung ist eine kreisförmige Fortschrittsanzeige) • `max` – maximaler Fortschrittswert. Der Fortschritt wird in Stufen von 0 bis `max` angezeigt. • `progress` – angezeigter Fortschrittswert

Widget	Beschreibung
RadioButton ◉ RadioButton	Optionsfeld, das der Anwender drücken kann, um es auszuwählen Wichtige Eigenschaften: • `text` – der Titel des Optionsfelds (üblicherweise die Option, die das Optionsfeld repräsentiert) • `checked` – der Auswahlstatus des Optionsfelds Wichtige Ereignisse: • `onClick` – wird ausgelöst, wenn das Optionsfeld gedrückt wird. Der Status des Optionsfelds kann dann mit der Methode `isChecked()` abgefragt werden, die `true` oder `false` zurückliefert. Hinweis: Zusammengehörige Optionsfelder werden üblicherweise in einer `RadioGroup`-ViewGroup gruppiert. Auf diese Weise ist sichergestellt, dass der Anwender immer nur eines der Optionsfelder gleichzeitig auswählen kann. (Für Gruppen von sich nicht gegenseitig ausschließenden Optionen gibt es die Kontrollkästchen.)
RadioGroup ◉ RadioButton ○ RadioButton ○ RadioButton	ViewGroup, die zum logischen und optischen Gruppieren von Optionsfeldern verwendet wird Wichtige Eigenschaften: • `checkedButton` – die ID des ausgewählten Optionsfelds (funktioniert nur, wenn Sie für kein eingebettetes Optionsfeld das Attribut `checked` auf `true` setzen) • `orientation` – Regel für die Anordnung der eingebetteten Optionsfelder (`horizontal` oder `vertical`)
Spinner Medusa ▼	Ein dem Listenfeld verwandtes Widget. Wird es „aufgeklappt", erscheint ein Listendialog zum Auswählen des gewünschten Elements. Wichtige Eigenschaften: • `prompt` – der Titel des aufspringenden Dialogs Wichtige Ereignisse: • `onItemSelected` – wird ausgelöst, wenn ein Element ausgewählt wird
Switch Switch: ▮ AUS	Ein Kippschalter Wichtige Eigenschaften: • `text` – der Titel des Schalters • `textOff` – der Titel für die AUS-Stellung • `textOn` – der Titel für die AN-Stellung • `checked` – der Zustand des Schalters Wichtige Ereignisse: • `onTouch` – wird ausgelöst, wenn der Schalter gekippt wird

(Fortsetzung nächste Seite)

Tabelle 5.10 Einige wichtige UI-Elemente *(Fortsetzung)*

Widget	Beschreibung
`TextView` Angezeigter Text	Textanzeigefeld, das sowohl für statischen Text als auch für Textausgaben verwendet werden kann Wichtige Eigenschaften: • `text` – der Titel des Textfelds • `textSize` – die Schriftgröße • `textStyle` – Schriftschnitt: `italic` (kursiv), `bold` (fett) oder `normal` • `typeface` – Schriftfamilie: `sans` (ohne Serifen (Schnörkel)), `serif` (mit Serifen), `monospace` (gleich breite Buchstaben) oder `normal`
`ToggleButton` AN	Button (Schaltfläche), der zwischen den beiden Zuständen „gedrückt" und „nicht gedrückt" hin und her wechselt Wichtige Eigenschaften: • `textOn` – Titel, der angezeigt wird, wenn der Button gedrückt ist • `textOff` – Titel, der angezeigt wird, wenn der Button nicht gedrückt ist • `checked` – der Zustand des Buttons Wichtige Ereignisse: • `onClick` – wird ausgelöst, wenn der Button gedrückt wird
`WebView`	Browser-Ansicht. Zum Laden und Anzeigen einer Website verwenden Sie die Methode `loadURL()`. Beachten Sie auch, dass Sie in der Manifestdatei die Berechtigung (Permission) `"android.permission.INTERNET"` setzen müssen, um Zugang zum Internet zu haben.

 Einige der hier aufgeführten UI-Elemente werden Sie im Zuge dieses Buchs noch genauer kennenlernen.

5.5 Richtlinien für das Design von Benutzeroberflächen

Selbst Apps, die nur mäßig interessant oder nützlich sind, können durch ansprechende Benutzeroberflächen viel gewinnen, während umgekehrt auch noch so technisch ausgereifte und herausragende Apps auf die Dauer von den Benutzern gemieden werden, wenn die Bedienung über die Oberfläche nervt.

Dabei genügt es meist schon, ein paar einfache Grundregeln zu beherzigen:

- **Bildschirmseiten nicht funktionell überladen**
  Denken Sie daran: 1 Bildschirmseite – 1 Aufgabe.

Bildschirmseiten sind in diesem Punkt nicht mit den Fenstern von Windows- oder Linux-Anwendungen vergleichbar. Während diese Anwendungen oftmals wahre Alleskönner als Hauptfenster verwenden (man denke nur an das Hauptfenster von Android Studio), konzentrieren sich Apps von vornherein auf eine einfache Aufgabe oder verteilen die einzelnen Aufgaben auf mehrere hintereinandergeschaltete Activities (mit zugehöriger Bildschirmseite).

Fortgeschrittene Android-Entwickler können sich überlegen, Aufgaben auf Fragmente zu verteilen, die auf Tablet-PCs nebeneinander angezeigt werden können (siehe Kapitel 10.2).

- **Bildschirmseiten nicht überfrachten**
  Packen Sie nur so viele Buttons, TextViews und andere UI-Elemente[5] auf eine Bildschirmseite, wie wirklich benötigt werden. Natürlich wäre es schön, dem Anwender noch diese oder jene Option anzubieten. Doch damit steigt auch die Komplexität einer Bildschirmseite und andere wichtige Eigenschaften wie Übersichtlichkeit, Intuitivität, leichte Bedienung gehen mehr und mehr verloren.

  Wenn Sie keinen Weg sehen, mit weniger UI-Elementen auszukommen, überlegen Sie, ob es nicht eine Teilaufgabe gibt, die Sie in eine eigene Activity mit eigener Bildschirmseite auslagern könnten. Vielleicht gibt es sogar mehrere Teilaufgaben. Dann können Sie sich überlegen, eine Menüseite voranzustellen, über die die einzelnen Teilaufgaben angesteuert werden können.

  Notfalls können Sie eine Bildschirmseite auch mit Scrollfunktion ausstatten (`ScrollView`-Layout), um mehr Elemente auf der Seite verteilen zu können. Schöner aber ist es, wenn Sie ohne Scrolling auskommen. (Auf horizontales Scrolling sollten Sie ganz verzichten.)

- **Übersichtlichkeit**
  Wenn Sie UI-Elemente benutzen, so verteilen Sie diese nicht wie Kraut und Rüben über die Bildschirmseite. Verteilen Sie die Elemente übersichtlich und mit Konzept, richten Sie die Elemente aneinander aus, nutzen Sie Zwischen- (bzw. Außen-) und Innenabstände (Margin und Padding) zum Einfügen von Zwischenräumen, damit die Elemente nicht aneinanderkleben, und führen Sie den Anwender beim Bearbeiten der Elemente in logischer Weise von oben nach unten.

- **Intuitive Benutzung**
  Achten Sie darauf, dass der Anwender bei jeder Bildschirmseite intuitiv erkennen kann, wie diese zu bedienen ist. Dazu gehört z. B., dass Sie jedem Eingabefeld ein Beschriftungsfeld beiordnen, dem man entnehmen kann, welche Art von Eingabe erwartet wird.

- **Bequeme Benutzung**
  Achten Sie darauf, dass Ihre UI-Elemente ausreichend groß sind. Ausreichend groß bedeutet, dass
  - Symbole klar zu erkennen und etwaige Texte auch ohne Lupe zu lesen sind und
  - antippbare Elemente auch von Erwachsenen mit kräftigen Fingern sicher gedrückt werden können.

---

[5] UI ist ein Akronym für „User Interface", dem englischen Begriff für Benutzeroberfläche.

Berücksichtigen Sie auch die jeweiligen Einsatzbedingungen. Apps für Jogger sollten beispielsweise besonders große Buttons mit nicht zu kleinen Zwischenräumen verwenden, damit der Jogger die App auch beim Joggen bedienen kann.

Allein durch Beherzigung dieser Regeln werden Sie zwar noch keinen Designpreis gewinnen, aber Sie können zumindest sicher sein, dass Sie keinen groben Schnitzer begangen haben, der dem Anwender die Benutzung Ihrer App verleiden könnte.

Die Bedienbarkeit einer App hängt aber auch von dem Zusammenspiel der Bildschirmseiten und dem allgemeinen Verhalten der App ab:

- **Längere Arbeiten immer im Hintergrund ausführen**
  Verlegen Sie Arbeiten, die länger als fünf Sekunden dauern könnten, in parallel ausgeführte Threads. Dies betrifft z. B. Code, der aufwendige Berechnungen durchführt oder umfangreiche Ressourcen aus dem Internet herunterlädt. Wenn Sie solche Arbeiten im Hauptthread der App ausführen (d. h. in Code, der nicht explizit in einem neu erzeugten Thread ausgeführt wird), kann dies dazu führen, dass die App bis zur Beendigung der Arbeiten nicht mehr reagiert und das Android-System deshalb eine ANR-Systemmeldung *(Application not responding)* ausgibt. Beachten Sie zudem, dass Arbeiten, die im Emulator ausreichend schnell ausgeführt werden, auf einem Android-Gerät mit mehreren gleichzeitig ausgeführten Apps und Services länger brauchen können.

  Siehe hierzu auch z. B. Kapitel 18.

- **ZURÜCK-Taste muss ZURÜCK-Taste bleiben**
  Durch Drücken der **ZURÜCK**-Taste kehrt der Anwender zu dem zuletzt benutzten Bildschirm zurück (technisch gesehen ist dies die vorangehende Activity in der Activity-History). Dieses Verhalten sollte durch Ihre Activities nicht verändert werden.

  Hintergrund dieser Empfehlung ist, dass Sie für jede Activity festlegen können, wie sich diese verhalten soll, wenn bestimmte Tasten gedrückt werden (siehe Kapitel 7.4). Dies gilt eben auch für die **ZURÜCK**-Taste. Doch bevor Sie diese umbelegen, überlegen Sie gründlich, ob es für Ihre Absichten nicht noch eine andere Lösung gibt.

- **Niemals den Anwender unterbrechen**
  Starten Sie aus im Hintergrund ausgeführtem Code (wie z. B. einem Service) keine Activities (mit `startActivity()`). Die neu gestartete Activity würde die aktuelle Activity verdrängen, mit der der Anwender gerade arbeitet.

  Gleiches gilt, wenn Sie aus einem im Hintergrund ausgeführten Service heraus den Anwender über irgendein eingetretenes Ereignis informieren möchten. Nutzen Sie dann zur Benachrichtigung unbedingt das Benachrichtigungssystem von Android und verzichten Sie auf Dialoge oder Toasts-Benachrichtigungen aus dem im Hintergrund laufenden Code, da diese den Fokus an sich reißen und die aktuelle Activity unterbrechen.

  Siehe hierzu auch Kapitel 10.

ERLEICHTERTE BEDIENBARKEIT

Mit nur zwei weiteren, einfach zu berücksichtigenden Regeln können Sie die Bedienbarkeit Ihrer Apps noch weiter verbessern und größeren Anwenderkreisen zugänglich machen.

- Achten Sie darauf, dass alle Ihre UI-Elemente den Fokus annehmen, sodass sie z. B. mit einem Trackball oder einem DPAD[6] angesteuert werden können.

  Die von der Android-Bibliothek zur Verfügung gestellten UI-Elemente sind per Voreinstellung alle fokussierbar. Ansonsten können Sie in der XML-Layoutdatei die Fokussierbarkeit über das Attribut `android:focusable="true"` setzen.

- Setzen Sie für Ihre Widgets das Attribut `android:contentDescription="Beschreibung"`. Anwender mit Sehstörungen können sich die Beschreibung dann von passenden Reader-Tools vorlesen lassen.

5.6 Praxisbeispiel: eine Quiz-Oberfläche

In den vorangegangenen Abschnitten haben wir nun recht viel Theorie rund um Layout und UI-Elemente kennengelernt und es ist höchste Zeit, die neuen Erkenntnisse in ein echtes, funktionales Layout umzusetzen.

Ziel soll es sein, eine Bildschirmseite für eine Quiz-App aufzubauen. Das Quiz soll aus einer Folge von acht Fragen bestehen, die nacheinander eingeblendet werden. Zu jeder Frage sollen dem Spieler vier Lösungen präsentiert werden, die er durch Drücken auswählen kann. Ferner wird eine Anzeige benötigt, an der der Spieler ablesen kann, wie weit er im Quiz vorangeschritten ist.

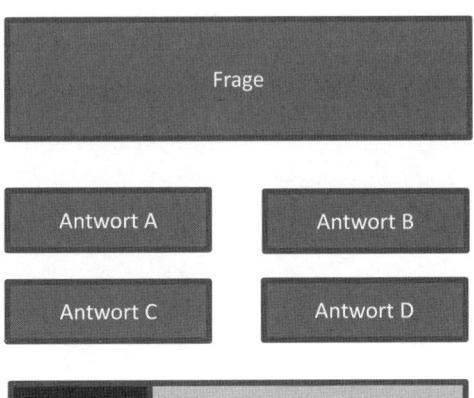

Bild 5.23
Entwurf der Quiz-Oberfläche

---

[6] Directional Pad = Steuerungstasten. Ein modernes Smartphone hat so etwas normalerweise nicht (mehr).

Wir müssen nun überlegen, welche UI-Elemente wir am besten verwenden, um die geplante Oberfläche umzusetzen. Dies ist größtenteils Erfahrungssache, teilweise muss man aber auch viel herumprobieren. Aber dies ist ja dank dem Designer von Android Studio kein Problem.

Bevor Sie weiterlesen, legen Sie nun am besten ein neues Projekt an (mit der Option **Empty Activity** erzeugen). Wechseln Sie zur generierten Layoutdatei und aktivieren Sie die **Design**-Ansicht. Ändern Sie im XML-Code das voreingestellte `RelativeLayout` in ein `LinearLayout` um.

Für die erste Version der Oberfläche wollen wir folgende UI-Elemente verwenden:

- Eine nicht editierbare `TextView` für die Anzeige der Frage.
- Vier klickbare Schaltflächen (`Button`) für die Antworten. Sie werden in einem `TableLayout` mit zwei Zeilen und zwei Spalten angeordnet.
- Eine horizontale Fortschrittsanzeige vom Typ `ProgressBar`, die anzeigt, wie viele Fragen von 8 bereits beantwortet worden sind.
- Außerdem brauchen wir noch einen Layout-Container, wo alles hineingepackt wird. Wir entscheiden uns für ein `LinearLayout`.

Probieren Sie doch einmal, den obigen Entwurf mithilfe des Designers in Android Studio umzusetzen! Spielen und experimentieren Sie etwas, damit Sie ein erstes Gefühl für die Arbeit mit UI-Elementen bekommen. Erst wenn Sie fertig sind (mit dem Ergebnis oder den Nerven), bitte weiterlesen.

Unser erster Entwurf besteht aus einer `TextView` für die Frage, einem `TableLayout` mit vier `Button`-Elementen für die Antworten und einer horizontalen Fortschrittsanzeige für den Spielstand.

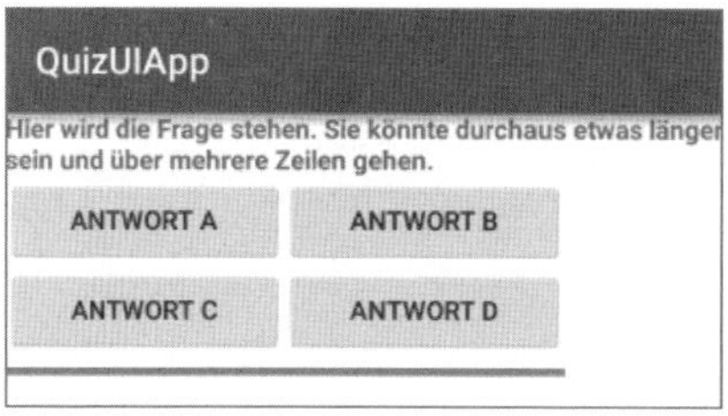

Bild 5.24
Der Quiz-Bildschirm (erster Entwurf)

```
<LinearLayout
    xmlns:android="http://schemas.android.com/apk/res/android"
    android:layout_width="match_parent"
    android:layout_height="match_parent"
    android:orientation="vertical"


    <TextView
        android:id="@+id/frage"
        android:layout_width="match_parent"
        android:layout_height="wrap_content"
        android:text="Hier wird die Frage stehen. Sie könnte durchaus etwas länger sein und über mehrere Zeilen gehen."
        />
```

```xml
<TableLayout
    android:layout_width="wrap_content"
    android:layout_height="wrap_content" >

    <TableRow
        android:layout_width="match_parent"
        android:layout_height="wrap_content" >

        <Button
            android:id="@+id/antwortA"
            android:layout_width="150dp"
            android:layout_height="wrap_content"
            android:text="Antwort A" />

        <Button
            android:id="@+id/antwortB"
            android:layout_width="150dp"
            android:layout_height="wrap_content"
            android:text="Antwort B" />
    </TableRow>

    <TableRow
        android:layout_width="match_parent"
        android:layout_height="wrap_content" >

        <Button
            android:id="@+id/antwortC"
            android:layout_width="150dp"
            android:layout_height="wrap_content"
            android:text="Antwort C" />

        <Button
            android:id="@+id/antwortD"
            android:layout_width="150dp"
            android:layout_height="wrap_content"
            android:text="Antwort D" />
    </TableRow>
</TableLayout>

<ProgressBar
    style="?android:attr/progressBarStyleHorizontal"
    android:layout_width="wrap_content"
    android:layout_height="wrap_content"
    android:id="@+id/progressBar"
    android:max="8"
    android:progress="1" />
</LinearLayout>
```

Für View-Elemente, auf die später vom Code aus zugegriffen werden muss, um das betreffende Element zu aktualisieren (beispielsweise um in dem `TextView`-Element die nächste Frage einzublenden), haben wir bereits eindeutige IDs vergeben.

Die Breiten der Schaltflächen haben wir fest vorgegeben (150 dp) und die Fortschrittsanzeige wurde in acht Stufen aufgeteilt (Attribut `max`) und aktuell auf Stufe 1 eingestellt mit dem Attribut `progress`. (Hinweis: Für den Screenshot oben wurde zur besseren Sichtbarkeit `progress` auf 8 gesetzt.)

Wenn Strings wie hier direkt an ein Attribut eines View-Elements zugewiesen werden (`<Button android:text="Antwort A">...`), erzeugt Android Studio eine Warnung (in der XML-Ansicht sind diese Stellen gelb markiert), die Sie darauf hinweist, dass es besser wäre, den String in einer String-Ressource zu verwalten und dann diese zuzuweisen. Da eine direkte Zuweisung aber kein Fehler ist und wir die Arbeit mit Ressourcen noch nicht näher betrachtet haben, belassen wir es einfach bei der direkten Zuweisung und ignorieren die Warnung.

Zentrierung, Abstände und Größen

Um das Layout etwas aufzulockern, verändern wir jetzt die Höhen einiger Elemente und sehen noch Zwischenabstände vor.

Zunächst sorgen wir dafür, dass alle Elemente, die nicht die gesamte Breite der obersten Layout-View einnehmen, in dieser horizontal zentriert werden. Diese Einstellung betrifft vor allem die Tabelle mit den Buttons. Außerdem rücken wir alle eingebetteten Elemente ein wenig von den Seitenrändern ab.

```
<LinearLayout
    xmlns:android="http://schemas.android.com/apk/res/android"
    android:layout_width="match_parent"
    android:layout_height="match_parent"
    android:orientation="vertical"
    android:gravity="center_horizontal"
    android:padding="10dp">
```

Fragetexte können schon einmal etwas länger geraten. Es ist also damit zu rechnen, dass der Fragetext über zwei Zeilen geht. Dies ist nicht weiter tragisch, da die Einstellung `wrap_content` die Höhe des `TextView`-Elements automatisch anpasst. Allerdings verschieben sich die nachfolgenden UI-Elemente dann bei jedem Wechsel von einer einzeiligen zu einer zweizeiligen Frage und zurück nach unten bzw. oben. Das sieht unschön aus und um dies zu verhindern, geben wir eine Höhe von 60 sp[7] vor, die für drei Zeilen ausreicht. Außerdem fügen wir nach unten noch einen kleinen Abstand (`layout_marginBottom`) ein und wählen für den Text als Style Fettschrift aus.

```
<TextView
    android:id="@+id/frage"
    android:layout_width="match_parent"
    android:layout_height="60sp"
    android:layout_marginBottom="5dp"
    android:text="Hier wird die Frage stehen..."
    android:textStyle="bold"/>
```

Text für die Fortschrittsanzeige

Jetzt stört eigentlich nur noch, dass die Fortschrittsanzeige so leer und nutzlos aussieht, und der Spieler fragt sich vielleicht, wozu dieses Element überhaupt dient. Ein aufklärender Text, wie z. B. „Frage 3 von 8", wäre hier hilfreich, doch das `ProgressBar`-Element besitzt

---

[7] Grobe Faustregel: Für Texte und Fonts sollten Sie vorzugsweise sp als Einheit verwenden, für alles andere dp.

dafür leider keine direkte Möglichkeit. Man muss daher ein bisschen tricksen und je mehr Sie in Android programmieren werden, desto mehr werden Sie auch zur Erzielung von gewünschten Effekten etwas herumbasteln müssen.

Also blenden wir mit einem Trick einen Text über der Fortschrittsanzeige ein. Zuerst betten wir die Fortschrittsanzeige in ein `LinearLayout` ein. Dann fügen wir in dieses als zweites Element eine `TextView` ein. Dieser `TextView` sagen wir über das Attribut `layout_alignBottom`, wo sie hingesetzt werden soll, und geben als Referenz die ID der `ProgressBar` an. Damit die `TextView` als Ganzes nicht die darunter liegende Fortschrittsanzeige verdeckt, müssen wir noch ihren Hintergrund (Attribut `android:background`) auf transparent setzen.

```xml
<LinearLayout>   <!-- dies ist das bisherige LinearLayout von oben
    ...
<LinearLayout
    android:orientation="vertical"
    android:layout_width="match_parent"
    android:layout_height="wrap_content">
    <ProgressBar
        style="?android:attr/progressBarStyleHorizontal"
        android:layout_width="match_parent"
        android:layout_height="wrap_content"
        android:id="@+id/progressBar"
        android:max="8"
        android:progress="1" />

    <TextView
        android:id="@+id/tv_progress_horizontal"
        android:text="Frage 1 von 8"
        android:layout_width="match_parent"
        android:layout_height="wrap_content"
        android:layout_alignBottom="@+id/progressBar"
        android:background="@android:color/transparent"
        android:gravity="center" />
</LinearLayout>

</LinearLayout>
```

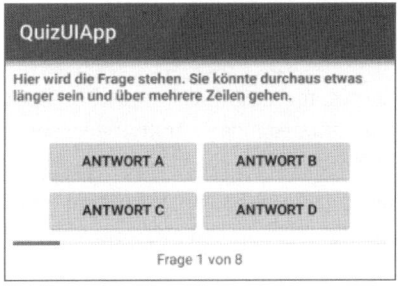

Bild 5.25
Der fertige Quiz-Bildschirm

5.7 Hoch- und Querformat

Wie sieht der oben erstellte Quiz-Bildschirm wohl aus, wenn der Anwender sein Smartphone um 90 Grad dreht – also von Hochformat *(Portrait)* zu Querformat *(Landscape)* wechselt?

Sie können dies ganz einfach im Designer testen. Klicken Sie im oberen Rand auf das dritte Listenfeld (**Switch To**) und wählen Sie den Eintrag **switch to Landscape**.

Bild 5.26 Überprüfung des Bildschirmdesigns im Querformat

Wie zu erwarten, füllen die TextView für die Frage und die Fortschrittsanzeige die neue Breite komplett aus, während die Button-Tabelle zentriert bleibt.

Grundsätzlich könnte dies so bleiben. Aber wäre es nicht schöner, wenn die Elemente im Querformat etwas weiter von den Rändern eingerückt wären?

Um dies zu erreichen, müssen Sie das alternative Layout für das Querformat (englisch „Landscape") bearbeiten (es wurde von Android Studio automatisch beim ersten Wechsel in die Querformat-Sicht erzeugt).

1. Wählen Sie in der Projektansicht unter dem Ordner *app/res/layout* die Layoutdatei mit dem Hinweis (**land**) aus und öffnen Sie sie mit Doppelklick. Auf der Festplatte befindet sich diese Datei in dem Verzeichnis *layout-land*.

 Der Name *layout-land* ist nicht von uns ausgedacht, sondern von Android für spezielle Querformat-Layouts fest vorgegeben (siehe auch Kapitel 6.3).

2. Bearbeiten Sie nun die Datei. Für unser Beispiel genügt es, den Padding-Wert für das äußere `LinearLayout` auf 40 dp heraufzusetzen:

```
<LinearLayout
    xmlns:android="..."
    android:layout_width="match_parent"
    android:layout_height="match_parent"
    android:orientation="vertical"
    android:gravity="center_horizontal"
    android:padding="40dp">
```

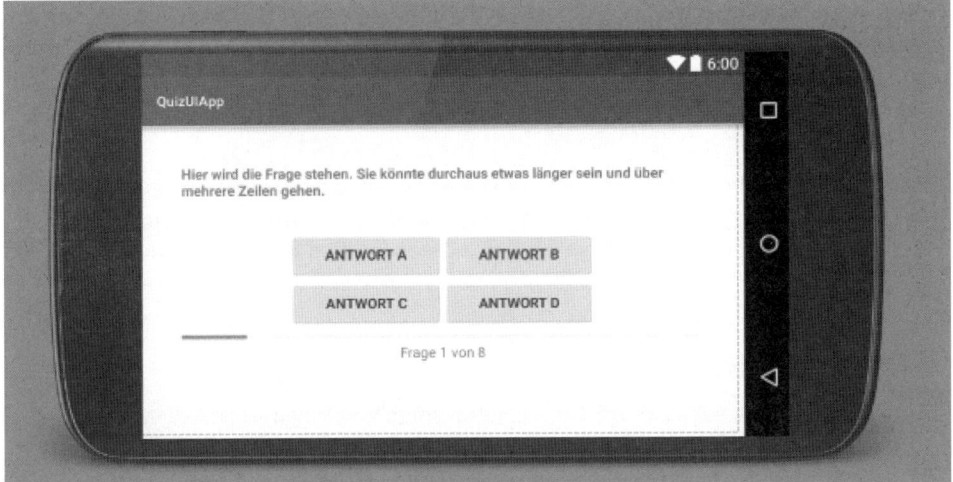

Bild 5.27 Das geänderte Landscape-Layout

 Wenn Sie das Querformatlayout im Emulator testen möchten, führen Sie die App wie gewohnt im Emulator aus und drücken Sie dann die Tastenkombination (Strg)+(F12), um die Orientierung zu ändern.

■ 5.8 Das App-Symbol

Jedes App-Projekt, das Sie neu beginnen, wird automatisch mit einem Standard-App-Symbol *(Launcher-Icon)* ausgestattet, über das der Anwender die App vom Startbildschirm aus aufrufen kann. Für eine eigene App sollte man immer auch ein eigenes, charakteristisches und attraktives App-Symbol bereitstellen.

Das App-Symbol sollte immer in mehreren unterschiedlichen Größen vorliegen, um bei unterschiedlichen Bildschirmdichten möglichst gut dargestellt zu werden.

Tabelle 5.11 Bildschirmdichten und Symbolgrößen

Bildschirmdichte	Pixelabmaße für das App-Symbol
Mittel (mdpi = 160 dpi)	48 x 48
Hoch (hdpi = 240 dpi)	72 x 72
Extra hoch (xhdpi = 320 dpi)	96 x 96
Extra extra hoch (xxhdpi = 480 dpi)	144 x 144
Extra Extra extra hoch (xxxhdpi = 640 dpi)	192 x 192

Erstellen Sie nacheinander die fünf benötigten PNG-Dateien mit einem Grafikprogramm (z. B. paint.net) und speichern Sie diese z. B. als *ic_launcher.png* im Projektverzeichnis, Ordner *app\src\main\res* in den Unterordnern *mipmap-ldpi*, *mipmap-mdpi*, *mipmap-hdpi*, *mipmap-xhdpi*, *mipmap-xxhdpi*, und *mipmap-xxxhdpi*.

Nach dem oben beschriebenen Verfahren überschreiben Sie einfach das Standardsymbol des App-Projekts. Wenn Sie lieber einen anderen Namen für das App-Symbol verwenden möchten, müssen Sie dies Android über die Manifestdatei (in der Projektansicht in *app/manifests*) mitteilen, das dazugehörige Attribut lautet android:icon.

App-Symbole sollten möglichst einen transparenten Hintergrund haben. Mehr Informationen und Tipps zur Erstellung optimaler App-Symbole (Launcher-Icons) finden Sie in der Android-Dokumentation unter
http://developer.android.com/guide/practices/ui_guidelines/icon_design.html.

■ 5.9 Views im Code verwenden

Wir beenden dieses doch sehr umfangreich gewordene Kapitel mit einer kurzen Übersicht der Syntaxformen, mit denen Sie im Code auf Ihre Layout- und UI-Ressourcen zugreifen können.

5.9.1 Layouts laden

Wie Sie die Benutzeroberfläche einer Activity auf Basis einer Layoutdatei erstellen, ist Ihnen bereits aus unserem allerersten Beispiel bekannt. Sie nehmen einfach die Ressourcen-ID der Layoutdatei und übergeben diese an die Methode setContentView(), z. B. wenn die Layoutdatei *activity_main.xml* heißt:

```java
public class Demo extends AppCompatActivity {
    public void onCreate(Bundle savedInstanceState) {
        super.onCreate(savedInstanceState);
        setContentView(R.layout.activity_main);
    }
}
```

Die Ressourcen-IDs werden automatisch generiert und in der Datei *R.java* in statischen Konstanten gespeichert. Für Layoutdateien sind diese Konstanten in der inneren Klasse R.layout definiert und sie tragen den gleichen Namen wie die zugehörige Layoutdatei.

```java
public final class R {
    // ...
    public static final class layout {
        public static final int activity_main=0x7f030000;
    }
    // ...
}
```

ACHTUNG

Nicht vergessen! Die Datei *R.java* wird von Android Studio erzeugt und verwaltet. Wenn Sie sie aktualisieren möchten, lassen Sie das Projekt neu bauen (Menübefehl **Build/Make Project**).

5.9.2 Zugriff auf UI-Elemente

Um vom Code aus auf ein UI-Element zugreifen zu können, das in einer XML-Layoutdatei definiert ist, benötigen Sie die Ressourcen-ID des UI-Elements.

Ressourcen-IDs

Bevor Sie also auf ein UI-Element zugreifen, sollten Sie die zugehörige Layoutdatei in den Editor laden und nachsehen, wie die ID des UI-Elements lautet.

Listing 5.2 Layoutdatei mit einem TextView-Element, dem die ID textView1 zugewiesen wurde

```xml
<LinearLayout
    xmlns:android="http://schemas.android.com/apk/res/android"
    android:layout_width="match_parent"
    android:layout_height="match_parent">
    <TextView
        android:id="@+id/textView1"
        android:text="Hallo"
        android:layout_width="wrap_content"
        android:layout_height="wrap_content" />
</LinearLayout>
```

Ressourcen-IDs werden über das Attribut android:id zugewiesen. Wenn Sie feststellen, dass das UI-Element, auf das Sie zugreifen möchten, noch keine ID besitzt, fügen Sie dem Element einfach das android:id-Attribut hinzu:

```
android:id="@+id/einName"
```

Den Namen können Sie weitgehend frei wählen, er sollte aber eindeutig sein. Vergessen Sie auch nicht das +-Zeichen vor id. Es zeigt an, dass hier eine neue ID vergeben und zugewiesen wird. Über diesen Namen greifen Sie im Code (oder auch an anderen Stellen) einer Layoutdatei auf die Ressourcen-ID zu (dann aber ohne das Pluszeichen).

Danach müssen Sie speichern und das Projekt neu bauen lassen, damit im Zuge der Kompilierung die neue Ressourcen-ID in die Datei *R.java* eingetragen wird. Dort wird dann der von Ihnen gewählte Name mit dem eigentlichen Zahlenwert der ID verbunden.

ACHTUNG

Die Namen für Ressourcen-IDs unterliegen den üblichen Regeln für Bezeichner in Java-Code – sie dürfen also keine Sonderzeichen enthalten und müssen mit einem Buchstaben beginnen.

Zugriff mit findViewByID()

Vom Code einer Activity aus können Sie problemlos auf jedes UI-Element zugreifen, das zur Benutzeroberfläche der Activity gehört und über eine Ressourcen-ID verfügt.

Übergeben Sie einfach die Ressourcen-ID an die Activity-Methode findViewById(). Das Ergebnis ist ein Verweis vom Typ View auf das gefundene View-Element. Meist werden Sie diesen Verweis per Casting in den eigentlichen Typ des Objekts umwandeln und in einer passenden Objektvariablen speichern.

```
TextView ueberschrift = (TextView) findViewById(R.id.textView1);
```

Hier wird auf das UI-Element mit der Ressourcen-ID R.id.textView1 zugegriffen. Da es sich bei dem UI-Element um eine TextView handelt, wird der Verweis in den Typ TextView umgewandelt und in einer TextView-Variablen gespeichert.

Anschließend können Sie über die Variable auf das UI-Element zugreifen und es manipulieren. Die einzelnen View-Klassen definieren für solche Zwecke unter anderem eine ganze Reihe von get- und set-Methoden, mit denen die Werte von Eigenschaften abgefragt oder gesetzt werden können.

```
// Der TextView einen neuen Text zuweisen
ueberschrift.setText("Willkommen");
```

Wenn die Methode findViewByID() kein Element mit der übergebenen Ressourcen-ID finden kann, liefert sie null zurück. Sie können sich also mit einem Test auf „ungleich null" davon überzeugen, dass das gewünschte UI-Element auch tatsächlich gefunden wurde:

```
TextView ueberschrift = (TextView) findViewById(R.id.textView1);

    if (ueberschrift != null) {
        ueberschrift.setText("Willkommen");
    }
```

■ 5.10 Fragen und Antworten

1. *Die Buttons und Oberflächenelemente von Apps, die ich aus einem App-Store habe, sehen aber irgendwie viel schicker aus als die UI-Elemente, die ich in der **Design**-Ansicht von Android Studio sehe?!*

   Ja, das liegt meistens daran, dass für das Aussehen sehr viel Aufwand getrieben wird, indem z. B. für einen Button eine Hintergrundgrafik (meist von professionellen Grafik-Designern) erstellt und zugewiesen wird.

2. *Warum sollen Texte, die in der Oberfläche erscheinen, überhaupt indirekt als String-Ressourcen und nicht direkt zugewiesen werden?*

   Eigentlich spricht nichts dagegen, Texte direkt zuzuweisen. Falls Sie aber eine App später einmal über Google Play weltweit vertreiben möchten, lohnt es sich schon, wenn sämtliche Texte konsequent in String-Ressourcen gespeichert und nur als Ressourcen zugewiesen wurden. Denn nur String-Ressourcen können automatisch lokalisiert – d. h. an die aktuellen Spracheinstellungen auf dem Smartphone oder Tablet-PC angepasst – werden. Mehr Informationen zu diesem Thema finden Sie in Kapitel 20.6.

■ 5.11 Übung

Erstellen Sie ein Layout zur Anzeige eines Anmeldebildschirms!

Tipp: Verwenden Sie für die Eingabefelder Views vom Typ EditText und das Attribut android:hint, um dem Benutzer anzuzeigen, welche Daten erwartet werden.

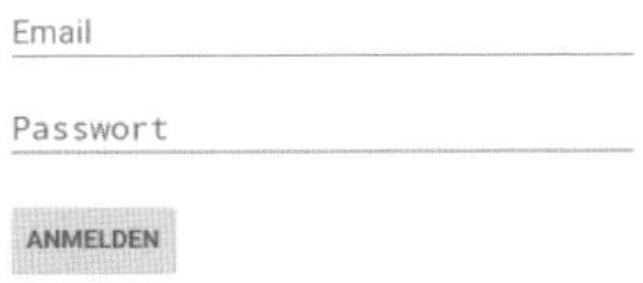

Bild 5.28
Zu erzeugende Oberfläche

6 Ressourcen

Ressourcen bilden neben der eigentlichen Programmlogik (dem Code) und der Benutzeroberfläche den dritten Grundpfeiler einer App. Nutzen Sie Ressourcen, wo immer sich die Gelegenheit ergibt. Ressourcen sind nicht nur leicht auszutauschen – etwa wenn Sie eine App mit einem anderen Hintergrundbild versehen möchten –, sie profitieren auch von einer speziellen Behandlung durch das Android-System, die es uns erlaubt, für eine einzelne Ressource mehrere Alternativen zur Verfügung zu stellen, die dann je nach aktueller Systemkonfiguration ausgewählt werden. Doch wir greifen vor. Sehen wir uns erst einmal an, welche Arten von Ressourcen es gibt und wie diese grundsätzlich verwendet werden.

■ 6.1 Der grundlegende Umgang

Die wichtigsten Arten von Ressourcen in Android haben Sie in den vorigen Kapiteln schon am Rande kennengelernt:

- Zeichenketten (Strings), die in der Benutzeroberfläche angezeigt werden
- Bilder
- Layoutdateien

Darüber hinaus gibt es noch etliche weitere Typen, u. a.:

- Farben
- Menüs
- beliebige Dateien

In Android ist der Umgang mit Ressourcen im Grunde recht einfach – vorausgesetzt man kennt die diversen Formalien, die zu beachten sind:

- die richtige Wahl des Formats
- die richtige Wahl des Dateinamens
- die richtige Wahl des Speicherorts
- die richtige Form des Zugriffs aus dem Code heraus

Gehen wir diese Punkte am Beispiel einer typischen Ressource – sagen wir ein Bild, das auf der Benutzeroberfläche in einer `ImageView` angezeigt werden soll – einmal im Einzelnen durch.

1. Legen Sie zum Nachvollziehen der Schrittanweisungen ein neues Android-Projekt *RessourcenDemo* an (Befehl **File/New/New Project**). Übernehmen Sie dabei die Vorgaben von Android Studio mit Ausnahme der Parameter aus Tabelle 6.1.

Tabelle 6.1 Parameter für das Projekt RessourcenDemo

Dialogfeld	Eingabe/Einstellung
Application name	RessourcenDemo
COMPANY Domain	standard.example.com
Target Android Device	Phone and Tablet, API 15
ADD AN ACtivity	Empty Activity

 Die Schrittanweisungen in diesem Kapitel dienen der praktischen Übung. Sie verfolgen nicht das Ziel, das zu diesem Kapitel gehörende App-Projekt aus der Beispielsammlung identisch nachzubauen.

6.1.1 Ressourcen anlegen

Beim Anlegen von Ressourcen sind vor allem das Format und der Speicherort entscheidend.

Format

Ressourcen müssen in einem für Android lesbaren Format vorliegen. Für Strings bedeutet dies, dass sie als Zeichenfolge definiert werden (wie wir es in der Programmierung sowieso tun), für Farbressourcen bedeutet es, dass sie als RGB-Werte angegeben werden, und für Bilder bedeutet es, dass sie in einem bestimmten Grafikformat (vorzugsweise PNG; möglich sind auch JPG oder GIF, aber eben nicht andere Formate wie TIFF oder WMF) abgespeichert werden.

1. Suchen Sie sich eine Bilddatei, die Sie gerne zum Test in der *RessourcenDemo*-App anzeigen möchten.

   Vielleicht haben Sie ja auf Ihrer Festplatte, einem USB-Stick oder einer SD-Karte ein selbst aufgenommenes Foto, das Sie benutzen könnten.

   Falls nicht, durchsuchen Sie Ihre Festplatte einfach nach Dateien mit der Extension *.png* oder *.jpg*. Sie werden mit Sicherheit fündig werden.

2. Legen Sie zur Sicherheit eine Kopie der Bilddatei an.

3. Laden Sie die Bilddatei in ein Grafikprogramm und stellen Sie sicher, dass es nicht mehr als 400 × 300 Pixel groß ist (zur Not zurechtschneiden).

Der Ressourcendateiname

Charakteristisch für Ressourcen ist, dass sie in eigenen Dateien gespeichert werden. Ein String-Literal, das Sie im Code einer Java-Quelldatei definieren, ist demnach keine Ressource, wohl aber der gleiche String gespeichert in der Datei *strings.xml*.

Manche Ressourcen, wie z. B. Strings, können zusammen in einer Datei gespeichert werden. Andere Ressourcen, wie z. B. PNG- oder JPG-Bilder, benötigen jede ihre eigene Datei.

Für alle Ressourcendateien gilt, dass ihr Name ausschließlich aus den Kleinbuchstaben von a bis z und Ziffern bestehen darf.

Der Speicherort

Alle Ressourcen eines Projekts müssen unterhalb des Projektordners *res* abgelegt werden – verteilt auf Unterordner, deren Namen wiederum fest vorgegeben sind.

So müssen Sie Ressourcendateien für Strings im Ordner *res/values* ablegen und Bilddateien in *res/drawable*[1] abgelegt werden.

1. Markieren Sie in Android Studio in der Projektansicht den Knoten *app/res/drawable*. Rufen Sie dann mit der rechten Maustaste das Kontextmenü auf und wählen Sie den Eintrag **Show in Explorer**.

2. Speichern Sie nun Ihre Grafik unter dem Namen *testbild.png* im Format PNG im *drawable*-Ordner.

3. Wechseln Sie wieder zu Android Studio. In der Projektansicht sollte unter *app/res/drawable* die Datei nun erscheinen. (Falls nicht: Klicken Sie mit der rechten Maustaste auf den Projektknoten *app/res/drawable* und wählen Sie den Befehl **Synchronize DRAWABLE** aus.

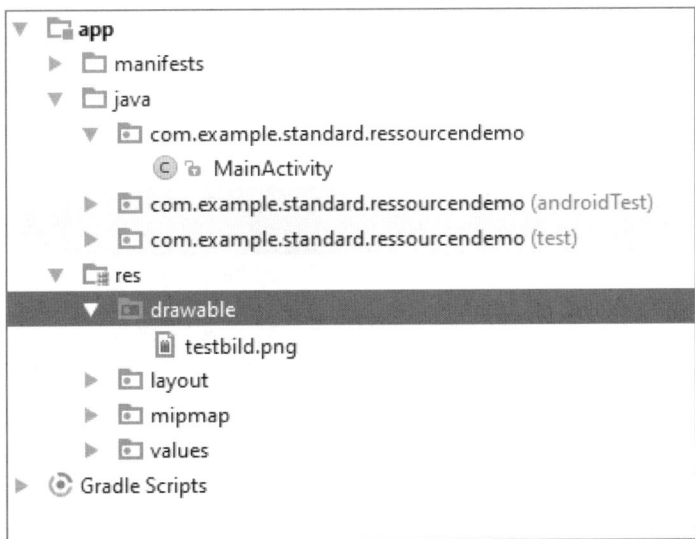

Bild 6.1 Das Bild testbild.png ist nun eine Ressource des Android-Projekts RessourcenDemo

---

[1] Oder einem Unterordner für spezifische Bildschirmdichten. Dazu später mehr.

4. Lassen Sie das Projekt neu bauen (**Build/Make Project**). Sobald Android Studio eine neue Ressource entdeckt, wird ihr automatisch eine ID zugewiesen und in die generierte Ressourcendatei *R.java* aufgenommen.

Listing 6.1 Die Datei R.java des Projekts nach der Kompilierung

```
/* AUTO-GENERATED FILE.  DO NOT MODIFY. ... */
package com.example.standard.ressourcendemo;

public final class R {
    // ....
    public static final class drawable {
        // ...
        public static final int testbild=0x7f020045;

    }
    ...
}
```

6.1.2 Ressourcen verwenden

Es gibt verschiedene Techniken, wie man vom App-Code aus auf die externen Ressourcen zugreift. Besonders komfortabel geht es, wenn Sie die Ressource mit Unterstützung des Designers an Eigenschaften von View-Elementen zuweisen.

Zuweisung an View-Eigenschaften mithilfe des Designers

1. Öffnen Sie in der Projektansicht mit Doppelklick die Layoutdatei *app/res/layout/activity_main.xml*.

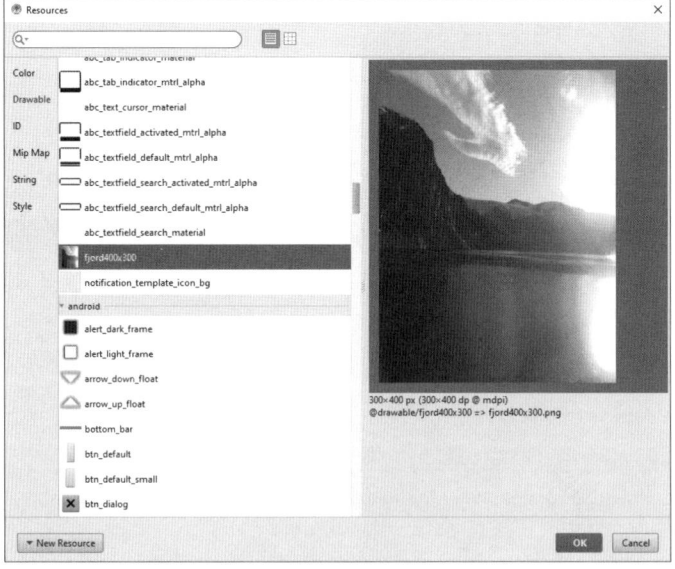

Bild 6.2 Dialogfeld zum Auswählen von Projektressourcen

2. Ziehen Sie in der **DESIGN**-Ansicht von links aus der Palette, Kategorie **Widgets**, eine ImageView in die Mitte der Bildschirmseite Ihrer App (sodass oben die Werte center Horizontal/centerVertical angezeigt werden).
3. Stellen Sie sicher, dass die ImageView rechts im Component Tree markiert ist. Im darunter liegenden Eigenschaftsfenster wählen Sie nun die Eigenschaft **src** und klicken auf die Schaltfläche …
4. Sofort springt ein Dialogfeld auf. Wählen Sie die Kategorie **Drawable** und suchen und markieren Sie den Eintrag für Ihr Bild (hier **Fjord400x300**). Es wird rechts eine Vorschau des Bildes angezeigt. Mit **OK** wird die gewählte Bildressource mit der ImageView verknüpft.

Danach sollte die Bilddatei in der ImageView angezeigt werden.

Bild 6.3
Die Bildressource wird in der ImageView angezeigt

Zuweisung an View-Attribute in der XML-Ansicht

Wer lieber in der XML-Ansicht arbeitet, kann die Ressourcen auch direkt an passende Attribute der View-Elemente zuweisen.

```xml
<ImageView
    android:layout_width="wrap_content"
    android:layout_height="wrap_content"
    android:id="@+id/imageView"
    android:layout_centerVertical="true"
    android:layout_centerHorizontal="true"
    android:src="@drawable/testbild" />
```

Damit dies funktioniert, müssen drei Bedingungen erfüllt sein:

- Das Attribut muss zu dem Ressourcentyp passen.

  Dem `src`-Attribut einer `ImageView` können Sie z.B. eine Bildressource oder auch eine Farbressource zuweisen, nicht aber einen String oder eine Größenangabe.

- Das Projekt muss nach dem Anlegen der Ressource einmal erfolgreich kompiliert worden sein. Falls nicht, kann es sein, dass die Ressourcen-ID noch nicht in die Datei *R.java* eingetragen wurde. Dann ist ein Zugriff auf die Ressource unmöglich.

- Die Ressourcen-ID muss korrekt sein.

  Im XML-Code wird der Ressourcen-ID immer das Klammeraffen-Symbol „@" vorangestellt. Danach folgt die Angabe des Ressourcentyps, gefolgt von einem Schrägstrich „/" und dem Namen der Ressource.

> **RESSOURCENTYP, RESSOURCENNAME UND R.JAVA**
>
> Alle Ressourcen im Ordner *res* bekommen vom Android-Ressourcencompiler *(aapt.exe)* im Zuge der Projekterstellung eine eindeutige ID zugewiesen und werden in die automatisch generierte Datei *R.java* eingetragen. Dabei ordnet der Ressourcencompiler jede Ressource einem Ressourcentyp zu.
>
> Den Ressourcentyp bestimmt der Ressourcencompiler nicht etwa durch Analyse der Ressource. Er leitet ihn vielmehr aus dem *res*-Unterordner ab, in dem Sie die Ressourcendatei mit der Ressource abgespeichert haben.
>
> Wenn Sie z.B. eine Ressourcendatei in dem Ordner *drawable* ablegen, geht der Ressourcencompiler automatisch davon aus, dass es sich um eine Bildressource handelt. (Für Wissbegierige: Wenn Sie eine Ressourcendatei in dem Ordner *layout* ablegen, erwartet der Ressourcencompiler, dass die Ressourcendatei XML-Code enthält und ein Layout definiert. Wenn Sie eine Ressourcendatei in dem Ordner *values* ablegen, erwartet der Ressourcencompiler, dass die Ressourcendatei XML-Code enthält, der mit dem Wurzelelement `resources` beginnt und darunter String-, Größen- oder vielleicht auch Farbressourcen definiert.)
>
> Für jeden verwendeten Ressourcentyp fügt der Ressourcencompiler in die Datei *R.java* eine Klassendefinition ein: z.B. `string` für Strings oder `drawable` für Bilder. Und unter dieser Klasse trägt er die Namen aller Ressourcen ein, die er gefunden hat und die in seinen Augen zu diesem Typ gehören.
>
> ```
> public final class R {
>     public static final class drawable {
>         public static final int ic_launcher=0x7f020000;
>         public static final int testbild=0x7f020001;
>     }
> ```
>
> ...
>
> Sofern Sie also Ihre Ressourcendateien korrekt aufbauen und im richtigen *res*-Ordner speichern (siehe dazu auch die nachfolgenden Einzeldarstellungen), können Sie in der *R.java*-Datei alle Informationen ablesen, die Sie für den Aufbau der Ressourcen-ID benötigen.

Zuweisung per Code

Sie können Ressourcen auch via Java-Code zuweisen. Dies hat den Vorteil, dass die Zuweisung zu praktisch jedem beliebigen Zeitpunkt im Leben der App erfolgen kann (beispielsweise auch als Reaktion auf das Drücken eines Buttons, siehe Kapitel 7).

Wenn Sie im Code auf eine Ressource zugreifen möchten, müssen Sie der ID den Klassennamen R und den Namen der in R definierten Ressourcentypklasse voranstellen, also beispielsweise

```
R.drawable.testbild
```

Tabelle 6.2 Verwendung von Ressourcen-IDs

Code	Zugriff auf ID der Bildressource testbild
XML	@drawable/fjord400x300
Java	R.drawable.fjord400x300

Das folgende Beispiel demonstriert, wie Sie Ressourcenwerte per Code zuweisen können:

Listing 6.2 Aus MainActivity.java

```java
import android.widget.ImageView;

public class MainActivity extends AppCompatActivity {

    @Override
    protected void onCreate(Bundle savedInstanceState) {
        super.onCreate(savedInstanceState);
        setContentView(R.layout.activity_main);

        // Zuweisung des Bildes an die ImageView
        ImageView bild = (ImageView) findViewById(R.id.imageView);
        bild.setImageResource(R.drawable.fjord400x300);
    }
}
```

Meist werden Sie Ressourcen, wie oben gezeigt, einfach zuweisen. Es besteht aber auch die Möglichkeit, sich eine Ressource als Objekt zurückliefern zu lassen, die Sie dann weiterverarbeiten können. Beispielsweise könnten Sie eine String-Ressource laden, an ihren Text etwas anhängen und dann den resultierenden String statt der originalen Ressource als Titel an ein `TextView`-Element zuweisen:

```java
TextView ueberschrift = (TextView) findViewById(R.id.textView1);

String titel = getResources().getString(R.string.titel);
titel = titel + " 2011";
ueberschrift.setText(titel);
```

6.1.3 Ressourcen aus dem Projekt entfernen

Expandieren Sie in der Projektansicht die Knoten bis zu dem Ordner mit der zu entfernenden Ressource. Klicken Sie mit der rechten Maustaste auf die Ressource und wählen Sie im Kontextmenü den Befehl **Delete** aus.

Kompilieren Sie das Projekt anschließend neu (Menü **Build/Make Project** im Kontextmenü des Projektknotens), um auch die Ressourcendatei *R.java* auf den aktuellen Stand zu bringen.

6.2 Welche Arten von Ressourcen gibt es?

Android arbeitet viel und gern mit Ressourcen. Entsprechend groß ist die Bandbreite an unterschiedlichen Ressourcentypen, von denen wir die wichtigsten hier vorstellen möchten.

Die drei elementaren Ressourcentypen haben Sie bereits in den vorangehenden Kapiteln kennengelernt: Layoutdateien, Bilder und Strings. Mit diesen Ressourcentypen haben Sie in fast jedem App-Projekt zu tun.

Die anderen Ressourcentypen werden Sie weit seltener benötigen (wie z.B. Menüs oder Rohdaten) bzw. es obliegt ganz Ihrer Entscheidung, ob Sie sie nutzen möchten oder nicht (wie im Falle von Größenangaben, Farben oder Stilen).

ACHTUNG

Nicht vergessen! Verwenden Sie für die Namen von Ressourcendateien ausschließlich die Kleinbuchstaben a bis z und die Ziffern.

6.2.1 Größenangaben

Größenangaben sind Kombinationen aus Zahlenwert und Einheit – wie z.B. „*150dp*" oder „*12sp*" –, denen View-Eigenschaften wie `layout_width`, `layout_margin` oder auch `padding` als Werte zugewiesen werden können.

Tabelle 6.3 Steckbrief Größenangaben

Kennzeichen	Wert
Definitionsdatei	*res/values/dimensions.xml*
	Der Dateiname, hier *dimensions*, kann beliebig gewählt werden.
XML-Element	`<dimen name="name">Wert</dimen>`
XML-ID	`@dimen/`*name*
Code-ID	`R.dimen.`*name*
Resources-Zugriffsmethode	`float getDimension(int id)`

Verwenden Sie Dimension-Ressourcen, um Größenangaben, die Sie mehrfach benutzen, mit einem sprechenden, wiederverwendbaren Namen zu verbinden.

Wenn Sie z. B. in einer Bildschirmseite mehrere `TextView`-Elemente mit fester Breite und einheitlicher Textgröße verwenden, empfiehlt es sich, Breite und Schriftgröße als Ressource zu definieren.

```xml
<?xml version="1.0" encoding="utf-8"?>
<resources>
    <dimen name="textview_breite">150dp</dimen>
    <dimen name="textview_schriftgroesse">20sp</dimen>
</resources>
```

Wenn Sie hernach den `TextView`-Elementen konsequent die Ressourcen zuweisen ...

```xml
<TextView
    android:layout_height="wrap_content"
    android:layout_width="@dimen/textview_breite"
    android:textSize="@dimen/textview_schriftgroesse"/>
```

... ist der XML-Code besser verständlich und Sie können bei Bedarf die Breite aller `TextView`-Elemente mit einer Änderung in der Ressourcendatei vergrößern oder verkleinern.

Dimension-Ressourcen sind den symbolischen Konstanten von Java sehr ähnlich, nur dass Letztere natürlich keine Kombinationen aus Wert und Einheit repräsentieren können.

6.2.2 Farben

Farbwerte werden in Android als hexadezimale RGB-Werte in einem der Formate #RGB, #ARGB, #RRGGBB oder #AARRGGBB angegeben, z. B.

```xml
<LinearLayout android:background="#fefe00" ...>
```

Wenn Sie lieber mit Farbnamen als mit kryptischen RGB-Werten arbeiten, definieren Sie sich für Ihre Farben einfach passende Farbressourcen.

Tabelle 6.4 Steckbrief Farbangaben

Kennzeichen	Wert
Definitionsdatei	*res/values/colors.xml*
	Der Dateiname, hier *colors*, kann beliebig gewählt werden.
XML-Element	`<color name="name">Wert</color>`
XML-ID	`@color/name`
Code-ID	`R.color.name`
Resources-Zugriffsmethode	`int getColor(int id)`

```xml
<?xml version="1.0" encoding="utf-8"?>
<resources>
    <color name="magenta">#ff00ff</color>
    <color name="violett">#8a1194</color>
    <color name="durchsichtig_violett">#aa8a1194</color>
    <color name="hintergrund">#a76c05</color>
</resources>
```

> **TIPP**
>
> Wenn der Ressourcenname auf die Bedeutung der Farbe hinweist statt auf den Farbwert (wie z. B. „hintergrund" oder „hervorhebung"), hat dies den Vorteil, dass Sie den Farbwert, der sich hinter der Ressource verbirgt, später bei Bedarf austauschen können.

6.2.3 Strings

Titel und Texte, die auf der Benutzeroberfläche zu lesen sind, sollten Sie immer als String-Ressourcen (oder String-Array-Ressourcen, siehe unten) definieren. Auf diese Weise können Sie die Texte bei Bedarf bequem in den zugehörigen XML-Ressourcendateien bearbeiten (anstatt den Code durchforsten zu müssen) und falls Sie später planen, Ihre App auch in anderen Sprachen bereitzustellen, brauchen Sie nur einen alternativen Satz der XML-Ressourcendateien mit den übersetzten Texten zu erstellen (siehe Kapitel 19.5).

Tabelle 6.5 Steckbrief Strings

Kennzeichen	Wert
Definitionsdatei	*res/values/strings.xml* Der Dateiname, hier *strings*, kann beliebig gewählt werden.
XML-Element	`<string name="name">Wert</string>`
XML-ID	`@string/name`
Code-ID	`R.string.name`
Resources-Zugriffsmethode	`String getString(int id)`

```xml
<?xml version="1.0" encoding="utf-8"?>
<resources>
    <string name="hello">Hallo!</string>
    <string name="app_name">RessourcenDemo</string>
</resources>
```

String-Ressource mit dem Ressourceneditor anlegen

1. Öffnen Sie im Package Explorer den Knoten *res/values*.
2. Doppelklicken Sie auf den Dateiknoten *strings.xml*, um die Datei zur Bearbeitung in den Editor zu laden.

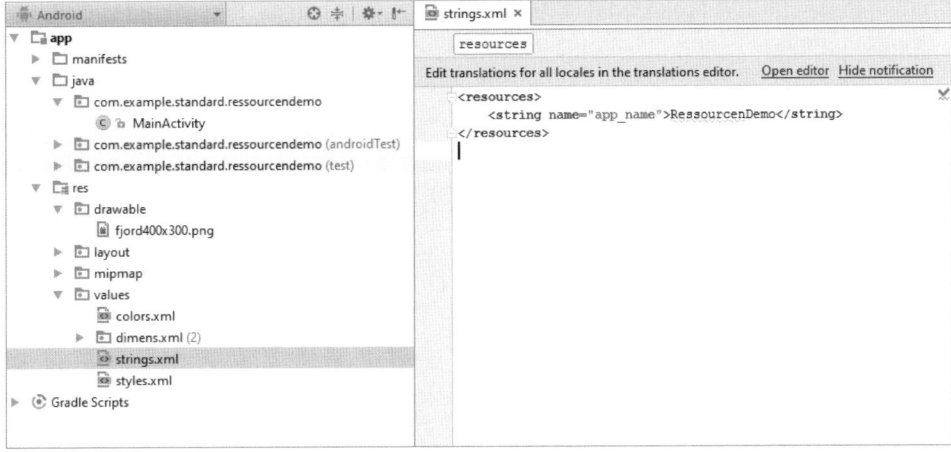

Bild 6.4 Die Datei strings.xml

3. Klicken Sie auf die Schaltfläche **Open Editor**. Dadurch wird der **Translations Editor** geöffnet.

Bild 6.5 Anlegen einer neuen String-Ressource

4. Klicken Sie auf das +-Symbol und geben Sie dann die gewünschten Werte ein. **Key** muss dabei ein (innerhalb von *strings.xml*) eindeutiger Wert sein, da er als Ressourcen-ID fungiert. Klicken Sie dann auf **OK**. Wechseln Sie zurück zum Reiter für die Datei *strings.xml*: Dort wurde ein neuer Ressourcen-Eintrag erzeugt.

```
<resources>
    <string name="app_name">RessourcenDemo</string>
    <string name="gruss">Hallo, wie geht\'s?</string>
</resources>
```

5. Kompilieren Sie das Projekt, damit Android die Ressource in die Ressourcendatei *R.java* einträgt. Im Java-Code können Sie nun diesen String als `R.string.gruss` verwenden, in einer XML-Layoutdatei via `@string/gruss`.

6.2.4 Strings in mehreren Sprachen (Lokalisierung)

Neben dem Vorteil einer zentralen Stelle, wo man alle Strings der App verwalten kann, bieten String-Ressourcen auch die Möglichkeit, für verschiedene Sprachen entsprechende Übersetzungen zu definieren.

Mehrsprachige String-Ressource anlegen

1. Öffnen Sie die Datei *strings.xml* und starten Sie dann wie im vorigen Abschnitt den Translations Editor.
2. Die bisherigen Einträge (und auch der vorhin erzeugte neue Eintrag `gruss`) haben bisher lediglich einen Default Value. Das ist der Wert, den Android verwendet, wenn für die aktuelle Sprache (die im Smartphone eingestellt ist) kein spezifischer Wert gesetzt ist.
3. Wir wollen nun auch Spanisch unterstützten. Klicken Sie hierzu in der oberen Leiste auf die blaue Erdkugel und wählen Sie Spanisch aus. Neben die Spalte mit dem Default Value wurde nun eine weitere Spalte für Spanisch hinzugefügt.
4. Tragen Sie nun dort die gewünschte Übersetzung ein und kompilieren Sie dann das Projekt neu (Menübefehl **Build/Make Project**).

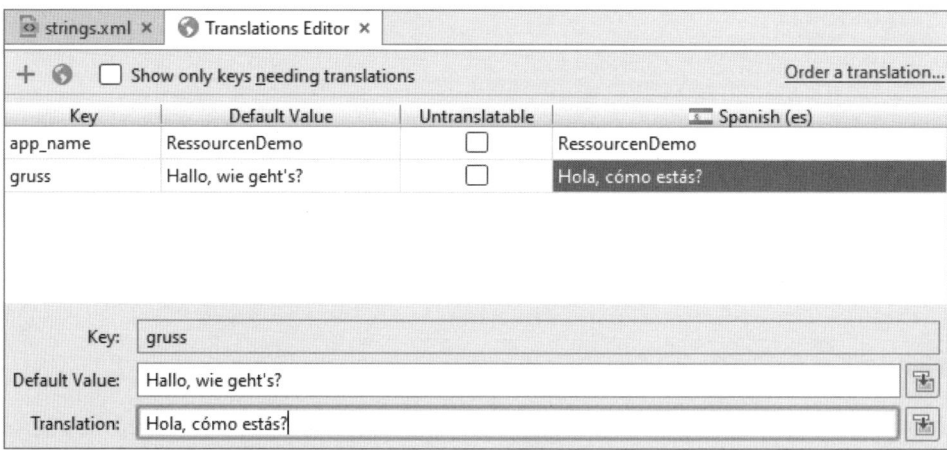

Bild 6.6 Spanische Lokalisierung für die Ressource `gruss`

Wenn Sie nun in der Projektansicht nachschauen, dann werden Sie feststellen, dass es eine weitere Datei *strings.xml* gibt, welche die spanischen Übersetzungen enthält. Auf der Festplatte liegt sie übrigens im Unterordner *res\values-es*.

6.2.5 Bilder

Bilder, die einen festen Bestandteil der App-Benutzeroberfläche bilden, also beispielsweise Hintergrundbilder oder Symbole, die in UI-Elementen eingeblendet werden, werden grundsätzlich als Ressourcen verwaltet.

Um ein Bild als App-Ressource abzuspeichern, müssen Sie die Bilddatei einfach nur in den *res*-Ordner *drawable* kopieren (Dateityp PNG, JPG oder GIF), ggf. die Anzeige der Projektansicht aktualisieren (**SYNCHRONIZE**-Befehl im Kontextmenü) und das Projekt abschließend neu bauen lassen.

Anstatt eines allgemeinen *drawable*-Ordners kann man auch dedizierte Ordner *drawable-hdpi*, *drawable-mdpi*, *drawable-xhdpi*, *drawable-xxhdpi* und *drawable-xxxhdpi* erstellen und legt dann das gleiche Bild (immer mit demselben Namen) in unterschiedlichen Auflösungen im entsprechenden Ordner ab (siehe auch Abschnitt 6.3). Wenn Sie diese Technik nicht nutzen möchten, verwenden Sie einfach immer nur den allgemeinen Ordner *drawable* (siehe auch Abschnitt 6.1.1, „Der Speicherort").

AUFSTEIGER

Es gibt auch die Möglichkeit, besondere XML-Dateien („XML-Drawables") als Bildressourcen zu verwenden. Es handelt sich dabei um XML-Dateien mit Zeichen- und Farbanweisungen oder Verweisen auf andere einzubindende Bilder. Mit dieser Technik, auf die wir im Rahmen dieses Einsteigerbuchs allerdings nicht weiter eingehen werden, können Sie z. B. die verschiedenen Zustände eines Buttons (normal, gedrückt, aktiv, inaktiv usw.) durch unterschiedliche Bilder darstellen.

Tabelle 6.6 Steckbrief Bilder

Kennzeichen	Wert
Dateiname	*app\src\main\res\drawable\hintergrund.png*
	Der Dateiname, hier *hintergrund*, kann beliebig gewählt werden (aber nur aus Kleinbuchstaben, Ziffern, Unterstrich).
	Unterstützte Formate: PNG (empfohlen), JPG und GIF.
XML-Element	–
XML-ID	`@drawable/name`
Code-ID	`R.drawable.name`
Resources-Zugriffsmethode	`int getDrawable(int id)`

Wenn Sie Bilder als Ressourcen in ein Projekt aufnehmen, achten Sie auf:

- den *Namen* der Bilddatei

  Der Bilddateiname darf ausschließlich aus den Kleinbuchstaben von a bis z, Ziffern und dem Unterstrich bestehen.

- die *Größe* der Bilddatei

  Unnötig große Bilddateien kosten Speicher und Prozessorzeit. Wenn Sie z. B. ein 2500 × 3800 großes Bild verwenden möchten, das Sie mit Ihrer Digitalkamera aufgenommen haben, reduzieren Sie dieses zuerst mit einem geeigneten Grafikprogramm auf eine adäquate Größe, z. B. 450 × 672 Pixel.

  Wenn Sie möchten, dass das Bild auf unterschiedlichen Android-Geräten (Smartphones und Tablet-PCs unterschiedlicher Bildschirmdichte) optimal und trotzdem schnell und effizient dargestellt wird, stellen Sie das Bild in unterschiedlichen Auflösungen bereit (siehe Abschnitt 6.1.1, „Der Speicherort").

  Es ist jedoch in der Regel nicht erforderlich – und oft auch gar nicht möglich –, die Pixelgröße des Bilds exakt auf die Pixelgröße des Anzeigebereichs abzustimmen. Nutzen Sie für diese Aufgabe lieber die Skalierungs- und Clipping-Optionen der UI-Anzeigeelemente. (Hintergrundbilder werden beispielsweise standardmäßig skaliert.)

- das *Bildformat*

  Für Rastergrafiken haben Sie die Wahl zwischen PNG, JPG, und GIF.

  GIF ist im Grunde ein veraltetes Format, das für hochauflösende Bilder oder Fotos ungeeignet ist. JPG ist ein sehr gutes und flexibel einsetzbares Grafikformat, arbeitet allerdings mit einem verlustbehafteten Komprimierungsverfahren und erlaubt keine Transparenz. PNG bietet in gewisser Weise das Beste aus den Formaten GIF und JPG: hohe Farbtiefe, verlustfreie Komprimierung und Transparenz.

ACHTUNG

Das Komprimieren von JPG-Bildern führt zwar zur Reduzierung der Dateigröße, nicht aber zur Schonung des Smartphone-Arbeitsspeichers. (Das Bild muss ja für die Anzeige in der App dekomprimiert werden.)

6.2.6 Layouts

Layoutressourcen definieren den Aufbau von Bildschirmseiten und wurden bereits in Kapitel 5 ausführlich behandelt.

Tabelle 6.7 Steckbrief Layouts

Kennzeichen	Wert
Dateiname	*app\src\main\res\layout\main.xml*
	Der Dateiname, hier *main*, kann beliebig gewählt werden (aber nur aus Kleinbuchstaben, Ziffern, Unterstrich).
XML-Element	View-Hierarchie mit einem `ViewGroup`-Element als Wurzelelement
XML-ID	`@layout/name`
Code-ID	`R.layout.name`
Activity-Zugriffsmethode	`void setContentView(View v)`

Welche Arten von Ressourcen gibt es?

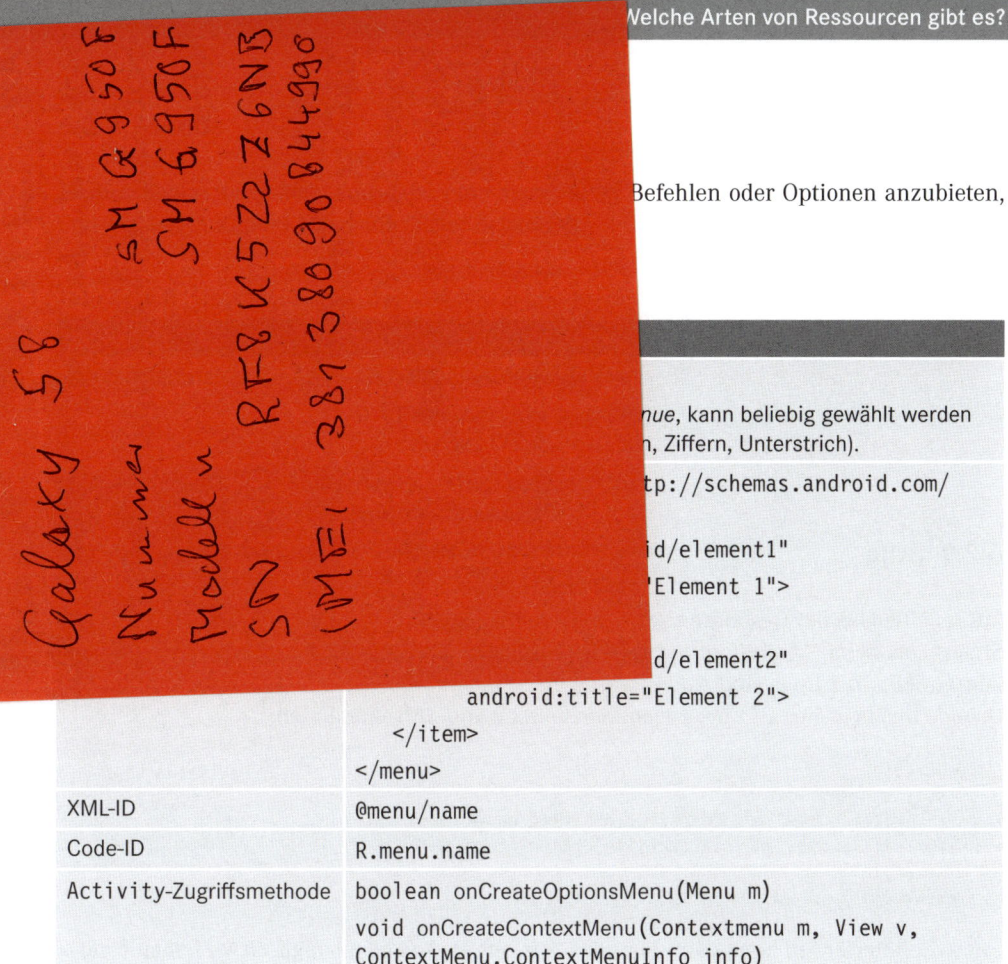

Befehlen oder Optionen anzubieten,

... *nue*, kann beliebig gewählt werden
... n, Ziffern, Unterstrich).

... tp://schemas.android.com/

... id/element1"
... 'Element 1">

... id/element2"
            android:title="Element 2">
        </item>
    </menu>

XML-ID	@menu/name
Code-ID	R.menu.name
Activity-Zugriffsmethode	boolean onCreateOptionsMenu(Menu m)
	void onCreateContextMenu(Contextmenu m, View v, ContextMenu.ContextMenuInfo info)

6.2.8 Roh- und Multimediadaten

Für Ressourcen, die keinem der speziellen Android-Ressourcentypen angehören, ist der *res*-Unterordner *raw* vorgesehen (der allerdings u. U. von Ihnen selbst angelegt werden muss). Hier können Sie z. B. abzuspielende Sounddateien unterbringen.

Tabelle 6.9 Steckbrief Rohdaten

Kennzeichen	Wert
Definitionsdatei	*res/raw/hintergrundmusik.mpg*
	Der Dateiname, hier *hintergrundmusik.mpg*, kann beliebig gewählt werden (aber nur aus Kleinbuchstaben, Ziffern, Unterstrich). Die Dateierweiterung hängt vom Typ der Ressourcendaten ab.
XML-ID	@raw/name

(Fortsetzung nächste Seite)

Tabelle 6.9 Steckbrief Rohdaten *(Fortsetzung)*

Kennzeichen	Wert
Code-ID	`R.raw.name`
Resources-Zugriffsmethode	`InputStream openRawResources(int id)`
	Beachten Sie, dass es für bestimmte Ressourcen in der Android-Bibliothek spezielle Klassen gibt, mit denen der Zugriff und die Verwendung dieser Ressourcen weitaus leichter fallen, als wenn Sie versuchen, die Ressourcen über `openRawResources()` zu laden. Die Klasse `MediaPlayer` zum Abspielen von Sound- und Videodateien ist hierfür ein Beispiel (siehe Kapitel 14).

6.2.9 Stile

Stile erfüllen bei der Gestaltung von App-Benutzeroberflächen die gleiche Aufgabe wie CSS-Stylesheets beim Webdesign: Sie helfen uns, Seitenaufbau und Seitendesign voneinander zu trennen. Allerdings sind Android-Stile viel einfacher zu verwenden, denn ein Stil ist im Grunde nichts weiter als eine Zusammenstellung von XML-Attributen:

```xml
<resources>
    <style name="Text">
        <item name="android:textColor">#7a470a</item>
        <item name="android:textSize">16sp</item>
    </style>
</resources>
```

Ein so definierter Stil kann dann über das Attribut `style` an beliebige View-Elemente zugewiesen werden.

```xml
<TextView style="@style/Text" ... />
```

Tabelle 6.10 Steckbrief Stile

Kennzeichen	Wert
Definitionsdatei	*app\src\main\res\values\styles.xml*
	Der Dateiname, hier *styles*, kann beliebig gewählt werden (aber nur aus Kleinbuchstaben, Ziffern, Unterstrich).

XML-Element	`<style name="name">`
	  `<item name="attribut">Wert1</item>`
	  `<item name="attribut">Wert2</item>`
	`</style>`

XML-ID	`@style/name`

Stile sind ein probates Mittel, um Inhalt und Design zu trennen oder um für gleichartige Elemente auf effiziente Weise ein einheitliches Design vorzugeben. Betrachten Sie z.B. die drei `TextView`-Elemente aus dem folgenden Layout:

```xml
<LinearLayout xmlns:android="..."
    xmlns:tools="http://schemas.android.com/tools"
    android:layout_width="match_parent"
    android:layout_height="match_parent"
    android:orientation="vertical"
    android:padding="10dp"
    android:background="#fefe00">

    <TextView
        android:id="@+id/textView1"
        android:text="Gartenschau 2011"
        android:layout_width="wrap_content"
        android:layout_height="wrap_content"
        android:textColor="#7a470a"
        android:textSize="16sp" />
    <TextView
        android:id="@+id/textView2"
        android:text="aufgenommen am 12.07"
        android:layout_width="wrap_content"
        android:layout_height="wrap_content"
        android:textColor="#7a470a"
        android:textSize="16sp"
        android:layout_gravity="right"></TextView>
    <TextView
        android:id="@+id/textView3"
        android:text="von Dirk Adams"
        android:layout_width="wrap_content"
        android:layout_height="wrap_content"
        android:textColor="#7a470a"
        android:textSize="16sp"
        android:layout_gravity="right"></TextView>
</LinearLayout>
```

Allen drei `TextView`-Elementen werden hier die gleiche Textfarbe und die gleiche Textgröße zugewiesen. Dies schafft ein einheitliches, ruhiges Design. Ärgerlich ist nur, dass Sie bei Änderungen an diesem Design – sagen wir, Sie würden gerne mit einer anderen Textfarbe experimentieren – die Textfarbe für alle drei `TextView`-Elemente einzeln anpassen müssen.

Wenn Sie dagegen einen eigenen Stil für `TextView`-Elemente definieren und diesen allen `TextView`-Elementen zuweisen, können Sie das Design aller `TextView`-Elemente ändern, indem Sie einmalig die entsprechenden Attribute in der Stildefinition anpassen.

Listing 6.3 Stildefinition in styles.xml

```xml
<resources>
    <style name="Text">
        <item name="android:textColor">#7a470a</item>
        <item name="android:textSize">16sp</item>
    </style>
</resources>
```

Listing 6.4 Verwendung von Stilen in der Layoutdatei

```xml
<LinearLayout xmlns:android="..."
    xmlns:tools="http://schemas.android.com/tools"
    android:layout_width="match_parent"
    android:layout_height="match_parent"
    android:orientation="vertical"
    android:padding="10dp"
    android:background="#fefe00">

  <TextView
      android:id="@+id/textView1"
      android:text="Titel"
      android:layout_width="wrap_content"
      android:layout_height="wrap_content"
      style="@style/Text" />
  <TextView
      android:id="@+id/textView2"
      android:text="aufgenommen am 12.07"
      android:layout_width="wrap_content"
      android:layout_height="wrap_content"
      style="@style/Text"
      android:layout_gravity="right"></TextView>
  <TextView
      android:id="@+id/textView3"
      android:text="von Dirk Adams"
      android:layout_width="wrap_content"
      android:layout_height="wrap_content"
      style="@style/Text"
      android:layout_gravity="right"></TextView>
</LinearLayout>
```

Wenn Sie möchten, können Sie auch Layoutparameter wie `layout_width` oder `layout_height` in Stile auslagern.

Vererbung

Sie können Stile auch als Weiterentwicklungen bestehender Stile definieren. Die folgende Stildatei definiert z. B. zwei Stile: einen allgemeinen Stil für die Formatierung von `TextView`-Elementen und einen spezialisierten Stil für `TextView`-Elemente, die einen Titel anzeigen.

Listing 6.5 Vererbung für Stile

```xml
<?xml version="1.0" encoding="utf-8"?>
<resources>
    <style name="Text">
        <item name="android:textColor">#7a470a</item>
        <item name="android:textSize">16sp</item>
    </style>
    <style name="Titel" parent="@style/Text">
        <item name="android:textStyle">bold</item>
        <item name="android:textSize">26sp</item>
    </style>
</resources>
```

Über das Attribut `parent` können Sie festlegen, auf welchem Basisstil Sie die aktuelle Stildefinition aufbauen möchten. Der aktuelle Stil übernimmt dadurch automatisch alle Attribute aus seinem `parent`-Stil. Darüber hinaus kann er weitere Attribute definieren (im obigen Beispiel `textStyle`) oder den geerbten Attributen andere Werte zuweisen. Der obige Stil bewirkt z. B., dass Titelelemente wie Textelemente formatiert werden, aber mit größerer, fetter Schrift.

Listing 6.6 Verwendung von Stilen in der Layoutdatei (activity_main.xml aus dem Projekt Ressourcendemo)

```xml
<LinearLayout ...">
    <TextView ...
        style="@style/Titel" />
    <TextView ...
        style="@style/Text"
        android:layout_gravity="right"></TextView>
    <TextView ...
        style="@style/Text"
        android:layout_gravity="right"></TextView>
</LinearLayout>
```

Themes

Themes sind Stile, die Sie auf dem Weg über die Manifestdatei an eine Activity oder an die App selbst zuweisen. Diese Stile werden dann automatisch auf alle UI-Elemente der betreffenden Activity (bzw. aller Activities der App) angewendet.

Verwendet ein Theme Attribute, die bestimmte UI-Elemente im Layout der Activity nicht unterstützen, werden diese Werte für die besagten Elemente einfach ignoriert.

Listing 6.7 Themes werden wie normale Stile definiert (hier wird ein allgemeiner Schrifttyp vorgegeben).

```xml
<resources>
    <style name="AppTheme" parent="android:Theme.Light">
        <item name="android:typeface">sans</item>
    </style>
    <style name="Text">
        <item name="android:textColor">#7a470a</item>
        <item name="android:textSize">16sp</item>
    </style>
    <style name="Titel" parent="@style/Text">
        <item name="android:textStyle">bold</item>
        <item name="android:textSize">26sp</item>
    </style>
</resources>
```

Listing 6.8 Zuweisung eines Theme über die Manifestdatei

```xml
<manifest xmlns:android="http://schemas.android.com/apk/res/android"
    package="com.example.standard.ressourcendemo">

<application
    android:allowBackup="true"
    android:icon="@mipmap/ic_launcher"
```

```xml
      android:label="@string/app_name"
      android:supportsRtl="true"
      android:theme="@style/AppTheme">
    <activity android:name=".MainActivity">
      <intent-filter>
        <action android:name="android.intent.action.MAIN" />
        <category android:name="android.intent.category.LAUNCHER" />
      </intent-filter>
    </activity>
  </application>

</manifest>
```

■ 6.3 Alternative Ressourcen vorsehen

Android-Geräte gibt es in den verschiedensten Größen mit unterschiedlichsten Auflösungen, unterschiedlicher Hardware-Ausstattung und individueller Konfiguration (Sprache, Region, Orientierung, Plattformversion etc.).

So erfreulich diese Bandbreite für den Anwender sein mag, den App-Entwickler stellt sie vor ein großes Problem. Wie kann er sicherstellen, dass die Bildschirmseiten seiner App auch dann vollständig angezeigt werden, wenn der Anwender das Gerät im Querformat hält? Wie kann er erreichen, dass deutsche Anwender deutsche Texte auf den Bildschirmseiten sehen und englische Anwender englische Texte? Wie kann er verhindern, dass seine Bilder und Symbole, die auf Smartphones so gut aussehen, auf Tablet-PCs durch Skalierung und Verzerrung komplett entstellt werden?

Die Antwort auf all diese Fragen liegt im Android-Ressourcenkonzept, welches es uns erlaubt, von einer Ressource unterschiedliche Varianten bereitzustellen, die optimal an bestimmte Hardware-Konfigurationen angepasst sind.

6.3.1 Das Grundprinzip

Der wichtigste Punkt ist sicherlich die Feststellung, dass „es nicht nötig ist, jede denkbare Konfiguration optimal zu unterstützen".

Wenn Sie Ihre App dafür ausgelegt haben, dass das Android-Gerät im Hochformat gehalten wird, müssen Sie nicht unbedingt auch das Querformat optimal unterstützen. Sie können es den Anwendern durchaus zumuten, das Gerät in die gewünschte Position zu drehen. (Etwas anders liegt der Fall natürlich, wenn Sie eine Diashow oder etwas Ähnliches programmieren. Bei solchen Apps erwartet der Anwender mittlerweile, dass er das Gerät drehen kann, um sowohl Hoch- als auch Querformatbilder bildschirmfüllend anzeigen zu lassen.)

Und wenn die Benutzeroberfläche Ihrer App nur in Deutsch oder vielleicht wahlweise in Deutsch und Englisch, aber eben nicht in Französisch, Russisch, Persisch oder Chinesisch angezeigt wird, so wird man Ihnen dies sicherlich ebenfalls verzeihen. Gegebenenfalls suchen sich die Anwender dann halt eine vergleichbare App in ihrer Sprache.

Wenn Sie aber konfigurationsspezifische Ressourcen zur Verfügung stellen möchten, so gehen Sie wie folgt vor:

- Erstellen Sie zuerst einen vollständigen Satz von Standardressourcen.

    Standardressourcen sind diejenigen Ressourcen, die in den Standardressourcenverzeichnissen stehen, in der Projektansicht von Android Studio also *res/drawable*, *res/layout*, *res/values* etc.

    Wenn Sie also ein Symbol in unterschiedlichen Auflösungen mitliefern möchten, stellen Sie sicher, dass eine Version der Symbolbilddatei auch im Verzeichnis *drawable* zu finden ist. Und wenn Sie die Texte Ihrer Benutzeroberfläche mit der Standardsprache Deutsch und beispielsweise zusätzlich Spanisch bereitstellen möchten, achten Sie darauf, dass ein Satz der benötigten String-Ressourcen in den XML-Dateien im Verzeichnis *res/values* (für die Standardsprache, also Deutsch) und in *res/values-es* (für Spanisch) definiert ist. Verwenden Sie unbedingt den oben gezeigten Translations Editor, damit kein Chaos entsteht.

- Stellen Sie für jede abweichende Konfiguration, die Sie optimal unterstützen möchten, angepasste Varianten der betreffenden Ressourcen bereit.

Wenn Sie im Zuge der App-Entwicklung, vom Anlegen des Projekts bis zur letzten Erstellung der fertigen und bereits getesteten App, alle benötigten Ressourcen als Standardressourcen definieren, ergibt sich der Standardsatz ganz automatisch.

Danach können Sie in einem weiteren Schritt von einzelnen Ressourcen konfigurationsspezifische Kopien erstellen.

IMMER STANDARDRESSOURCEN BEREITSTELLEN

Ein kompletter Satz von Standardressourcen ist das sicherste Mittel, um App-Abstürze wegen nicht gefundener Ressourcen zu verhindern.

Wenn Sie drei Sätze von String-Ressourcen für Deutsch, Englisch und Italienisch bereitstellen, aber einen String im englischen Satz vergessen haben, wird Ihre App auf den Smartphones englischer Anwender abstürzen. Hätten Sie dagegen den deutschen Satz als Standardsatz installiert, würde die App nicht abstürzen und auf der Oberfläche wäre zumindest der deutsche Text zu sehen.

Für die unterschiedlichen Bildschirmauflösungen verfährt Android allerdings etwas anders. Hier sucht es selbstständig die Ressource heraus, die am besten zu der Auflösung des Geräts passt. Das heißt, wenn eine Variante für die hohe Bildschirmdichte (xdpi) fehlt, aber dafür eine Kopie für die niedrigere Bildschirmdichte (mdpi) verfügbar ist, greift Android zur Not auf diese zurück.

6.3.2 Wie stellt man konfigurationsspezifische Ressourcen bereit?

Für jeden Konfigurationsparameter, den Sie berücksichtigen können, gibt es einen vordefinierten Satz von Bezeichnern, welche die möglichen Alternativen kennzeichnen. Für die Bildschirmorientierung wären dies z. B. die Bezeichner *port* (für Hochformat) und *land* (für Querformat).

Wenn Sie eine Ressource für eine bestimmte Konfiguration erstellen möchten, legen Sie einfach unter dem *res*-Ordner ein neues Verzeichnis an, dessen Name sich aus dem Ressourcentyp und dem Konfigurationsbezeichner zusammensetzt, also beispielsweise *drawable-port* für Bildressourcen, die besonders an das Hochformat (portrait) angepasst sind.

```
res
|--drawable            // für Standardbilder
|--drawable-port       // für Bilder, optimal für Hochformat
```

In diesem Verzeichnis legen Sie dann die gewünschten Ressourcen ab.

```
res
|--drawable
   |-- icon.pgn
   |-- hintergrund.png
|--drawable-port
   |-- hintergrund.png
```

Bei dieser Konstellation würde Android beim Halten des Geräts im Hochformat das Symbol *icon.png* aus dem Verzeichnis *drawable* und das Hintergrundbild aus dem Verzeichnis *drawable-port* verwenden. Hält der Anwender das Gerät dagegen im Querformat, würden ausschließlich die Bildressourcen aus dem Verzeichnis *drawable* herangezogen.

ACHTUNG

Wenn Sie eine Ressource in mehreren Varianten anbieten, achten Sie darauf, dass der Ressourcenname (bei Bildressourcen der Dateiname) für alle Varianten gleich ist.

Tabelle 6.11 Auswahl an unterstützten Konfigurationsparametern (eine vollständige Liste finden Sie in der SDK-Dokumentation unter *http://developer.android.com/guide/topics/resources/providing-resources.html*)

Konfiguration	Alternativen	Beschreibung
Sprache	de en fr ...	Sprache. Android wählt die Sprache, die auf dem Gerät eingestellt ist (oder die Standardversion).
Verfügbare Breite	w720dp w1024dp ...	Mindestbreiten. Android wählt die Variante, die am besten zur Breite des Geräts passt. Diese Konfiguration ist erst ab der Android API 13 verfügbar.
Bildschirmgröße	small normal large xlarge	Bildschirmgröße. small entspricht ungefähr 320 x 426 dp, normal ungefähr 320 x 470 dp, large ungefähr 480 x 460 dp (VGA- und WVGA-Bildschirme mittlerer Dichte) und xlarge ungefähr 720 x 960 dp oder mehr (Tablet-PCs).

Konfiguration	Alternativen	Beschreibung
Orientierung	port land	Auswahl hängt davon ab, ob das Gerät waagerecht (land) oder senkrecht (port) gehalten wird.
Bildschirmdichte	ldpi mdpi hdpi xhdpi	Geringe Bildschirmdichte entspricht in etwa 120 dpi, mittlere Dichte 160 dpi, hohe Dichte 240 dpi und extra hohe Dichte 320 dpi.
Plattform	v8 v11 ...	Auswahl erfolgt nach der auf dem Gerät installierten Android-Version.

Wenn Sie Ressourcenvarianten bereitstellen möchten, die auf eine bestimmte Kombination von Konfigurationsparametern abgestimmt sind, hängen Sie die Alternativbezeichner einfach hintereinander an den Namen des Standardordners an, also beispielsweise *drawable-en-hdpi* für Bilder in englischer Sprache (vielleicht enthält das Bild einen Anfangsbuchstaben oder einen Text) und hoher Auflösung. Alternativbezeichner, die in Tabelle 6.11 oben stehen, müssen dabei vor Bezeichnern aufgeführt werden, die weiter unten in der Tabelle stehen.

■ 6.4 Fragen und Antworten

1. *Im Kapitel wurde erwähnt, dass man beliebige Daten in Form einer Datei in* res/raw *ablegen und dann über den Ressourcen-ID-Mechanismus darauf zugreifen kann. Ich brauche aber in meiner App aus bestimmten Gründen die richtige Datei!*

   Eine Ressource hat nur noch eine ID und die niederen Details wie die Existenz der Datei an sich gehen aus Sicht Ihrer App verloren. Wer das braucht, muss die Datei im Ordner *app\src\main\assets* ablegen (ggf. erst von Hand auf der Festplatte erzeugen oder in der Projektansicht das Kontextmenü aufrufen und dann den Eintrag **New/Folder/Assets Folder** wählen). Der Zugriff erfolgt dann innerhalb einer von `Activity` abgeleiteten Klasse, z. B. zum Lesen mit:

   ```
   getAssets().open():
       InputStream datei = getAssets().open("filename.txt");
   ```

2. *Es wurde erwähnt, dass man Bilder nicht nur in Form von „richtigen" Bildern (wie PNG) bereitstellen kann, sondern auch in Form von diesen speziellen XML-Dateien (XML-Drawable). Warum sollte man das machen? Klingt irgendwie umständlich, oder?*

   Das ist richtig. XML-Drawables sind für den Programmierer umständlicher und zeitraubender, außerdem muss man sich erst einmal in die Syntax der besonderen XML-Zeichensprache dafür einarbeiten. Belohnt wird man aber mit effizienten und speicherplatzsparenden Bildern. Für professionelle Apps werden Sie später als fortgeschrittener Entwickler nicht darauf verzichten wollen.

3. *In Kapitel 5 wurde gesagt, dass man das App-Symbol (Launcher-Icon) in den besonderen Ordner* res/mipmap *ablegen soll. Aber das sind doch im Grunde auch Bilder. Warum also nicht nach* res/drawable*?*

   Das kann man in der Tat machen und war auch in früheren Android-Versionen der einzige Weg. Erst seit Android 4.2 gibt es mipmap-Unterstützung (eine spezielle Speichertechnik, damit ein Bild in verschiedenen Auflösungen möglichst gut und schnell angezeigt werden kann).

4. *Beim Herumspielen mit dem Layout-Designer fängt Android Studio manchmal an, irgendwie zu spinnen, und egal, was ich ändere, es passiert nichts mehr in der Voransicht!*

   Android Studio ist immer noch ein sehr junges Produkt und hat noch viele interne Fehler. Oft hilft ein Neustart des Programms!

■ 6.5 Übungen

1. Wie gehen Sie vor, um einem `ImageButton`-Element ein Bild zuzuweisen?
2. Wie gehen Sie vor, wenn Sie das Theme der App verändern möchten?

7 Mit dem Anwender interagieren

Früher, viel früher, waren Computer noch richtige Rechenmaschinen. Man fütterte sie mit Daten, wartete eine kurze oder längere Weile und erhielt schließlich irgendwann ein Ergebnis zurück. Heute sind Programme wesentlich flexibler und kommunizieren meist fortlaufend mit ihrer Umwelt – einer Umwelt, die zum einem aus dem Android-Betriebssystem und zum anderen aus dem Anwender besteht.

Das Android-System informiert die App über diverse Systemereignisse (wie z. B. bedenklich niedrige Batterieladung). Der Anwender interagiert durch Drücken von Tasten, Buttons oder andere Aktionen mit den Elementen der App-Benutzeroberfläche – und erwartet, dass die App entsprechend reagiert. Womit wir beim Thema dieses Kapitels wären: der Reaktion auf allgemeine Benutzeraktionen.

7.1 Das Grundprinzip

Wie Sie aus Kapitel 5 wissen, werden Bildschirmseiten aus View-Elementen aufgebaut. Wie Sie ebenfalls wissen, steht hinter jedem dieser View-Elemente ein Objekt, dessen Klasse direkt oder indirekt auf die Basisklasse View zurückgeht. Was wir bisher jedoch noch nicht angesprochen haben, ist, dass es zu jeder dieser Klassen einen Satz von Ereignissen gibt, auf die die Objekte der Klasse reagieren können.

So können Button-Elemente beispielsweise auf das Klickereignis reagieren, das ausgelöst wird, wenn der Anwender den Button drückt (auf einem Smartphone in der Regel mit dem Finger).

Damit drängen sich zwei Fragen auf:

- Wie kann ich Code bereitstellen, der automatisch ausgeführt wird, wenn für ein bestimmtes View-Objekt ein bestimmtes Ereignis ausgelöst wurde?
- Welche Ereignisse gibt es für ein gegebenes View-Objekt?

7.1.1 Auf ein Ereignis reagieren

Was passiert, wenn der Anwender in der Bildschirmseite aus Bild 7.1 auf den **Test**-Button drückt?

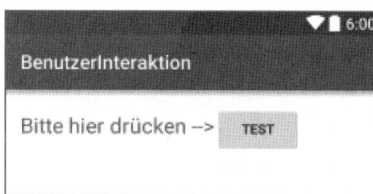

Bild 7.1
Viele View-Elemente dienen dazu, mit dem Anwender zu interagieren. Buttons z. B. können gedrückt werden und lösen dann irgendeine Aktion aus

Richtig! Es passiert erst einmal gar nichts. Damit etwas passiert, müssen wir zuerst Code schreiben, der bei Auslösung des Klickereignisses ausgeführt wird.

Toasts

Angenommen, wir wollten dem Anwender bei Drücken des Buttons eine kurze Nachricht zukommen lassen. In Android nennt man so etwas einen Toast und benötigt dazu die gleichnamige Klasse Toast:

```
String text = "Viele Grüße!";
Toast einToast = Toast.makeText(v.getContext(), text,
                    Toast.LENGTH_SHORT);
einToast.show();
```

Dieser Code erzeugt einen Toast mit dem Nachrichtentext „Viele Grüße!" und blendet den Toast durch Aufruf der show()-Methode auf dem Bildschirm ein. (Für eine ausführlichere Beschreibung des Toast-Mechanismus siehe Kapitel 10.4.)

> **TOASTS**
> Ein Toast ist eine unaufdringliche Nachricht, die üblicherweise am unteren Bildschirmrand eingeblendet wird und nach kurzer Zeit von selbst wieder verschwindet.

Ereignisbehandlung einrichten

Um diesen Code als Reaktion auf ein Ereignis ausführen zu lassen, müssen Sie

- den Code in eine Methode verpacken,
- die Methode in ein Objekt verpacken,
- das Objekt bei dem UI-Element registrieren, welches das Ereignis auslöst.

Der Name der Methode und der Typ des Objekts hängen vom Ereignistyp ab und werden durch ein Interface (Schnittstelle) vorgegeben. Für Klickereignisse ist dies das Interface OnClickListener. Klassen, die dieses Interface implementieren, müssen die Methode void onClick(View v) definieren – und in eben diese Methode gehört unser Ereigniscode:

Listing 7.1 Der Ereigniscode wurde in ein passendes Listener-Objekt verpackt.

```
package com.example.standard.benutzerinteraktion;

import android.support.v7.app.AppCompatActivity;
import android.os.Bundle;
import android.view.View;
import android.widget.Toast;

public class MainActivity extends AppCompatActivity {

    @Override
    protected void onCreate(Bundle savedInstanceState) {
        super.onCreate(savedInstanceState);
        setContentView(R.layout.activity_main);
    }

    // Ereignislistener-Klasse mit Behandlungscode
    class MeinClickListener implements View.OnClickListener {
        public void onClick(View v) {
            String text = "Viele Grüße!";
            Toast einToast = Toast.makeText(v.getContext(), text,
                                    Toast.LENGTH_SHORT);
            einToast.show();
        }
    }

}
```

Wir haben hier die Klasse `MeinClickListener` als innere Klasse unserer Activity-Klasse definiert – ein sehr verbreitetes Verfahren, da die Klasse `MeinClickListener` auf diese Weise bei Bedarf auf die Felder der umgebenden äußeren Klasse zugreifen kann (siehe auch den Exkurs „Innere Klassen" aus dem Java-Tutorium).

In der Klasse `MeinClickListener` implementieren wir die `onClick()`-Methode aus dem Interface `OnClickListener`, d. h., wir übernehmen die vom Interface vorgegebene Signatur und füllen die Methode mit unserem Ereignisbehandlungscode.

 TIPP

Wer will, kann sich beim Implementieren der Interface-Methode von Android Studio helfen lassen: Nachdem man `implements View.OnClickListener` getippt hat, drückt man die Tastenkombination **Alt+Eingabe** und wählt **Implement Methods** (siehe auch Kapitel 4).

Ist die Listener-Klasse erst einmal definiert, ist der Rest einfach. Wir erzeugen ein Objekt der Listener-Klasse und registrieren dieses bei dem View-Element.

```
public class MainActivity extends AppCompatActivity {
    // ...
    @Override
    protected void onCreate(Bundle savedInstanceState) {
        super.onCreate(savedInstanceState);
        setContentView(R.layout.activity_main);
```

```
        // Listener-Objekt erzeugen und bei View registrieren
        MeinClickListener testListener = new MeinClickListener();
        Button test = (Button) findViewById(R.id.button);
        test.setOnClickListener(testListener);
    }
}
```

Hier wird zunächst das Listener-Objekt erzeugt und in der Variablen `testListener` abgespeichert. Dann beschaffen wir uns mithilfe der Methode `findViewById()` einen Verweis auf das Button-Element, dessen Klickereignisse wir behandeln möchten, und registrieren das Listener-Objekt. Die View-Klassen verfügen zu diesem Zweck über passende `setOn...Listener`-Methoden. Die `setOn...Listener`-Methode für das Klickereignis heißt – Überraschung – `setOnClickListener()`. Wir rufen sie für das Button-Element auf und übergeben ihr unser Listener-Objekt.

Bild 7.2
Als Reaktion auf das Drücken des Buttons wird eine Toast-Nachricht eingeblendet.

 DIE SPEZIFITÄT DES LISTENER-MODELLS

Der Registrierungsmechanismus ist sehr spezifisch: Es wird immer nur ein spezielles Ereignis für ein individuelles View-Element registriert. Welches Ereignis registriert wird, geben Sie über die Auswahl der Registriermethode an. Für welches View-Element das Ereignis behandelt wird, legen Sie dadurch fest, dass Sie für dieses Element die Registriermethode aufrufen.

Wenn Sie also in der Bildschirmseite einer Activity zwei Button-Elemente anzeigen, aber nur bei einem ein `OnClickListener`-Objekt registrieren, reagiert auch nur dieses eine Button-Element auf Klickereignisse.

Möchten Sie die Klickereignisse beider Button-Elemente behandeln, müssen Sie Ihr `OnClickListener`-Objekt bei beiden Button-Elementen registrieren – und gegebenenfalls den Code in der `onClick()`-Methode des Listener-Objekts so anpassen, dass er abhängig von der Quelle des Ereignisses unterschiedliche

Aktionen ausführt (siehe weiter unten den Abschnitt „Eine Behandlungsmethode für mehrere Views"), oder Sie implementieren mehrere abgeleitete OnClickListener-Klassen.

7.1.2 Welche Ereignisse gibt es?

Einige View-Elemente erlauben die Behandlung spezieller Ereignisse, die mit ihrer besonderen Funktion zu tun haben, so z. B. die Spinner-Elemente, die ein OnItemClick-Ereignis auslösen, wenn der Anwender in der dargebotenen Liste ein Element auswählt (siehe Kapitel 19.4).

Viele Ereignisse haben in ihrem Namen das Wort Click. Dies hat eher historische Gründe und stammt noch vom Mausklick ab. Lassen Sie sich davon aber nicht verwirren: Auf einem Android-Smartphone ist ein Klick ein Tippen mit dem Finger! Daneben gibt es auch Ereignisse, die das Wort Touch beinhalten. Auch dies ist ein Tippen mit dem Finger!

Daneben gibt es aber auch einen Standardsatz von Ereignissen, die von allen View-Elementen unterstützt werden. Die wichtigsten dieser Ereignisse sind in Tabelle 7.1 zusammengefasst.

AUFSTEIGER

Wie kommt es, dass diese Ereignisse von allen View-Elementen unterstützt werden? Der Trick ist natürlich, dass die Unterstützung für diese Ereignisse, d. h. die zugehörigen Interfaces und Registriermethoden, in der Basisklasse View definiert sind.

Tabelle 7.1 Die wichtigsten allgemeinen Benutzerereignisse

Ereignismethode	Beschreibung
void onClick(View v)	Wird bei Tippoperationen aufgerufen.
	Interface: OnClickListener
	Registriermethode: setOnClickListener()
boolean onDrag(View v, DragEvent e)	Wird bei Drag&Drop-Operationen aufgerufen.
	Interface: OnDragListener
	Registriermethode: setOnDragListener()
	Mithilfe der getAction()-Methode des DragEvent-Parameters können Sie abfragen, um welche Drag&Drop-Aktion es sich handelt (also beispielsweise den Beginn einer Ziehoperation oder das Ablegen des gezogenen Objekts).

(Fortsetzung nächste Seite)

Tabelle 7.1 Die wichtigsten allgemeinen Benutzerereignisse *(Fortsetzung)*

Ereignismethode	Beschreibung
`boolean onLongClick(View v)`	Wird aufgerufen, wenn ein View-Element gedrückt gehalten wird. Interface: `OnLongClickListener` Registriermethode: `setOnLongClickListener()`
`void onFocusChange(View v, boolean f)`	Wird bei Änderung des Fokus aufgerufen. Interface: `OnFocusChangeListener` Registriermethode: `setOnFocusChangeListener()` Der Parameter `f` gibt den neuen Fokuszustand an (`true` bedeutet, das View-Element hat den Fokus erhalten).
`boolean onKey(View v, int taste, KeyEvent e)`	Wird bei Drücken einer Hardware-Taste[1] aufgerufen, vorausgesetzt, das betreffende UI-Element besitzt den Tastaturfokus. Interface: `OnKeyListener` Registriermethode: `setOnKeyListener()` Der Parameter `taste` gibt den Tastencode der gedrückten Taste an und hilft bei deren Identifizierung. Mithilfe des `KeyEvent`-Parameters erhalten Sie detailliertere Informationen über den Tastendruck.
`boolean onTouch(View v, MotionEvent e)`	Wird bei Tippoperationen aufgerufen (und liefert mehr Informationen als `onClick()`) Interface: `OnTouchListener` Registriermethode: `setOnTouchListener()` Im `MotionEvent`-Parameter sind ausführliche Informationen über die Tippoperation gespeichert (siehe unten).
`onCreateContextMenu()`	Zur Erstellung von Kontextmenüs (siehe Kapitel 10.1.5)

7.1.3 Hintergrund der Ereignisverarbeitung

Sie möchten mehr über die Hintergründe der Ereignisverarbeitung erfahren? Nun, dann lassen Sie uns doch noch einmal bei unserem vorherigen Ausgangspunkt beginnen: Was passiert, wenn der Anwender in der Bildschirmseite aus Bild 7.3 auf den **Test**-Button drückt?

Wann immer der Anwender mit der Hardware seines Android-Geräts interagiert, erfasst das Android-Betriebssystem diese Interaktion, ermittelt das UI-Element, an das die Interaktion gerichtet ist, und schickt diesem eine Benachrichtigung.

---

[1] Moderne Smartphones haben in der Regel keine richtigen Tasten mehr; daher werden Sie onKey() wohl niemals brauchen!

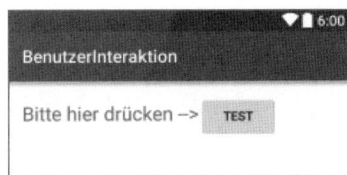

Bild 7.3
Bildschirmseite mit Button-Element

Im Falle unserer Apps handelt es sich bei den UI-Elementen stets um Views, also Objekte, die einem Klassentyp angehören, der auf die Android-Klasse `android.view.View` zurückgeht.

 Button-Elemente sind z. B. Objekte der Klasse `android.widget.Button`, die von `android.widget.TextView` abgeleitet ist, welche selbst wiederum eine Ableitung von `android.view.View` ist.

```
android.view.View
|--- android.widget.TextView
      |--- android.widget.Button
```

Standardverarbeitung

Der Anwender hat also das `Button`-Element unserer App gedrückt und das Android-System schickt dem `Button`-Objekt daraufhin eine Benachrichtigung. Das `Button`-Objekt nimmt diese Benachrichtigung entgegen, führt sie einer Standardverarbeitung zu – die nicht notwendigerweise zu einer für den Anwender sichtbaren Reaktion führt – und prüft anschließend, ob es schon weitere Benachrichtigungen gibt.

Der Code, der all dies bewirkt, ist in den View-Klassen verborgen. Wir haben mit ihm nichts zu tun. Die Kommunikation zwischen dem Betriebssystem und den View-Elementen unserer App funktioniert ganz ohne unser Zutun. Wir müssen uns um nichts kümmern.

Individuellen Behandlungscode einbauen

Aber vielleicht möchten wir uns ja kümmern! Vielleicht nicht gerade um jede einzelne einkommende Benachrichtigung, aber möglicherweise würden wir gerne festlegen, was grundsätzlich passieren soll, wenn der Anwender einen bestimmten Button drückt.

Hier setzt das Konzept der Ereignisbehandlung via Ereignis-Listener an, das auf drei Punkten basiert:

- Aus vielen Benachrichtigungen werden wenige Ereignisse.

    Views empfangen nicht nur eine große Anzahl, sondern auch ein breites Spektrum von Benachrichtigungen. Doch nicht alle diese Benachrichtigungen sind für die Arbeit mit einem View-Element wirklich wichtig.

    Daher trifft jede View eine Vorauswahl, welche Benachrichtigungen interessant genug sind, dass der Programmierer auf sie reagieren möchte. Diese Benachrichtigungen wandelt die View in sogenannte *Ereignisse* (englisch „Events") um.

    Für das Drücken eines Buttons wäre dies z. B. das `onClick`-Ereignis.

Ereignisse sind also in gewisser Weise gefilterte und vorverdaute Systembenachrichtigungen.

Die beschriebene Vorauswahl wurde schon vor langer Zeit getroffen, als die Android-Entwickler begonnen haben, die einzelnen View-Klassen zu schreiben. Wie diese Vorauswahl aussieht und wie Benachrichtigungen in Ereignisse umgewandelt werden, muss uns nicht interessieren. Wichtig ist, dass wir es dank dieser Umwandlung statt mit unzähligen, kryptischen Systemnachrichten mit einer kleinen überschaubaren Auswahl von Ereignissen für Klicks, Tippberührungen, Tastendrücke etc. zu tun haben (siehe Tabelle 7.1).

- Die View implementiert einen Einhak-Mechanismus.

    Die View baut in die Standardverarbeitung für die betroffenen Benachrichtigungen einen Mechanismus ein, wie der Programmierer eigenen Code so einhaken kann, dass dieser automatisch ausgeführt wird, wenn ein bestimmtes Ereignis für ein bestimmtes UI-Element ausgelöst wird.

- Die View definiert, wie ein „Haken" auszusehen hat.

    Zu jedem unterstützten Ereignistyp definiert die View ein Ereignis-Listener-Interface. Dieses Interface legt fest, wie der „Haken" auszusehen hat. Mit anderen Worten: Wenn der Programmierer den Code, den er als Behandlungscode für das Ereignis ausführen lassen möchte, in ein Objekt verpackt, dessen Klassentyp das zugehörige Interface implementiert, hat er automatisch einen korrekten Haken.

    Registriert er dieses Objekt mit der passenden, von der View zur Verfügung gestellten Methode, ist der Haken eingehängt.

Will also der Programmierer ein bestimmtes Ereignis für ein bestimmtes View-Objekt behandeln, schreibt er eine Klasse, die das zugehörige Interface implementiert, erzeugt ein Objekt dieser Klasse und registriert dieses Objekt bei dem View-Objekt, für das er auf das Ereignis reagieren möchte.

Wie dies in der Praxis aussieht, haben Sie ja bereits in der Einleitung am Beispiel des Klickereignisses gesehen.

■ 7.2 Vereinfachte Ereignisbehandlung

In dem einleitenden Abschnitt hatten wir für die Implementierung des `Listener`-Interface eine eigene Klasse namens `MeinClickListener` definiert. Das war übersichtlich, aber auch etwas umständlich. Sehen wir uns einige Alternativen an.

7.2.1 Ereignisbehandlung mit anonymen Listener-Klassen

Ist es nicht lästig, sich jedes Mal vernünftige Namen für die Listener-Klassen ausdenken zu müssen? Stimmen Sie mir zu? Dann definieren Sie die Klassen doch einfach als anonyme Klassen.

Dazu definieren Sie in der Activity-Klasse statt einer inneren `Listener`-Klasse einfach gleich ein Feld für das Listener-Objekt.

```
import android.view.View;
import android.view.View.OnClickListener;
import android.widget.Toast;
import android.widget.Button;

public class MainActivity extends AppCompatActivity
{

    private OnClickListener testListener;

}
```

Dieses Feld initialisieren Sie nun direkt mit einem `OnClickListener`-Objekt, wobei Sie die anonyme Klassendefinition direkt an den Aufruf des `OnClickListener()`-Konstruktors anhängen:

```
private OnClickListener testListener = new OnClickListener() {
      public void onClick(View v) {
         String text = "Viele Grüße!";
         Toast einToast = Toast.makeText(v.getContext(), text,
                             Toast.LENGTH_SHORT);
         einToast.show();
      }
   };

   public void onCreate(Bundle savedInstanceState) {
      super.onCreate(savedInstanceState);
      setContentView(R.layout.activity_main);

      Button test = (Button) findViewById(R.id.button);
      test.setOnClickListener(testListener);
   }
```

MATERIAL ZUM BUCH

Siehe auch den Exkurs „Innere Klassen" aus dem Java-Tutorium.

7.2.2 Ereignisbehandlung mit anonymen Listener-Objekten

Wenn Sie ein Listener-Objekt nur für eine einzige Registrierung benötigen, geht es sogar noch radikaler. Erzeugen Sie es einfach als anonymes Objekt einer anonymen Klasse direkt bei der Übergabe an die Registrierungsmethode:

```java
public void onCreate(Bundle savedInstanceState) {
    super.onCreate(savedInstanceState);
    setContentView(R.layout.activity_main);

    // Listener-Objekt bei View registrieren
    Button test = (Button) findViewById(R.id.button);
    test.setOnClickListener(new OnClickListener() {
        public void onClick(View v) {
            String text = "Viele Grüße!";
            Toast einToast = Toast.makeText(v.getContext(), text,
                                    Toast.LENGTH_SHORT);
            einToast.show();
        }
    });
}
```

MATERIAL ZUM BUCH

Siehe auch die Exkurse „Anonyme Objekte" und „Innere Klassen" aus dem Java-Tutorium.

7.2.3 Ereignisbehandlung mithilfe der Activity-Klasse

Schließlich gibt es noch die ebenfalls sehr beliebte Möglichkeit, die Activity-Klasse selbst als Listener-Klasse zu verwenden.

Bei dieser Technik lassen Sie die Activity-Klasse das Listener-Interface implementieren und übergeben als Listener-Objekt den this-Verweis.

```java
public class MainActivity extends AppCompatActivity
                    implements OnClickListener {

    public void onCreate(Bundle savedInstanceState) {
        super.onCreate(savedInstanceState);
        setContentView(R.layout.activity_main);

        // Listener-Objekt bei View registrieren
        Button test = (Button) findViewById(R.id.button);
        test.setOnClickListener(this);
    }

    // Implementierung der Listener-Methode
    public void onClick(View v) {
        String text = "Viele Grüße!";
        Toast einToast = Toast.makeText(v.getContext(), text,
```

```
                            Toast.LENGTH_SHORT);
        einToast.show();
    }
}
```

7.3 Eine Behandlungsmethode für mehrere Views

Wenn Sie ein Ereignis – wie z. B. das Klickereignis – für mehrere View-Elemente **individuell** behandeln möchten, stehen Sie vor dem Problem, dass je nachdem, für welches Element das Ereignis aufgetreten ist, unterschiedlicher Code ausgeführt werden muss.

Sie könnten dieses Problem natürlich dadurch lösen, dass Sie für jedes View-Element eine eigene `Listener`-Klasse (mit individuellem Behandlungscode) definieren.

Effizienter aber ist es, nur eine `Listener`-Klasse für das Ereignis zu schreiben, das zugehörige `Listener`-Objekt bei allen betroffenen View-Elementen zu registrieren und dann im Code der Ereignisbehandlungsmethode eine Fallunterscheidung zu treffen.

Alle Ereignisbehandlungsmethoden besitzen zu diesem Zweck einen View-Parameter, der das auslösende View-Objekt repräsentiert.

Listing 7.2 Ein OnClickListener für mehrere View-Elemente

```java
public class MainActivity extends AppCompatActivity {

    private Button btn1;
    private Button btn2;

    @Override
    protected void onCreate(Bundle savedInstanceState) {
        super.onCreate(savedInstanceState);
        setContentView(R.layout.activity_main);

        // Listener-Objekt bei Views registrieren
        btn1 = (Button) findViewById(R.id.button1);
        btn1.setOnClickListener(btnListener);
        btn2 = (Button) findViewById(R.id.button2);
        btn2.setOnClickListener(btnListener);

    }

    private OnClickListener btnListener = new OnClickListener() {
        public void onClick(View v) {
            String text = "";

            if (v == btn1) {
                text = "Hallo von Button 1";
            } else if (v == btn2) {
                text = "Hallo von Button 2";
```

```
            }
            Toast einToast = Toast.makeText(v.getContext(), text,
                    Toast.LENGTH_SHORT);
            einToast.show();
        }
    };
}
```

Der Trick ist, den in dem View-Parameter gespeicherten Objektverweis mit den einzelnen View-Objekten zu vergleichen:

```
if (v == btn1) { ...
```

Ergibt ein solcher Vergleich `true`, wissen wir, dass der Parameter v und die Objektvariable btn1 auf ein und dasselbe View-Element verweisen. In den von der if-Bedingung kontrollierten Anweisungsblock können wir dann den Code einfügen, der speziell für dieses View-Element ausgeführt werden soll.

Im obigen Code wird z. B. als Reaktion auf das Klickereignis eine Toast-Nachricht ausgegeben. Der Text der Nachricht hängt davon ab, welcher Button gedrückt wurde.

ACHTUNG

Für das hier vorgestellte Verfahren ist es wichtig, die Verweise auf die beteiligten View-Elemente in Feldern der Activity-Klasse abzuspeichern.

■ 7.4 Auf Tipp- und Wischereignisse reagieren

Durch Registrierung eines `OnTouchListener`-Objekts können Sie auf Tipp- und Wischbewegungen der Finger reagieren. Das Gleiche kann man zwar im Prinzip auch mit einem `OnClickListener`-Objekt erreichen wie im vorigen Abschnitt gezeigt, aber nur sehr grobkörnig: Während ein Klickereignis nur mitteilt, dass ein UI-Element angetippt worden ist, stellen Touch-Ereignisse und die entsprechenden Listener-Objekte feingranulare Informationen über das Tippen durch den Anwender bereit, sodass sich ganze andere Reaktionsmöglichkeiten ergeben.

7.4.1 Tippereignisse

Der folgende Code ist z. B. so aufgebaut, dass die Start-Activity das `OnTouchListener`-Interface mit seiner Methode `onTouch()` implementiert und sich selbst bei der `LinearLayout`-View als `OnTouchListener`-Objekt anmeldet.

Listing 7.3 Implementierung und Registrierung eines OnTouchListener (aus TippenActivity.java)

```java
package com.example.standard.tippen;

import android.support.v7.app.AppCompatActivity;
import android.os.Bundle;
import android.view.MotionEvent;
import android.view.View;
import android.widget.RelativeLayout;
import android.widget.Toast;

public class MainActivity extends AppCompatActivity
                    implements View.OnTouchListener {

    @Override
    protected void onCreate(Bundle savedInstanceState) {
        super.onCreate(savedInstanceState);
        setContentView(R.layout.activity_main);
        RelativeLayout layout = (RelativeLayout)
                        findViewById(R.id.relativeLayout);
        layout.setOnTouchListener(this);
    }

    @Override
    public boolean onTouch(View v, MotionEvent event) {
        int aktion = event.getAction();

        if(aktion == MotionEvent.ACTION_DOWN) {
            Toast einToast = Toast.makeText(v.getContext(),
                    "ACTION_DOWN behandelt!", Toast.LENGTH_SHORT);
            einToast.show();
            return true; // Ereignis behandelt
        }

        // Ereignis nicht behandelt; keine Nachfolgeereignisse
        return false;
    }
}
```

Beachten Sie, dass das Berühren des Touchscreens mit dem Finger immer mehrere (mindestens zwei) Ereignisse auslöst:

- `MotionEvent.ACTION_DOWN`, wenn der Finger den Touchscreen berührt,
- `MotionEvent.ACTION_MOVE`, falls der Finger auf dem Bildschirm bewegt wird
- `MotionEvent.ACTION_UP`, wenn der Anwender den Finger schließlich wieder hebt.

Um auf das Tippen mit dem Finger zu reagieren, ist es daher üblich, sich für eines dieser Ereignisse zu entscheiden (im obigen Beispiel `ACTION_DOWN`). Um herauszufinden, für welches konkrete `MotionEvent`-Ereignis Ihre Behandlungsmethode aufgerufen wurde,

- fragen Sie die ID des Ereignisses mithilfe der `getAction()`-Methode des `MotionEvent`-Parameters `event` ab und
- vergleichen diese ID anschließend mit der `MotionEvent`-Konstante des Ereignisses.

```
public boolean onTouch(View v, MotionEvent event) {
   int aktion = event.getAction();

   if(aktion == MotionEvent.ACTION_DOWN) {
     // hier Ereignis behandeln
     // ...
     return true;
   }
}
```

Über den booleschen Rückgabewert Ihrer `onTouch()`-Methode zeigen Sie an, ob das Ereignis als konsumiert zu gelten hat oder nicht.

Bei `false` wird die Android-Laufzeitumgebung versuchen, das Ereignis noch an andere (in der UI-Hierarchie nachfolgende) Handler zu senden, die sich dafür ebenfalls registriert haben; nachfolgend ist hier bezüglich der Lage des entsprechenden UI-Elements zu verstehen: Was auf dem Bildschirm zuoberst liegt (also zuletzt gezeichnet wird), erhält als Erstes das Ereignis zur Verarbeitung überreicht.

Analog zeigt der Rückgabewert `true` an, dass das aktuelle Handler-Objekt das Ereignis verarbeitet hat. Dies hat zwei Auswirkungen:

1. An andere (in der Hierarchie nachfolgende) Handler wird das Ereignis nicht mehr weitergeleitet.
2. Es werden weitere, sich auf das aktuelle Ereignis anknüpfende Ereignisse an das Handler-Objekt gesendet, z. B. auf `ACTION_DOWN` folgt ggf. `ACTION_MOVE` und zum Abschluss `ACTION_UP`.

Für unser obiges Beispiel ist der Rückgabewert unwesentlich, da wir nur das `ACTION_DOWN`-Ereignis behandeln wollen und keine Hierarchie von ineinander verschachtelten UI-Elementen haben (sondern nur eine einzige Layout-View). Möchte man aber beispielsweise nach einem `ACTION_DOWN`-Ereignis auch noch die nachfolgenden `ACTION_MOVE`- oder das abschließende `ACTION_UP`-Ereignis empfangen, ist es wichtig, die vorangehenden Ereignisbehandlung immer mit `return true` abzuschließen.

 Im Emulator simulieren Sie Tippereignisse durch das Klicken mit der linken Maustaste.

7.4.2 Wischereignisse

Für die Behandlung von Wischereignissen ist es üblicherweise wichtig zu erkennen, in welche Richtung gewischt wurde. Dazu müssen wir die Position des Fingers beim Antippen (`ACTION_DOWN`) und beim Loslassen (`ACTION_UP`) vergleichen.

```
public class MainActivity extends AppCompatActivity
                          implements View.OnTouchListener {
   private int touchX;
   private int touchY;

   @Override
```

```java
    protected void onCreate(Bundle savedInstanceState) {
        super.onCreate(savedInstanceState);
        setContentView(R.layout.activity_main);
        View view = findViewById(R.id.relativeLayout);
        view.setOnTouchListener(this);
    }
@Override
public boolean onTouch(View v, MotionEvent event) {
    int aktion = event.getAction();

    if(aktion == MotionEvent.ACTION_DOWN) {
        // Startposition merken
        touchXStart = event.getX();
        touchYStart = event.getY();
    }

    if(aktion == MotionEvent.ACTION_UP) {
        float diffX = event.getX() - touchXStart;
        float diffY = event.getY() - touchYStart;
        String text = null;

        if(Math.abs(diffX) <= 10 && Math.abs(diffY) <= 10) {
            text = "Nur angetippt!";
        }
        else {
            text = "Gewischt nach";

            if(diffX > 10) {
                text += " rechts";
            }

            if(diffX < -10) {
                text += " links";
            }

            if(diffY > 10) {
                text += " unten";
            }

            if(diffY < -10) {
                text += " oben";
            }
        }

        Toast toast = Toast.makeText(v.getContext(), text,
                                    Toast.LENGTH_SHORT);
        toast.show();
    }

    return true;
}
```

Die Koordinaten eines Tippereignisses können Sie mithilfe der Methoden getX() und getY() aus dem MotionEvent-Objekt abfragen.

Der obige Code speichert die Positionen des Fingers beim Berühren des Touchscreens (ACTION_DOWN-Ereignis) in den Feldern touchXStart und touchYStart.

Verlässt der Finger den Touchscreen (ACTION_UP-Ereignis), wird wiederum die aktuelle Position ermittelt und mit der gespeicherten Position verglichen.

Der hier verwendete Vergleichscode ermittelt nicht die genaue Richtung der Verschiebungen, sondern unterscheidet lediglich zwischen „nach links", „nach rechts", „nach unten" und „nach oben". Die in die Vergleiche eingebaute Toleranz von 10 Pixeln soll dem Anwender helfen, rein horizontale oder vertikale Verschiebungen zu bewerkstelligen.

In der UFO-App aus der Beispielsammlung (Kapitel 9) finden Sie eine Implementierung dieser Technik. Beachten Sie aber, dass die UFO-App keinen Ereignis-Listener verwendet, sondern eine eigene View-Klasse definiert und in dieser die onTouchEvent()-Methode überschreibt (siehe den Abschnitt „onTouchEvent()" in Kapitel 9.5).

■ 7.5 Multi-Touch und Gesten erkennen

7.5.1 Multi-Touch

Moderne Smartphone-Bildschirme sind multi-touch-fähig, d. h., die Hardware kann Berührungen durch mehrere Finger gleichzeitig erkennen. Und Android kann damit natürlich auch zurechtkommen. Wir brauchen wie im vorigen Abschnitt einen OnTouchListener und seine onTouch()-Methode. Die erste Änderung gegenüber dem normalen Ein-Finger-Fall liegt beim Zugriff auf den übergebenen MotionEvent-Parameter. Man sollte nicht mehr direkt getAction() aufrufen, um den Ereignistyp zu ermitteln, sondern eine besondere Hilfsmethode verwenden:

```
int action = MotionEventCompat.getActionMasked(event);
```

Die Hintergründe wollen wir hier jetzt nicht weiter ergründen. Für den Einstieg reicht es zu wissen, dass man für maximale Kompatibilität mit der Vielzahl an Android-Geräten so vorgehen sollte.

Ferner müssen wir noch wissen, dass bei mehreren Fingern zwei neue Ereignistypen relevant werden:

- MotionEvent.ACTION_POINTER_DOWN: Berührung durch mehrere Finger
- MotionEvent.ACTION_POINTER_UP: Ende der Berührung durch mehrere Finger

Wenn eines dieser Ereignisse vorliegt, kann man weitere Informationen über die Anzahl der Finger (in Android nur vage *Pointer* genannt) und ihre Position abfragen:

- getPointerCount(): liefert die Anzahl berührender Finger
- getPointerCoords(int num, PointerCoords coords): liefert die Koordinaten von dem Finger mit Index num (ab 0 gezählt). Das Objekt für die Koordinaten vom Typ MotionEvent.PointerCoords muss man vorab selbst erzeugen und wird von dieser Methode dann nur befüllt.

Im nachfolgenden Beispiel sehen Sie, wie in der Methode **onTouch()** darauf gewartet wird, dass zwei Finger den Touchscreen berühren, sodass eine entsprechende Meldung ausgegeben werden kann.

```
import android.support.v4.view.MotionEventCompat;
import android.support.v7.app.AppCompatActivity;
import android.os.Bundle;
import android.view.MotionEvent;
import android.view.View;
import android.widget.Toast;

public class MainActivity extends AppCompatActivity
                    implements View.OnTouchListener{

    @Override
    protected void onCreate(Bundle savedInstanceState) {
        super.onCreate(savedInstanceState);
        setContentView(R.layout.activity_main);

        View view = findViewById(R.id.relativeLayout);
        view.setOnTouchListener(this);
    }

    @Override
    public boolean onTouch(View v, MotionEvent event) {
        int action = MotionEventCompat.getActionMasked(event);

        if(action == MotionEvent.ACTION_POINTER_DOWN &&
                        event.getPointerCount() == 2) {
            String text = " Zwei Finger berühren! ";
            Toast toast = Toast.makeText(v.getContext(), text,
                            Toast.LENGTH_SHORT);
            toast.show();
        }

         return true;
    }
}
```

Multi-Touch konnte zum Zeitpunkt der Drucklegung dieses Buches nicht im Emulator getestet werden, sondern nur auf einem echten Gerät!

Das Erkennen und Verarbeiten von Berührungen durch mehrere Finger gleichzeitig ist im Detail deutlich aufwendiger und schwieriger, als Sie vielleicht vermuten (denken Sie z. B. daran, dass man eher selten wirklich gleichzeitig zwei Finger auflegen kann). Insbesondere das Erkennen von komplexen Bewegungen (Gesten) kann eine echte programmatische Herausforderung sein. Aus diesem Grund gibt es in Android eine Gestenunterstützung, die wir uns auch noch kurz anschauen sollten.

7.5.2 Gestenerkennung

Bekannte Gesten sind beispielsweise das Wischen von links nach rechts und umgekehrt, um zwischen verschiedenen Bildschirmseiten zu wechseln, oder die schon als legendär zu bezeichnende Zoom-Geste (auch Zwei-Finger-Pinch genannt), um etwas zu vergrößern (Finger bewegen sich auseinander) oder zu verkleinern (Finger bewegen sich aufeinander zu).

Anstatt solche Gesten selbst via Multi-Touch mühsam selbst zu realisieren, sollte man besser auf die Gestenunterstützung von Android zurückgreifen. Wir brauchen dazu im Wesentlichen drei Zutaten:

- Man muss eine Instanz der Klasse android.view.GestureDetector (für Wischen, Scrollen, langes Tippen) anlegen. Speziell für den Zwei-Finger-Pinch zum Zoomen braucht man stattdessen die Klasse android.view.ScaleGestureDetector.
- Die Activity-Methode onTouchEvent() bzw. onTouch() der Schnittstelle OnTouchListener muss überschrieben werden, damit die Instanz von GestureDetector bzw. ScaleGestureDetector zum Zuge kommt.
- Die Activity muss die Schnittstelle GestureDetector.OnGestureListener bzw. (für die Zoom-Geste) ScaleGestureDetector.OnScaleGestureListener implementieren.

Schauen wir uns das Vorgehen gleich in einem Beispiel an, um die Zoom-Bewegung (Zwei-Finger-Pinch) zu erkennen.

Listing 7.4 Zoom-Geste für eine ImageView

```
import android.os.Bundle;
import android.support.v7.app.AppCompatActivity;
import android.view.MotionEvent;
import android.view.ScaleGestureDetector;
import android.view.View;
import android.widget.ImageView;

public class MainActivity extends AppCompatActivity
        implements ScaleGestureDetector.OnScaleGestureListener {

    private ScaleGestureDetector scaleGestureDetector;
    private ImageView imageView;
    private float scaleFactor;

    @Override
    protected void onCreate(Bundle savedInstanceState) {
        super.onCreate(savedInstanceState);
        setContentView(R.layout.activity_main);
        scaleGestureDetector = new ScaleGestureDetector(this, this);

        imageView = (ImageView) findViewById(R.id.imageView);
        imageView.setOnTouchListener(new View.OnTouchListener() {

            @Override
            public boolean onTouch(View v, MotionEvent event) {
                return scaleGestureDetector.onTouchEvent(event);
            }
        });

        scaleFactor = 1.0f; // Startwert: Originalgröße
```

```
    }

    @Override
    public boolean onScale(ScaleGestureDetector detector) {
        float factor = detector.getScaleFactor();

        // nur die beiden ersten Nachkommastellen berücksichtigen
        factor = ((int)(factor * 100) / 100.0f);
        scaleFactor *= factor;

        if(scaleFactor < 0.1f) {
            scaleFactor = 0.1f;
        }
        if(scaleFactor > 3) {
            scaleFactor = 3.0f;
        }

        imageView.setScaleX(scaleFactor);
        imageView.setScaleY(scaleFactor);

        return true;
    }

    @Override
    public boolean onScaleBegin(ScaleGestureDetector detector) {
        // damit nachfolgende Ereignisse gesendet werden
        return true;
    }

    @Override
    public void onScaleEnd(ScaleGestureDetector detector) {
    }
}
```

In der `onCreate()`-Methode erfolgen die Vorbereitungen: Anlegen einer Instanz von `Scale GestureDetector` sowie Registrierung eines `OnTouchListener` bei der `ImageView`-Instanz, die für die Anzeige eines Fotos dient. Die Implementierung von `onTouch()` ist dabei denkbar einfach: Wir übergeben die Low-Level-Ereignisse vom Typ `MotionEvent` einfach an die Instanz von `ScaleGestureDetector`, welche die Weiterverarbeitung übernimmt. Wenn sie eine Zoom-Geste erkennt, ruft sie automatisch die `onScale()`-Methode aus der Schnittstelle `OnScaleGestureListener` auf, die wir in der `MainActivity`-Klasse selbst implementiert haben. Dort ermitteln wir den durch die aktuelle Geste des Benutzers angezeigten Skalierungsfaktor (Methode `getScaleFactor()`) und multiplizieren damit den Gesamtskalierungsfaktor und wenden ihn auf das Bild an. Fertig!

Bild 7.4
Fotoanzeige mit Zoom-Unterstützung

 Mehr zu Gesten finden Sie in der Android-Dokumentation unter:
https://www.google.com/design/spec/patterns/gestures.html

■ 7.6 Frage und Antworten

Beim Herumstöbern in der Android-Dokumentation habe ich gesehen, dass die Basisklasse Activity *auch eine Methode* onTouchEvent() *besitzt. Wozu dient die denn?*

Sehr gut, dass Sie in der Android-Dokumentation herumstöbern, mit den Klassen spielen und herumprobieren. Weiter so! Zurück zur Frage: Die Methode onTouchEvent() dient in der Tat zur Verarbeitung von Touch-Ereignissen, ganz so wie in diesem Kapitel mit der Klasse OnTouchListener gezeigt. Wenn ein Touch-Ereignis ausgelöst worden ist und sich kein einziger OnTouchListener findet und sich diesem Ereignis annimmt (also true zurückliefert), dann landet das Ereignis in der Methode onTouchEvent() der Activity-Klasse. Wenn man keine genaue Unterscheidung bzw. fein abgestufte Behandlung braucht, welches UI-Element sich um ein Ereignis kümmern soll, kann man somit seinen Code einfach in diese Methode packen.

■ 7.7 Übung

Überlegen Sie sich, wie man die Zwei-Finger-Pinch Zoom-Geste selbst mittels Multi-Touch-Ereignis implementieren könnte (also ohne Einsatz von ScaleGestureDetector)!

8 App-Grundlagen und Lebenszyklus

Nachdem wir in den vorangegangenen Kapiteln schon recht tief eingetaucht sind und erste Schritte in der App-Programmierung gemacht haben, wird es nun Zeit, einige wichtige Grundlagen von Android-Apps genauer zu betrachten.

■ 8.1 Die Android-Architektur

Wie Sie sicherlich schon gehört haben, basiert Android auf einer besonderen Variante des Betriebssystems Linux, das selbst wiederum zur Gruppe der UNIX-Betriebssysteme gehört. Linux ist in der Programmiersprache C geschrieben, aber glücklicherweise bleibt uns das als Android-Programmierer erspart, denn wie Sie ja schon gesehen haben, können wir unsere Applikationen in der recht komfortablen und modernen Programmiersprache Java schreiben. Wieso eigentlich? Werfen wir zunächst einen Blick auf die grundlegende Architektur eines Android-Systems:

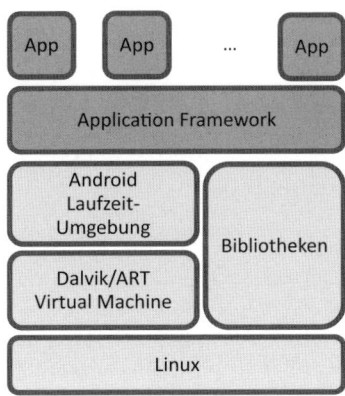

Bild 8.1
Die Android-Architektur

Auf der untersten Ebene befindet sich das Betriebssystem Linux, das die Schnittstelle zur eigentlichen Hardware bildet, also dem Smartphone oder Tablet-PC (mittlerweile auch vermehrt Notebooks, Fernseher etc.). Darauf setzen zum einen verschiedene Bibliotheken auf,

d. h. Programme, die man nicht als Anwender direkt aufrufen kann, sondern die nur von anderen Programmen angesprochen werden können und bestimmte, grundlegende Funktionalitäten zur Verfügung stellen. Ein wichtiges Beispiel für eine solche Bibliothek ist SQLite, ein Datenbanksystem, mit dem Sie in Ihren Programmen Daten speichern und natürlich wieder abrufen können.

Der andere wichtige Block, der auf Linux aufsetzt, ist die (je nach Android-Version) *Dalvik* oder *ART Virtual Machine* (meistens einfach Dalvik VM bzw. ART VM genannt). Es handelt sich dabei um eine besondere Variante einer Java Virtual Machine. Sie dient zur Ausführung von Java-Programmen und bildet die Brücke zwischen der Java-basierten Android-Welt und dem systemnahen Teil.

Die Android-Applikationen – die *Apps* – werden von Anwendungsprogrammierern wie Ihnen erstellt. Apps bestehen aus selbst definierten Java-Klassen, die mal mehr, mal weniger umfangreich auf die vorhandenen Klassen aus dem Android Application Framework zurückgreifen, beispielsweise solche Klassen wie `Activity`, `AppCompatActivity` und `TextView`, die Sie ja schon kennengelernt haben. Beim automatischen Erstellen eines Java-Projekts werden in Android Studio hinter den Kulissen eine Reihe von Artefakten erzeugt und wir müssen uns glücklicherweise nicht im Detail darum kümmern, aber es ist dennoch empfehlenswert zu wissen, was ungefähr passiert.

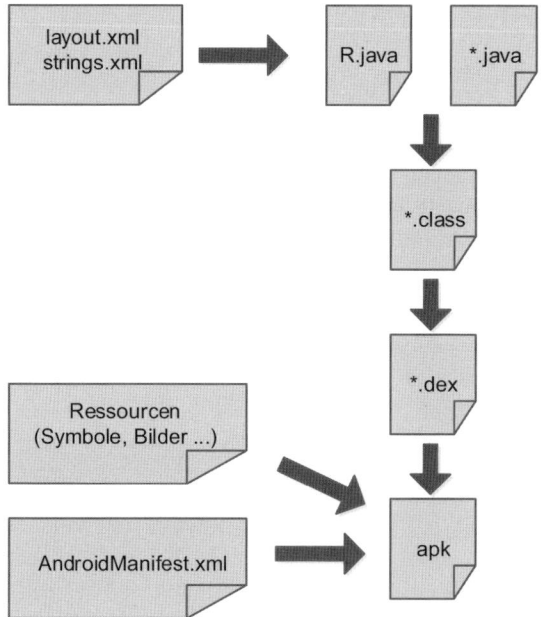

Bild 8.2
Vom Quellcode zur APK-Datei

Die Zutaten einer App, also die verschiedenen von Ihnen erzeugten Java-Dateien sowie die aus den Ressourcen automatisch erzeugte Datei *R.java*, werden in ein Zwischenformat namens Java-Bytecode (Dateiendung *.class*) übersetzt und dann in das sogenannte *DEX-Format* für die Dalvik/ART-VM umgewandelt. Sowohl die CLASS- als auch die DEX-Dateien sind im Binärformat gespeichert, d. h., sie sind für den Menschen nicht wirklich lesbar.

Der letzte Schritt auf dem Weg zur App besteht in der Bündelung der DEX-Dateien und einer besonderen Hilfsdatei namens *AndroidManifest.xml* (allerdings ebenfalls in einer binären, nicht mehr lesbaren Form) zu einem Archiv mit der Endung *APK*. Das Android-Manifest dient zur Festlegung wichtiger Eigenschaften der App, z. B. welche Zugriffsrechte und Gerätefähigkeiten benötigt werden.

Die APK-Datei enthält alles, was die Dalvik/ART-VM zur Ausführung der App auf einem Android-System benötigt, vorausgesetzt, die bei der Erstellung definierten Bedingungen sind erfüllt (z. B. die richtige Android-API-Version).

Man kann die APK-Datei nun auf das gewünschte Smartphone oder den Emulator transferieren und dort installieren und ausführen; Android arbeitet übrigens aus Sicherheitsgründen nur mit digital signierten APK-Dateien. Solange Sie nur debuggen und testen, wird dies automatisch mit einem besonderen Debug-Zertifikat schon von Android Studio für Sie erledigt. Nur beim finalen Export muss man noch ein bisschen Zusatzarbeit investieren und mit einem eigenen Zertifikat die APK-Datei signieren (mehr dazu in Anhang A).

■ 8.2 Der App-Lebenszyklus

Eine Android-App besteht aus einer oder mehreren Komponenten, die den folgenden möglichen Typ haben können:

- `Activity` dient zur Interaktion mit dem Anwender und zeigt in der Regel genau einen definierten Bildschirm (View) an. In der Regel verwendet man mittlerweile aus Kompatibilitätsgründen mit der Vielzahl von Android-Versionen am besten die von `Activity` abgeleitete Klasse `AppCompatActivity`.
- `Service` stellt Funktionalität für (andere) Apps zur Verfügung und/oder dient zur Ausführung von lang laufenden Hintergrundaktivitäten.
- `ContentProvider` ermöglicht anderen Apps das Speichern und Laden von Daten.
- `BroadcastReceiver` verarbeitet Broadcast-Nachrichten (Nachrichten, die im Hintergrund an alle Prozesse gesendet werden).

Im Rahmen dieses Einsteigerbuchs konzentrieren wir uns zwar auf die Activities, aber wir werden bei einigen Beispielen auch Vertretern der übrigen Komponentenarten über den Weg laufen und diese nutzen.

Eine typische App besteht in der Regel aus mindestens einer Activity, bei komplexeren Funktionalitäten natürlich entsprechend aus mehreren Activities. In der Regel definiert eine Activity genau eine Bildschirmanzeige (eine `View`), sodass wir also von einer 1:1-Beziehung ausgehen können.

Wenn der Anwender eine App starten will und dies durch einen „Klick" (also beim typischen Touchscreen ein einfaches Antippen) des entsprechenden App-Symbols dem Android-Betriebssystem kundtut, dann passiert leicht vereinfacht Folgendes:

- Ein neuer Linux-Prozess wird gestartet und eine darin laufende Instanz der Dalvik/ART-VM wird erzeugt.

- Ein Intent-Objekt wird angelegt sowie eine Instanz von Activity (bzw. AppCompat Activity), die in der Manifestdatei der gewünschten App als „main"-Activity definiert worden ist.
- Die Activity wird durch Aufruf ihrer Methode startActivity() gestartet.

Die Activities einer gestarteten App werden von Android als eine logische Einheit namens *Task* zusammengefasst. Hierbei kommt eine besondere Datenstruktur zum Einsatz, der *Back-Stack* (wörtlich übersetzt der „Zurück-Stapel", daher bleiben wir mal lieber beim englischen Begriff). Jede gestartete App hat ihren eigenen Back-Stack, in dem alle Activities eingetragen werden, die der Anwender beim Hin- und Hernavigieren zu sehen bekommt.

Wichtig hierbei und vermutlich etwas ungewohnt, falls Sie schon weitergehende Programmiererfahrung auf einem konventionellen Betriebssystem wie Windows haben, ist der Umstand, dass eine Android-App während ihrer Laufzeit durchaus auch Activities umfassen kann, die eigentlich zu anderen Apps gehören! Ein klassisches Beispiel ist das Versenden von E-Mails. Anstatt diese Funktionalität selbst neu zu implementieren, lassen Sie einfach Ihre Activity eine geeignete Botschaft (also einen Intent) an das Android-System senden, das daraufhin eine Activity sucht, die zu diesem Intent passt, d. h., von ihm aktiviert werden kann[1]. Auch diese „fremde" Activity würde dann im Back-Stack Ihrer App auftauchen.

Schauen wir uns den Back-Stack nun genauer an. Ein Stack funktioniert wie ein Tellerstapel nach dem LIFO (Last-in First-out)-Prinzip. Es werden immer nur oben Teller bzw. Activity-Instanzen draufgelegt und wieder weggenommen. Die oberste Activity ist diejenige, die gerade sichtbar ist und den Fokus hat, d. h., der Anwender kann mit ihr interagieren, Daten eingeben etc.

Wenn der Anwender im Application Launcher das Symbol einer App antippt, wird eine neue Task mit einem frischen Back-Stack gestartet; falls die App vor Kurzem bereits einmal gestartet worden war und ihre Task noch existiert, dann wird diese mit ihrem alten Back-Stack reaktiviert und zur aktiven Task.

Jede Activity, die nun aufgrund von Benutzereingaben erzeugt und angezeigt wird, kommt auf den Back-Stack.

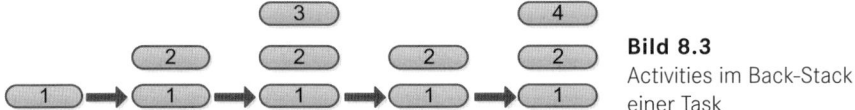

Bild 8.3
Activities im Back-Stack einer Task

Im obigen Beispiel sehen wir, dass die Task mit der Activity 1 begonnen hat. Eine solche Start-Activity, die in einem Stack ganz unten liegt, wird übrigens als *Root-Activity* bezeichnet. Danach wurden Activity 2 und dann 3 angezeigt. Jedes Mal, wenn der Anwender die **ZURÜCK**-Taste seines Smartphones verwendet, wird die oberste Activity zerstört und die darunter liegende wird wieder sichtbar und erhält den Fokus (im obigen Beispiel ging der Anwender von 3 zu 2 zurück). Wenn der Anwender nun aufgrund seiner weiteren Eingaben zu einer anderen Activity 4 gelangt, kommt diese auf den Stack. Vielleicht entscheidet sich der Anwender dann, eine ganz andere App zu starten, und er drückt den **HOME**-Button. Dies

---

[1] Wenn keine passende Activity gefunden wird, dann wird die Applikation mit einer Fehlermeldung beendet.

bewirkt, dass der aktuelle Stack gesichert und ein anderer Stack aktiv wird. Falls der Anwender sich wieder entscheidet, die zuerst gestartete App zu starten, wird der dazugehörige Stack, sofern er noch existiert, wieder aktiviert und startet mit dem Inhalt 1 – 2 – 4.

Android bietet also dem Anwender ein nahtloses Hin- und Herwechseln zwischen verschiedenen Apps. Dabei erwartet dieser in der Regel, dass Apps, die er via **HOME**-Button verlassen hat und dann später wieder startet, genauso aussehen und genau die gleichen Daten anzeigen wie beim Verlassen der App.

Damit dies problemlos klappt, müssen sowohl die Android-Laufzeitumgebung als auch Sie als App-Entwickler einige Dinge beachten. Zentrales Element hierbei ist der Activity-Lebenszyklus.

Wie Sie bereits wissen, muss jede selbst erstellte Activity von der Basisklasse `Activity` abgeleitet werden. Dadurch erbt sie eine Reihe von Methoden, die von Android zu genau definierten Zeitpunkten aufgerufen werden, nämlich immer dann, wenn die Activity in einen neuen Zustand übergeht. Durch Überschreiben dieser Methoden können Sie als App-Entwickler in den Lebenszyklus eines `Activity`-Objekts eingreifen.

■ 8.3 Der Activity-Lebenszyklus

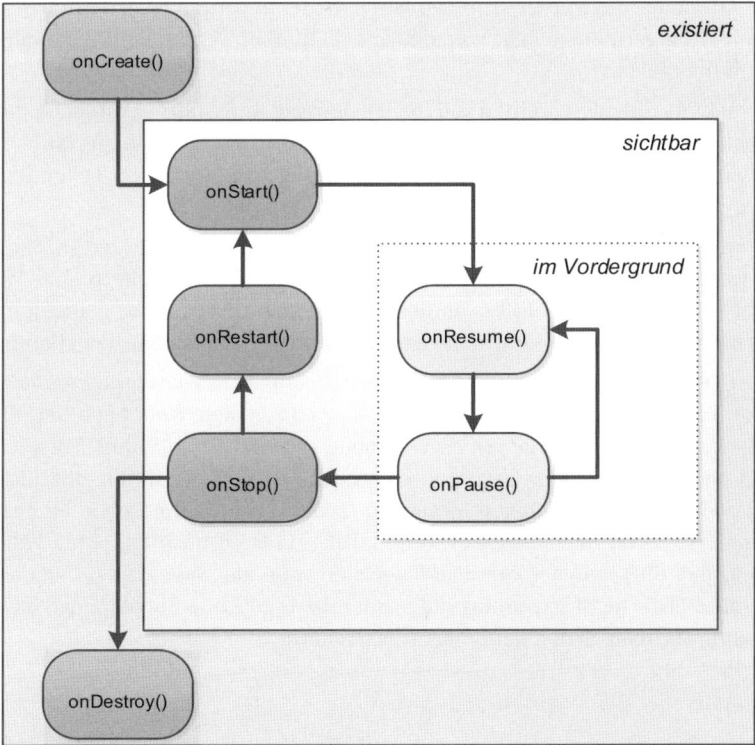

Bild 8.4 Lebenszyklus einer Activity

Bild 8.4 zeigt eine etwas vereinfachte Übersicht und greift aus einer Fülle von Lebenszyklusmethoden diejenigen heraus, die man in der Regel braucht.

- Wenn eine Activity initialisiert wird, dann ruft Android zunächst die Methode `onCreate()` auf und übergibt dabei als Parameter auch gleich Informationen über einen vorangegangenen Zustand (falls vorhanden, siehe `onRestart()`). In dieser Methode sollten alle statischen, sich nicht mehr ändernden Vorbereitungen durchgeführt werden, z. B. das Erzeugen von Views.
- Wenn Android bereit zur Anzeige der Activity ist, wird `onStart()` aufgerufen. Nach Verlassen dieser Methode wird die View der Activity auf dem Touchscreen zu sehen sein.
- Wenn die Activity den Eingabefokus zugeteilt bekommt, d. h., im Vordergrund ist, wird `onResume()` durchlaufen. Ab jetzt kann der Anwender mit der Activity interagieren. Im Back-Stack ist die Activity nun ganz oben.
- Wenn zu einer anderen Activity gewechselt wird, dann wird für die noch im Vordergrund befindliche Activity ihre `onPause()`-Methode aufgerufen. Diese Methode wird typischerweise dazu verwendet, um Daten persistent zu machen, d. h. dauerhaft zu speichern, sowie Ressourcen verbrauchende Aktivitäten zu stoppen (z. B. eine automatisch ablaufende Animation). Die Activity bleibt aber eventuell noch sichtbar und kann auch wieder in den Vordergrund kommen (z. B. durch erneuten Aufruf von `onResume()`).
- Der Aufruf von `onStop()` signalisiert, dass die Activity nicht mehr sichtbar ist.
- Wenn Android die noch vorhandene, aber gestoppte Activity wieder starten möchte (z. B. weil der Anwender die App im App Launcher wieder angetippt hat), dann wird zunächst `onRestart()` aufgerufen, gefolgt von `onStart()`. Hierbei werden dann Zustandsinformationen mit übergeben.
- Falls die Activity aufgelöst werden soll (beispielsweise weil Android versucht, mehr freien Hauptspeicher zu haben, oder die Activity durch Aufruf der Methode `finish()` selbst signalisiert, dass sie beendet werden will), wird als letzte Methode im Leben der Activity `onDestroy()` aufgerufen.

Vielleicht ist Ihnen beim Lesen der obigen Zustandswechsel die Frage in den Sinn gekommen, warum man gerade in `onPause()` Daten dauerhaft speichern soll. Wäre nicht `onDestroy()` der logische Ort? Kurz vor dem Lebensende wird das Erbe geregelt und für die Nachwelt (meistens für eine später neu gestartete Activity vom selben Typ) bereitgestellt.

Die Antwort gibt ein bisher noch nicht erwähntes Detail, das sogenannte *KillableAfter*-Flag, das für jede Lebenszyklusmethode definiert ist. Wenn es den Wert `true` hat, dann kann Android die Activity nach Verlassen der Methode schlagartig und ohne Vorwarnung zerstören und ohne den Lebenszyklus, wie eigentlich vorgesehen, weiter durchlaufen. Das *KillableAfter*-Flag ist bei den obigen Methoden (zeitlich geordnet gesehen ab `onCreate()`) zum ersten Mal gesetzt bei `onPause()`, d. h. `onPause()` wird noch auf jeden Fall komplett durchlaufen, aber die restlichen Methoden wie `onStop()` oder `onDestroy()` werden zwar in der Regel, aber eben nicht garantiert aufgerufen bzw. zu Ende abgearbeitet. Daher bietet sich `onPause()` dazu an, Daten dauerhaft zu speichern.

8.4 Lebenszyklusdemo

Nach so viel Theorie wird es höchste Zeit, mithilfe einer kleinen App den oben beschriebenen Lebenszyklus zu verdeutlichen.

1. Legen Sie ein neues Android-Projekt *LebenszyklusDemo* mit den Parametern aus Tabelle 8.1 an (Befehl **File/New/New Project** bzw. auf der Startseite mit **Start a new project**).

Tabelle 8.1 Parameter für das Projekt LebenszyklusDemo

Dialogfeld	Eingabe/Einstellung
Application name	LebenszyklusDemo
Company Domain	standard.example.com
Target Android DEVICE	Phone and Tablet, API 15
Add an activity	Empty Activity

2. Öffnen Sie via Projektansicht die Datei *app/res/layout/activity_main.xml* für das Layout unserer neuen Activity.

   Löschen Sie das vorgenerierte `TextView`-Element und tauschen Sie das Layout in ein vertikales `LinearLayout`.

   Legen Sie dann einen Button mit dem Titel *Beenden* an. Damit er zentriert angezeigt wird, fügen Sie im übergeordneten `LinearLayout` das Attribut `gravity` mit dem Wert `center_horizontal` hinzu.

Listing 8.1 Layoutdatei für LebenszyklusActivity

```
<LinearLayout xmlns:android="http://schemas.android.com/apk/res/android"
    xmlns:tools="http://schemas.android.com/tools"
    android:layout_width="match_parent"
    android:layout_height="match_parent"
    android:paddingBottom="@dimen/activity_vertical_margin"
    android:paddingLeft="@dimen/activity_horizontal_margin"
    android:paddingRight="@dimen/activity_horizontal_margin"
    android:paddingTop="@dimen/activity_vertical_margin"
    android:gravity="center_horizontal"
    tools:context="com.example.standard.lebenszyklusdemo.MainActivity">


    <Button
        android:layout_width="wrap_content"
        android:layout_height="wrap_content"
        android:text="Beenden"
        android:id="@+id/button"  />
</LinearLayout>
```

Widmen wir uns nun der Activity selbst.

3. Implementieren Sie eine Ereignisbehandlung für den Button, sodass bei einem Klick auf den Button die `finish()`-Methode der Activity aufgerufen wird.

Listing 8.2 Ereignisbehandlung für den Button

```java
import android.support.v7.app.AppCompatActivity;
import android.os.Bundle;
import android.view.View;
import android.widget.Button;

public class MainActivity extends AppCompatActivity
                          implements View.OnClickListener{

    @Override
    protected void onCreate(Bundle savedInstanceState) {
        super.onCreate(savedInstanceState);
        setContentView(R.layout.activity_main);

        Button button = (Button) findViewById(R.id.button);
        button.setOnClickListener(this);
    }

    @Override
    public void onClick(View v) {
        // Activity beenden
        finish();
    }
}
```

Die Methode finish() ist keine Lebenszyklusmethode an sich, führt aber dazu, dass die Activity zunächst unsichtbar gemacht und dann beendet wird, sodass dadurch entsprechende Methoden aus dem Lebenszyklus aufgerufen werden.

4. Benutzen Sie die Klasse Log und ihre Methode d() zur Ausgabe von Textmeldungen in die Android-Logdatei.

Listing 8.3 Logausgaben

```java
import android.util.Log;

public class MainActivity extends AppCompatActivity
                          implements View.OnClickListener{

private final String DEBUG_TAG = "MeineApp";

@Override
protected void onCreate(Bundle savedInstanceState) {
   Log.d(DEBUG_TAG, getLocalClassName() + ".onCreate() aufgerufen");
   super.onCreate(savedInstanceState);
   setContentView(R.layout.activity_main);
   Button button = (Button) findViewById(R.id.button);
   button.setOnClickListener(this);
}

@Override
public void onClick(View v) {
   // Activity beenden
   Log.d(DEBUG_TAG, getLocalClassName() + ": Ich beende mich jetzt");
   finish();
  }
 }
}
```

Die Log-Methode d() erwartet zwei String-Parameter:

- ein beliebig definierbares Tag zur besseren Gruppierung der Log-Einträge, das wir als String-Konstante mit dem Wert _MeineApp_ anlegen, und
- die eigentliche Nachricht. Hierfür nehmen wir den Klassennamen der Activity (via getLocalClassName() zugänglich), an den wir noch den Namen der aktuellen Methode anhängen.

5. Überschreiben Sie die übrigen Lebenszyklusmethoden wie onStart(), onResume() nach dem gleichen Muster.

   Es wird lediglich die Logausgabe eingefügt und dann erst wird via super die entsprechende Methode aus der Basisklasse aufgerufen.

Listing 8.4 Lebenszyklus-Methoden mit Logausgaben

```
public class MainActivity extends AppCompatActivity
                    implements View.OnClickListener{

  // wie gehabt

@Override
protected void onStart() {
   Log.d(DEBUG_TAG, getLocalClassName() + ".onStart() aufgerufen");
   super.onStart();
}

@Override
protected void onRestart() {
  Log.d(DEBUG_TAG, getLocalClassName() + ".onRestart() aufgerufen");
  super.onRestart();
}

@Override
protected void onResume() {
    Log.d(DEBUG_TAG, getLocalClassName() + ".onResume() aufgerufen");
    super.onResume();
}

@Override
protected void onPause() {
    Log.d(DEBUG_TAG,  getLocalClassName() + ".onPause() aufgerufen");
    super.onPause();
}

@Override
protected void onStop() {
    Log.d(DEBUG_TAG, getLocalClassName() + ".onStop() aufgerufen");
    super.onStop();
}

@Override
protected void onDestroy() {
    Log.d(DEBUG_TAG,getLocalClassName() + ".onDestroy() aufgerufen");
    super.onDestroy();
}
```

TIPP

Zur Erinnerung: Das mühselige Anlegen von Methodenrümpfen beim Überladen kann Ihnen Android Studio abnehmen: Wenn Sie im Editorfenster die Tastenkombination **Alt+Einf** drücken oder im Kontextmenü den Eintrag **Generate…** und dann den Menübefehl **Override Methods** wählen, können Sie durch bequemes Selektieren der gewünschten Methoden die Methodenrümpfe anlegen lassen und müssen nur noch die entsprechende Zeile für die Log-Ausgabe hinzufügen.

Starten Sie nun die App mit dem Menübefehl **Run** oder der Tastenkombination **Umschalt+F10**. Im unteren Bereich von Android Studio wird automatisch eine Ansicht aus dem Android Device Monitor *ADM* eingeblendet, der Detailinformationen während einer App-Ausführung anzeigt, u. a. die Logausgaben. In der Regel erscheint ein ganzer Wust von Meldungen, sodass man leicht den Überblick verliert. Daher haben wir die Logausgaben, die uns interessieren, mit dem Tag *MeineApp* versehen und können daher danach filtern: Geben Sie einfach im Suchfeld *MeineApp* ein und es werden nur noch die Zeilen angezeigt, in denen diese Zeichenkette vorkommt.

Sie können nun prima mitverfolgen, in welcher Reihenfolge die einzelnen Methoden aufgerufen werden. Experimentieren Sie nun ruhig ein wenig: Wechseln Sie im Emulator mit der **HOME**-Taste und der **ZURÜCK**-Taste zu anderen Apps oder starten Sie die Lebenszyklus-App erneut und beobachten Sie die Ausgabe im LogCat-Fenster.

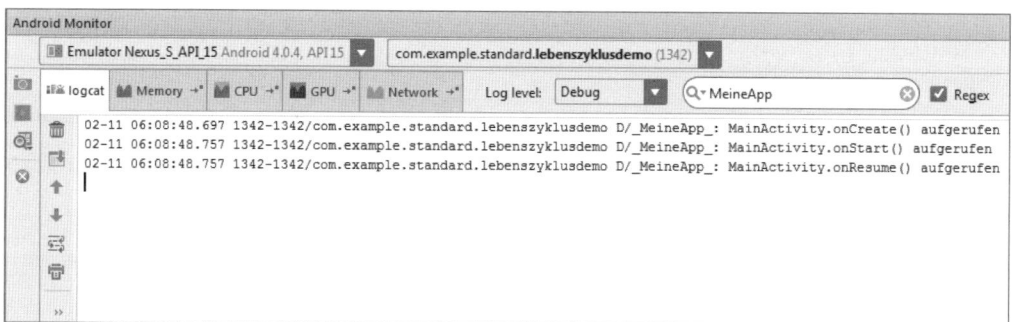

Bild 8.5 Log-Ausgabe im LogCat-Fenster

 Ausführlichere Informationen zum Android Device Monitor finden Sie im Anhang C.

8.5 Fragen und Antworten

1. *Warum wird eigentlich bei Android die Dalvik/ART-VM verwendet und nicht einfach eine normale Java Virtual Machine?*

   Neben lizenzrechtlichen Problemen ist es vor allem eine Performance-Frage. Die Dalvik bzw. ART-VM ist so implementiert, dass sie besonders wenig CPU-Zeit und Speicher verbraucht, was auf einem portablen Computer extrem wichtig ist. Eine normale Java-VM wäre viel zu „fett".

2. *Kann man in eine APK-Datei hineinschauen, um zu sehen, was da so drinsteht?*

   Ja! Es handelt sich um ein ZIP-Kompressionsformat. Nehmen Sie einfach 7-Zip oder Win-Zip und öffnen Sie damit die Datei.

3. *Gibt es eine Größenbeschränkung für Apps bzw. die APK-Datei?*

   Ja, bei 50 Mbyte ist Schluss. Für sehr aufwendige Spiele oder sehr datenintensive Apps gibt es noch einen besonderen Mechanismus namens Expansion-Files, mit dem man die Datenmenge bis zu 4 Gbyte vergrößern kann.

4. *Wie entscheidet Android eigentlich, welche App bei Ressourcenknappheit beendet und aus dem Hauptspeicher entfernt werden soll?*

   Die exakten Regeln sind recht zahlreich, aber als Grundregel können Sie sich Folgendes merken: Zuerst wird versucht, unsichtbare Apps und Hintergrundprozesse zu beenden. Wenn dies nicht reicht, kommen sichtbare, aber nicht im Vordergrund befindliche Apps dran und erst im Extremfall die gerade aktive, vom Benutzer verwendete App.

8.6 Übung

Der Lebenszyklus einer Activity umfasst noch weitere Methoden, die man mit einer eigenen Version überladen kann: `onRestoreInstanceState(Bundle b)` sowie `onSaveInstanceState(Bundle b)`. Finden Sie heraus, wann genau diese Methoden im Lebenszyklus durchlaufen werden.

Teil III:
Weiterführende Themen

Gratulation, den Einstieg in die Android-Programmierung haben Sie geschafft, die Pflichtübungen liegen hinter Ihnen, jetzt kommt die Kür.

Ihrem neuen Status als fortgeschrittener Android-Programmierer gemäß werden wir uns in den folgenden Kapiteln ganz auf die jeweiligen angesprochenen Themen konzentrieren. Das heißt, wir setzen fortan voraus, dass Sie die Arbeit mit Android Studio bereits so weit verinnerlicht haben, dass Sie Projekte selbstständig anlegen, Codefragmente einfügen und Ihre Apps erstellen und testen können. Weiterhin vertrauen wir darauf, dass Ihnen die Arbeit mit Activities, Layouts, Views und Ressourcen schon ein wenig ins Blut übergegangen ist, sodass wir auf langatmige Wiederholungen verzichten können.

Und falls Sie sich doch noch etwas wacklig auf den Beinen fühlen: Die ersten Kapitel stehen Ihnen ja jederzeit zum Nachschlagen zur Verfügung. Und hier und da haben wir in die Fortgeschrittenenkapitel auch Erinnerungsstützen eingebaut.

9 In Views zeichnen

Der Einsatz von UI-Elementen ist eine Möglichkeit, eine App-Oberfläche zu gestalten. Die andere Möglichkeit ist das direkte Zeichnen in die App-Oberfläche oder gezeichnete Figuren (Sprites) vor einem Hintergrund zu bewegen.

9.1 Das Grundprinzip

Um in eine App zeichnen zu können, brauchen wir
- eine *Leinwand* – sprich ein Objekt, in das wir zeichnen können,
- ein *Atelier* – sprich einen Ort, wo wir zeichnen können,
- *Zeichenwerkzeuge* – also Pinsel und Farben.

9.1.1 Die Leinwand

Leinwände sind in der Android-Programmierung Instanzen der Klasse `Canvas`. Jede View verfügt über eine solche `Canvas`-Leinwand, weswegen wir grundsätzlich auch jede View zum Zeichnen verwenden können. Ideal aber sind natürlich Views, die uns eine unverbrauchte, freie Zeichenfläche bieten, wie z. B. die Basisklasse `View` selbst, `ImageView` oder `SurfaceView`.

9.1.2 Das Atelier

Jede View verfügt über eine Methode `onDraw()`, die automatisch vom Android-System aufgerufen wird, wenn die View sichtbar wird und sich selbst zeichnen soll.

Grundsätzlich sollten Sie Ihren Zeichencode immer in diese Methode packen. Erstens müssen Sie sich dann nicht selbst darum kümmern, dass Sie Zugriff auf das `Canvas`-Objekt der View bekommen (dieses wird Ihnen über den Parameter der `onDraw()`-Methode zur Verfügung gestellt). Zweitens ist auf diese Weise sichergestellt, dass Ihr Zeichencode wenn nötig automatisch ausgeführt wird.

Um Zeichencode in die `onDraw()`-Methode einfügen zu können, müssen Sie die Methode allerdings überschreiben – was wiederum bedeutet, dass Sie eine eigene View-Klasse ableiten müssen (vorzugsweise von `View`, `ImageView` oder `SurfaceView`).

 Mögliche Alternativen sind das Zeichnen mit Drawable-Objekten (für einfache Zeichenoperationen) oder das Zeichnen in eine `SurfaceView` bei gleichzeitiger Implementierung des Interface `SurfaceHolder.Callback`. Auf diese beiden Alternativen werden wir hier allerdings nicht weiter eingehen.

9.1.3 Die Zeichenmethoden und -werkzeuge

Das `Canvas`-Objekt repräsentiert für uns nicht nur die Leinwand, in die wir zeichnen, es stellt uns auch gleich die Methoden zur Verfügung, die wir zum Zeichnen von Linien, Rechtecken, Ovalen, Strings, Bildern und anderen Grafikprimitiven benötigen.

Unterstützt wird die Klasse `android.graphics.Canvas` dabei von der Klasse `android.graphics.Paint`, deren Objekte unsere Zeichenwerkzeuge repräsentieren und über die wir Farbe, Linienbreite und andere Parameter einstellen können.

9.1.4 Wie alles zusammenwirkt

Um einer Bildschirmseite eine View hinzuzufügen, in die Sie zeichnen können, müssen Sie zuerst Ihrem App-Projekt eine neue Quelldatei für Ihre abgeleitete View-Klasse hinzufügen. Danach bauen Sie die View in das Layout der Bildschirmseite ein und zum guten Schluss erweitern Sie die Definition der View-Klasse um Ihren Zeichencode.

Wenn Sie alles gleich parallel zum Lesen in Android Studio ausprobieren wollen, dann wäre es ein guter Zeitpunkt, um ein neues Projekt anzulegen. Verwenden Sie folgende Einstellungen:

Tabelle 9.1 Parameter für das Projekt Grafik

Dialogfeld	Eingabe/Einstellung
Application name	Grafik
Domain name	standard.example.com
Target Android Device	Phone and Tablet, API 15
ADD AN ACtivity	Empty Activity

Quelldatei anlegen

Am besten rufen Sie dazu in der Projektansicht unter dem *app/src/java*-Knoten das Kontextmenü im Paketknoten *com.example.standard.grafik* auf und wählen den Befehl **New/Java Class**. Geben Sie dann den Namen für die neu anzulegende Klasse ein, wie z. B. ZeichnenView. Nach dem Erzeugen wird der Code von Android Studio im Editor angezeigt. Wir müssen nun noch von der Basisklasse android.widget.ImageView ableiten, indem eine extends-Anweisung hinzugefügt und ein Default-Konstruktor bereitgestellt wird (Letzteres können Sie bequem mit **(Alt)+(Einf)** generieren lassen:

Listing 9.1 Anlegen einer Quelldatei für eine View, in die man zeichnen kann

```java
package com.example.standard.grafik;

import android.content.Context;
import android.widget.ImageView;

public class ZeichnenView extends ImageView {
    public ZeichnenView(Context context) {
        super(context);
    }
}
```

Grundsätzlich gibt es zwei Techniken, wie Sie Ihre Zeichenflächen-View in eine Bildschirmseite einbauen können:

- Sie bauen die View direkt in den XML-Code der Layoutdatei ein (im Ordner *app/res/layout* zu finden).
- Sie erzeugen die View programmatisch per Java-Code und bauen sie zur Laufzeit in das Layout ein.

Variante 1: Eigene View-Klasse in XML-Layout verwenden

Im ersten Fall müssen Sie in die XML-Layoutdatei ein XML-Element einbauen, das die View repräsentiert. Da die View von einem selbst geschriebenen Typ ist, gibt es kein vordefiniertes XML-Element für diese View (und es taucht daher auch nicht in der **Design**-Ansicht in der Palette auf). Als Name des XML-Elements benutzen Sie daher den vollständigen Namen der View-Klasse (im Beispiel com.example.standard.grafik.ZeichnenView).

Listing 9.2 Layoutdatei activity_main.xml mit eigener View-Klasse

```xml
<?xml version="1.0" encoding="utf-8"?>
<RelativeLayout xmlns:android="http://schemas.android.com/apk/res/android"
    xmlns:tools="http://schemas.android.com/tools"
    android:layout_width="match_parent"
    android:layout_height="match_parent"
    android:paddingBottom="@dimen/activity_vertical_margin"
    android:paddingLeft="@dimen/activity_horizontal_margin"
    android:paddingRight="@dimen/activity_horizontal_margin"
    android:paddingTop="@dimen/activity_vertical_margin"
    tools:context="com.example.standard.grafik.MainActivity">

    <com.example.standard.grafik.ZeichnenView
        android:id="@+id/zeichnen"
```

```
                android:layout_width="match_parent"
                android:layout_height="250dp"
                android:background="#ffff00"
                />

</RelativeLayout>
```

Bei Ausführung der App wird für jedes in der Layoutdatei definierte XML-Element ein Objekt der zugehörigen Klasse erzeugt.

Bisher mussten wir uns um diesen Mechanismus nie weiter kümmern, weil er automatisch ablief und wir nur XML-Elemente zu vordefinierten Android-Klassen benutzten.

Wir können diesen Mechanismus auch für selbst geschriebene View-Klassen verwenden, müssen dann aber in der Klasse einen Konstruktor definieren, der als Parameter sowohl ein Context-Objekt als auch ein AttributeSet-Objekt (zur Übergabe der XML-Attribute) definiert:

```
package com.example.standard.grafik;

import android.content.Context;
import android.util.AttributeSet;
import android.widget.ImageView;

public class ZeichnenView extends ImageView {

    // wenn Klasse programmatisch in der Activity erzeugt wird
    public ZeichnenView(Context context) {
        super(context);
    }

    // wenn Klasse in XML-Layoutdatei verwendet wird
    public ZeichnenView(Context context, AttributeSet attrs) {
        super(context, attrs);
    }
}
```

ACHTUNG

Wenn Sie keine Hintergrund-Bitmap in die View laden, sollten Sie im XML-Code eine definierte Breite und Höhe vorgeben (also nicht `wrap_content` als Wert verwenden).

Das via XML-Layout erzeugte Objekt können wir uns (wie wir es bisher in den vorangegangenen Kapiteln auch immer gemacht haben) in der onCreate()-Methode besorgen und für späteren Gebrauch in einer Variablen merken.

```
public class MainActivity extends AppCompatActivity {
    private ZeichnenView zview;

    @Override
    protected void onCreate(Bundle savedInstanceState) {
        super.onCreate(savedInstanceState);
        setContentView(R.layout.activity_main);
```

```
        zview = (ZeichnenView) findViewById(R.id.zeichnen);
    }
}
```

Variante 2: Eigene View-Klasse programmatisch erzeugen

Wenn man die View-Klasse zur Laufzeit erzeugen will, dann ist die `onCreate()`-Methode der Activity (`MainActivity`) der richtige Platz. Dort erzeugen Sie ein Objekt Ihrer View (in unserem Fall also `ZeichnenView`), beschaffen sich einen Verweis auf die gewünschte Layout-View, wo sie eingebaut werden soll, und benutzen deren `addView()`-Methode, um Ihre View als letztes Element in die Layout-View einzufügen.

```
package com.example.standard.grafik;

import android.graphics.Color;
import android.support.v7.app.AppCompatActivity;
import android.os.Bundle;
import android.widget.RelativeLayout;

public class MainActivity extends AppCompatActivity {
  private ZeichnenView zview;

  @Override
  protected void onCreate(Bundle savedInstanceState) {
    super.onCreate(savedInstanceState);
    setContentView(R.layout.activity_main);

    zview = new ZeichnenView(this);
    RelativeLayout.LayoutParams params = new
                        RelativeLayout.LayoutParams(
                RelativeLayout.LayoutParams.MATCH_PARENT, 250);
    zview.setLayoutParams(params);

    zview.setBackgroundColor(Color.YELLOW);

    RelativeLayout layout = (RelativeLayout)findViewById(R.id.layout1);
    layout.addView(zview);
  }
}
```

Die ID für die Layout-View müssen Sie eigenhändig in der XML-Layoutdatei vergeben, da Android Studio keine automatisch generiert, z. B.
   `<RelativeLayout xmlns:... `**`android:id="@+id/layout1"`**` > ...`
Vergessen Sie übrigens nicht das +-Zeichen, da eine neue ID definiert wird (bei späterem Verweis bzw. Gebrauch der ID im XML-Code muss dann auf das + verzichtet werden).

Zeichencode vorsehen

Um nun in die View zeichnen zu können, überschreiben Sie in Ihrer abgeleiteten View-Klasse die geerbte `onDraw()`-Methode. Sie können das Methodengerüst per Hand anlegen oder einfach in den Code der Klasse klicken, die Tastenkombination **Alt+Einf** drücken (oder mit rechter Maustaste das Kontextmenü aufrufen und **Generate** auswählen) und dann den Eintrag **Override Methods** markieren. Suchen Sie dann die Methode `onDraw()` und klicken Sie auf **OK**.

Listing 9.3 Überschreiben der `onDraw()`-Methode

```
package com.example.standard.grafik;

import android.content.Context;
import android.graphics.Canvas;
import android.util.AttributeSet;
import android.widget.ImageView;

public class ZeichnenView extends ImageView {
    public ZeichnenView(Context context) {
        super(context);
    }

    public ZeichnenView(Context context, AttributeSet attrs) {
        super(context, attrs);
    }

    @Override
    protected void onDraw(Canvas canvas) {
        super.onDraw(canvas);
    }
}
```

■ 9.2 Grafikprimitive zeichnen

Das eigentliche Zeichnen geschieht durch Aufruf der dafür vorgesehenen `Canvas`-Methoden.

Zuerst erzeugen Sie ein `Paint`-Objekt, über das Sie z. B. Farbe und gewünschte Linienbreite (für Linien und Umrisse) festlegen.

Dann wählen Sie abhängig von der Art des Grafikprimitivs (Linie, Rechteck, Kreis etc.), das Sie zeichnen möchten, die passende `Canvas`-Methode und schließlich übergeben Sie der Methode die Koordinaten und das `Paint`-Objekt, das die Methode zum Zeichnen des gewünschten Grafikprimitivs verwenden soll.

Listing 9.4 Überschreiben der `onDraw()`-Methode

```
protected void onDraw(Canvas canvas) {
   super.onDraw(canvas);

   // 1. Paint-Objekt für Blauton und
   // Linienbreite von 5 Pixeln erzeugen
   Paint pinsel = new Paint();
   pinsel.setColor(Color.rgb(64, 64, 255));
   pinsel.setStrokeWidth(5);
```

```
    // Diagonale durch Leinwand zeichnen
    canvas.drawLine(0, 0, getWidth(), getHeight(), pinsel);
}
```

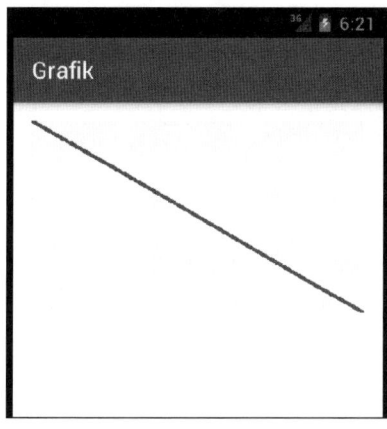

Bild 9.1
Bildschirmseite mit ImageView für eigene Grafikausgaben

Tabelle 9.2 Auswahl einiger Methoden der Klasse `Canvas`

Methode	Beschreibung
`drawColor(int farbe)` `drawRGB(int r,int g,int b)`	Füllt die ganze Leinwand in der angegebenen Farbe (`Color`-Wert oder RGB-Anteile)
`drawArc(RectF r,` `float start,` `float winkel,` `bool keil,` `Paint pinsel)`	Zeichnet einen Bogen in das Rechteck `r` ein. Das Argument `start` gibt den Startwinkel an. Über das boolesche Argument können Sie festlegen, ob Sie nur einen Bogen (`false`) oder einen Keil (`true`) zeichnen möchten.
`drawBitmap(Bitmap b,` `float links,` `float oben,` `Paint pinsel)`	Kopiert ein Bild in das Canvas, sodass die linke obere Ecke des Bilds an der angegebenen Koordinate zu liegen kommt. Für das `Paint`-Objekt können Sie `null` übergeben oder ein Objekt, das eine Maske für die Verblendung mit dem Hintergrund definiert.
`drawBitmap(Bitmap b,` `RectF quelle,` `RectF ziel,` `Paint pinsel)`	Kopiert ein Bild oder einen Bildausschnitt (Argument `quelle` ungleich `null`) in den angegebenen Zielbereich des Canvas. Das Bild wird notfalls skaliert, damit es in den Zielbereich passt. Für das `Paint`-Objekt können Sie `null` übergeben oder ein Objekt, das eine Maske für die Verblendung mit dem Hintergrund definiert.
`drawBitmap(Bitmap b, Matrix matrix,` `Paint pinsel)`	Kopiert das Bild an die durch eine Transformationsmatrix angegebene Stelle. `matrix` kann eine beliebige Kombination von Verschiebung/Rotation/Skalierung beinhalten.

(Fortsetzung nächste Seite)

Tabelle 9.2 Auswahl einiger Methoden der Klasse `Canvas` *(Fortsetzung)*

Methode	Beschreibung

`drawCircle(float x,`
`            float y,`
`            float radius,`
`            Paint pinsel)`
	Zeichnet einen Kreis mit Mittelpunkt x,y und dem angegebenen Radius.

`drawLine(float startX,`
`          float startY,`
`          float endX,`
`          float endY,`
`          Paint pinsel)`
	Zeichnet eine Linie von (`startX`,`startY`) nach (`endX`,`endY`).

`drawLines(float[] punkte,` `           Paint pinsel)`	Zeichnet mehrere Linien. Für jede Linie müssen im Array `punkte` vier Werte angegeben werden.
`drawOval(RectF r,` `          Paint pinsel)`	Zeichnet ein Oval in das vorgegebene Rechteck. Wenn Sie als erstes Argument ein Quadrat übergeben, erhalten Sie einen Kreis.

`drawPoints(float[] punkte,`
`            int offset,`
`            int anzahl,`
`            Paint pinsel)`
	Zeichnet mehrere Punkte. Für jeden Punkt müssen im Array `punkte` zwei Werte (x,y) angegeben werden. Die ersten `offset` Punkte werden übersprungen und es werden maximal `anzahl` Punkte gezeichnet. Die Dicke der Punkte können Sie über den Stroke-Wert des Pinsels festlegen.

`drawRect(float links,`
`          float oben,`
`          float rechts,`
`          float unten,`
`          Paint pinsel)`
`drawRect(RectF r,`
`          Paint pinsel)`
	Zeichnet ein Rechteck.

`drawRoundRect(RectF r,`
`               float rx,`
`               float ry,`
`               Paint pinsel)`
	Zeichnet ein Rechteck mit abgerundeten Ecken. Die Radien für die abgerundeten Ecken können Sie über die Argumente `rx` und `ry` vorgeben.

`drawText(String text,`
`          float x,`
`          float y,`
`          Paint pinsel)`
	Zeichnet einen String an der spezifizierten Koordinate.

`fillArc()`, `fillOval()`, `fillPolygon()` ...	Zeichnet ausgefüllte Formen (vgl. `draw...()`).
`scale(float fx, float fy)`	Skaliert das Canvas um den Faktor fx (für x-Achse) und fy (y-Achse).
`translate(float dx, float dy)`	Verschiebt den Ursprung des Canvas.

Koordinaten

Koordinaten können Sie als `int`- oder `float`-Werte angeben.

Etliche Methoden arbeiten mit umschließenden Rechtecken (Bounding Box), in die das zu zeichnende Grafikprimitiv eingepasst wird. Diese Rechtecke können Sie meist auch als RectF-Objekt angeben.

```
Paint pinsel = new Paint();
pinsel.setColor(Color.CYAN);
pinsel.setStrokeWidth(2);

RectF r = new RectF(10, 10, 50, 50);
canvas.drawRect(r, pinsel);
```

 Der Ursprung des Canvas liegt immer in der linken oberen Ecke (Koordinaten = 0,0) und die x-Werte nehmen nach rechts hin zu, die y-Werte nach unten hin.

Farben

Farben werden grundsätzlich durch `int`-Werte codiert. Einige Farben sind als statische Felder der Klasse android.graphics.Color vordefiniert: Color.BLACK, Color.BLUE, Color.CYAN, Color.DKGRAY, Color.GRAY, Color.GREEN, Color.LTGRAY, Color.MAGENTA, Color.RED, Color.TRANSPARENT, Color.WHITE, Color.YELLOW. Alle anderen Farben können Sie mithilfe der statischen Methode `rgb()` definieren:

```
Paint pinsel = new Paint();
pinsel.setColor(Color.rgb(64, 64, 255));
pinsel.setStrokeWidth(2);

RectF r = new RectF(10, 10, 50, 50);
canvas.drawRect(r, pinsel);
```

Umrisse oder gefüllte Primitive

Mit den draw-Methoden können Sie sowohl Umrisslinien als auch ausgefüllte Grafikprimitive zeichnen. Standardmäßig werden ausgefüllte Grafikprimitive gezeichnet (Style.FILL). Um einen Umriss zu zeichnen, müssen Sie die `setStyle()`-Methode des verwendeten Paint-Objekts aufrufen und dieser die Konstante Style.STROKE übergeben.

```
RectF r = new RectF(10, 10, 50, 50);

Paint umrissPinsel = new Paint();
umrissPinsel.setColor(Color.YELLOW);
umrissPinsel.setStrokeWidth(2);
umrissPinsel.setStyle(Style.STROKE);

Paint fuellPinsel = new Paint();
fuellPinsel.setColor(Color.MAGENTA);
fuellPinsel.setStyle(Style.FILL);

canvas.drawRect(r, fuellPinsel);
canvas.drawRect(r, umrissPinsel);
```

9.3 Bilder laden

Wenn Sie beispielsweise in einer View ein Hintergrundbild setzen wollen, dann reicht es, einen Aufruf der Art `setBackgroundResource(R.drawable.meinbild)` zu machen, und das war es schon. Android macht alle notwendigen Dinge.

Um eine Bildressource in einer App selbst zu verwenden, muss man leider etwas mehr Aufwand treiben, insbesondere, wenn man nicht weiß oder sicherstellen kann, dass das zu ladende Bild recht groß ist (einige Mbyte Platzbedarf). In solchen Fällen kommt es sehr schnell zu OutOfMemory-Fehlern, weil der verfügbare Speicher nicht ausreicht.

Das Laden von Bildern, die groß sind oder wo Sie es nicht wissen (können), sollten Sie daher immer in drei Schritten ausführen:

- Ermitteln Sie die Größe (Breite/Höhe) des zu ladenden Bildes. Dies erfordert ein provisorisches Laden des Bildes ohne die eigentlichen Bilddaten.
- Berechnen Sie einen geeigneten Skalierungsfaktor, damit es für die geplante Anzeige (eine View o. Ä.) passt.
- Laden Sie das Bild.

Codemäßig sehen die Schritte dann folgendermaßen aus. Zuerst lädt man das Bild mit der statischen Methode `BitmapFactory.decodeResource()` und übergibt dabei ein `Bitmap Factory.Options`-Objekt, dessen Feld `inJustDecodeBounds` auf `true` gesetzt ist:

```
BitmapFactory.Options options = new BitmapFactory.Options();
options.inJustDecodeBounds = true;
BitmapFactory.decodeResource(getResources(), id, options);
```

Das `options`-Objekt enthält nun die Bildmaße in den Variablen `outWidth` und `outHeight`. Dann muss man den Anpassungsfaktor berechnen. Man startet mit 1 und, falls das Bild größer ist als der geplante Anzeigeort, wird er immer weiter verdoppelt, bis das Verhältnis Größe/Faktor klein genug geworden ist:

```
private int berechneLadefaktor(BitmapFactory.Options options,
                               int breiteAnzeige, int hoeheAnzeige){
    final int w = options.outWidth;
    final int h = options.outHeight;
    int faktor = 1;

    if (w > breiteAnzeige || h > hoeheAnzeige) {
        int w_halbe = w / 2;
        int h_halbe = h / 2;

        while((w_halbe / faktor) > breiteAnzeige
            && ((h_halbe / faktor) > hoeheAnzeige)) {
                faktor = faktor * 2;
        }
    }

    return faktor;
}
```

Nun kann man die Bilddaten laden. Wichtig ist dabei, den berechneten Faktor an die Variable `inSampleSize` zuzuweisen und das Flag `inJustDecodeBounds` wieder auf `false` zu stellen, z. B.

```
options.inSampleSize = berechneLadefaktor(options,
                                viewBreite, viewHoehe);
options.inJustDecodeBounds = false;
Bitmap bild = BitmapFactory.decodeResource(getResources(),
                                R.drawable.meinbild, options);
```

■ 9.4 In Bilder hineinzeichnen

Bilder, die man als `Bitmap`-Objekte geladen hat, kann man nicht einfach nur anzeigen. Man kann sie auch mit eigenen Zeichenoperationen verändern. Das ist oft einfacher und vom Ergebnis her viel ansprechender, als alles komplett mithilfe der Zeichenmethoden der Klasse `Canvas` selbst zu erstellen. Hierzu muss man einfach ein eigenes `Canvas`-Objekt erzeugen, wobei man dem Konstruktor das Bitmap mitgibt. Allerdings lauert hier eine kleine Falle: Wenn das `Bitmap`-Objekt durch das Laden einer Bildressource erzeugt worden ist, dann es ist nicht veränderbar *(immutable)*. Man muss daher zuvor eine Kopie anlegen und kann dann darauf ein `Canvas`-Objekt erstellen:

```
BitmapFactory.Options options = new BitmapFactory.Options();
Bitmap origBild = BitmapFactory.decodeResource(getResources(),
                                R.drawable.meinbild, options);
// Kopie erzeugen
Bitmap kopie = origBild.copy(origBild.getConfig(), true);

// Canvas zum Zeichnen
Canvas canvasKopie = new Canvas(kopie);
canvasKopie.drawRect(...) // usw.
```

Nun hat man ein `Canvas`-Objekt und kann auf der Bildkopie zeichnen. Alle Veränderungen werden sichtbar, wenn das `Bitmap`-Objekt (hier `kopie`) via `drawImage()` in einer `View.onDraw()`-Methode gerendert wird, z. B.

```
@Override
protected void onDraw(Canvas canvas) {
    super.onDraw(canvas);
    canvas.drawBitmap(kopie, 0, 0, null);
}
```

Als kleine Veranschaulichung finden Sie unter *http://files.hanser.de/fachbuch/Beispiele.zip* zu diesem Kapitel das Beispielprojekt *Kratzbild*. Hierbei wird mit zwei Bitmaps gearbeitet: Eins dient zur Darstellung eines Fotos, das andere ist zu Beginn einfach schwarz und verdeckt das Foto. Der Benutzer kann es durch Fingerbewegung freikratzen und das Foto kommt nach und nach zum Vorschein.

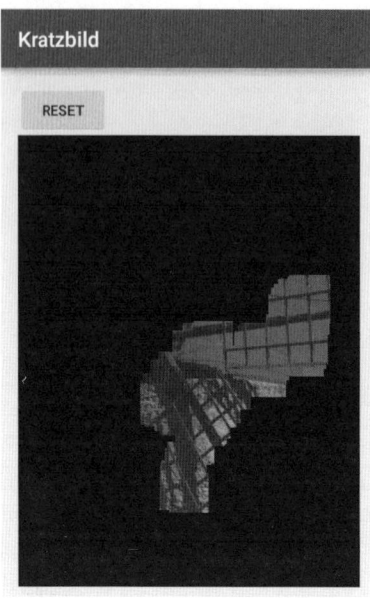

Bild 9.2
Beispiel-App Kratzbild

Wir betrachten nur die zwei bzgl. des Zeichnens interessanten Codeteile.

Zum einen wird eine neue Bitmap mithilfe der statischen Methode `Bitmap.createBitmap()` in der Größe der Anzeigefläche erstellt. Auf dieser Bitmap erzeugen wir nun ein `Canvas`-Objekt und zeichnen darin mit einem `drawRect()`-Befehl ein alles bedeckendes schwarzes Rechteck:

```
Bitmap kratzSchicht = Bitmap.createBitmap(anzeigeBreite,
                        anzeigeHoehe, Bitmap.Config.ARGB_8888);
Canvas kratzSchichtCanvas = new Canvas(kratzSchicht);
Rect r = new Rect(0,0, kratzSchicht.getWidth(),
                      kratzSchicht.getHeight());
Paint paint = new Paint();
paint.setColor(Color.BLACK);
kratzSchichtCanvas.drawRect(r, paint);
```

In der `onDraw()`-Methode der View wird immer zuerst das anzuzeigende Bild (Bitmap `kratzbild`) gezeichnet und dann darüber die schwarze Kratzschicht. Zu Beginn sieht der Benutzer also nur schwarz:

```
@Override
protected void onDraw(Canvas canvas) {
    super.onDraw(canvas);

    // ...
    canvas.drawBitmap(kratzbild, offsetX, offsetY, null);

    canvas.drawBitmap(kratzSchicht, 0, 0, null);
}
```

Wenn der Benutzer nun mit dem Finger herumkratzt, fangen wir die Mausbewegungen ab und machen an dieser Stelle die Kratzschicht durchsichtig, d. h., wir müssen dem Canvas kratzschichtCanvas den Befehl erteilen, an einer bestimmten Stelle schwarz durch transparent zu ersetzen. Hierzu brauchen wir ein Paint-Objekt mit Transfer-Modus[1] CLEAR:

```
Paint transparentPaint = new Paint();
transparentPaint.setXfermode(new
                   PorterDuffXfermode(PorterDuff.Mode.CLEAR));
```

Bei jedem Mausevent müssen wir dann nur noch auf der kratzschichtCanvas an der aktuellen Stelle ein „Loch brennen" und per invalidate() das Neuzeichnen veranlassen.

```
public void updateMouse(int x, int y) {
   kratzSchichtCanvas.drawRect(x, y, x + 75, y + 75,
                    transparentPaint);
   invalidate();
}
```

■ 9.5 Bilder bewegen

In diesem Abschnitt möchten wir Ihnen zeigen, wie man es einrichten kann, dass der Anwender eine Figur (ein UFO) mithilfe der Finger über den App-Hintergrund bewegt.

Bild 9.3
Eine fliegende Untertasse

---

[1] Leider sprengt die Komplexität von Computergrafik den Rahmen dieses Buches, um dies und vieles anderes weiter zu erläutern.

Dazu benötigen wir:

- eine App mit einem `FrameLayout` und einer selbst definierten View
- eine Bitmap für das UFO vor transparentem Hintergrund
- Code zum Zeichnen des UFO
- Code zur Behandlung der Richtung

Falls Sie die Schritte parallel zum Lesen in Android Studio nachverfolgen wollen, dann sollten Sie ein neues Projekt mit den üblichen Einstellungen anlegen:

Tabelle 9.3 Parameter des Projekts UFO

Dialogfeld	Eingabe/Einstellung
Application name	UFO
Domain name	standard.example.com
Target Android Device	Phone and Tablet, API 15
ADD AN ACtivity	Empty Activity

View-Klasse, Activity und Layoutdatei

In Android Studio neu angelegte App-Projekte verfügen (bei Erstellung einer Empty Activity) immer über eine Start-Activity mit einem `RelativeLayout`. Für Apps, die wie unsere UFO-App nur aus einer einzigen Zeichenfläche bestehen (also einem einzigen anzuzeigenden View-Element), ist das `FrameLayout` besser geeignet. Der erste Schritt besteht also darin, das `RelativeLayout` durch `FrameLayout` zu ersetzen.

Listing 9.5 Die Layoutdatei activity_main.xml (aus dem Projekt UFO)

```xml
<?xml version="1.0" encoding="utf-8"?>
<FrameLayout
    xmlns:android="http://schemas.android.com/apk/res/android"
    android:orientation="vertical"
    android:id="@+id/framelayout0"
    android:layout_width="match_parent"
    android:layout_height="match_parent">
</FrameLayout>
```

 Um die oberste Layout-View auszutauschen, öffnen Sie die Layoutdatei *activity_main.xml* am besten in der XML-Ansicht.

Als Zeichenfläche verwenden wir eine selbst geschriebene View-Klasse, die wir direkt von der Basisklasse `View` ableiten. Im Konstruktor dieser Klasse laden wir die Bildressource für den Hintergrund. Hierzu haben wir ein geeignetes Foto als Datei *hintergrund.png* im Projektordner *app\src\main\res\drawable* abgelegt.

Listing 9.6 Definition der Zeichenflächen-View (aus UFOView.java)

```java
package com.standard.example.ufo;

import android.content.Context;
import android.content.res.Resources;
import android.graphics.Bitmap;
import android.graphics.BitmapFactory;
import android.graphics.Canvas;
import android.graphics.Paint;
import android.view.MotionEvent;
import android.view.View;

public class UFOView extends View {
    public UFOView(Context c) {
        super(c);

        // lade Hintergrund
        this.setBackgroundResource(R.drawable.hintergrund);
    }
}
```

In der `onCreate()`-Methode der Activity-Klasse erzeugen wir nun ein Objekt unserer View-Klasse und fügen dieses programmatisch durch Java-Code zur Laufzeit in das `FrameLayout` ein.

Listing 9.7 Einbetten der Zeichenflächen-View (aus MainActivity.java)

```java
package com.standard.example.ufo;

import android.support.v7.app.AppCompatActivity;
import android.os.Bundle;
import android.widget.FrameLayout;

public class MainActivity extends AppCompatActivity {
    private UFOView ufoView;

    @Override
    protected void onCreate(Bundle savedInstanceState) {
        super.onCreate(savedInstanceState);
        setContentView(R.layout.activity_main);

        // UI vervollständigen
        ufoView = new UFOView(this);

        FrameLayout frameLayout =
                    (FrameLayout)findViewById(R.id.framelayout1);
        frameLayout.addView(ufoView);
    }
}
```

Die UFO-Bitmap

Bitmaps haben immer rechteckige Abmaße. Wenn Sie daher Bitmaps für Figuren erzeugen, die Sie über einen Hintergrund oder zwischen anderen Figuren bewegen möchten, müssen

Sie darauf achten, dass Sie die Figur vor einem einfarbigen Hintergrund zeichnen und diesen dann als transparent deklarieren. Mit etwas besser ausgestatteten Grafikprogrammen sollte dies kein Problem sein.

> **SPRITES**
>
> Figuren, die bewegt werden, bezeichnet man auch als *Sprites*. Speichern Sie Ihre Sprites im PNG-Format. (Das JPG-Format unterstützt keine Transparenz.)

Speichern Sie die Bitmap der Figur als Ressource *ufo.png* (Ordner *app\src\main\res\drawable*). Laden Sie die Bitmap-Ressource in der `onCreate()`-Methode der View-Klasse in ein `Bitmap`-Objekt. Verwenden Sie dazu die `BitmapFactory`-Methode `decodeResource()`.

```
public class UFOView extends View {
    private float xpos = -1;
    private float ypos = -1;
    private Bitmap ufoBitmap;

    public UFOView(Context c) {
        super(c);

        // lade Hintergrund
        this.setBackgroundResource(R.drawable.hintergrund);

        // lade Bitmap für UFO
        Resources resources = getResources();
        ufoBitmap = BitmapFactory.decodeResource(resources,
                                    R.drawable.ufo);
    }
}
```

Haben Sie die Felder `xpos` und `ypos` bemerkt? Sie sollen die Position (Mittelpunkt) angeben, an der die UFO-Bitmap in das Canvas gezeichnet werden soll.

Anfangs haben diese Koordinaten den Wert -1, obwohl wir das UFO eigentlich in der Mitte der View anzeigen möchten. Die Methoden, die uns Breite und Höhe der View liefern (`getWidth()` und `getHeight()`), geben allerdings in der `onCreate()`-Methode noch keine vernünftigen Werte zurück (auch nicht in `onStart()`). Wir starten daher mit den Anfangswerten -1 und korrigieren diese beim ersten Aufruf von `onDraw()`. Später werden die Koordinaten dann nur noch beim Tippen durch den Anwender verändert.

onDraw()

In der `onDraw()`-Methode kopieren wir die Bitmap in das Canvas. Als Zielposition wählen wir die Koordinate (xpos, ypos), wobei wir von dem x-Wert die halbe Bitmap-Breite und von dem y-Wert die halbe Bitmap-Höhe abziehen, damit die Bitmap ungefähr mittig über dem Punkt (xpos, ypos) zu liegen kommt.

```
protected void onDraw(Canvas canvas) {
    super.onDraw(canvas);

    // Startposition beim ersten Aufruf auf View-Mitte setzen
```

```
   if (xpos == -1 && ypos == -1) {
      xpos = getWidth()/2;
      ypos = getHeight()/2;
   }

   // UFO-Bitmap einzeichnen
   Paint iconPaint = new Paint(Paint.ANTI_ALIAS_FLAG |
                               Paint.DITHER_FLAG |
                               Paint.FILTER_BITMAP_FLAG
);

   if(ufoBitmap != null) {
      canvas.drawBitmap(ufoBitmap,
                        xpos - ufoBitmap.getWidth()/2,
                        ypos - ufoBitmap.getHeight()/2,
                        iconPaint);
   }
}
```

Achten Sie insbesondere darauf, dass Sie für das Zeichnen eines Bitmaps ein `Paint`-Objekt benutzen sollten, das mit verschiedenen Schaltern *(Flags)* zum optimierten Zeichnen von Bitmaps initialisiert worden ist (`Paint.ANTI_ALIAS_FLAG | Paint.DITHER_FLAG | Paint.FILTER_BITMAP_FLAG`).

Beim ersten Aufruf von `onDraw()` korrigieren wir die Werte von `xpos` und `ypos` so, dass das UFO in der Mitte der View angezeigt wird.

onTouchEvent()

Um sicherzustellen, dass unsere Zeichenflächen-View überhaupt Ereignisse empfängt, rufen wir in ihrer `onCreate()`-Methode die Methode `setFocusable()` auf:

```
public UFOView(Context c) {
   super(c);

   // ...

   setFocusable(true);
}
```

Der Anwender soll das UFO durch Tippen mit dem Finger steuern. Wir brauchen also eine Behandlung von Touch-Ereignissen. Hierbei haben wir zwei Möglichkeiten:

- Wir registrieren bei der UFOView einen eigenen `OnTouchListener` oder
- wir überschreiben die Methode `onTouch()` in der UFOView-Klasse

Beide Ansätze sind absolut gleichwertig und wir nehmen mal die zweite Variante und überschreiben die `onTouch()`-Methode:

```
@Override
public boolean onTouchEvent(MotionEvent event) {
   int action = event.getAction();

   float dx = event.getX() - xpos;
   float dy = event.getY() - ypos;
```

```
    if(action == MotionEvent.ACTION_MOVE) {
        xpos += dx;
        ypos += dy;
    }
    else if(action == MotionEvent.ACTION_DOWN ) {
        xpos += Math.signum(dx) * 25;
        ypos += Math.signum(dy) * 25;
    }

    if(xpos < 0) {
        xpos = 0;
    }
    if(xpos > getWidth()) {
        xpos = getWidth();
    }
    if(ypos < 0) {
        ypos = 0;
    }
    if(ypos > getHeight()) {
        ypos = getHeight();
    }

    invalidate();
    return true;
}
```

Wurde eine Berührung (ACTION_DOWN) oder ein Wischen des Fingers (ACTION_MOVE) ausgeführt, dann ermitteln wir die Distanz zwischen der Stelle, wo der Finger berührt, und der aktuellen Mitte des UFO. Das ergibt die Information, in welche Richtung sich das UFO bewegen soll. Im Falle eines einzelnen Tippens verschieben wir das UFO pauschal um 25 Pixel, bei der Dauerberührung um die aktuelle Pixeldifferenz.

Zum Schluss erfolgt noch eine Prüfung, ob die UFO-Position in Gefahr gerät, den Bildschirm zu verlassen. In solchen Fällen stoppen wir das UFO an der jeweiligen Grenze.

Am Ende der Methode rufen wir invalidate() auf. Der invalidate()-Aufruf bewirkt, dass die UFOView ein Signal erhält, dass sie sich selbst neu zeichnen soll, d. h., es wird im Endeffekt onDraw() ausgeführt und dabei werden die neuen Werte von xpos und ypos verwendet.

■ 9.6 Verbesserungen

Die hier vorgestellten Techniken eignen sich allerdings nur für einfache Grafikanwendungen. Wenn Sie für die Aktualisierung der gezeichneten Oberfläche länger andauernde Berechnungen durchführen müssen oder mehrere Objekte dynamisch und schnell verschieben möchten, lagern Sie den Code zum Zeichnen in einen Thread aus, verwenden Sie SurfaceView und SurfaceHolder.Callback und führen Sie alle Zeichenoperationen im Hintergrund auf einem eigenen Canvas aus, den Sie dann erst nach Abschluss der Zeichenoperationen in einem Rutsch in den Canvas der View kopieren.

9.7 Fragen und Antworten

1. *Irgendwo habe ich einmal gewundenen Text gesehen. Wie haben die das gemacht?*

   Vermutlich mit der Canvas-Methode `drawTextOnPath()`. Hier wird ein String entlang eines vorgegebenen Pfads (Klasse `android.graphics.Path`) gezeichnet.

2. *Wie kann man halb durchsichtig (transparent) zeichnen?*

   Transparenz wird im RGB-Farbmodell durch den sogenannten Alpha-Kanal festgelegt. Die `Paint`-Klasse bietet daher die Methode `setAlpha()`, die einen Wert zwischen 0 (völlig transparent) und 255 (undurchsichtig) erwartet.

3. *Moderne Programmiersprachen bieten auch Gradientenfüllung. Was ist mit Android?*

   Gibt's natürlich auch. Man kann z. B. die Klasse `LinearGradient` verwenden, um einen linearen Farbverlauf von einem Startpunkt zu einem Endpunkt und von Gelb zu Blau zu erreichen:

```
LinearGradient lg = new LinearGradient(startx, starty,
                                  endx, endy,
                  Color.YELLOW, Color.BLUE, TileMode.CLAMP);

Paint pinsel = new Paint();
pinsel.setShader(lg);
```

9.8 Übung

Schreiben Sie einen Funktionsplotter, der für die Funktion f(x) = sin(x) den Verlauf im Wertebereich –5 bis +5 zeichnet.

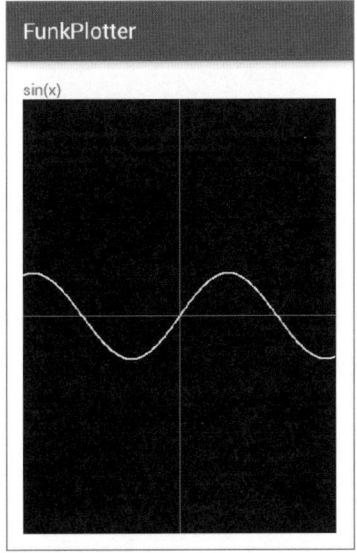

Bild 9.4
Ausgabe von sin(x)

10 Menüs, Fragmente und Dialoge

Seit den ersten Versionen von Microsoft Windows und anderen grafischen Benutzeroberflächen sind Menüs und Dialoge typische Bestandteile von fast allen PC-Programmen geworden, um der Vielzahl an Funktionen und Einstellmöglichkeiten Herr zu werden. Sie sind daher allen computeraffinen Menschen vertraut und so ist es auch keine Überraschung, dass tragbare Computer namens Smartphones und somit Android ebenfalls bestimmte Menü- und Dialogfunktionalitäten unterstützen.

■ 10.1 Menüs

Ein Menü ist im Software-Bereich eine weitverbreitete Möglichkeit, dem Benutzer mehrere Alternativen zur Auswahl anzubieten. Leider war man sich bei der Android-Entwicklung am Anfang nicht so ganz sicher, wie genau Menüs auf einem Android-Gerät unterstützt werden sollen, sodass es mittlerweile zu einem ordentlichen Durcheinander gekommen ist. Daher als Warnung vorneweg: Lassen Sie sich nicht zu sehr verwirren und bleiben Sie entspannt!

Im Prinzip gibt es die folgenden Möglichkeiten, etwas Menüartiges anzuzeigen:

- **Optionen-Menü** (auch **Icon-Menü** oder **Activity-Menü** genannt): ein Menü von Icons, das am unteren Rand angezeigt wird, wenn der Anwender den Menu-Button auf dem Android-Gerät gedrückt hat
- **Kontextmenü:** ein Menü, das über der gesamten Activity ausgebreitet erscheint, wenn der Anwender eine View längere Zeit berührt hat
- **Untermenü:** erscheint, wenn ein Menüeintrag (in einem Optionen-Menü oder Kontextmenü) längere Zeit berührt wird

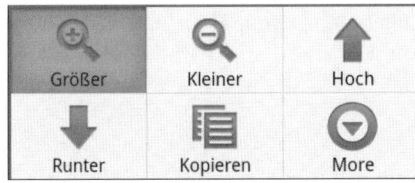

Bild 10.1
Optionen-Menü

Ab Android Version 3.x und höher:

- **Action**-**Menüeinträge** in der sogenannten ActionBar: Die ActionBar (manchmal auch App-Bar genannt) kann Menüeinträge enthalten, die direkt oder indirekt über das sogenannte Overflow-Menü zugreifbar sind.
- **Popup**-**Menü:** Dieses Menü verdeckt die aktuelle View nur teilweise und wird durch einen Button-Klick aktiviert.

Im Prinzip sind alle obigen Menüarten in ihrem inneren Aufbau ähnlich und die wesentlichen Unterschiede liegen vor allem darin, wie der Anwender zu ihnen gelangt bzw. wann und wie sie angezeigt werden. Davon abgesehen besteht ein Menü immer aus Menüeinträgen, die als Ressource in einer XML-Datei definiert werden, also ein bisschen so wie bei der Definition des Layouts einer Activity, allerdings viel einfacher.

10.1.1 Menüverwirrungen

Was ist nun bei den Menüs so verwirrend, wie eingangs erwähnt?

Beginnen wir mit dem Optionen-Menü. Es wird durch Drücken des **Menu**-Buttons angezeigt. Blöd nur, dass Geräte ab Android 3.x aufwärts keinen **Menu**-Button mehr haben müssen und Tablets in der Regel sowieso keinen **Menu**-Button haben! Damit ist also schon mal klar, dass das Optionen-Menü ein Auslaufmodell ist. Natürlich gibt es noch massenhaft Geräte, die den Button haben und eine Android 2.x-Version einsetzen: Hier können und müssen Sie das Optionen-Menü nehmen.

Für Versionen ab Android 3.x sieht Google vor, dass man auf die ab dieser Version vorhandene ActionBar umsteigt. Die ActionBar ist eine Navigationsleiste, die am oberen Rand des Bildschirms gezeigt wird. Dort lassen sich Menüeinträge anzeigen, die als Ersatz für das Optionen-Menü aus der Android 2.x-Welt dienen können.

Ähnlich verhält es sich mit dem Kontextmenü, das man nur bis Version 2.x verwenden soll. Für alle Android-Versionen 3.x und höher wird empfohlen, auf Kontextmenüs zu verzichten (allerdings kann man dies ignorieren und sie trotzdem verwenden) und stattdessen auf die neuen Popup-Menüs zu setzen. Die Motivation ist hierbei, dass viele Anwender gar nicht auf die Idee kommen, längere Zeit (ca. drei Sekunden) auf eine View zu drücken, um das Optionen-Menü zu aktivieren. Ein gut sichtbarer Button mit der Beschriftung **Optionen** dürfte deutlich intuitiver sein.

Wenn Sie vom Optionen-Menü begeistert sind und es entgegen der offiziellen Empfehlung in einer Android-Version 3.x aufwärts verwenden, kann es allerdings passieren, dass es nicht wie gewohnt am unteren Rand erscheint, sondern im sogenannten Overflow-Menü der ActionBar auftaucht (also am oberen Bildschirmrand), abhängig von der konkreten Android-Version, der gesetzten Darstellungsart (Theme) der aktuellen Activity und der Kombination von *minSDKVersion* und *targetSDKVersion* in der Datei *AndroidManifest.xml*. Weitere Details ersparen wir uns an dieser Stelle, damit Autoren und Leser nicht total verwirrt werden!

10.1.2 Menüressourcen

Die Definition, wie ein Menü gefüllt sein soll, erfolgt in einer XML-Datei, die in Android Studio in der Projektansicht unter *app/res/menu* abgelegt sein muss, z. B. *menu_1.xml*. Sehen wir uns ein Beispiel an.

Erstellen Sie ein neues Android-Projekt (nennen Sie es beispielsweise *MenuDemo*), markieren Sie dann in der Projektansicht den Unterknoten *app/res* und rufen Sie mit rechtem Mausklick das Kontextmenü auf. Wählen Sie den Befehl **New/Android Resource FILE**.

Im erscheinenden Dialogfeld geben Sie den gewünschten Dateinamen (z. B. *menu_1*) und den Typ (**Menu**) für die zu erstellende Ressource an. Beenden Sie den Dialog mit **OK**.

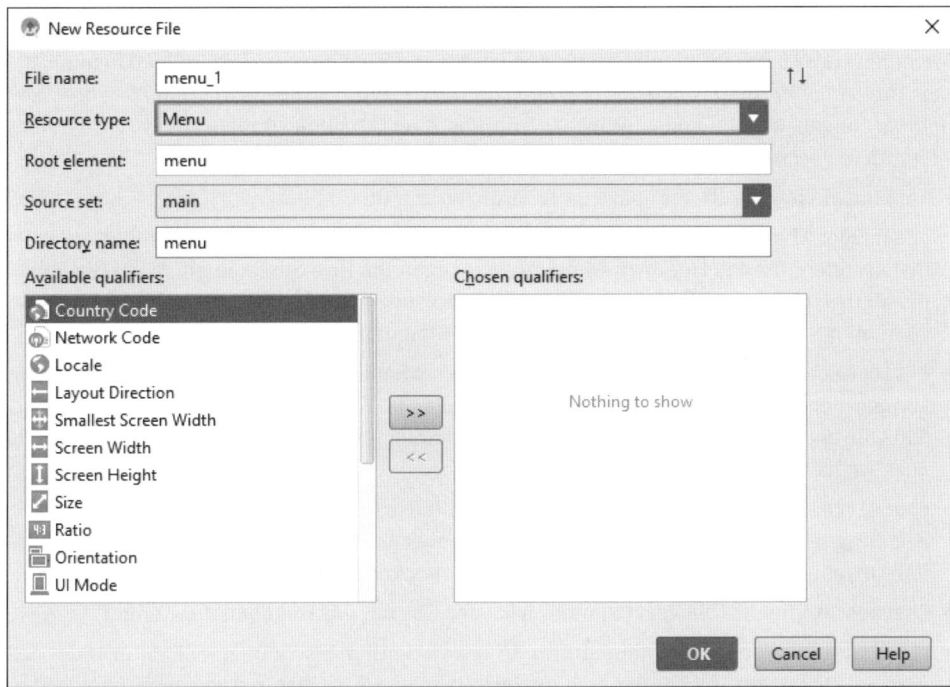

Bild 10.2 Anlegen einer Menüressource

Anders als bei Layout-Ressourcen gibt es für eine Menüressource keinen grafischen Designer. Man muss also die XML-Datei im Editor manuell bearbeiten und entsprechende Elemente eintragen. Dazu muss man natürlich erst mal wissen, was es da so an verfügbaren Elementen gibt. Die Anzahl ist glücklicherweise überschaubar:

- `<item>`: Definiert einen Eintrag im jeweiligen Menü. `<item>` selbst kann wieder `<menu>`-Elemente als Kinder haben, sodass man auch Untermenüs definieren kann.
- `<group>`: eine unsichtbare, logische Gruppierung von `<item>` Elementen, die bestimmte gemeinsame Eigenschaften haben sollen, z. B. Sichtbarkeit (werden wir im Weiteren aber nicht behandeln).

Hier ein Beispiel:

Listing 10.1 Menü mit zwei Einträgen

```xml
<?xml version="1.0" encoding="utf-8"?>
<menu xmlns:android="http://schemas.android.com/apk/res/android"
      xmlns:app="http://schemas.android.com/apk/res-auto">
  <item android:id="@+id/neu"
        android:icon="@drawable/neuIcon"
        android:title="Neu starten"
        app:showAsAction="ifRoom"/>
  <item android:id="@+id/hilfe"
        android:icon="@drawable/hilfeIcon"
        android:title="@string/hilfetext" />
</menu>
```

Wenn Sie ein `<item>` definieren, können Sie unter anderem die nachfolgenden Attribute aus dem üblichen *android*-Namespace *(xmlns:android="http://schemas.android.com/apk/res/android)* angeben (eine vollständige Aufzählung aller Attribute finden Sie übrigens unter *http://developer.android.com/guide/topics/resources/menu-resource.html*):

- `id`: Eine eindeutige ID zur späteren Referenzierung im Code
- `icon`: Jeder Menüeintrag (außer im Kontextmenü) darf auch ein Symbol anzeigen; dies ist insbesondere für das Optionen-Menü üblich. Legen Sie Ihre Symbole im Projektverzeichnis ab, beispielsweise unter *res/drawable*[1], und geben Sie den entsprechenden Ressourcen-Link (z. B. *@drawable/meinIcon*) im `icon`-Attribut an.
- `title`: Geben Sie hier den Text ein, der für den Menüeintrag angezeigt werden soll. Sie können den Text direkt festlegen oder indirekt als Verweis auf eine String-Ressource. Falls Sie ein selbst erklärendes Symbol (via Attribut `icon`) festlegen, können Sie den Titel auch weglassen.
- `checkable`: Ein Menüeintrag kann ein Kontrollkästchen anzeigen (jedoch nicht bei Verwendung in der ActionBar). Weisen Sie dazu `checkable` den Wert *true* zu; die konkrete Voreinstellung erfolgt dann über das Attribut `checked`.
- `checked`: Wenn auf *true* gesetzt, dann wird der Eintrag mit Häkchen angezeigt.
- `showAsAction`: Wenn der Menüeintrag in der ActionBar erscheinen soll, dann muss das Attribut `showAsAction` gesetzt sein, typischerweise auf *ifRoom* (= Anzeige nur bei hinreichend Platz, ansonsten wird der Eintrag indirekt erreichbar im sogenannten Overflow-Menü der ActionBar). Weitere mögliche Werte sind *never* (niemals) und *always* (immer). **Wichtiger Hinweis:** Für optimale Kompatibilität mit der Vielzahl von Android-Versionen sollte man für dieses Attribut nicht den normalen Namespace *android* verwenden, sondern den Namespace *app (xmlns:app="http://schemas.android.com/apk/res-auto")*, z. B.

```xml
<menu xmlns:android="http://schemas.android.com/apk/res/android"
      xmlns:app="http://schemas.android.com/apk/res-auto">
  <item android:id="@+id/item1" android:icon="@drawable/zoom_in"
        android:title="Größer" app:showAsAction="ifRoom"/>
</menu>
```

---

[1] Beachten Sie, dass (wie alle Ressourcennamen) Symboldateinamen nur aus Kleinbuchstaben, Ziffern, Punkt und dem Unterstrich bestehen dürfen.

TIPP

Wer nicht gerade Grafikdesigner ist oder keinen gesteigerten Wert darauf legt, seine Symbole alle selbst zu entwerfen, der kann Android-Symbole auf zahlreichen Internetseiten finden, teilweise sogar kostenlos, z. B. auf

http://www.glyfx.com/content/page/android-common-ii.html

Beachten Sie aber immer die jeweiligen Lizenzbedingungen für den Gebrauch und wählen Sie vorzugsweise Symbole mit einer Auflösung von mindestens 72 x 72 Pixeln.

10.1.3 Menüeinträge in der ActionBar (AppBar)

Wie bereits erwähnt ist die ActionBar bzw. AppBar eine Navigationsleiste, die am oberen Rand des Bildschirms angezeigt wird. Sie war ursprünglich für Tablets gedacht und trat daher erstmals nur mit dem ausschließlich für Tablets verfügbaren Android 3.x auf.

Wenn Sie eine ActionBar haben wollen, müssen Sie zuerst sicherstellen, dass in der Datei *AndroidManifest.xml* das Tag Uses Sdk passend gesetzt ist (z. B. Min SDK Version 11). Zum Testen müssen Sie den Emulator mit einem entsprechenden AVD für die Android-Plattform ab 3.x/4.x und höher ausführen (siehe Kapitel 2.6).

Mit Android 4.x wurden Smartphone und Tablet-Welt zusammengeführt und die ActionBar ist seitdem der bevorzugte Platz für Menüs.

Hierbei ist Folgendes zu beachten:

- Action-Items sind einzelne Menüeinträge, die als Icon in der Leiste angezeigt werden und somit durch den Benutzer direkt sichtbar und anklickbar sind. Sie müssen in der Menu-Ressourcendatei entsprechend markiert sein (Attribut app:showAsAction) und ein Icon sollte ihnen zugewiesen sein.
- Das Overflow-Menü am rechten Ende der ActionBar dient als Sammelplatz für weitere Menüeinträge, die nicht direkt als Action-Items angezeigt werden können (weil kein Platz mehr ist oder einfach weil sie nicht als Action-Item definiert worden sind). Das Overflow-Menü wird bei Android 3.x standardmäßig angezeigt, ab Android 4.x nur dann, wenn das Gerät keinen **Menu**-Button besitzt (was die Regel ist).

Bild 10.3 ActionBar bei Android 5.x mit zwei Action-Items und Overflow-Menü

Jede Activity besitzt die Methode onCreateOptionsMenu(), die man überschreiben muss, um dort die gewünschte Menüressource (also die Action-Items) zu laden. Das Aufrufen der Methode macht Android automatisch beim Erzeugen der Activity.

Das Laden von Menüressourcen erfolgt mit einem `MenuInflater`-Objekt:

```
public boolean onCreateOptionsMenu(Menu menu) {
   MenuInflater inflater = getMenuInflater();
   inflater.inflate(R.menu.menu_1, menu);
   return true;
}
```

Android übergibt dabei bereits ein `Menu`-Objekt, das wir nur noch mit Inhalt, also den gewünschten Menüeinträgen, füllen müssen.

10.1.4 Das Optionen-Menü

Das geradezu klassische Android-Menü ist das Optionen-Menü, das für eine aktive App bei älteren Smartphones über den **Menu**-Button aktiviert wird; bei neueren Geräten ohne **Menu**-Button ist das Optionen-Menü über die ActionBar am oberen Rand erreichbar.

Optionen-Menüs werden je nach Android-Version intern unterschiedlich behandelt: Bis Version 2.3 ruft Android beim ersten Öffnen des Menüs die Methode `onCreateOptionsMenu()` der gerade im Vordergrund befindlichen Activity auf; ab Android 3.0 wird diese Methode bereits automatisch beim Starten der Activity ausgeführt.

Die Realisierung eines eigenen Optionen-Menüs ist aus Entwicklersicht identisch zum oben beschriebenen Vorgehen für die ActionBar. Man überschreibt die Methode `onCreateOptionsMenu()` und lädt das Menü.

> **OPTIONEN-MENÜS**
>
> Für Optionen-Menüs gelten einige wichtige Besonderheiten:
>
> - Bei Android-Versionen bis einschließlich 2.3 werden nur die ersten sechs Menüeinträge am unteren Bildschirmrand angezeigt; falls mehr Einträge definiert sind, wird anstelle des sechsten Eintrags ein **More**-Eintrag angezeigt. (Hier noch einmal der Hinweis, dass ab Android 3.x und 4.x auf Tablets das Optionen-Menü ganz anders präsentiert wird, nämlich in der ActionBar am oberen Bildschirmrand im sogenannten Overflow-Menü.)
> - Für die ersten sechs Einträge eines Optionen-Menüs ist es in vielen Apps daher üblich, entsprechende Symbole zu definieren.
> - Für diese ersten sechs Menüeinträge hat das Attribut `Checkable` keine Bedeutung und wird ignoriert.

Listing 10.2 Beispiel für ein Menü mit sieben Einträgen

```
<?xml version="1.0" encoding="utf-8"?>
<menu xmlns:android="http://schemas.android.com/apk/res/android">
<item android:id="@+id/item1" android:icon="@drawable/zoom_in"
      android:title="Größer">
</item>
<item android:id="@+id/item2" android:icon="@drawable/zoom_out"
```

```
        android:title="Kleiner"
</item>
<item android:id="@+id/item3" android:icon="@drawable/arrow_up"
        android:title="Hoch">
</item>
<item android:id="@+id/item4" android:icon="@drawable/arrow_down"
        android:title="Runter">
</item>
<item android:id="@+id/item5" android:icon="@drawable/copy"
        android:title="Kopieren">
</item>
<item android:id="@+id/item6" android:icon="@drawable/cut"
        android:title="Ausschneiden">
</item>
<item android:id="@+id/item7" android:checked="true"
        android:checkable="true" android:icon="@drawable/options"
        android:title="Spezialoption aktiv">
</item>
</menu>
```

Bild 10.4
Ein Optionen-Menü (Android 4.0.3,
mit **Menu**-Button, daher Menü unten)

10.1.5 Das Kontextmenü

Das Kontextmenü ist nicht wie das Optionen-Menü für eine Activity definiert, sondern an eine View gebunden, die seinen Kontext darstellt. Das PC-Analogon ist der berühmte Rechte-Maustaste-Klick; bei Android mit seinem Touchscreen-Ansatz wird der Aufruf durch längeres Drücken bzw. Berühren eines Elements der Benutzeroberfläche (also einer View) erreicht. Prinzipiell kann man ein Kontextmenü für beliebige Views definieren. Der häufigste Fall ist jedoch die Definition für eine ListView.

Das generelle Vorgehen für die Definition eines Kontextmenüs ist zunächst analog zum oben behandelten Optionen-Menü – jedoch mit dem Unterschied, dass die zu implementierende Methode für die Anzeige des Menüs nun onCreateContextMenu() heißt:

```
public void onCreateContextMenu(ContextMenu menu, View v,
                                ContextMenuInfo menuInfo) {
  super.onCreateContextMenu(menu, v, menuInfo);

  MenuInflater inflater = getMenuInflater();
  inflater.inflate(R.menu.context_menu, menu);
}
```

Android übergibt dabei der aktuellen Activity eine Instanz der Klasse ContextMenu, die Sie mit den gewünschten Kontextmenüeinträgen füllen können (zuvor können Sie noch der Basisklasse durch Aufruf von super.onCreateContextMenu() die Gelegenheit geben, ggf. ihre eigenen Menüeinträge hinzuzufügen).

In Abhängigkeit vom Typ der übergebenen View kann es sein, dass die Android-Laufzeitumgebung bereits selbst einige Menüeinträge hinzugefügt hat (z. B. ist dies bei EditView der Fall). Dies sollten Sie berücksichtigen, um keine doppelten oder verwirrenden Kontextmenüs zu erzeugen. Falls Sie die standardmäßig definierten Einträge entfernen möchten, können Sie dies via ContextMenu.clear() erledigen.

Im folgenden Beispiel wird das Kontextmenü für die View mit der ID editText1 zunächst gelöscht und dann erst mit den eigenen Einträgen gefüllt.

```
public void onCreateContextMenu(ContextMenu menu, View v,
                                ContextMenuInfo menuInfo) {
  MenuInflater inflater = getMenuInflater();

  switch(v.getId()) {
    case R.id.text1    : inflater.inflate(R.menu.menu_2, menu);
                         break;
    case R.id.editText1 : menu.clear(); // vordefinierte
                                        // Einträge entfernen
                         inflater.inflate(R.menu.menu_3, menu);
                         break;

    default            : break;
  }
}
```

Nach der Implementierung von onCreateContextMenu() müssen Sie die betreffenden Views noch registrieren, damit Android auch weiß, dass beim langen Berühren der Views ein Kontextmenü angezeigt werden soll. Dies sollten Sie in der onCreate()-Methode der Activity erledigen – durch Übergabe der Views an die Methode registerForContextMenu():

```
public void onCreate(Bundle savedInstanceState) {
  super.onCreate(savedInstanceState);
  setContentView(R.layout.activity_main);
```

```
    View textView = findViewById(R.id.text1);
    registerForContextMenu(textView);

    View editView = findViewById(R.id.editText1);
    registerForContextMenu(editView);

    // ...
}
```

10.1.6 Popup-Menü

Ein Popup-Menü ist ab Android 3.x die empfohlene Alternative zu einem Kontextmenü. Es sieht fast identisch zum Kontextmenü aus, ist jedoch etwas schmaler und verdeckt nicht die gesamte View.

Für die Verwendung eines Popup-Menüs muss man in die gewünschte View beispielsweise einen Button einbauen, der bei Klick durch den Benutzer in seiner zugewiesenen onClick-Behandlungsmethode das Popup-Menü erzeugt, z. B.

```
public class MainActivity extends AppCompatActivity
                        implements  OnClickListener {

    public void onCreate(Bundle savedInstanceState) {
        super.onCreate(savedInstanceState);
        setContentView(R.layout.activity_main);

        Button b = (Button) this.findViewById(R.id.button1);
        b.setOnClickListener(this);
}

@Override
public void onClick(final View v) {
  // popup-menü anlegen
  PopupMenu popup = new PopupMenu(this, v);
  MenuInflater inflater = popup.getMenuInflater();
  inflater.inflate(R.menu.popup_menu, popup.getMenu());

  popup.setOnMenuItemClickListener(new OnMenuItemClickListener() {
    public boolean onMenuItemClick(MenuItem item) {
        Toast toast = Toast.makeText(v.getContext(),
                "Popup Eintrag ausgewählt: " , Toast.LENGTH_SHORT);
        toast.show();
        return true;
    }
  });

  popup.show();
}

}
```

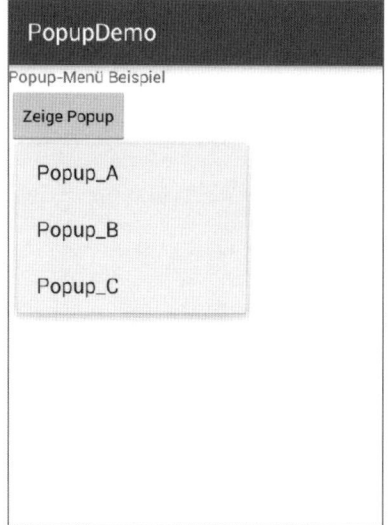

Bild 10.5
Popup-Menü

10.1.7 Untermenüs

Ein Menüeintrag in einem Optionen-/Kontext-/Popup-Menü kann auch lediglich der Platzhalter für ein weiteres Untermenü sein. Ein solches Untermenü lässt sich in einer Menü-Ressourcendatei ganz leicht erzeugen, indem man für das Untermenü zunächst einen ganz normalen Eintrag im übergeordneten Menü definiert (mit `<item>`) und dann in dieses `<item>` als Kind ein inneres `<menu>`-Tag einbaut, das wiederum mit Einträgen besetzt werden kann.

Listing 10.3 Definition eines Untermenüs

```xml
<?xml version="1.0" encoding="utf-8"?>
<menu xmlns:android="http://schemas.android.com/apk/res/android" >
  <item android:id="@+id/item1" android:title="Popup_A"/>
  <item android:id="@+id/item2" android:title="Popup_B"/>
  <item android:id="@+id/item3" android:title="Popup_C"/>

  <item android:id="@+id/submenu" android:title="Untermenü">
    <menu>
      <item android:id="@+id/subitem1" android:title="Popup_Sub_1"/>
      <item android:id="@+id/subitem2" android:title="Popup_Sub_2"/>
    </menu>
  </item>

</menu>
```

10.1.8 Auf die Auswahl eines Menüeintrags reagieren

Das Anzeigen eines Menüs ist natürlich nur die halbe Miete, denn die App soll ja auch auf den gewählten Menüeintrag reagieren und etwas Sinnvolles tun.

Action-Items und Optionen-Menü

Hierzu muss man in der jeweiligen Activity die Methode onOptionsItemSelected() implementieren, die aufgerufen wird, wenn ein Menüeintrag ausgewählt wurde:

```
public boolean onOptionsItemSelected(MenuItem item) {

    switch (item.getItemId()) {
        case R.id.item1: tueWas();
                         return true;
        default        : return super.onOptionsItemSelected(item);
    }
}
```

Android übergibt dabei den ausgewählten Menüeintrag in Form eines MenuItem-Objekts, das Sie dann zur weiteren Verarbeitung auswerten können. Mithilfe der Methode getItemId() können Sie eindeutig feststellen, welcher Menüeintrag aktuell vorliegt, und entsprechend reagieren.

Wenn Sie einen Menüeintrag behandelt haben, sollten Sie die Methode mit true als Ergebniswert verlassen; dadurch weiß Android, dass die App auf den Menüeintrag erfolgreich reagiert hat, und versucht nicht, anderweitig eine Verarbeitung anzustoßen[2]. Wenn Ihre Implementierung sich um den übergebenen Menüeintrag nicht kümmern will oder kann, dann rufen Sie einfach die geerbte Standardimplementierung der Basisklasse Activity auf (die lediglich false zurückgibt).

Kontextmenü

Für das Kontextmenü ist das Vorgehen analog, hier heißt die entsprechende Methode onContextItemSelected():

```
public boolean onContextItemSelected(MenuItem item) {
   AdapterContextMenuInfo info = (AdapterContextMenuInfo)
                                          item.getMenuInfo();
   View kontext = info.targetView;

   switch (item.getItemId()) {
       case R.id.item1: behandleItem1(kontext);
                        return true;
       default        : return super.onContextItemSelected(item);
   }
}
```

Da Menüeinträge aus einem Kontextmenü zu einer bestimmten View gehören, ist es meistens notwendig, Zugriff auf diese View zu haben. Hierzu bietet die Klasse MenuItem die

---

[2] Es ist auch möglich, an einem MenuItem direkt eine auszuführende Programmlogik zu hinterlegen, die dann zum Tragen käme. Dieser Aspekt wird aber in diesem Einsteigerbuch nicht weiter behandelt.

Methode getMenuInfo(). Sie liefert ein Objekt vom Typ AdapterContextMenuInfo, das über seine öffentliche Instanzvariable targetView die zugehörige View zugänglich macht.

Popup-Menü

Beim Popup-Menü muss man eine Klasse definieren, die das Interface PopupMenu.OnMenuItemClickListener implementiert und es beim Popup-Menü registriert. Das Interface enthält nur eine einzige Methode namens onMenuItemClick(), sodass man oft direkt an Ort und Stelle eine innere namenlose Klasse definiert, die das Interface realisiert und dem Popup zuweist:

```
// PopupMenu popup = ...;
popupMenu.setOnMenuItemClickListener(
    new OnMenuItemClickListener() {
      Log.d("MeineApp", "Popup-Eintrag ausgewählt: " +
          item.getTitle());
      return true;
    }
});
```

Alternativ können Sie die umgebende Activity dieses Interface implementieren lassen:

```
public class PopupMenuActivity extends AppCompatActivity
        implements PopupMenu.OnMenuItemClickListener {

    // ...

    public boolean onMenuItemClick(MenuItem item) {
      Log.d("MeineApp", "Popup-Eintrag ausgewählt: " +
          item.getTitle());
      return true;
    }

}
```

Menüeinträge direkt behandeln

Grundsätzlich gibt es immer auch die Möglichkeit, bei einem einzelnen MenuItem-Objekt ein entsprechendes Listener-Objekt (vom Typ MenuItem.OnMenuItemClickListener) zu registrieren. Dies ist typischerweise bei Einträgen notwendig, die nur indirekt über ein Untermenü erreichbar sind, z. B.:

```
SubMenu subMenu = meinMenuItem.getSubMenu();

for(int i = 0; i < subMenu.size(); i++) {
   MenuItem item = submenu.getItem(i);
   item.setOnMenuItemClickListener(this);
}
```

Hier weisen wir jedem Menüeintrag eines Untermenüs als Click-Listener die umgebende Klasse (this) zu, die daher das Interface MenuItem.OnMenuItemClickListener implementieren muss:

```
public boolean onMenuItemClick(MenuItem item) {
  // ... hier was tun
}
```

10.2 Fragmente

Mit der zunehmenden Beliebtheit des Android-Betriebssystems kam aus Entwicklersicht auch ein neues Problem hinzu: Auf immer unterschiedlicheren Geräten sollen die programmierten Apps fehlerfrei und möglichst benutzerfreundlich und intuitiv funktionieren.

Einer der wichtigsten Aspekte ist hierbei die Frage, was man als App-Entwickler mit dem vielen Platz machen soll, den beispielsweise ein 10-Zoll-Tablet-PC im Vergleich zu einem normalen 3,5- oder 4-Zoll-Smartphone anbietet. Als Antwort wurde ab Android 3.0 das Konzept der *Fragmente* entwickelt.

10.2.1 Was ist ein Fragment?

Ein Fragment ist ein in sich abgeschlossenes „Stück" Benutzeroberfläche, das man flexibel wiederverwenden kann und an verschiedenen Stellen in einer oder mehreren Activities einer App einsetzen darf. Man kann sich ein Fragment vereinfacht als eine Mini-Activity vorstellen, die allerdings immer einer richtigen Activity zugeordnet sein muss.

Analog zur Activity hat ein Fragment ebenfalls einen Lebenszyklus und eine Benutzeroberfläche, die durch eine entsprechende Layoutdatei definiert ist und auch zur Laufzeit wie bei der Activity geändert werden kann. Es ist außerdem möglich, dass ein Fragment am BackStack teilnimmt und die Navigation via **ZURÜCK**-Taste beeinflusst.

Ein Fragment muss immer von der Klasse `android.app.Fragment` abgeleitet werden und erbt von ihr etliche Lebenszyklusmethoden.

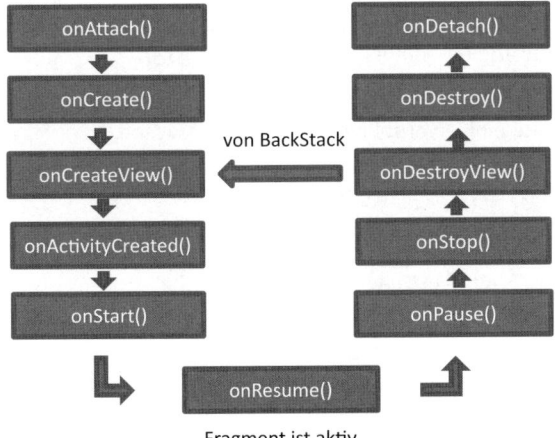

Bild 10.6
Der Fragment-Lebenszyklus

Die wichtigsten für den Umgang mit Fragmenten sind:
- `onAttach()`: wird aufgerufen, wenn ein Fragment einer Activity zugeordnet wurde
- `onCreate()`: dient zur initialen Vorbereitung des Fragments
- `onCreateView()`: Hier wird die eigentliche Benutzeroberfläche vorbereitet, in der Regel durch das Laden einer xml-Layout-Ressource.
- `onActivityCreated()`: Informiert das Fragment, dass die umgebende Activity mit ihrer `onCreate()`-Methode fertig ist.
- `onStart()`: Ab jetzt ist das Fragment sichtbar.
- `onResume()`: Das Fragment ist im Vordergrund und bereit für die Interaktion mit dem Benutzer.

Natürlich gibt es eine Reihe von spiegelbildlichen Methoden für die entgegengesetzte Richtung: `onPause()` → `onStop()` → `onDestroyView()` → `onDestroy()` → `onDetach()`.

Der oben gezeigte Lebenszyklus wird immer voll durchlaufen. Die einzige Ausnahme liegt vor, falls ein Fragment auch am Back-Stack teilnimmt und bei Bedarf auf ihm abgelegt wird. Wenn der Benutzer den Zurück-Pfeil verwendet und ein Fragment wiederbelebt werden soll, dann werden nur noch die Methoden ab `onCreateView()` durchlaufen.

Wie bereits erwähnt, hat ein Fragment ein Layout, das man wie von der Activity gewohnt in einer XML-Datei im Ordner *res\layout* bzw. in einem geeigneten Unterordner definieren kann. Es gibt hierbei keine Unterschiede zu einem Layout für eine Activity und alles bisher Erwähnte bleibt gültig.

10.2.2 Ein Fragment erzeugen

Um ein eigenes Fragment zu erzeugen, muss man zunächst eine Klasse erstellen, die letztlich von `android.app.Fragment` abgeleitet ist, und je nach Bedarf die geerbten Lebenszyklusmethoden überschreiben. Da es Fragmente erst ab Android 3.x gibt, hat man als Entwickler das Problem, dass ältere Versionen gar nicht Fragmente unterstützen, und auch bei neuen Android-Versionen kann es zu Problemen und Inkompatibilitäten kommen. Daher ist es ratsam, immer die Kompatibilitätsklassen aus der Support-Library zu benutzen, d. h. anstelle von `android.app.Fragment` die gleichnamige Klasse `Fragment` aus dem Paket `android.support.v4.app` und analog für alle nachfolgend erwähnten Klassen.

 Zur Erleichterung existieren bereits einige vordefinierte Fragment-Klassen, die das eigene Erstellen vereinfachen:
- `ListFragment` für die Darstellung einer Liste von Einträgen
- `DialogFragment` für die Dialoganzeige
- `WebViewFragment` für die Anzeige von Webseiten

Die wichtigste Methode ist hierbei `onCreateView()`, wo man die gewünschte View aufbaut, meist durch Laden einer XML-Layoutdatei:

```
public class MeinFragment extends Fragment {

   public View onCreateView(LayoutInflater inflater, ViewGroup
                      container, Bundle savedInstanceState) {
      return inflater.inflate(R.layout.MeinLayout,
                        container, false);
   }
}
```

Der übergebene `ViewGroup`-Container ist dabei diejenige View in der umgebenden Activity, wo das Fragment eingeklinkt werden soll und dort als Kind auftauchen wird.

10.2.3 Fragment zur Activity hinzufügen

Wenn man eine geeignete `Fragment`-Klasse hat, kann man darangehen, sie einer Activity zuzuweisen. Hierbei gibt es zwei Möglichkeiten:

- **Statische Zuweisung** durch Angabe des Fragments in der Layoutressourcendatei, welche die Activity verwendet; dies erfolgt mit dem Tag `<fragment>`, z. B.

  ```
  <LinearLayout>
   <fragment
     android:name="com.standard.example.fragmentdemo.MeinFragment"
           android:id="@+id/mein_fragment"
           android:layout_width="match_parent"
           android:layout_height="match_parent"
           android:layout_weight="1"
    />
  </LinearLayout>
  ```

- **Dynamische Zuweisung** zur Laufzeit mithilfe einer besonderen Manager-Klasse, dem `FragmentManager`. Jede Activity hat einen eigenen FragmentManager, der nicht weiter überraschend mit `getFragmentManager()` zugänglich ist.

Ein wesentlicher Vorteil von Fragmenten ist ihre Flexibilität, die man bei einer statischen Zuweisung natürlich teilweise aufgibt. Empfehlenswert ist daher in der Regel die dynamische Verknüpfung von Activity und Fragmenten, worauf wir uns im Folgenden konzentrieren werden.

Mithilfe des FragmentManagers kann man recht einfach Instanzen von Fragmenten hinzufügen, entfernen oder vorhandene ersetzen. Haben wir beispielsweise eine eigene `Fragment`-Klasse `MeinFragment` definiert, wird sie folgendermaßen einer Activity hinzugefügt:

```
MeinFragment fragment = new MeinFragment();
FragmentManager fm     = getFragmentManager();

FragmentTransaction transaction = fm.beginTransaction();
transaction.add(R.id.links, fragment, "MeinFrag_1");
transaction.commit();
```

Alle Änderungen (Hinzufügen, Entfernen) von Fragmenten müssen in einer logischen Einheit – einer Transaktion – erfolgen. Daher muss man immer zuerst mit `beginTransaction()` eine neue Transaktion (vom Typ `FragmentTransaction`) beginnen und kann dann wie oben gezeigt mit `add()` ein neues Fragment hinzufügen bzw. analog mit den Methoden `remove()` und `replace()` entfernen oder austauschen. Abschluss und Aktivierung der Änderung erfolgt dann durch den Aufruf von `commit()`.

> Die Methoden add(), replace(), remove() in FragmentTransaction liefern als Rückgabewert eine Referenz auf das jeweilige FragmentTransaction-Objekt zurück, sodass man bequem mehrfache Aufrufe verketten kann, z. B.:
> ```
> transaction.add(R.id.links, fragment,
>                 "MeinFrag_1").commit();
> ```

Im obigen Codeschnipsel erwartet die `add()`-Methode neben dem Fragment noch zwei weitere Angaben:

- die ID der Container-View, wo das Fragment im Layout der Activity als Kind eingehängt werden soll,
- das *Tag* – ein frei wählbarer String zur Identifikation. Damit kann man später bei Bedarf durch Einsatz der `FragmentManager`-Methode `findFragmentByTag()` das jeweilige Fragment wiederfinden.

Beim Einsatz eines Fragments sollte man sich auch überlegen, ob das Fragment am Back-Stack teilnehmen soll, d. h.: Ist es sinnvoll, dass beim Drücken der **ZURÜCK**-Taste ggf. nur das Fragment ersetzt wird anstelle der gesamten umgebenden Activity? Falls das Fragment für den Back-Stack relevant ist, kann man dies in der `FragmentTransaction` durch Aufruf von `addToBackStack(null)` entsprechend einrichten.

Damit haben wir schon fast alles Wissenswerte zum Thema Fragment erkundet. Dennoch dürfte es Ihnen recht schwerfallen, auf Anhieb eine funktionierende fragmentbasierte App zu erstellen. Aber keine Sorge, im nächsten Abschnitt gehen wir dies gemeinsam an.

10.2.4 Ein Fragmentbeispiel

Der Einsatz von Fragmenten erhöht die Komplexität aus Entwicklersicht deutlich; den Vorteil hat der App-Nutzer, der von einer besseren Benutzeroberfläche profitieren kann.

Um das Zusammenwirken von Activity und Fragmenten zu üben und zu festigen, stellen wir uns folgende Aufgabe, die ein geradezu klassisches Fragmentszenario beinhaltet: Wir erstellen eine App, die in einer Liste Einträge anzeigt; der Anwender kann auf einen Listeneintrag tippen und die zugehörige Detailansicht wird geöffnet (in unserem Beispiel wird ein zugeordnetes Foto angezeigt).

Hierbei wollen wir zwei Szenarien unterstützen:

- **Smartphone:** Die App wird auf einem Gerät mit kleinem Bildschirm eingesetzt. Hier soll in einer Ansicht die Liste erscheinen; bei Auswahl eines Eintrags wird ein neuer Bildschirm angezeigt, der das Foto präsentiert.

- **Tablet-PC:** Die App läuft auf einem großen Bildschirm. Hier soll der reichliche Platz so verwendet werden, dass in der linken Hälfte die Liste der Einträge angezeigt wird und in der rechten Hälfte das aktuell ausgewählte Foto.

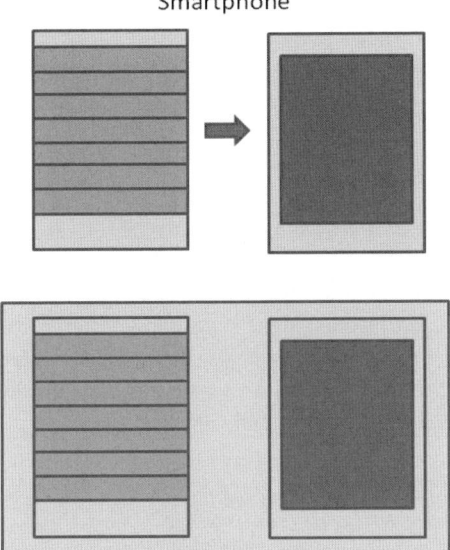

Bild 10.7
Darstellungsarten Listenansicht – Detailansicht

Für die Umsetzung mit Fragmenten gehen wir so vor, dass wir eine Activity `MainActivity` erstellen, die wir mit Fragmenten ausstatten:

- Im Smartphone-Szenario schaltet die Activity zwischen zwei Fragmenten (nennen wir die entsprechenden Klassen mal `FragmentListe` und `FragmentDetail`) hin und her, um die Liste mit den Einträgen bzw. das ausgewählte Foto anzuzeigen.
- Im Tablet-Szenario besitzt die Activity zwei Fragmente gleichzeitig (wieder `Fragment Liste` und `FragmentDetail`) und sorgt lediglich dafür, dass eine Änderung in der Listenansicht (was ist gerade ausgewählt?) auch dem anderen Fragment bekannt gemacht wird, sodass dort die Anzeige aktualisiert werden kann.

Das Layout der Activity

Zunächst legen wir das Layout unserer Activity fest. Da sich die App auf Geräten mit normaler Bildschirmgröße anders verhalten soll als auf großen Bildschirmen, benötigen wir zwei Varianten der Layoutdatei *layout.xml*, eine für das Standardverhalten im Ordner *app\src\main\res\layout*, die andere in einem Ordner *app\src\main\res\layout-large-land*.

Das Standardlayout der Activity ist ganz einfach: ein Wurzelelement vom Typ `LinearLayout` mit einem Kindelement vom Typ `FrameLayout`. Hier werden die Fragmente zur Anzeige der Liste oder des ausgewählten Fotos eingehängt.

Listing 10.4 Datei *app\src\main\res\layout\activity_main.xml*

```xml
<LinearLayout xmlns:android="http://schemas.android.com/apk/res/android"
    android:layout_width="match_parent"
    android:layout_height="match_parent"
    android:orientation="horizontal"
    android:id="@+id/linearLayout_default"
    >

    <FrameLayout xmlns:android="http://schemas.android.com/apk/res/android"
        android:id="@+id/frame_links"
        android:layout_width="match_parent"
        android:layout_height="match_parent"
        />
</LinearLayout>
```

Das Layout der Activity für den Fall großer Bildschirme mit Querformat/Landscape (Datei *app\src\main\res\layout-large-land\activity_main.xml*) ist fast identisch. Hier definieren wir ein `LinearLayout` mit zwei Kindern vom Typ `FrameLayout`, die als ID aussagekräftige Namen *frame_links* und *frame_rechts* erhalten. Sie sind die Container, wo zur Laufzeit die beiden Fragmente eingehängt werden und gleichzeitig sichtbar sind.

Listing 10.5 Datei *app\src\main\res\layout-large-land\layout.xml*

```xml
<LinearLayout xmlns:android="http://schemas.android.com/apk/res/android"
    android:layout_width="match_parent"
    android:layout_height="match_parent"
    android:orientation="horizontal"
    android:id="@+id/linearLayout_large_land"
    >

    <FrameLayout
    xmlns:android="http://schemas.android.com/apk/res/android"
        android:id="@+id/frame_links"
        android:layout_width="match_parent"
        android:layout_height="match_parent"
        android:layout_weight="2"
        />

    <FrameLayout
    xmlns:android="http://schemas.android.com/apk/res/android"
        android:id="@+id/frame_rechts"
        android:layout_width="match_parent"
        android:layout_height="match_parent"
        android:layout_weight="1"
        />
</LinearLayout>
```

Beachten Sie außerdem, dass wir in den beiden Layoutdateien verschiedene IDs für das Wurzelelement vom Typ `LinearLayout` vergeben: *linearLayout_default* bzw. *linearLayout_large_land*. Dadurch können wir später in der Activity leichter feststellen, in welchem Szenario wir uns befinden.

10.2.5 Definition der Fragment-Klassen

Wir benötigen zwei Fragment-Klassen:

- `FragmentListe` zeigt eine Liste von Namen. Für diesen typischen Fall gibt es bereits die Klasse `ListFragment`, von der wir ableiten können.
- `FragmentDetail` zeigt das selektierte Foto.

Beginnen wir mit `FragmentListe`. Die Klasse erbt von `android.app.ListFragment` und in ihrer `onCreate()`-Methode definieren wir einen Adapter, der die anzuzeigenden Bezeichnungen bereitstellt (siehe auch das Beispiel aus Kapitel 16.4, dort ist die Quelle allerdings eine Datenbank anstatt wie hier eine fest vorgegebene Liste von Strings). Wenn der Anwender in der Liste etwas ausgewählt hat, müssen wir die übergeordnete Activity informieren (damit diese wiederum das andere Fragment zur Anzeige des korrespondierenden Fotos benachrichtigen kann). Dies erfolgt über einen Callback-Mechanismus: `FragmentListe` deklariert hierzu ein geeignetes Interface (mit Namen `ListeSelektiertCallback`), das von der Activity implementiert werden muss. In der Methode `onListItemClick()` wird dann die Activity informiert.

Listing 10.6 Die Klasse `FragmentListe`

```java
public class FragmentListe extends ListFragment {
    public static String TAG = "FragmentListe";
    private String[] bildTitel;

    public FragmentListe() {
        bildTitel = new String[] {"Museum", "Straße", "Drache", "Tal",
                        "See", "Seilbahn", "Kirche", "Landschaft"};
    }

    public void onCreate(Bundle savedInstanceState) {
        super.onCreate(savedInstanceState);
        ArrayAdapter<String> adapter =
                    new ArrayAdapter<String>(getActivity(),
                        android.R.layout.simple_list_item_activated_1,
                        bildTitel);
        this.setListAdapter(adapter);
    }

    public void onStart() {
        getListView().setChoiceMode(AbsListView.CHOICE_MODE_SINGLE);
        getListView().setSelection(0);
    }

    public void onListItemClick(ListView l, View v, int position,
                        long id) {
        // activity benachrichtigen
        getListView().setSelection(position);
        ListeSelektiertCallback callback = (ListeSelektiertCallback)
                                    getActivity();
        callback.selektiert (position);
    }

    // Callback für die Container Activity
    public interface ListeSelektiertCallback {
```

```
    public void selektiert(int index);
  }
}
```

Für die Anzeige der Fotos definieren wir die Klasse `FragmentDetail`, die von der Basisklasse aller Fragmente `android.app.Fragment` abgeleitet wird. Die Bilddaten werden über einen selbst definierten Adapter (Typ `BildAdapter`) bereitgestellt.

Entscheidend für die Funktionalität des Fragments ist die Methode `aktualisieren()`. Diese Methode wird von der übergeordneten Activity aufgerufen, wenn die Auswahl eines Fotos in der Liste geändert wurde und das `FragmentDetail`-Objekt entsprechend nachziehen soll. Hierzu erzeugt das Objekt aus den entsprechenden Bilddaten eine neue View, die es in sein Layout einhängt.

Listing 10.7 Die Klasse `FragmentDetail`

```
public class FragmentDetail extends Fragment {

  public static String TAG = "FragmentAnzeige";
  private BildAdapter adapter;
  private int bildIndex = -1;

  public FragmentDetail() {
    adapter = new BildAdapter();
  }

  public void setzeBildIndex(int index) {
    bildIndex = index;
  }

  public void onResume() {
    if(bildIndex >= 0) {
      aktualisieren(bildIndex);
    }
    super.onResume();
  }

  public void onAttach(Activity activity) {
    adapter.setContent(activity);
    super.onAttach(activity);
  }

  public View onCreateView(LayoutInflater inflater, ViewGroup
                           container,
                           Bundle savedInstanceState) {
    return inflater.inflate(R.layout.layout_bildanzeige_view,
                            container, false);
  }

  public void aktualisieren(int index) {
    bildIndex = index;
    Activity activity = getActivity();
    FrameLayout containerView = (FrameLayout)
      (activity.findViewById(R.id.fragment_container_bildanzeige));

    View v = adapter.getView(bildIndex, null, containerView);
    containerView.addView(v);
```

```
    }
}
```

Beide Fragment-Klassen haben natürlich ein eigenes Layout, definiert in den Dateien *app\src\main\res\layout\layout_bildanzeige_view.xml* und *app\src\main\res\layout\layout_liste_view.xml*. Für unser Beispiel ist es aber sehr simpel und besteht nur aus einem einzigen `FrameLayout`-Element, sodass wir hier nicht näher darauf eingehen müssen.

10.2.6 Die Activity

Zu guter Letzt fehlt uns noch die übergeordnete Activity namens `MainActivity`, die das Ganze zusammenhält und koordiniert. Sie hat im Wesentlichen zwei Aufgaben:

- Erzeugen der Fragmente und Einhängen in das Layout der Activity (je nach Bedarf),
- Benachrichtigung des Fragments vom Typ `FragmentDetail`, wenn in der Liste eine Auswahl getroffen worden ist.

In ihrer `onCreate()`-Methode werden die Fragmente erzeugt und im Rahmen einer Transaktion in das Layout der Activity eingefügt. Zuerst wird ein `FragmentListe`-Fragment angelegt. Dies brauchen wir sowohl im Standardfall als auch im Tablet-Szenario.

Um zu entscheiden, ob die Detailansicht auch angezeigt werden soll, prüfen wir durch den Aufruf von `getWindowManager().getDefaultDisplay().getSize()`, wie breit das Display ist. Wenn es hinreichend breit ist, dann fügen wir ein Fragment vom Typ `FragmentDetail` hinzu.

Beachten Sie, dass unsere Activity das Interface `ListeSelektiertCallback` aus dem Fragment `FragmentListe` implementiert. In der `selektiert()`-Methode wird zuerst wieder geprüft, in welchem Szenario die App arbeitet. Falls es der Tablet-Landscape-Fall ist, dann wissen wir, dass ein `FragmentDetail`-Objekt bereits angezeigt wird, und wir müssen es lediglich darüber informieren, was es jetzt anzeigen soll.

Wenn die App auf einem normalen Smartphone läuft, tauschen wir das aktuelle Fragment vom Typ `FragmentListe` durch ein neues vom Typ `FragmentDetail` aus. Mithilfe des Aufrufs `setzeBildIndex()` geben wir dem Fragment dabei die Information mit, welches Bild angezeigt werden soll.

Beachten Sie auch, dass wir hier das neue Fragment zum Back-Stack hinzufügen. Denn wenn der Anwender in der Liste etwas ausgewählt hat und die Anzeige nun das Foto präsentiert, dann wird er sehr wahrscheinlich erwarten, durch Drücken der **Back**-Taste wieder zur Liste zurückzukommen. Dies erreichen wir durch die Aufnahme der Transaktion mit der `FragmentDetail`-Instanz mittels des Aufrufs `addToBackStack()`.

Listing 10.8 Die Klasse `MainActivity`

```
public class MainActivity extends Activity
            implements FragmentListe.ListeSelektiertCallback {
    public void onCreate(Bundle savedInstanceState) {
        super.onCreate(savedInstanceState);
        setContentView(R.layout.layout);

        if(savedInstanceState == null) {
```

```
        FragmentListe fragmentListe = new FragmentListe();

        FragmentManager fm                     = getFragmentManager();
        FragmentTransaction transaction = fm.beginTransaction();
        transaction.add(R.id.frame_links, fragmentListe,
                                    FragmentListe.TAG);

    Point groesse = new Point();
      getWindowManager().getDefaultDisplay().getSize(groesse);
      boolean breitGenug = groesse.y >= 1200

        if(breitGenug) {
          // FragmentDetail hinzufügen
          FragmentDetail fragmentAnzeige = new FragmentDetail();
          transaction.add(R.id.frame_rechts, fragmentAnzeige,
                      FragmentDetail.TAG);
        }

        transaction.commit();
    }
}

public void selektiert(int index) {
  // in FragmentList wurde ein Listeneintrag ausgewählt

  View v = this.findViewById(R.id.linearLayout_large_land);

  if(v != null) { // tablet-landscape Modus
    FragmentManager fm = getFragmentManager();
    FragmentDetail fragment = (FragmentDetail)
                 fm.findFragmentByTag(FragmentDetail.TAG);
    // das Fragment mit der Fotoansicht aktualisieren
    fragment.aktualisieren(index);
  }
  else {
    // wir haben das 1-Bildschirm-Szenario (smartphone)
    fragment = new FragmentDetail();
    fragment.setzeBildIndex(index);
    FragmentManager fm = getFragmentManager();
    FragmentTransaction transaction = fm.beginTransaction();
    transaction.replace(R.id.frame_links, fragment);
    transaction.addToBackStack(null);
    transaction.commit();
  }
}
}
```

Das vollständige Projekt *FragmentDemo* finden Sie natürlich in der Beispielsammlung zu diesem Buch. Stöbern Sie darin etwas herum, um die vielen Details im Umgang mit Fragmenten zu beleuchten, die wir hier aus Platzgründen nur kurz anreißen konnten.

Bild 10.8 Die App im Tablet-Landscape-Modus

TIPP

Falls Sie wie in diesem Kapitel ein Liste-Detail-Muster verwenden wollen, können Sie sich in Android Studio beim Anlegen des Projekts ein Grundgerüst erstellen lassen, auf dem Sie dann aufbauen können (**File/New/new Project**, bei **ADD AN Activity** die Option **Master/Detail-Flow** auswählen).

10.3 Dialoge

Dialoge in der Android-Welt sind wie auch in den konventionellen PC-Programmen kleine Fenster, die im Vordergrund einer Activity angezeigt werden, um dem Anwender Hinweise zu geben oder gewisse Informationen abzufragen. Die Android-API bietet Ihnen dabei im Paket android.app folgende vordefinierte Klassen an, die alle von der allgemeinen Basisklasse Dialog abstammen:

- `AlertDialog`: Der am häufigsten verwendete Dialogtyp bietet ein Fenster mit bis zu drei Schaltflächen und/oder einer Liste von auszuwählenden Einträgen.
- `DatePickerDialog` und `TimePickerDialog`: Dialoge, in denen der Anwender ein Datum bzw. eine Uhrzeit auswählen kann
- `ProgressDialog`: zeigt einen Fortschrittsbalken oder ein Fortschrittsrad an, um Wartezeiten zu überbrücken

Wer mit dieser Auswahl noch nicht glücklich ist, kann auch eigene Dialoge definieren (siehe Abschnitt 10.3.6).

Ein Dialog gehört normalerweise zu einer Activity und wird im Zusammenhang mit ihr erzeugt und angezeigt. Der Einsatz eines Dialogs besteht immer aus zwei Schritten: anlegen und anzeigen. Diese Schritte sind in der Regel auch im Code getrennt.

Wie auch in anderen Bereichen hat Android bzgl. Dialoge einige fundamentale Änderungen erfahren, die es für Sie als Einsteiger nicht gerade einfach machen und Verwirrung stiften können:

- In älteren Versionen wurden Dialoge in der Methode `onCreateDialog()` einer Activity erzeugt und bei Bedarf mit der Methode `showDialog()` dann angezeigt. Diese Methoden gibt es zwar immer noch (und funktionieren auch), sind aber als `deprecated` markiert und sollen nicht mehr verwendet werden.
- Seit Android 3.0 sollen Dialoge mithilfe des Fragment-Mechanismus erstellt werden, auf den wir uns daher im Folgenden beschränken.

10.3.1 Dialoge erzeugen

Zum Erzeugen eines Dialogs auf Fragmentbasis gibt es ab Android 3.0 eine von der Basisklasse `Fragment` abgeleitete Klasse `DialogFragment` aus dem Paket `android.app` bzw. bei dem empfehlenswerten Einsatz der Kompatibilitätsmechanismen für alle Android-Versionen die Klasse `AppCompatDialogFragment` aus `android.support.v7.app`.

Man muss also ein von `DialogFragment` bzw. `AppCompatDialogFragment` abgeleitetes Fragment erzeugen. Dies kann man über zwei mögliche Vorgehensweisen erreichen:

- entweder durch Laden einer Layoutdatei mithilfe eines `Inflater`-Objekts in der Methode `DialogFragment.onCreateView()` (die Layoutdatei muss dann ein geeignetes Fragment mit dem Tag `<fragment>` definieren, darin eingebettet die UI-Elemente):

```
public class MeinDialogFragment extends AppCompatDialogFragment {

    @Override
    public View onCreateView(LayoutInflater inflater,
                             ViewGroup container,
                             Bundle bundle) {
        return inflater.inflate(R.layout.fragment_dialog,
                                container, false);
    }
}
```

- oder durch Instanziierung eines Objekts vom Typ `Dialog` (bzw. davon abgeleitet) in der Methode `FragmentDialog.onCreateDialog()`. Dieses Vorgehen wird normalerweise für Standarddialoge gewählt:

```
public class MeinDialogFragment extends AppCompatDialogFragment {

    @Override
    public Dialog onCreateDialog(Bundle b) {
        Dialog meinDialog = ...; // hier Dialog erzeugen
```

```
        return meinDialog;
    }
}
```

 Bei einigen Dialog-Klassen braucht man beim Erzeugen einen Kontext (typischerweise eine Activity). Daher hat jedes `DialogFragment`-Objekt die Methode `getActivity()`, welche die zur Laufzeit zugehörige `Activity`-Instanz liefert. Diese Activity-Instanz ist auch eine gute Möglichkeit, um aus bzw. nach einem Dialog eine Rückmeldung oder Eingabedaten an eine Activity zu übermitteln.

10.3.2 Dialoge anzeigen

Das eigentliche Anzeigen eines Dialogs, der in Form einer `DialogFragment`-Klasse vorliegt, erfolgt dann wie beim normalen Fragment über den FragmentManager aus einer Activity heraus:

```
FrageDialogFragment fragment = new FrageDialogFragment();
FragmentManager fm = getSupportFragmentManager();
FragmentTransaction transaction = fm.beginTransaction();
transaction.add(fragment, "FrageDialog");
transaction.commit();
```

 MATERIAL ZUM BUCH
In der Beispielsammlung zu diesem Buch unter *http://files.hanser.de/fachbuch/Beispiele.zip* finden Sie im zugehörigen Verzeichnis das Projekt *DialogDemo*, mit dem Sie alle Beispiele dieses Kapitels schnell nachvollziehen können.

10.3.3 Standarddialoge mit AlertDialog

Ein `AlertDialog` ist die universelle Dialogklasse, die für die meisten Zwecke ausreichend sein dürfte und auch von der Android-Dokumentation zur Verwendung empfohlen wird – nicht zuletzt weil dadurch alle Dialoge in Android-Apps ähnlich aussehen und dem Anwender vertraut sind.

Das Erzeugen eines Dialogs vom Typ `AlertDialog` erfolgt mithilfe einer speziellen Hilfsklasse namens `AlertDialog.Builder`:

```
@Override
public Dialog onCreateDialog(Bundle b) {
  AlertDialog.Builder builder;
  builder = new AlertDialog.Builder(getActivity());
  builder.setTitle("AlertDialogDemo");
  builder.setMessage("AlertDialog");
```

```
builder.setPositiveButton("OK",
    new DialogInterface.OnClickListener() {
        public void onClick(DialogInterface dialog, int id) {
            // nichts weiter tun; Dialog schließen
            dialog.dismiss();
        }
    });

builder.setNegativeButton("Abbruch",
    new DialogInterface.OnClickListener() {
        public void onClick(DialogInterface dialog, int id) {
            // nichts weiter tun; Dialog schließen
            dialog.dismiss();
        }
    });

builder.setCancelable(false); // nicht schließen mit ZURÜCK-Button
return builder.create();
}
```

Die `Builder`-Instanz bietet diverse Möglichkeiten zur Gestaltung des Dialogs. Dies sind neben einem Titel und einem kurzen Text vor allem das optionale Setzen von bis zu drei Schaltflächen, die als positiver/neutraler/negativer Button bezeichnet werden und mit den entsprechenden Methoden `setPositiveButton()`, `setNeutralButton()`, `setNegativeButton()` gesetzt werden können. Bei Aufruf dieser Methoden müssen Sie ein Listener-Objekt angeben, das das Klickereignis für die jeweilige Schaltfläche übernimmt (Interface `DialogInterface.OnClickListener`). Üblicherweise macht man dies durch eine anonyme Klasse wie oben gezeigt, die namenlos an Ort und Stelle definiert wird. In der Ereignisbehandlungsmethode wird dann auch meistens der Dialog geschlossen, indem seine `dismiss()`-Methode aufgerufen wird.

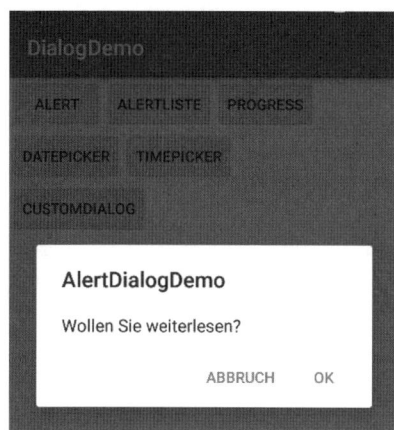

Bild 10.9
Beispiel für AlertDialog

Eine andere häufig benötigte Option ist das Setzen einer Liste von Einträgen, unter denen der Anwender auswählen soll. Hierfür gibt es die Methode `setItems()`:

```
@Override
public Dialog onCreateDialog(Bundle b) {
    AlertDialog.Builder builder;
```

```
builder = new AlertDialog.Builder(getActivity());

builder.setTitle("Wagentyp wählen");
final String[] typen = new String[]{"Kleinwagen", "Golf-Klasse",
                                    "Van", "Cabrio"};

builder.setItems(typen, new DialogInterface.OnClickListener() {
    public void onClick(DialogInterface dialog, int item) {
        // Dialog schließen
        dialog.dismiss();

        // mit item was machen, z.B. an Activity übergeben
        ((MainActivity) getActivity()).zeigeAuswahl(typen[item]);
    }
});

return builder.create();
}
```

Als Argumente übergeben Sie der Methode die Liste der anzuzeigenden Einträge und einen Listener für das Klickereignis.

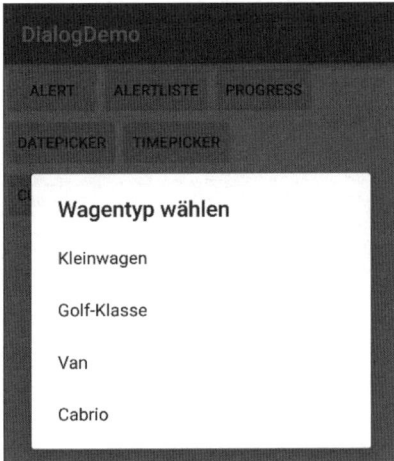

Bild 10.10
AlertDialog mit Liste

10.3.4 Dialoge für Datums- und Zeitauswahl

Eine immer wieder benötigte Aufgabe ist es, dass der Anwender ein Datum oder eine Uhrzeit auswählen muss. Damit dies nicht von jeder Android-App jedes Mal neu und anders und gerne auch mehr schlecht als recht realisiert wird, sollten Sie auf die vorgegebenen Klassen `DatePickerDialog` und `TimePickerDialog` zurückgreifen.

Wir beschreiben das Vorgehen zunächst für `DatePickerDialog`. Der Einsatz an sich ist recht einfach. Man definiert eine Callback-Methode `onDateSet()` als Teil einer anonymen Klasse, die das Interface `DatePickerDialog.OnDateSetListener` implementiert. Diese Methode wird später aufgerufen, wenn der Anwender den Dialog erfolgreich – also nicht über die **Abbrechen**-Schaltfläche – beendet hat, und man kann dann das eingestellte Datum übernehmen und verwenden.

```
@Override
public Dialog onCreateDialog(Bundle b) {
  final DatePickerDialog.OnDateSetListener listener;
  listener = new DatePickerDialog.OnDateSetListener() {
             public void onDateSet(DatePicker view, int year,
                              int monthOfYear, int dayOfMonth)
               { // Datum verwenden
                 ((MainActivity) getActivity()).zeigeAuswahl("Datum: "
                      + dayOfMonth + "." + monthOfYear + "." + year);
               }};

  // Dialog erzeugen und Datum auf heute setzen
  Calendar c     = Calendar.getInstance();
  int jahr       = c.get(Calendar.YEAR);
  int monat      = c.get(Calendar.MONTH);
  int tag        = c.get(Calendar.DAY_OF_MONTH);
  return new DatePickerDialog(getActivity(), listener, jahr,
                              monat, tag);
}
```

Beachten Sie, dass die an den `DatePickerDialog`-Konstruktor übergebene `listener`-Referenz als final deklariert sein muss (die Android-Laufzeitumgebung muss sich darauf verlassen können, dass die übergebene Referenz sich nicht mehr ändert).

Bild 10.11 DatePickerDialog-Beispiel (links Nexus One Android 6.0, rechts Nexus One Android 4.3)

Der Dialog für die Auswahl einer Uhrzeit ist völlig analog. Wir nehmen einen `TimePicker Dialog` und das Callback-Interface heißt nun `TimePickerDialog.OnTimeSetListener`.

```
@Override
public Dialog onCreateDialog(Bundle b) {
  final TimePickerDialog.OnTimeSetListener listener;
  listener = new TimePickerDialog.OnTimeSetListener() {
        public void onTimeSet(TimePicker view, int hourOfDay,
                              int minute)
        { // Zeit verwenden
          ((MainActivity) getActivity()).zeigeAuswahl("Zeit: "
                                  + hourOfDay + ":" + minute);

      }};

  // Dialog erzeugen und Zeit auf "jetzt" setzen
  Calendar c = Calendar.getInstance();
  int stunde = c.get(Calendar.HOUR_OF_DAY);
  int minute = c.get(Calendar.MINUTE);

  // true = als 24-Stunden-Format
  return new TimePickerDialog(getActivity(),
                        listener, stunde, minute, true);
}
```

Der Konstruktor für den `TimePickerDialog` erwartet außer den Parametern für die besitzende Activity, der Callback-Klasse und der Uhrzeit noch die Information, ob das 24-Stunden- oder 12-Stunden-Format verwendet werden soll.

 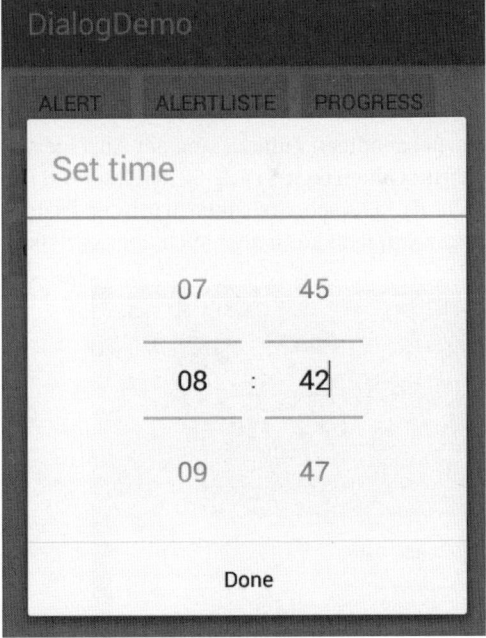

Bild 10.12 Beispiel TimePickerDialog (links Nexus One Android 6.0, rechts Nexus One Android 4.3)

Das Erscheinungsbild von DatePickerDialog und TimePickerDialog unterliegt leider starken Schwankungen je nach Android-Version. Hinzu kommt noch, dass eine Vielzahl von Geräteherstellern mehr oder weniger stark in das Design der UI-Elemente eingreift und hierbei besonders gern bei DatePickerDialog und TimePickerDialog.

Ein weiteres Problem ergibt sich bei den Spracheinstellungen. Grundsätzlich wird immer die Locale-Einstellung des zugrunde liegenden Android-Geräts verwendet (beim Emulator ist dies immer Englisch).

10.3.5 Der Fortschrittsdialog

Da Ihre Apps schnell und effizient sind, dürften Wartezeiten eigentlich nicht auftreten! Falls es sich aber doch mal nicht vermeiden lässt, sollten Sie die Klasse ProgressDialog verwenden, die übrigens von AlertDialog abgeleitet ist und somit eine Spezialisierung darstellt. Sie zeigt eine kleine Animation, um den Anwendern die Wartezeit zu versüßen.

```
@Override
public Dialog onCreateDialog(Bundle b) {
    ProgressDialog dialog = new ProgressDialog(getActivity());
    dialog.setProgressStyle(ProgressDialog.STYLE_HORIZONTAL);
    dialog.setMessage("Lade Daten...");
    dialog.setCancelable(false); // abbrechbar ja/nein
    return dialog;
}
```

Die notwendigen Zutaten sind der Anzeigestil (STYLE_HORIZONTAL für den klassischen Fortschrittsbalken oder STYLE_SPINNER für ein Rad) und ein Text, der angezeigt werden soll. Im Falle des Fortschrittsbalkens wird der Fortschritt in Prozent und als Wert von 0 bis 100 angezeigt, man kann aber auch über setMax() einen anderen Wert als Maximum festlegen.

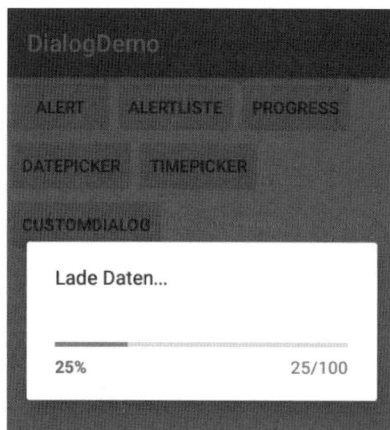

Bild 10.13
ProgressDialog (Android 6.0)

Das `ProgressDialog`-Objekt muss natürlich regelmäßig informiert werden, wie weit der Fortschritt der jeweiligen Tätigkeit gediehen ist. Außerdem muss nach getaner Arbeit der Dialog wieder geschlossen werden.

Da man lang andauernde Aktionen in einem eigenen Arbeitsthread durchführen muss, damit die Benutzeroberfläche nicht lahmgelegt wird, bietet es sich an, das `DialogFragment` mit der `ProgressDialog`-Instanz diesem Thread zugänglich zu machen. Der Arbeitsthread kann dann in seiner `run()`-Methode via `DialogFragment.getDialog()` auf den Dialog zugreifen und ihn mithilfe von `setProgress(int wert)` auf einen neuen absoluten Fortschrittswert setzen bzw. mit `incrementProgressBy(int delta)` den alten Wert um `delta` erhöhen, z. B.

```
DialogFragment dialogFragment = ...; // dialogfragment erzeugen t
ArbeitsThread thread = new ArbeitsThread(dialogFragment);
thread.start();
```

Der Arbeitsthread ist beispielsweise folgendermaßen definiert:

Listing 10.9 Arbeitsthread, der den Fortschrittsdialog aktualisiert und beendet

```
package com.example.standard.dialogdemo;
import android.app.ProgressDialog;
import android.support.v4.app.DialogFragment;

public class Arbeitsthread extends Thread {
    private DialogFragment fortschritt;

    public Arbeitsthread(DialogFragment progressFragment) {
        super();
        fortschritt = progressFragment;
    }

    @Override
    public void run() {
        for(int i = 0; i < 100; i++) {
            // Daten laden, Berechnungen etc.
            // simulieren wir hier durch kurzes Warten
            try {
                Thread.sleep(250);
            }
            catch(Exception ex) {}

            // Fortschritt aktualisieren
            ProgressDialog diag = (ProgressDialog)
                                    fortschritt.getDialog();
            diag.setProgress(i);
        }

        meinFortschritt.dismiss();
    }
}
```

10.3.6 Eigene Dialoge definieren

Manchmal wollen die vorhandenen Dialogmöglichkeiten einfach nicht passen. Dies ist kein Beinbruch und bedeutet lediglich, dass Sie etwas (oder auch extrem viel) mehr Arbeit investieren müssen, um einen eigenen Dialog (einen sogenannten *Custom-Dialog*) zu definieren. Das übliche Vorgehen sieht dabei folgendermaßen aus:

- Erstellen Sie eine XML-Layoutdatei mit dem gewünschten Layout.
- Erzeugen Sie eine Instanz der Klasse `AppCompatDialogFragment` und weisen Sie das definierte Layout zu, indem Sie die Methode `onCreateDialog()` implementieren.
- Initialisieren Sie dabei die enthaltenen View-Elemente analog zum Vorgehen bei einer View, die man in einer Activity benutzt. Die Klassen `Dialog` bietet hierfür identische Methoden an (`setContentView()` und `findViewById()`).
- Zeigen Sie den Dialog wie gewohnt an mithilfe des FragmentManagers.

Nehmen wir beispielsweise an, wir möchten einen Dialog, der aus folgenden Elementen besteht: einem Textfeld mit einer Botschaft, darunter einem Bild und schließlich einer OK-Schaltfläche. Dazu legen wir zunächst über den Menübefehl **File/New/Other**, Option **Android XML File**, eine XML-Datei *spezial_dialog.xml* vom Typ *Layout* in der Projektstruktur unter *res/layout* an. Danach können wir im Designer oder in der XML-Ansicht die Oberfläche des Dialogs festlegen, z. B.

```xml
<?xml version="1.0" encoding="utf-8"?>
<LinearLayout
    xmlns:android="http://schemas.android.com/apk/res/android"
    android:layout_width="match_parent"
    android:layout_height="match_parent"
    android:orientation="vertical"
    android:gravity="center"
    >
   <TextView
     android:text="TextView"
     android:id="@+id/dialogText"
     android:layout_width="wrap_content"
     android:layout_height="wrap_content"></TextView>
   <ImageView
     android:layout_height="wrap_content"
     android:id="@+id/dialogBild"
     android:layout_width="wrap_content"
     android:src="@drawable/icon"></ImageView>
   <Button
     android:text="Schließen"
     android:id="@+id/dialogButton"
     android:layout_width="wrap_content"
     android:layout_height="wrap_content"></Button>
</LinearLayout>
```

Dies definiert einfach ein Textfeld, darunter einen Bereich zur Anzeige eines Bilds und schließlich eine Schaltfläche zum Schließen des Dialogs. Danach können wir das `Dialog`-Objekt erzeugen und initialisieren:

```
@Override
public Dialog onCreateDialog(Bundle b) {
    final Dialog dialog = new Dialog(getActivity());
    dialog.setContentView(R.layout.spezial_dialog);

    TextView textView = (TextView)
                    dialog.findViewById(R.id.dialogText);
    textView.setText("Die Erde geht auf!");

    ImageView imageView = (ImageView)
                dialog.findViewById(R.id.dialogBild);
    imageView.setImageResource(R.drawable.earthrise);

    Button button = (Button) dialog.findViewById(R.id.dialogButton);
    button.setOnClickListener(new View.OnClickListener() {
        public void onClick(View v) {
            dialog.dismiss(); // Dialog schließen

        }
    });

    return dialog;
}
```

Wie Sie sehen können, ist das Vorgehen völlig identisch zum Initialisieren einer View für eine Activity. Die Dialog-Klasse definiert ebenfalls die Methoden setContentView() und findViewById(), die Sie verwenden können, um Zugriff auf das Layout und seine Elemente zu erhalten.

Bild 10.14
Selbst definierter Dialog (Android 6.0)

10.4 Benachrichtigungen mit Toasts

Eine besondere Form von Dialogen bietet Android in Form eines *Toast*. Das hat nichts mit Toastbrot zu tun, sondern mehr mit Trinkspruch und Tischrede, was die zweite Bedeutung des englischen Begriffs ist. Dennoch ist die Namensgebung – wie des Öfteren bei Android – etwas skurril. Gemeint ist jedenfalls ein aufspringender kleiner Dialog mit einer kurzen Nachricht, der danach automatisch verblasst und von selbst wieder verschwindet.

Eine solche Art von Dialog selbst zu implementieren, ist recht mühsam und Sie dürfen daher froh sein, dass Sie in einer Activity Toasts mit wenigen Zeilen Code hervorzaubern können:

```
String text = "Sie haben neue E-Mails!";
Toast einToast = Toast.makeText(this, text, Toast.LENGTH_SHORT);
einToast.show();
```

Die Klasse `Toast` definiert hierfür eine statische Methode `makeText()`, die als Argumente den anzuzeigenden Text und eine Anzeigedauer erwartet. Für letzteres Argument existieren zwei vordefinierte Konstanten: kurz (`Toast.LENGTH_SHORT`) oder lang (`Toast.LENGTH_LONG`).

Ein Toast wird standardmäßig am unteren Bildschirmrand zentriert angezeigt. Dies lässt sich allerdings anpassen:

```
einToast.setGravity(Gravity.TOP|Gravity.LEFT, 0, 0);
```

Die Methode `setGravity()` erwartet eine Positionsangabe sowie einen X-Offset und einen Y-Offset bezogen auf diese Position. Für die Positionsangabe verwendet man die Konstanten `Gravity.TOP`, `Gravity.BOTTOM`, `Gravity.LEFT`, `Gravity.RIGHT`, die man auch wie oben gezeigt mit binärem OR zusammenführen kann. `Gravity.TOP|Gravity.LEFT` bedeutet also „oben links".

Das Beispiel *DialogDemo* zu diesem Abschnitt (siehe Beispielsammlung) erzeugt beim Drücken einer Schaltfläche einen Toast, der den Namen der Schaltfläche kurz anzeigt.

10.4.1 Toasts im Hintergrund-Thread

Ein Toast darf immer nur vom UI-Thread aufgerufen werden! Ein typisches Szenario ist jedoch, dass ein Hintergrund-Thread eine lang laufende Tätigkeit erledigt und dann am Ende per Toast informiert. Verwenden Sie hierzu die Methode `post()` der Klasse `android.os.Handler`. Sie erwartet ein `Runnable`-Objekt, das man meistens gleich als anonyme Klasse als Parameter definiert, z. B.:

```
private Handler handler; // als Instanzvariable der Activity

handler = new Handler(); // in onCreate() anlegen

//
handler.post(new Runnable() {
```

```
public void run() {
    Toast toast = Toast.makeText(MeineActivity.this,
                          "Bin fertig!",
                          Toast.LENGTH_SHORT);
    toast.show();
}
}
```

Das `Handler`-Objekt legen Sie dabei am besten in der `onCreate()`-Methode der zugehörigen Activity an.

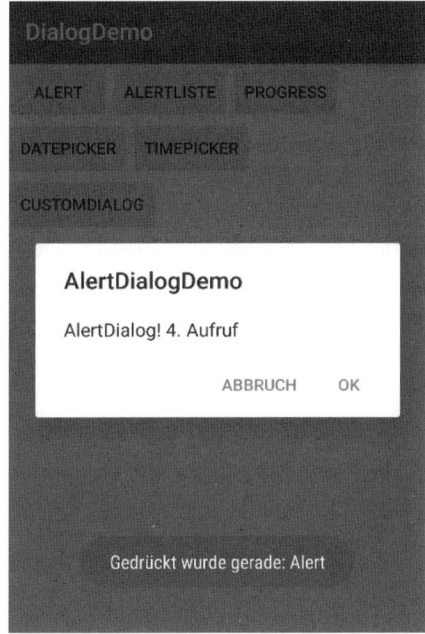

Bild 10.15
Anzeige eines Toasts

10.5 Fragen und Antworten

1. *Meine App mit Optionen-Menü ist für 2.x entwickelt und läuft auf einem Gerät mit 3.x/4.x und es gibt keinen MENU-Button. Wie kommt der Benutzer an das Menü?*

   Android verwendet für einen solchen Fall das Overflow-Menü in der ActionBar. Dort werden die Menüeinträge angezeigt.

2. *Wo genau erscheint ein Popup-Menü? Lässt sich das festlegen?*

   Die Lage eines Popups wird vom Android-System automatisch festgelegt und lässt sich nicht programmtechnisch steuern.

3. *Können Fragmente direkt miteinander kommunizieren? Warum geht man den Umweg über die Activity?*

Das könnte man technisch gesehen so implementieren, gilt aber als schlechter Stil. Ein wesentlicher Aspekt von Fragmenten soll ihre Flexibilität und Wiederverwendbarkeit sein; mit einer direkten Kopplung von Fragmenten geht dies natürlich verloren.

4. *Ich will nur neue Android-Versionen unterstützen. Dann kann ich doch auf diese Kompatibilitätsvarianten aus der Support-Library verzichten, oder?*

   Das lässt sich im Stil von Radio Eriwan beantworten: Im Prinzip ja. Aber es wird dennoch empfohlen, lieber die Klassen aus der Support-Library zu benutzen, und bis auf die teilweise etwas längeren Klassen- und Paketnamen ist ja auch ansonsten alles gleich.

5. *Wann soll ich ein Fragment zum Back-Stack hinzufügen, wann besser nicht?*

   Pauschal lässt sich dies nicht sagen. Stellen Sie sich immer die Frage, was Sie selbst erwarten würden, wenn Sie die **Back**-Taste gedrückt haben. Soll die aktuelle Activity bleiben und nur die Ansicht auf einen vorigen Zustand wechseln? Dann sollte das Fragment bzw. die Fragmenttransaktion in den Back-Stack aufgenommen werden.

6. *Was wird gezeigt, wenn meine von* `DialogFragment` *bzw.* `AppCompatDialogFragment` *abgeleitete Klasse sowohl* `onCreateView()` *als auch* `onCreateDialog()` *implementiert?*

   Nichts! Sie müssen sich entscheiden und nur eine der beiden Methoden unterstützen.

7. *Muss man nicht bei mehrfachem Anzeigen des gleichen Dialogs (via* `DialogFragment`/`AppCompatDialogFragment`*) die vorher hinzugefügte Fragmentinstanz erst wieder entfernen?*

   Nein. Beim Schließen des Dialogs wird das Fragment automatisch wieder aus dem FragmentManager entfernt.

8. *Kann man sich irgendwo einklinken, wenn der Benutzer einen Dialog geschlossen hat?*

   Ja, und zwar mit dem Interface `DialogInterface.OnDismissListener`. Man kann eine Klasse definieren, die dieses Interface implementiert (Methode `onDismiss(DialogInterface di)`), und bei der `Dialog`-Klasse via `setOnDismissListener()` registrieren.

■ 10.6 Übungen

1. Erstellen Sie eine App, welche die Güte einer PIN (bestehend aus den Ziffern 0–9) testet. Der Benutzer gibt eine PIN ein und die App testet, wie lange sie mittels Brute-Force (also systematischem Durchprobieren) braucht, um sie zu erraten. Dies erfolgt in einem Hintergrund-Thread, der sich bei Beendigung mit einem Toast beim Benutzer meldet und die Zeit angibt, die zum Erraten gebraucht wurde.

2. Schreiben Sie eine App, die eine analoge Uhr anzeigt und in ihrer ActionBar den Menüpunkt **Farben** anbietet. Beim Klick darauf wird in einem Untermenü die Auswahl mehrerer Farben ermöglicht, um die Hintergrundfarbe zu ändern. (Hinweis: Für die Uhr können Sie das View-Element `AnalogClock` aus der Designer-Palette nehmen.)

11 Mehrseitige Apps

Die in den vorangehenden Kapiteln erstellten Apps hatten alle gemeinsam, dass sie immer nur eine Activity besaßen und somit auch nur eine Bildschirmansicht boten. Für erstaunlich viele Zwecke ist dies auch völlig ausreichend, zumal gerade im Smartphone-Bereich im Gegensatz zum PC die Tendenz besteht, viele kleine, spezialisierte Apps zu installieren anstelle von wenigen großen, aber mächtigen Programmsuiten.

Dennoch werden Sie über kurz oder lang vor der Aufgabe stehen, für eine App mehrere Bildschirmseiten bzw. Activities erzeugen zu müssen, um unterschiedliche Aktivitäten anzubieten. Ein besonderer Aspekt ist dabei auch, nicht jedes Mal das Rad neu zu erfinden, sondern vorhandene Funktionalität (aus anderen Apps bzw. dem Android-Betriebssystem) wiederzuverwenden.

Eine Möglichkeit bietet das Fragment-Konzept (siehe Kapitel 10.2).

Eine weitere mögliche Antwort auf diese Problemstellung liefert uns der Intent-Mechanismus von Android, mit dessen Hilfe wir andere Activities starten können.

■ 11.1 Intents

Wie bereits in Kapitel 8 erwähnt, wird die Root-Activity einer Task über einen Intent (eine Art Botschaft) gestartet, den Android versendet, wenn der Anwender auf das Symbol der jeweiligen App getippt hat.

Dieser Mechanismus kommt generell beim Starten von Activities zur Anwendung. Wenn Sie in Ihrer App ausgehend von der aktuellen Activity eine andere Activity (sei es eine selbst geschriebene oder irgendeine andere) starten möchten, dann müssen Sie zwingend über den Intent-Ansatz vorgehen, damit die gewünschte Activity im Rahmen der Android-Mechanismen wie Back-Stack und Lebenszyklus verwaltet wird.

11.1.1 Was sind Intents?

Nicht sonderlich überraschend sind Intents Objekte der Klasse Intent (Paket android.content). Ein solches Intent-Objekt kann im Wesentlichen die folgenden Kerninformationen enthalten:

- **Was soll getan werden?** (Action)
  Für die Angabe, was zu tun ist, gibt es vordefinierte Konstanten in der Klasse android.content.Intent. Die wichtigsten sind:
  - Intent.ACTION_MAIN zum allgemeinen Starten einer App
  - Intent.ACTION_VIEW zum Anzeigen von Daten
  - Intent.ACTION_EDIT zum Bearbeiten von Daten
  - Intent.ACTION_DIAL zum Anzeigen/Wählen einer Telefonnummer

  Für eigene Activities kann man aber auch selbst definierte String-Konstanten verwenden.

> Zur Erinnerung: Wie bei allen Klassen aus der Android-Bibliothek können Sie eine vollständige Liste der vordefinierten Aktionen erhalten, wenn Sie in Android Studio im Editor „Intent." (also das Wort Intent plus Punkt) eingeben und warten, bis das Info-Fenster aufspringt.

- **Womit soll gearbeitet werden? Teil 1** (Data)
  Die zu verwendenden Daten können in Form eines *URI* (Uniform Resource Identifier), beispielsweise eines http-Links, übergeben werden.

  Dies ist natürlich nur notwendig, wenn es relevante Daten gibt.

- **Womit soll gearbeitet werden? Teil 2** (Extras)
  Zusätzliche Informationen können dem Intent auch in Form von Schlüssel-Wert-Paaren (key-value) mitgegeben werden.

- **Wer soll es machen? Teil 1** (Component)
  Die Angabe, wer den Intent behandeln soll: Sie können den Empfänger explizit angeben oder Sie lassen implizit die Android-Laufzeitumgebung herausfinden, welche verfügbare Komponente (vom Typ Activity, Service, ContentProvider, BroadcastReceiver) von sich behauptet, den gewünschten Intent bedienen zu können.

- **Wer soll es machen? Teil 2** (Category)
  Zusätzlich oder alternativ zur Angabe der Komponente, die sich um den Intent kümmern soll, kann im Falle von Activities noch ein Zusatzhinweis – die sogenannte *Category* – übergeben werden.

  Hierzu dienen Konstanten wie beispielsweise Intent.CATEGORY_HOME (Activity zeigt den Home-Bildschirm) oder Intent.CATEGORY_LAUNCHER (Activity kann Root-Activity sein und ist im Application Launcher verfügbar).

Das generelle Vorgehen besteht aus dem Anlegen einer geeigneten Instanz der Klasse Intent und der Übergabe an das Android-Betriebssystem, das sich dann um alles Weitere kümmert. Intent bietet dabei eine Reihe von Konstruktoren und set-Methoden, um einen gewünschten Intent beliebig genau zu spezifizieren, je nachdem, wie genau Sie festlegen möchten oder können, wer den Intent behandeln soll.

11.1.2 Explizite und implizite Intents

Intents werden grob in zwei Kategorien unterteilt, die von Android unterschiedlich behandelt werden:

- *Explizite* Intents geben die Komponente, an die sie gerichtet sind (also z. B. eine andere Activity), genau an.

    Besteht eine App aus mehreren Activities, sind explizite Intents der typische Weg, wie eine Activity der App eine andere Activity der App aufruft.

- *Implizite* Intents geben statt einer definierten Zielkomponente nur Hinweise an, anhand deren Android versucht, einen Empfänger zu finden.

    Diese Art von Intents wird typischerweise verwendet, um Activities, die zu anderen Apps gehören, zu starten.

11.1.3 Intent-Filter

Im Falle von impliziten Intents wählt Android die Zielkomponente anhand von Intent-Filtern, die jede installierte App in ihrer *AndroidManifest.xml*-Datei definieren kann. Ein solcher Filter gibt an, für welche Kombination von *Action*, *Category* und *Data* die Activity aufgerufen werden kann. Schauen wir uns einige Beispiele an:

```xml
<intent-filter>
    <action android:name="carpelibrum.ZEIGE_LOGO" />
    <action android:name="carpelibrum.ZEIGE_ZEIT" />
</intent-filter>
```

Dieser Filter lässt alle Intents zu, die als *Action* den String `"carpelibrum.ZEIGE_LOGO"` oder `"carpelibrum.ZEIGE_ZEIT"` vorweisen.

Im nächsten Beispiel sehen Sie, wie eine Activity von sich behauptet, dass sie die Kategorien *BROWSABLE* (*BROWSABLE*-Intents werden z. B. erzeugt, wenn ein Anwender im Webbrowser auf einen Link tippt) und *DEFAULT* unterstützt.

```xml
<intent-filter>
    <category android:name="android.intent.category.DEFAULT" />
    <category android:name="android.intent.category.BROWSABLE" />
</intent-filter>
```

„android.intent.category.DEFAULT" ist besonders wichtig, denn diese *Category* signalisiert Android, dass die Activity für die Auflösung von impliziten Intents verwendet werden kann.

Die dritte Art, wie Intents gefiltert werden können, basiert auf der *Data*-Sektion des Intents.

```xml
<intent-filter>
  <data android:mimeType="video/mpeg" android:scheme="http" />
</intent-filter>
```

Im obigen Beispiel sagen wir, dass die Activity sich für Daten vom Typ *video/mpeg* interessiert, die via http-Link verfügbar sind. Dies bedeutet natürlich auch, dass ein Intent, der Videodaten via Dateisystem (`scheme="file"`) behandelt haben will, diesen Filter nicht passieren wird. Wenn wir erreichen wollen, dass alle Videodaten, egal woher, behandelt werden sollen, dann verallgemeinern wir den Filter, indem wir das Attribut `scheme` weglassen:

```
<intent-filter>
  <data android:mimeType="video/mpeg" />
</intent-filter>
```

Für jede Activity können Sie mehrere Intent-Filter definieren, die zudem auch noch aus mehreren Sektionen für *Action*, *Category* oder *Data* bestehen dürfen, sodass sich eine schon fast verwirrende Vielfalt an Möglichkeiten ergibt.

Konzentrieren wir uns daher auf einige wichtige Beispiele:

```
<intent-filter>
  <action android:name="android.intent.action.MAIN" />
  <category android:name="android.intent.category.LAUNCHER" />
</intent-filter>
```

Dies ist der Standardfilter, den Eclipse beim Anlegen eines Android-Projekts für die Start-Activity gleich miterzeugt. Es wird hier sowohl nach der *Action* als auch der *Category* gefiltert.

Ein Intent mit *Action* gleich `"android.intent.action.MAIN"` und *Category* gleich `"android.intent.category.LAUNCHER"` wird von Android versendet, wenn der Anwender im Application Launcher das App-Symbol gedrückt hat. In einer App darf genau eine Activity diese Kombination in ihrem Intent-Filter definieren, damit Android weiß, mit welcher Activity die App gestartet werden soll.

Nehmen wir mal an, unsere Activity soll nicht nur die Start-Activity sein, sondern auch für andere Apps via implizitem Intent zugreifbar sein. Dann brauchen wir zusätzlich die bereits erwähnte Kategorie *DEFAULT* und müssen den Intent-Filter erweitern:

```
<intent-filter>
  <action android:name="android.intent.action.MAIN" />
  <category android:name="android.intent.category.LAUNCHER" />
  <category android:name="android.intent.category.DEFAULT" />
</intent-filter>
```

■ 11.2 Activities starten mit Intents

Nachdem Sie nun einen ersten Einblick in Intents gewonnen haben, können wir darangehen, Activities via Intents zu starten. Das generelle Vorgehen ist einfach:

Sie erzeugen ein `Intent`-Objekt und übergeben es mithilfe der Methode `startActivity()` an die Android-Laufzeitumgebung.

11.2.1 Intent-Objekte erzeugen

Zum Erzeugen des `Intent`-Objekts bietet die Klasse `Intent` eine Reihe von Konstruktoren an, aus denen Sie sich den passenden auswählen können, unter anderem:

```
Intent(String action)
Intent(String action, Uri uri)
Intent(Content context, Class<?> class)
```

Mit den beiden ersten Konstruktoren erzeugen Sie implizite `Intent`-Objekte:

```
Intent intentV = new Intent(Intent.ACTION_View);
intentV.setData(Uri.parse("Text"));
```

bzw.

```
Intent intentE = new Intent(Intent.ACTION_EDIT, Uri.parse("Text"));
```

Mit dem dritten Konstruktor erzeugen Sie explizite `Intent`-Objekte:

```
Intent intent = new Intent(this, EineActivity.class);
```

Ab der Version Android API 15 gibt es einige Verbesserungen, um implizite Intents für allgemeine Standard-Apps zu erzeugen. Verwenden Sie hierzu die statische Methode

```
Intent intent = Intent.makeMainSelectorActivity(String selector,
                                                String category);
```

der man die gewünschte App-Kategorie mitgeben kann, z. B. für Terminkalender `Intent.CATEGORY_APP_CALENDAR` oder `Intent.CATEGORY_APP_MUSIC` für den Musik-Player. Im Beispiel aus Abschnitt 11.4 werden wir den Einsatz von `makeMainSelectorActivity()` demonstrieren.

Bundle-Daten

Unabhängig davon, mit welchem Konstruktor das `Intent`-Objekt erzeugt wurde, können Sie dem Intent-Objekt bei Bedarf zusätzliche Informationen und Nutzdaten als *Extra*-Daten mitgeben.

Für implizite Intents ist dies der Standardweg zur Übertragung von Daten mit dem Intent, für explizite Intents ist es eine Möglichkeit, neben den *Data*-Informationen noch weitere Daten mitzugeben.

 Der wichtigste Unterschied zwischen *Data*- und *Extra*-Daten ist, dass *Data*-Daten auch zur Ermittlung einer Empfänger-Activity für den Intent benutzt werden.

Extra-Daten werden immer als Schlüssel-Wert-Paare gespeichert, wobei der Schlüssel immer vom Typ `String` ist, während die Werte beliebige Objekte sein können. Um dem Intent ein solches Schlüssel-Wert-Paar mitzugeben, übergeben Sie Schlüssel und Wert an eine der überladenen `putExtra()`-Methoden:

```
Intent intent = new Intent(this, EineActivity.class);
intent.putExtra("name", "Jim");
intent.putExtra("alter", 34);
```

 Alternativ können Sie die *Extra*-Daten auch explizit in ein Bundle-Objekt verpacken und dieses dann dem Intent mitgeben.

Intents senden

Beginnen wir nun mit einem Beispiel für einen impliziten Intent zum Starten einer Activity, die dem Anwender das Eingabefeld zum Telefonieren zugänglich macht:

```
Intent intent = new Intent(Intent.ACTION_DIAL);
startActivity(intent);
```

Wie Sie sehen können, ist das Ganze ein Zweizeiler. Wir legen ein Intent-Objekt mit der gewünschten Action-Art (hier ACTION_DIAL) an und übergeben es an die Methode startActivity(), die jede Activity-Klasse besitzt.

Zu verarbeitende Daten haben wir nicht und da wir davon ausgehen können, dass es mindestens eine Anwendung auf einem Smartphone gibt, welche das Wählen einer Telefonnummer anbietet, geben wir keine Activity vor, die sich darum kümmern soll, sondern überlassen die Ermittlung einer Empfänger-Activity der Android-Laufzeitumgebung. Sie wird anhand vorgegebener Regeln und mit Unterstützung der Intent-Filter aller installierten Apps versuchen, etwas Passendes zu finden.

Wenn wir die Zielkomponente genau angeben wollen bzw. müssen, dann übergeben wir dem Intent-Konstruktor einen Verweis auf den aufrufenden Kontext (z. B. die Activity, die den Intent versendet) und das Class-Objekt der gewünschten Ziel-Activity:

```
Intent intent = new Intent(this,
            com.example.standard.multiactivityapp.Activity_2.class);
startActivity(intent);
```

Liegt die Empfänger-Activity im gleichen Paket wie die aufrufende Activity, kann die Angabe des Pakets entfallen:

```
Intent intent = new Intent(this, Activity_2.class);
startActivity(intent);
```

 Der Bezeichner com.example.standard.multiactivityapp.Activity_2.class ist ein sogenanntes Class-Literal: An den vollen Klassennamen wird .class angehängt. Dies liefert zur Laufzeit ein spezielles Objekt vom Typ java.lang.Class, das Informationen über die jeweilige Klasse (hier also Activity_2) bereitstellt.

11.3 Intents empfangen

Wird eine Activity als Reaktion auf einen gesendeten Intent vom Android-System gestartet, kann sie sich in ihrer `onCreate()`-Methode das auslösende `Intent`-Objekt beschaffen und aus diesem – bei Bedarf – die im Objekt abgelegten Daten auslesen. Zum Abgreifen des Intent-Objekts besitzt jede Activity die Methode `getIntent()`. Zum Auslesen der im Intent-Objekt abgelegten Daten und Informationen gibt es z. B. die Methoden `getAction()` und `getData()`. Etwaige *Extra*-Daten lesen Sie am besten als `Bundle`-Objekt aus und fragen dann mithilfe der get-Methoden des `Bundle`-Objekts die Werte für die einzelnen Schlüssel ab.

```
public void onCreate(Bundle savedInstanceState) {
    super.onCreate(savedInstanceState);
    setContentView(R.layout.activity2);

    Intent intent = getIntent();
    Bundle daten = intent.getExtras();
    String name = daten.getString("name"); // liefert "Jim"
    int alter = daten.getInt("alter"); // liefert 34
}
```

11.4 Ein Demo-Beispiel

Schauen wir uns nun zur Veranschaulichung ein kleines Beispiel namens *MultiActivityApp* an, das aus zwei Activities besteht: wie bisher in allen Beispielen eine Haupt-Activity namens `MainActivity` sowie noch eine weitere mit Namen `Activity_2`, die sich via explizitem Intent gegenseitig starten können (bzw. gegenseitig wieder in den Vordergrund bringen, siehe auch Kapitel 8 zum App-Lebenszyklus).

Zusätzlich können Sie von *Activity_2* aus noch durch einen impliziten Intent zu einer Activity einer ganz anderen App gelangen, nämlich dem Standardbrowser von Android.

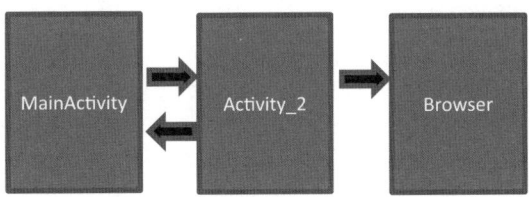

Bild 11.1
Navigationspfad der MultiActivityApp

Das vollständige Android Studio-Projekt finden Sie wie gewohnt in der Beispielsammlung und wir beleuchten hier nur noch die interessanten Code-Fragmente.

```
public class MainActivity extends AppCompatActivity
                implements View.OnClickListener
```

```
  public void onCreate(Bundle savedInstanceState) {
    super.onCreate(savedInstanceState);
    setContentView(activity_main);
    Button activity2Button  = (Button)
                              this.findViewById(R.id.button1);
    activity2Button.setOnClickListener(this);
  }

  public void onClick(View v) {

    // Activity 2 starten
    Intent intent = new Intent(this, Activity_2.class);
    this.startActivity(intent);
    }
}
```

MainActivity soll in der Lage sein, `Activity_2` zu starten. Die Bildschirmseite von `Main Activity` bietet zu diesem Zweck einen Button an. In dessen `onClick`-Listener erzeugen wir einen expliziten Intent, der neben dem aufrufenden Kontext (die aktuelle Activity, also `this`) die gewünschte Zielkomponente als Argument erhält. Da `Activity_2` im selben Paket wie `MainActivity` liegt, reicht hier der einfache Klassenname. Dann übergeben wir mittels der `startActivity()`-Methode das Intent-Objekt an Android.

Auch die Klasse `Activity_2` ist überschaubar. Ihre Bildschirmseite enthält zwei Buttons, die wir in einer gemeinsamen `onClick()`-Methode behandeln.

Listing 11.1 Die Klasse Activity_2

```
public class Activity_2 extends AppCompatActivity
                  implements View.OnClickListener {
private Button externeActivityButton;
private Button mainActivityButton;

public void onCreate(Bundle savedInstanceState) {
    super.onCreate(savedInstanceState);
    setContentView(R.layout.activity_2);

    mainActivityButton = (Button) this.findViewById(R.id.button1);
    mainActivityButton.setOnClickListener(this);

    externeActivityButton = (Button) findViewById(R.id.button2);
    externeActivityButton.setOnClickListener(this);
}

public void onClick(View v) {

    if(v == externeActivityButton) {
        Intent intent =
            Intent.makeMainSelectorActivity(Intent.ACTION_MAIN,
                            Intent.CATEGORY_APP_BROWSER);
        PackageManager pm = getPackageManager();
        ComponentName cn  = intent.resolveActivity(pm);

        if(cn != null) {
            startActivity(intent);
        }
```

```
        }
        else if(v == mainActivityButton) {
            Intent intent = new Intent(this, MainActivity.class);
            startActivity(intent);
        }
    }

}
```

Das Starten der Activity zur Anzeige des Standardtaschenrechners ist ein Beispiel für einen impliziten Intent. Hierfür verwenden wir die vordefinierten Konstanten `Intent.ACTION_MAIN` und `Intent.CATEGORY_APP_CALCULATOR`, um der Android-Laufzeitumgebung mitzuteilen, was wir starten wollen. Den Rest, d. h. das Ermitteln der genauen Activity, die aufgerufen werden muss, erledigt Android für uns.

Die Manifestdatei

Nicht vergessen dürfen wir die Anpassung der Datei *AndroidManifest.xml*. Dort müssen wir deklarieren, dass unsere App nicht wie bisher üblich nur aus einer Activity besteht, sondern zwei Activities definiert (`MainActivity` und `Activity_2`):

Listing 11.2 AndroidManifest.xml mit zwei Activities

```xml
<?xml version="1.0" encoding="utf-8"?>
<manifest xmlns:android="http://schemas.android.com/apk/res/android"
    package="com.example.standard.multiactivityapp">

<application
    android:allowBackup="true"
    android:icon="@mipmap/ic_launcher"
    android:label="@string/app_name"
    android:supportsRtl="true"
    android:theme="@style/AppTheme">

    <activity android:name=".MainActivity">
        <intent-filter>
            <action android:name="android.intent.action.MAIN" />
            <category android:name="android.intent.category.LAUNCHER" />
        </intent-filter>
    </activity>
    <activity
        android:name="com.example.standard.multiactivityapp.Activity_2">
    </activity>
</application>

</manifest>
```

ACHTUNG

Alle Activities werden in der Manifestdatei aufgelistet.

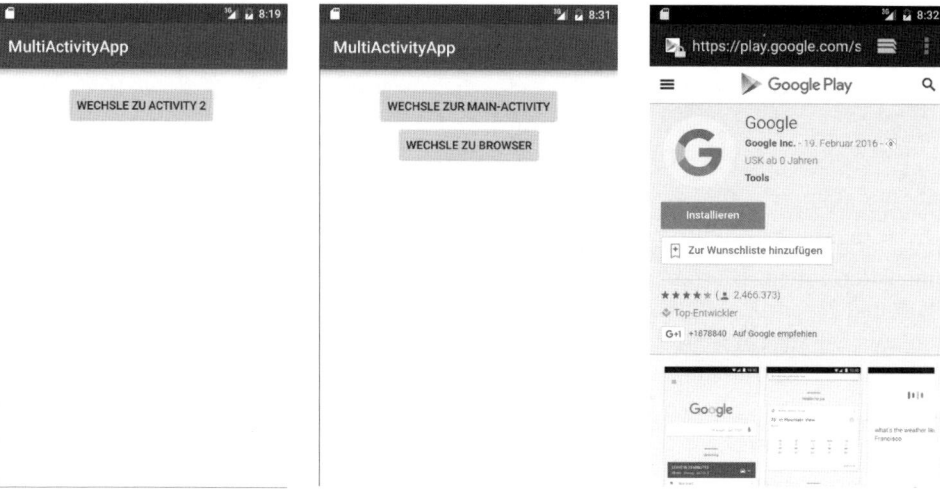

Bild 11.2 Wechsel zwischen Activities

11.5 Ergebnisse zurücksenden

Activities können auch derart gestartet werden, dass sie ein Ergebnis an die aufrufende Activity zurücksenden. Hierzu müssen Sie folgendermaßen vorgehen.

Starten Sie die Activity durch Aufruf der Methode startActivityForResult().

```
startActivityForResult(Intent intent, int requestCode);
```

Im Unterschied zur üblicherweise verwendeten Methode startActivity() müssen Sie neben dem Intent-Objekt zur Identifizierung der gewünschten Ziel-Activity noch eine nichtnegative ganze Zahl für den requestCode mitgeben.

Die derart aufgerufene Activity erstellt nach Erledigung ihrer Aufgaben ein Intent-Objekt mit den Rückgabedaten, richtet dieses als Ergebniswert ein und beendet sich dann durch Aufruf der Methode finish().

```
Intent ergebnis = new Intent();
ergebnis.putExtra("Name", "Sepp");
setResult(Activity.RESULT_OK, ergebnis);
finish();
```

In der aufrufenden Activity-Klasse muss ferner die Methode

```
onActivityResult(int requestCode, int resultCode, Intent data);
```

implementiert sein. Die Android-Laufzeitumgebung ruft diese Methode nach Beendigung der aufgerufenen Activity auf und übergibt dabei

- den requestCode, mit dem die entsprechende Activity gestartet wurde, und

- das Ergebnis (den Statuscode `resultCode` und ein `Intent`-Objekt mit den eigentlichen Ergebnisdaten).

```
void onActivityResult(int requestCode, int resultCode, Intent data) {
   Bundle ergebnis = data.getExtras();
   String name     = ergebnis.getString("Name");
   // ...
}
```

Ein konkretes Beispiel für den Einsatz von `startActivityForResult()` finden Sie in Kapitel 12.3.

11.6 Fragen und Antworten

1. *Bei einem impliziten Intent weiß man ja nicht sicher, ob eine passende Activity im System vorhanden ist. Kann man das vorab herausfinden?*

   Ja, und zwar mit der `Intent`-Methode `resolveActivity()` und einem `PackageManager`:

   ```
   Intent meinIntent = ...

   PackageManager pm = getPackageManager();
   ComponentName cn  = meinIntent.resolveActivity(pm);

   if(cn != null) {
      // OK, passende Activity vorhanden
      startActivity(meinIntent);
   }
   ```

2. *Kann man mit Intents eine Nachricht an alle Apps senden?*

   Ja, dies nennt man Broadcasting. Definieren Sie wie oben beschrieben ein `Intent`-Objekt und verwenden Sie die Methode `sendBroadcast()` aus der Klasse `Activity`.

3. *Und wie kann meine App auf solche Broastcast-Intents reagieren?*

   Das ist leider etwas komplizierter und sprengt den Rahmen dieses Einsteigerbuchs. Die zentrale Klasse ist hierbei `android.content.BroastcastReceiver`. Ihre App muss sich als Broadcast-Receiver registrieren und entsprechend implementiert sein und kann dann solche Nachrichten erhalten.

11.7 Übung

Schreiben Sie eine App mit folgender Funktionalität: Der Benutzer gibt in ein Eingabefeld (vom Typ `EditText` mit `inputType` gleich `textUri`) eine Webadresse ein (z. B. *www.carpelibrum.de*) und die App startet dann via Intent den installierten Standardbrowser. Verwenden Sie hierbei `Intent.ACTION_VIEW`. Denken Sie daran, dass die `Permission INTERNET` im Android-Manifest gesetzt sein muss.

12 Daten speichern

Das dauerhafte Speichern von Daten ist ein Grundproblem für jedes ernsthafte Computersystem. Zum Glück lässt uns Android auch hier nicht im Regen stehen und bietet uns verschiedene Optionen an.

■ 12.1 Preferences

Für das Verwalten von kleinen Datenmengen, wie sie beispielsweise bei der App-Konfiguration anfallen, bietet sich die Klasse `SharedPreferences` an. Jede Activity verfügt über die Methode `getPreferences()`, die Ihnen ein `SharedPreferences`-Objekt zum Speichern App-privater Daten zurückliefert:

```
SharedPreferences prefs = getPreferences(Context.MODE_PRIVATE);
```

Die in einem Objekt vom Typ `SharedPreferences` abgelegten Daten sind Privateigentum der Activity, zu der das Objekt gehört. Das heißt, nur diese Activity kann darauf lesen und schreiben. Allerdings können Sie die Sicherheitsstufe abschwächen, indem Sie anstelle von `Context.MODE_PRIVATE` die Werte `Context.MODE_WORLD_READABLE` (= andere Apps können lesen) oder `Context.MODE_WORLD_WRITEABLE` (= andere Apps können lesen und schreiben) verwenden.

Die zu speichernden Daten werden als Schlüssel-Wert-Paare abgelegt, wobei wie üblich in Android der Schlüssel vom Typ `String` sein muss, während das Wert-Objekt einen beliebigen Standardtyp (`String`, `boolean`, `float`, `long`) haben kann. Sie können allerdings nicht direkt in das `SharedPreferences`-Objekt schreiben, sondern müssen einen Mittelsmann vom Typ `SharedPreferences.Editor` anfordern. Über diesen Mittelsmann können Sie nach Herzenslust Datenpaare anlegen und durch Aufruf von `commit()` dauerhaft speichern (oder *persistieren*, wie der Fachmann sagt).

```
SharedPreferences.Editor meinEditor = prefs.edit();
meinEditor.putString("name", "Sepp");
meinEditor.putBoolean("verheiratet", true);
meinEditor.commit();
// ab Android 2.3: besser: meinEditor.apply();
```

Ab Android 2.3 sollten Sie zum Speichern die neue Methode `apply()` anstelle von `commit()` verwenden. `apply()` führt ein sicheres, nichtblockierendes Speichern durch, während `commit()` an der Aufrufstelle blockierend ist und dadurch bei ungünstigen Umständen ein kurzes Hängen auftreten kann.

Das Auslesen ist ganz einfach und erfolgt ohne zwischengeschalteten Editor mithilfe der zugehörigen `get`-Methoden:

```
String name = prefs.getString("name");
boolean istVerheiratet = prefs.getBoolean("verheiratet");
```

Hinter den Kulissen macht Android nichts anderes, als die Schlüssel-Wert-Paare in einer XML-Datei im Android- (bzw. genauer Linux-)Dateisystem abzulegen. Wenn Sie möchten, können Sie als App-Programmierer natürlich auch direkt auf das Dateisystem zugreifen, was wir kurz im nächsten Abschnitt beleuchten.

■ 12.2 Dateizugriffe

Das direkte Lesen und Schreiben in eine Datei bietet sich vor allem an, wenn es um größere Datenmengen geht. Der Ansatz via `SharedPreferences` ist hierfür in der Regel nicht so gut bzw. gar nicht geeignet. Arbeiten Sie in solchen Fällen also besser mit dateibasierten Ein- und Ausgabeströmen und den Java-Klassen `FileInputStream` bzw. `FileOutputStream`.

MATERIAL ZUM BUCH
Für eine ausführlichere Behandlung der Java-IO-Klassen siehe den Exkurs „Ein- und Ausgabe" im Java-Tutorium.

Bei Dateizugriffen macht Android eine Unterscheidung zwischen dem sogenannten *internen Speicher* (Internal Storage) und dem *externen Speicher* (External Storage). Sicherlich haben Sie schon mal diese Bezeichnungen bei den technischen Daten eines Smartphones gelesen:

- **Interner Speicher:** ist immer vorhanden (allerdings in der Regel recht klein gehalten). Dateien im internen Speicher sind app-spezifisch, d. h., nur die App selbst kann sie lesen und schreiben/ändern. Wenn die erzeugende App deinstalliert wird, dann werden auch die zugehörigen Dateien im internen Speicher gelöscht.

- **Externer Speicher:** kann (muss aber nicht) vorhanden sein, da er in Form einer einsteckbaren SD-Karte vorliegt. Bei Zugriffen muss man daher immer erst prüfen, ob er vorhanden ist. Der wesentliche Vorteil (oder auch Nachteil) ist, dass die Dateien teilweise auch von außen sichtbar und zugreifbar sind (für andere Apps oder auch bei einer USB-Verbindung über einen PC). Je nach Android-Version gibt es leider Unterschiede in den Zugriffsrechten und der Unterteilung des externen Speichers in verschiedene Bereiche (app-privat, öffentlich), sodass es aus Entwicklersicht sehr verzwickt werden kann, wenn man möglichst viele API-Versionen abdecken will.

12.2.1 Zugriff auf internen Speicher

In Dateien schreiben

Sie benötigen eine neue Datei und ein `FileOutputStream`-Objekt, über das Sie in die Datei schreiben können?

Dann ist die Activity-Methode `openFileOutput()` genau richtig für Sie:

```
FileOutputStream datei = openFileOutput("daten.txt",
                                        Context.MODE_PRIVATE);
```

Sie übergeben der Methode den Dateinamen und einen Zugriffsmodus. Wenn eine Datei mit dem angegebenen Namen bereits existiert, wird sie gelöscht und durch eine neue ersetzt. Üblicherweise sollten Sie als Zugriffsmodus `Context.MODE_PRIVATE` verwenden, sodass die Datei nur von Ihrer App geschrieben bzw. gelesen werden kann. Wenn später auch andere Apps darauf zugreifen sollen, dann übergeben Sie `Context.MODE_WORLD_READABLE` (alle können lesen) oder `Context.MODE_WORLD_WRITABLE` (alle können lesen und schreiben).

Damit ist ein Ausgabestream geöffnet und Sie können nun die Bytes der zu schreibenden Daten mithilfe der Methode `write()` in die Datei schreiben:

```
try {
  FileOutputStream datei = openFileOutput("daten.txt",
                                          Context.MODE_PRIVATE);
  String meinText = "Die weiteren Aussichten: bewölkt, 36 Grad";
  datei.write(meinText.getBytes());
  datei.close();
}
catch(IOException ex) {
  Log.d("MeineApp", ex.getMessage());
}
```

Alle Arten von Dateizugriffen können Ausnahmefehler (Exceptions) vom Typ `IOException` werfen, daher müssen Sie diese Codeblöcke immer mit `try-catch` kapseln. Wichtig ist auch das explizite Schließen des Ausgabestreams via `close()`, da ansonsten Daten verloren gehen können.

Aus Dateien lesen

Das Lesen geschieht analog: Sie beschaffen sich mithilfe der Methode `openFileInput()` einen `FileInputStream` und lesen die Daten als Folge von einzelnen Bytes aus der Datei ein.

Leider ist das Lesen eines Byte-Streams etwas umständlich, da Sie nicht vorab wissen, wie viele Bytes am Stück gelesen werden können. Der übliche Weg ist daher, in einer Schleife so lange einzelne Bytes einzulesen, bis das Dateiende durch den Rückgabewert `-1` angezeigt wird:

```
try {
  FileInputStream eingabeDatei = openFileInput("daten.txt");
  List<Byte> daten = new ArrayList<Byte>();

  while(true) {
```

```
      int b = eingabeDatei.read();

    if(b == -1) {
          break;  // Dateiende
    }
    else {
       daten.add((byte) b);
    }
 }

// aus Byte-Daten nun Buchstaben erzeugen
byte[] bytes = new byte[daten.size()];

for(int i = 0; i < bytes.length; i++) {
   bytes[i] = daten.get(i);
}

String text = new String(bytes);
Log.d("MeineApp", text);
}
catch(Exception ex) {
   Log.d("MeineApp", ex.getMessage());
}
```

Falls die gelesenen Byte-Daten im Grunde Text repräsentieren, müssen Sie außerdem noch dafür sorgen, dass die Bytes in ein korrektes `String`-Objekt überführt werden. Hierzu werden im obigen Beispiel die aufgesammelten Bytes in ein `byte`-Array geschrieben und einem `String`-Konstruktor übergeben.

> Der Dateiname, der an `openFileOutput()` bzw. `openFileInput()` übergeben wird, muss ein einfacher Dateiname ohne Pfadangabe sein (darf also weder / noch \ enthalten). Man kann diese Methoden daher nur für App-lokale Dateien einsetzen, die im Android-Dateisystem im Verzeichnis */data/data/<Paketname>/files* liegen, also z. B. */data/data/com.example.standard.testapp/files/daten.txt*.

Textdateien

Falls Sie mit Java schon Programme für den PC entwickelt haben, dann werden Sie vermutlich das Paket `java.io` kennen, das diverse spezialisierte Klassen zum Umgang mit Dateien beinhaltet (siehe auch das Java-Tutorium, Exkurs „Ein- und Ausgabe") – darunter auch Klassen zum vereinfachten Lesen von Textdateien.

Das folgende Beispiel demonstriert wie Sie mithilfe der geeigneten Klassen das oben gezeigte mühselige byteweise Lesen vermeiden können:

```
try {
    File datei = new File(getFilesDir(), "daten.txt");
    FileReader reader = new FileReader(datei);
    BufferedReader eingabeDatei = new BufferedReader(reader);
    String zeile = eingabeDatei.readLine();

    reader.close();
}
```

```
catch(Exception ex) {
    Log.d("MeineApp", ex.getMessage());
}
```

Zunächst benötigen Sie ein `File`-Objekt, das die Datei repräsentiert. Dessen Konstruktor verlangt die Angabe des Verzeichnisses (wiederum als `File`-Objekt) und den eigentlichen Dateinamen. Wie bereits erwähnt sind die App-lokalen Dateien im Verzeichnis */data/data/<Paketname>/files* zu finden. Glücklicherweise verfügt jede Activity über die Methode `getFilesDir()`, die ein `File`-Objekt bereitstellt, das genau diesen Pfad repräsentiert.

Für das eigentliche Lesen werden die Klassen `FileReader` und `BufferedReader` verwendet. Das `FileReader`-Objekt liest die Daten aus der Datei. Das `BufferedReader`-Objekt ist ein sogenanntes *Wrapper*-Objekt, das sich die `FileReader`-Instanz einverleibt und die eingelesenen Daten puffert (wodurch ein höherer Datendurchsatz erzielt wird). Sie könnten die Daten auch allein mit dem `FileReader`-Objekt lesen – ähnlich wie oben für `FileInputStream` gezeigt –, müssten dann aber auf die Pufferung und den Komfort der Methode `readLine()` verzichten. Letztere erlaubt es uns, mit einem Aufruf die gesamte Datei in ein `String`-Objekt einzulesen.

ACHTUNG

Ganz so einfach, wie oben demonstriert, funktioniert das Einlesen nur, wenn es sich um einen durchlaufenden Text ohne Zeilenumbrüche handelt. Ist der Inhalt der Textdatei dagegen aus mehreren einzelnen Zeilen aufgebaut, liest der Aufruf von `readLine()` statt des gesamten Textes nur die erste Zeile. In solchen Fällen müssen Sie `readLine()` in einer Endlosschleife so lange aufrufen und die gelesenen Zeilen aufsammeln, bis die Methode `null` zurückliefert:

```
StringBuilder sb = new StringBuilder();
String zeile;

while(true) {
    zeile = eingabeDatei.readLine();

    if(zeile == null) {
        break;
    }
    else {
        sb.append(zeile);
        sb.append('\n');  //falls Zeilenumbruch übernommen
                          //werden soll
    }
}
String text = sb.toString();
```

Welche Dateien sind vorhanden?

Wenn Ihre App viele Dateien anlegt bzw. auslesen muss, dann kann es wichtig werden herauszufinden, welche Dateien überhaupt vorhanden sind. Hierzu definiert die `Activity`-Klasse die Methode `fileList()`:

```
String[] dateiNamen = fileList();
```

Die Methode fileList() liefert Ihnen allerdings nur die einfachen (lokalen) Dateinamen zurück. Wenn Sie weiterführende Informationen benötigen, besorgen Sie sich über die Activity-Methode getFilesDir() ein File-Objekt, welches das Verzeichnis der App-spezifischen Dateien repräsentiert (rufen Sie die Methode dazu ohne Argumente auf). Über dieses File-Objekt rufen Sie dann die Methode listFiles() auf und erhalten als Rückgabewert ein Array von File-Objekten, welche die im Verzeichnis liegenden Dateien repräsentieren.

```
File   verzeichnis = getFilesDir();
File[] dateien     = verzeichnis.listFiles();

for(int i = 0; i < dateien.length; i++) {
   Log.d("MeineApp", "Name: " + dateien[i].getName()
         + ", lesbar:" + dateien[i].canRead());
}
```

Dateien als Ressourcen verwalten

Sie können Ihrer App auch über den Ressourcenmechanismus von Android Dateien mitgeben. Legen Sie hierzu in Android Studio in der Projektansicht im *app/res*-Verzeichnis der App ein Unterverzeichnis *raw* an (falls noch nicht vorhanden) und legen Sie dort die Datei ab, die Ihre App zur Laufzeit einlesen soll, beispielsweise *test.txt*. In einer Activity können Sie dann mit

```
try {
   Resources res = getResources();
   InputStream testDaten = res.openRawResource(R.raw.test);
   // weiter wie bei Einsatz von FileInputStream
}
```

einen Eingabestream (vom allgemeinen Typ InputStream) erhalten, mit dem Sie, wie oben gezeigt, die Daten auslesen können.

Alternativ können Sie Dateien auch im *assets*-Verzeichnis Ihres Projekts ablegen und dann darauf einen Eingabestream öffnen, z. B.:

```
InputStream input   = getAssets().open("meineDB.dat");
```

12.2.2 Externer Speicher (SD-Karte)

Mittlerweile bieten viele Android-basierten Geräte die Möglichkeit, externe Speicherkarten (SD-Karten) zu verwenden. SD-Karten haben typischerweise mehrere Gbyte an Kapazität und eignen sich somit hervorragend, um größere Datenmengen zu speichern.

Der Zugriff auf Dateien auf einer SD-Karte unterscheidet sich grundsätzlich nicht vom normalen Dateizugriff und erfolgt mithilfe der Klassen aus dem Paket java.io (siehe vorangehenden Abschnitt).

Dennoch gibt es zwei wichtige Unterschiede zum normalen (internen) Dateizugriff:
- Die App muss das Recht haben, auf die SD-Karte zuzugreifen.
- Die SD-Karte ist ein entfernbares Speichermedium und vor dem Zugriff muss man sicherstellen, dass eine SD-Karte vorhanden ist.

Zugriffsrechte (Permissions) anfordern

Android hat ein System von Zugriffsrechten (Permissions), die eine App (bzw. der App-Entwickler) in der Datei *app/manifests/AndroidManifest.xml* ankündigen muss. Wenn eine App beispielsweise auf die SD-Karte schreibend zugreifen will, muss die Permission WRITE_EXTERNAL_STORAGE eingetragen werden:

```
<manifest xmlns:android="http://schemas.android.com/apk/res/android"
    package="com.example.standard.myapplication">

    <uses-permission
        android:name="android.permission.WRITE_EXTERNAL_STORAGE" />

    <application>
    ...
    </application>
```

Für den rein lesenden Zugriff reicht übrigens die Berechtigung READ_EXTERNAL_STORAGE.

Beim Installieren einer App werden alle uses-permission-Einträge aus der Manifest-Datei ausgelesen und dem Benutzer angezeigt, sodass er zustimmen kann (oder die Installation wird abgebrochen).

Ab Android 6.0 (API 23) wurde dies noch weiter verschärft. Nun muss der Benutzer auch seine Erlaubnis beim allerersten Gebrauch einer Permission zur Laufzeit der App geben. Man muss daher erst mithilfe der Methode ContextCompat.checkSelfPermission() prüfen, ob die App das Recht schon besitzt; falls der Rückgabewert nicht die Konstante PackageManager.PERMISSION_GRANTED ist, muss ein Dialog angezeigt und um Erlaubnis gefragt werden. Das Erzeugen und Anzeigen des Dialogs muss man zumindest nicht selbst programmieren, da es vom Android-Laufzeit-System übernommen wird, indem man die Methode ActivityCompat.requestPermissions() aufruft. Sie erwartet eine Liste der gewünschten Rechte sowie einen beliebigen Request-Code (eine int-Zahl) zur Identifikation.

```
int check = ContextCompat.checkSelfPermission(this,
                 Manifest.permission.WRITE_EXTERNAL_STORAGE);

if(check != PackageManager.PERMISSION_GRANTED) {
    // Rechte anfordern
    ActivityCompat.requestPermissions(this,
        new String[]{Manifest.permission.WRITE_EXTERNAL_STORAGE}, 1);
    return;
}
else { // Zugriff erlaubt
}
```

Das Anfordern der Rechte beim Benutzer unterbricht den aktuellen Programmfluss und man muss mit einem sogenannten Callback arbeiten, indem man die Activity-Methode onRequestPermissionsResult() implementiert und dort das Ergebnis abfragt und dann erst die gewünschte Aktion durchführt:

```
@Override
public void onRequestPermissionsResult(int requestCode,
                String permissions[], int[] grantResults)
                throws SecurityException{
    if(grantResults[0] == PackageManager.PERMISSION_GRANTED) {
        // Recht liegt jetzt vor ..
        // ...
    }
}
```

SD-Karte vorhanden?

Wenn eine SD-Karte vorhanden ist, wird sie vom Android-Betriebssystem in der Regel unter dem Pfad /sdcard in das Dateisystem eingehängt. Ein entsprechendes File-Objekt erhält man über die Environment-Klasse:

```
if(Environment.getExternalStorageState().equals(
                        Environment.MEDIA_MOUNTED)) {
    File sdKarte = Environment.getExternalStorageDirectory();

    if(sdKarte.exists() && sdKarte.canWrite()) {
        // los geht's ...
    }
}
```

Vor dem Zugriff muss, wie oben gezeigt, via Environment.getExternalStorageState() immer getestet werden, ob die Karte vorhanden ist und der gewünschte Zugriff möglich ist.

In der Regel sollte eine App nicht im Wurzel-/Root-Verzeichnis der SD-Karte ihre Dateien erzeugen. App-spezifische Daten (die nach einer Deinstallation der App mit verschwinden sollten) speichern Sie am besten in dem Verzeichnis, das der App von Android zugewiesen worden ist. Sie erhalten es über die Methode getExternalFiles() der Activity-Klasse:

```
File appVerzeichnis = getExternalFilesDir(null);
```

Außerdem gibt es einige vordefinierte Speicherorte für typische Dateiinhalte wie Fotos, Audiodateien, Dokumente usw., die man sich mit der statischen Methode Environment.getExternalStoragePublicDirectory() geben lassen kann. Sie erwartet einen Parameter, um den Typ näher zu spezifizieren: DIRECTORY_MOVIES, DIRECTORY_MUSIC, DIRECTORY_DOCUMENTS, DIRECTORY_DCIM, z. B.

```
File dir = Environment.getExternalStoragePublicDirectory(
                        Environment.DIRECTORY_PICTURES);
```

Zum Testen müssen Sie den Emulator mit einem AVD ausführen, bei dessen Einrichtung Sie die **SD Card**-Option gesetzt haben, oder Sie übergeben beim Emulatorstart die Option `–sdcard <Pfad_zu_SD_Imagedatei>`. Siehe hierzu auch Anhang C.

TIPP
Wenn Sie mit dem Emulator arbeiten bzw. mit einem Android-Gerät via USB-Debug-Verbindung, können Sie in Android Studio den Android Device Manager aufrufen (Menü **Tools/Android/Android Device Manager**) und dann auf das Dateisystem zugreifen, indem Sie den Reiter **File Explorer** wählen – sowohl auf das interne Dateisystem als auch auf die externe SD-Karte (unter */sdcard* bzw. */storage/emulated*).

Vorsicht, Speicherknappheit!

Auf dem PC gehören die Zeiten knappen Festplattenspeichers mittlerweile der Vergangenheit an, sodass man sich beim Speichern einer Datei in der Regel keine Gedanken darüber machen muss, ob überhaupt genügend Speicher vorhanden ist. Im Smartphone-Bereich ist dies (noch?) anders und bei größeren Dateien sollten Sie immer zuvor prüfen, ob der Platz reichen wird. Die Klasse, die dabei weiterhilft, heißt `StatFs` (Paket `android.os`).

```
File sdKarte = Environment.getExternalStorageDirectory()
StatFs statFs = new StatFs(sdKarte.getPath());
long bytes = (long) statFs.getBlockSize() *
             (long) statFs.getAvailableBlocks();
long megaBytes = bytes / 1048576;
```

Mithilfe von `StatFs` können Sie die Anzahl an freien Bytes abfragen. Für die Umrechnung in Megabytes müssen Sie diese Zahl dann nur noch durch 1024 * 1024 = 1 048 576 teilen.

■ 12.3 Die Reaktions-App

Wie eingangs versprochen, sollen Sie in diesem Kapitel nicht nur etwas über Datenspeicherung lernen, sondern auch über Ihr Reaktionsvermögen. In der Beispielsammlung zu diesem Buch finden Sie daher eine kleine App zum Testen Ihrer Reaktionsgeschwindigkeit.

Auf dem Bildschirm der App werden in farbigen Schriftzügen Farbnamen angezeigt (also z. B. „rot" oder „grün"). Allerdings stimmt die Farbe des Schriftzugs nur selten mit dem zu lesenden Farbnamen überein. An diesem Punkt setzt der Reaktionstest ein. Wenn die Farbe des Schriftzugs gleich dem angezeigten Farbnamen ist, muss der Anwender möglichst schnell den Bildschirm berühren. Das klingt einfacher, als es ist.

Die App selbst besteht aus zwei Activities: der Activity `Reaktionstester` und einer unterstützenden Activity `ReaktionstestEinstellungen` für die Konfiguration.

Reaktionstester ist die Hauptklasse und präsentiert dem Anwender Buttons für Spielstart, Ende und Programmeinstellungen. Für alle Buttons wird in der Methode onClick() überprüft, was zu tun ist:

Listing 12.1 Ereignisbehandlung der Start-Activity (aus Reaktionstester.java)

```
public void onClick(View v) {
   if(v == startButton) { // Reaktionstest starten
     new Thread(view).start();
   }
   else if(v == endeButton) {
     // Programm beenden
     finish();
   }
   else if(v == einstellungenButton) {
   // Activity für Auswahl der Einstellungen aufrufen
     Intent intent = new Intent(this,
                     ReaktionstestEinstellungen.class);
     startActivityForResult(intent, 0);
   }
}
```

Beginnen wir mit dem Aufruf der Einstellungen. Dies ist ein Beispiel für das Starten einer Activity mithilfe des Intent-Mechanismus wie in Kapitel 11 erläutert. Wir legen ein Intent-Objekt an, übergeben ihm das Class-Literal der Activity ReaktionstestEinstellungen und starten die Activity durch den nachfolgenden Aufruf von startActivityForResult(). Die aufgerufene Activity bietet in ihrer View zwei Einstellmöglichkeiten:

- ob die Farben Rot/Grün übersprungen werden sollen,
- die Geschwindigkeit, mit der die Anzeige gewechselt wird.

Bild 12.1
Spieleinstellungen

Die Activity liefert ihr Ergebnis (= die aktuellen Einstellungen) zurück an ihren Aufrufer, indem sie in der onClick()-Ereignisbehandlung für den **OK**-Button

- ein Intent-Objekt erzeugt,
- in dem Intent-Objekt die neuen Einstellungen ablegt und dann
- mit setResult() das offizielle Ergebnis der Activity festlegt.

Listing 12.2 Ergebnisse aus einer Activity zurücksenden (aus *ReaktionstestEinstellungen.java*)

```java
public class ReaktionstestEinstellungen extends AppCompatActivity
                        implements View.OnClickListener {
  // ...
  public void onClick(View v) {
     // aktuelle Einstellungen zurückgeben an Aufrufer
     Intent ergebnis = new Intent();

     // Wartezeit extrahieren
     String str     = (String) warteZeitSpinner.getSelectedItem();
     int pos        = str.indexOf('s');
     String strWert = str.substring(0, pos).trim();
     float warteZeit = Float.valueOf(strWert);
     ergebnis.putExtra(Reaktionstester.WARTEZEIT, warteZeit);

     // rot-grün Flag
     ergebnis.putExtra(Reaktionstester.ROT_GRUEN_IGNORIEREN,
                       rotGruenCheckbox.isChecked());
     this.setResult(Activity.RESULT_OK, ergebnis);

     finish();
  }
}
```

Wenn die Activity ReaktionstestEinstellungen beendet worden ist, wird der Aufrufer Reaktionstester wieder aktiv und seine onActivityResult()-Methode wird ausgeführt. Dort extrahieren wir die Daten und speichern sie mithilfe eines SharedPreferences-Objekts:

Listing 12.3 Auswertung der zurückgelieferten Ergebnisse (aus *Reaktionstester.java*)

```java
protected void onActivityResult(int requestCode, int resultCode,
                      Intent data) {
  // die Einstellungen-Activity ist beendet worden;
  // neue Einstellungen übernehmen
  if(resultCode == Activity.RESULT_OK) {
     Bundle daten = data.getExtras();
     boolean rotGruenIgnorieren =
                 daten.getBoolean(ROT_GRUEN_IGNORIEREN);
     float warteZeit = daten.getFloat(WARTEZEIT);

     // Einstellungen speichern
     einstellungenSpeichern(rotGruenIgnorieren, warteZeit);
  }
}

private void einstellungenSpeichern(boolean rotGruenIgnorieren,
                      float warteZeit) {
```

```
    SharedPreferences prefs = getPreferences(Context.MODE_PRIVATE);
    Editor editor = prefs.edit();
    editor.putBoolean(ROT_GRUEN_IGNORIEREN, rotGruenIgnorieren);
    editor.putFloat(WARTEZEIT, warteZeit);
    editor.commit();
}
```

Das Spiel selbst wird beim Antippen des **Start**-Buttons in einem eigenen Thread gestartet:

```
if(v == startButton) { // Reaktionstest starten
    new Thread(view).start();
}
```

MATERIAL ZUM BUCH

Ausführlichere Erläuterungen zur Programmierung mit Threads in Java finden Sie im Exkurs „Threads" des Java-Tutoriums.

Als Parameter erhält der Thread eine `View`-Instanz von der selbst erstellten Klasse `ReaktionstestView`, die deshalb das `Runnable`-Interface implementiert und in ihrer `run()`-Methode das eigentliche Spiel realisiert.

Listing 12.4 Die Spielschleife (aus *ReaktionstestView.java*)

```
public void run() {
  int indexUngleich = 0;

  while(true) {
    // zufallsGenerator ist eine Instanz der Klasse Random, die
    // im Konstruktor der View-Klasse mit
    // zufallsGenerator = new Random(System.currentTimeMillis());
    // erzeugt wurde.

    nameIndex = zufallsGenerator.nextInt(FARBNAMEN.length);
    farbIndex = zufallsGenerator.nextInt(FARBEN.length);

    boolean rotGruenIgnorieren = einstellungen.getBoolean(
                       Reaktionstester.ROT_GRUEN_IGNORIEREN,
                       false);

    if(rotGruenIgnorieren) {
       if(nameIndex <= 1 || farbIndex <= 1) {
          // an Position 0 und 1 sind rot und grün; überspringen falls
          // gesetzt
          continue;
       }
    }

    if(nameIndex != farbIndex) {
       indexUngleich++;

       if(indexUngleich == 10) { // nicht zu lange den Anwender auf
                        // eine richtige Kombination warten
                        // lassen.
           farbIndex = nameIndex;
```

```
      indexUngleich = 0;
   }
}

this.postInvalidate(); // Anzeige neu zeichnen lassen

try {

   float zeit = einstellungen.getFloat(Reaktionstester.WARTEZEIT,
                                       1.5f);
   // kurz warten  (Zeit in Millisekunden)
   long warteZeit = (long)  zeit * 1000;
   Thread.sleep(warteZeit);
}
catch(Exception ex) {}
   }
}
```

Das Prinzip ist ganz einfach: In einer Endlosschleife würfeln wir mithilfe eines Zufallsgenerators (Instanz der Klasse `java.util.Random`, siehe Java-Tutorium, Exkurs „Zufallszahlen") zwei Zahlen:

- eine Zahl `nameIndex`, die für einen in einem Array vordefinierten Farbnamen steht, sowie
- eine weitere Zahl `farbIndex` für die Farbe an sich.

Falls der Anwender die Rot-Grün-Option aktiviert hat, prüfen wir, ob Rot oder Grün gewürfelt wurde, und brechen gegebenenfalls mithilfe von `continue` den aktuellen Schleifendurchgang ab.

Das Neuzeichnen der Anzeige (mit dem neu gewürfelten Farbnamen und der Zeichenfarbe) stoßen wir durch den Aufruf von `postInvalidate()` an. Diese Methode muss eingesetzt werden, da `run()` in einem eigenen Thread und nicht innerhalb des UI-Threads läuft, der als einziger Thread das Zeichnen durchführen kann. Zum Schluss wird eine gewisse Zeit gewartet und der nächste Durchlauf kann beginnen.

Wenn der Anwender reagiert und auf den Bildschirm tippt (Klick mit linker Maustaste in den Emulator), wird die `onTouchEvent()`-Methode ausgeführt. Dort testen wir, ob Farbname und Farbe übereinstimmen, und geben im Erfolgsfall einen kleinen Dialog aus, der die Reaktionszeit anzeigt.

```
public boolean onTouchEvent(MotionEvent event) {
   int action = event.getAction();

   if(action == MotionEvent.ACTION_DOWN) {
      if(nameIndex == farbIndex) {
         // der Spieler hat richtig reagiert: Farbe == Text
         ergebnisAnzeigen();
      }

      return true;
   }

   return super.onTouchEvent(event);
}
```

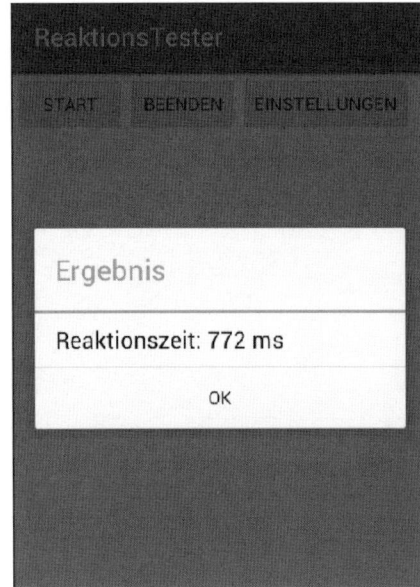

Bild 12.2
Gemessene Reaktionszeit

12.4 Fragen und Antworten

1. *Wenn ich* SharedPreferences *mit der Sicherheitsstufe* MODE_WORLD_WRITABLE *benutze, dann könnte es doch zu Kollisionen beim gleichzeitigen Schreiben durch verschiedene Apps kommen?*

   Ja, in der Tat kann das passieren. Der Aufrufer, dessen commit() bzw. apply() zuletzt ausgeführt wird, hat gewonnen und seine Werte überleben.

2. *Gibt es ein Limit, wie viele Daten man in einem* SharedPreferences*-Objekt abspeichern kann?*

   Nein, nicht direkt. Ein SharedPreferences-Objekt wird letztlich als Datei verwaltet und nur die Größe des internen Dateisystems ist eine Begrenzung.

12.5 Übungen

1. Erweitern Sie den Reaktionstester so, dass in den SharedPreferences auch die Bestzeit gespeichert wird. Wenn der Anwender eine neue Bestzeit geschafft hat, soll dies bei der Ausgabe berücksichtigt werden, beispielsweise indem Sie den Meldungstext durch den alternativen Text „Neue Bestzeit" austauschen.

2. Erstellen Sie eine App, die alle Dateien auf einer externen SD-Karte in einer Liste anzeigt. Verzeichnisse werden dabei durch den Zusatz <DIR> gekennzeichnet.

13 Quiz-Apps

Erinnern Sie sich noch an das Quiz-Layout, das wir in Kapitel 5.6 entworfen haben? In diesem Kapitel werden wir diese App vervollständigen und die Spiellogik und die Ereignisbehandlung hinter der Benutzeroberfläche implementieren.

■ 13.1 Aufbau und Benutzeroberfläche

Unsere Quiz-App folgt dem Konzept gängiger TV-Quizspiele: Zu jeder Frage werden vier Alternativen angeboten. Wählt der Spieler die richtige Alternative, rückt der Spielstandanzeiger eins vor. Entscheidet er sich für die falsche Antwort, ist das Spiel beendet.

 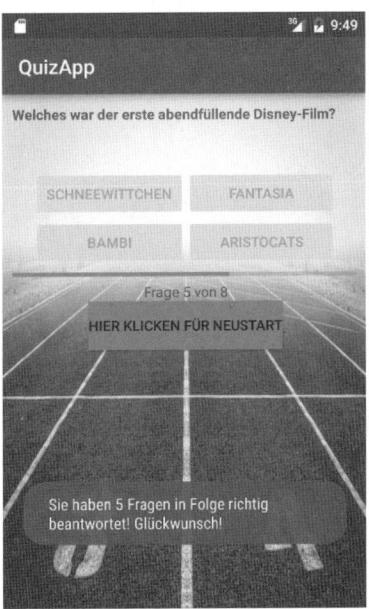

Bild 13.1 Die Benutzeroberfläche der Quiz-App besteht aus einer einzigen Bildschirmseite, in der nacheinander die Fragen eingeblendet werden.

Die Bildschirmseite der App besteht im Wesentlichen aus einer `TextView` zur Anzeige der Frage, vier Buttons zur Anzeige der möglichen Antworten und einer `ProgressBar` für den Spielstand. Die Konfiguration und Ausrichtung dieser View-Elemente haben wir bereits in Kapitel 5 eingehender besprochen. Änderungen gegenüber dem dortigen Design gibt es lediglich in Form einer weiteren `TextView`, die einen Zusatztext (z. B. *Frage 1 von 8*) für die aktuelle Fortschrittsanzeige präsentiert. Außerdem wurde dem äußeren Layout-Container ein Hintergrundbild zugewiesen und ein App-Icon definiert.

Für die Implementierung der Spiellogik interessieren uns vor allem die IDs, die mit den UI-Elementen verbunden sind, damit wir programmatisch via Java-Code auf sie zugreifen können.

Tabelle 13.1 Die IDs der UI-Elemente

View-Element	ID
TextView für Frage	`frage`
Button-Views für Antworten	`antwortA, antwortB, antwortC und antwortD`
ProgressBar für Fortschrittsanzeige	`progressBar`
TextView für Fortschrittsanzeige	`tv_progress_horizontal`

Der App-Quelltext ist auf drei Dateien verteilt:

- *MainActivity.java* – dies ist die Quelldatei der Activity.
- *Frage.java* – Definition der Hilfsklasse `Frage`, deren Objekte einzelne Fragen (inklusive zugehöriger Antworten) repräsentieren. Sie erleichtert uns Aufbau, Anzeige und Auswertung der einzelnen Fragen und Antwortmöglichkeiten.
- *SpielLogik.java* – Definition der Klasse `SpielLogik`, deren Aufgabe darin besteht, die Fragen zu erzeugen und die Antworten auszuwerten.

■ 13.2 Die Activity (QuizActivity.java)

Der `Activity`-Klasse kommen im Wesentlichen drei Aufgaben zu: ein Objekt der Klasse `SpielLogik` zu instanziieren, die Antwort-Buttons mit einer passenden Ereignisbehandlung zu verbinden und schließlich das Spiel zu starten, indem die erste Frage geladen wird.

Listing 13.1 Code der Activity und der Ereignisbehandlung (aus Quiz.java)

```
package com.example.standard.quizapp;

import android.os.Bundle;
import android.support.v7.app.AppCompatActivity;
import android.view.View;
import android.widget.Button;
import java.util.HashMap;
import java.util.Map;
```

```java
public class MainActivity extends AppCompatActivity
                         implements View.OnClickListener {
    private SpielLogik spiel;
    private Map<Button, Integer> buttonAntwort;

    @Override
    public void onCreate(Bundle savedInstanceState) {
        super.onCreate(savedInstanceState);
        setContentView(R.layout.activity_main);

        // Spiellogik instanziieren
        spiel = new SpielLogik();

        // Antwort-Buttons mit Ereignislistener verbinden
        buttonAntwort = new HashMap<>();
        int[] buttonIDs = new int[]{R.id.antwortA, R.id.antwortB,
                                    R.id.antwortC, R.id.antwortD};
        int antwortNr = 1;

        for(int id : buttonIDs) {
            Button btn = (Button) this.findViewById(id);
            btn.setOnClickListener(this);
            // merken welcher button zu welcher Antwortnummer gehört
            buttonAntwort.put(btn, antwortNr);
            antwortNr++;
        }

        // 1. Frage laden
        Frage ersteFrage = spiel.fragen[0];
        ersteFrage.anzeigen(this);
    }

    public void onClick(View v) {
        int antwortNum = buttonAntwort.get(v);
        spiel.auswerten(antwortNum, this);
    }
}
```

Wie Sie sehen, nutzen wir hier bereits eifrig die Funktionalität der Klassen `SpielLogik` und `Frage`:

- Am Ende der `onCreate()`-Methode wird das Spiel gestartet, indem wir die erste Frage samt Antwortoptionen anzeigen lassen. (Aufruf der `Frage`-Methode `anzeigen()`)
- In der Ereignisbehandlungsmethode `onClick()` wird das UI-Element übergeben, das geklickt worden ist, also der entsprechende Antwort-Button. Mithilfe der `HashMap` `buttonAntwort` können wir ermitteln, welche Antwort-Nummer diesem Button zugeordnet ist. Die Nummer wird dann zusammen mit dem `this`-Verweis auf die Activity an die `SpielLogik`-Methode `auswerten()` übergeben. Das heißt, die eigentliche Auswertung der Antwort erfolgt in der Klasse `SpielLogik`.

13.3 Die Fragen (Frage.java)

Die Klasse Frage soll uns den Umgang mit den einzelnen Fragen erleichtern. Jedes Frage-Objekt soll eine der Quizfragen repräsentieren, inklusive möglicher Antworten und der Nummer der richtigen Antwort.

Listing 13.2 Die Klasse Frage

```java
package com.example.standard.quizapp;

import android.support.v7.app.AppCompatActivity;
import android.widget.Button;
import android.widget.TextView;

class Frage {
    private String frage;
    private String option1;
    private String option2;
    private String option3;
    private String option4;
    private int loesung;

  public Frage(String f, String o1, String o2, String o3,
               String o4, int l) {
    frage = f;
    option1 = o1;
    option2 = o2;
    option3 = o3;
    option4 = o4;
    loesung = l;
  }

  public void anzeigen(AppCompatActivity quiz) {
   (TextView) quiz.findViewById(R.id.frage)).setText(frage);
   ((Button) quiz.findViewById(R.id.antwortA)).setText(option1);
   ((Button) quiz quiz findViewById(R.id.antwortB)).setText(option2);
   ((Button) quiz.findViewById(R.id.antwortC)).setText(option3);
   ((Button) quiz.findViewById(R.id.antwortD)).setText(option4);
  }

  public boolean richtig(int ausgewaehlt) {
     return (ausgewaehlt == this.loesung);
  }
}
```

Die private-Felder speichern die Texte für eine Frage und ihre Antwortoptionen sowie die Nummer der korrekten Antwort.

Die Methode anzeigen() schreibt die Texte der Frage und der Antworten in die entsprechenden View-Elemente der Activity. Das Android-Laufzeitsystem wird dann automatisch für ein Neuzeichnen der Bildschirmseite sorgen.

Die Methode richtig() prüft, ob eine gegebene Antwort korrekt war. Sie wird von der SpielLogik-Methode auswerten() aufgerufen.

13.4 Die Spielsteuerung (SpielLogik.java)

Die Klasse SpielLogik legt fest, wie viele Fragen es gibt. Sie erzeugt die Frage-Objekte für die einzelnen Fragen und verwaltet diese in einem Array-Feld namens fragen. Ihr obliegt die Auswertung der vom Spieler getroffenen Auswahl und sie verwaltet den Spielstand.

Listing 13.3 Die Klasse Spiellogik

```java
package com.example.standard.quizapp;
import android.graphics.Color;
import android.support.v7.app.AppCompatActivity;
import android.view.View;
import android.view.ViewGroup;
import android.widget.Button;
import android.widget.LinearLayout;
import android.widget.ProgressBar;
import android.widget.TextView;
import android.widget.Toast;

public class SpielLogik {
 Frage[] fragen;
 byte aktFrage = 0;

 public SpielLogik() {
  // Fragen erzeugen
  fragen = new Frage[8];

  fragen[0] =
            new Frage("Wie heißt der kleine Berater Pinocchios?",
                    "Jimmy, die Grille", "Jim Jarmusch",
                    "Jiminiy Grille", "Jimmy, die Zikade", 3);
  fragen[1] =
          new Frage("Mit welchem Vogel fliegen Bernard und Bianca?",
                    "Airbus", "Adler", "Taube", "Albatros", 4);
 // usw.
 }

   void auswerten(int antwortNummer, AppCompatActivity quizActivity) {

  if (!fragen[aktFrage].richtig(antwortNummer)) {
     // falsch beantwortet
     if (aktFrage == 0) {
       Toast.makeText(quizActivity,
           "Leider direkt gescheitert! Spiel ist zu Ende.",
           Toast.LENGTH_LONG).show();
     }
     else {
       String fragen = aktFrage == 0 ? " Frage" : " Fragen"  ;
       String str = "Sie haben " + (aktFrage+1) + fragen +
                    " in Folge richtig beantwortet! Glückwunsch!";
       Toast.makeText(quizActivity, str, Toast.LENGTH_LONG).show();
     }

     // Restart-Button zeigen
     restartButtonZeigen(quizActivity);
  } else { // Frage richtig beantwortet-> nächste Frage
```

```
      aktFrage++;
      Toast.makeText(quizActivity, "Richtig!",
                              Toast.LENGTH_SHORT).show();

    if (aktFrage < fragen.length) {
        // weiter mit der nächsten Frage
        updateFortschritt(quizActivity);
        fragen[aktFrage].anzeigen(quizActivity);
    }
    else { // Ende erreicht
      String str = "Super, Sie haben alles richtig beantwortet!!!";
      Toast.makeText(quizActivity, str, Toast.LENGTH_LONG).show();

      // Restart-Button zeigen
      restartButtonZeigen(quizActivity);
    }
  }
}


private void updateFortschritt(AppCompatActivity quiz) {
 ProgressBar pb = (ProgressBar) quiz.findViewById(R.id.progressBar);
 pb.setProgress(aktFrage + 1);
 TextView text = (TextView) quiz.findViewById(R.id.text_progress);
 text.setText("Frage " + (aktFrage + 1) + " von " + fragen.length);
}


private void restartButtonZeigen(final AppCompatActivity quiz) {
   // Buttons deaktivieren
   buttonsAktivieren(quiz, false);

   final LinearLayout layout = (LinearLayout)
                          quiz.findViewById(R.id.toplevel);
   final Button neuStart = new Button(quizActivity);
   neuStart.setBackgroundColor(Color.argb(255, 201, 86, 255));
   ViewGroup.LayoutParams params =
           new LinearLayout.LayoutParams(
                 LinearLayout.LayoutParams.WRAP_CONTENT,
                 LinearLayout.LayoutParams.WRAP_CONTENT);
   neuStart.setLayoutParams(params);
   neuStart.setText("Hier klicken für Neustart");
   layout.addView(neuStart);

   neuStart.setOnClickListener(new View.OnClickListener() {
       @Override
       public void onClick(View v) {
         buttonsAktivieren(quiz, true);
         layout.removeView(neuStart);
         aktFrage = 0;
         updateFortschritt(quiz);
         fragen[aktFrage].anzeigen(quiz);
       }
   });
 }

private void buttonsAktivieren(AppCompatActivity quiz,
                               boolean aktiviert) {
```

```
    quiz.findViewById(R.id.antwortA).setEnabled(aktiviert);
    quiz.findViewById(R.id.antwortB).setEnabled(aktiviert);
    quiz.findViewById(R.id.antwortC).setEnabled(aktiviert);
    quiz.findViewById(R.id.antwortD).setEnabled(aktiviert);
    }
}
```

Die Klasse `SpielLogik` definiert neben den Feldern zur Überwachung des Spielzustands mehrere wichtige Methoden:

- den Konstruktor, der die Fragen erzeugt und in einem Array `fragen` speichert, und
- die Methode `auswerten()`, die von den Ereignisbehandlungsmethoden der Antwort-Buttons aufgerufen wird und mithilfe der `richtig()`-Methode des aktuellen `Frage`-Objekts prüft, ob der Spieler den richtigen Antwort-Button gedrückt hat. Falls nicht, wird eine entsprechende Toast-Meldung ausgegeben und das Spiel ist beendet.

  Wurde die korrekte Antwort ausgewählt, wird die nächste Frage geladen und die Fortschrittsanzeige wird aktualisiert. Wurde die letzte Frage korrekt beendet, wird ein Toast-Glückwunsch angezeigt.

- Wenn das Spielende erreicht ist, deaktivieren wir immer alle Antwort-Buttons (mithilfe von `buttonsAktivieren()`. Außerdem bauen wir dynamisch (also zur Laufzeit) einen Neustart-Button in den äußeren Layout-Container ein (Methode `restartButtonAnzeigen()`), womit der Spieler noch einmal von vorne beginnen kann. Hierzu registrieren wir bei dem Button einen eigenen `OnClickListener`, der alles wieder auf Spielanfang setzt und die erste Frage wieder anzeigen lässt.

13.5 Verbesserungen

Der Code dieses Quiz-Spiels ist bewusst einfach gehalten, damit Sie sich möglichst schnell und problemlos in die Spiellogik und den grundsätzlichen Aufbau einarbeiten können. Dies lässt natürlich Raum für diverse Verbesserungen, wie z. B.:

Mehr Fragen

Falls Sie das Quiz ausbauen und mehr Fragen vorsehen möchten, denken Sie daran, dass zu jeder Frage ein Fragetext, vier Antworttexte und die Nummer der korrekten Lösung gehören.

Erzeugt werden die Fragen im Konstruktor der Klasse `SpielLogik`. Vergessen Sie aber nicht, das `ProgressBar`-Attribut `android:max` in der Layoutdatei anzupassen.

Fragen aus Ressourcen laden

Derzeit stehen die Texte für die Fragen und Antworten direkt im Code des `SpielLogik`-Konstruktors. Schöner und flexibler wäre es aber natürlich, die Daten für die `Frage`-Objekte als Ressourcen oder aus dem Dateisystem einzulesen.

Dies würde dann auch den Austausch der Fragen erleichtern – beispielsweise um Fragesätze zu verschiedenen Themen (Disney, Chemie, Android, Berühmtheiten etc.) anzubieten.

Einsatz eines Arbeitsthreads

Der Code zur Auswertung der Antworten und zur Aktualisierung der Bildschirmseite ist sehr einfach und benötigt nur einen Wimpernschlag zur Ausführung. Es ist daher in Ordnung, dies im UI-Thread durchzuführen. Falls jedoch aufwendige Dinge durchgeführt werden sollen (beispielsweise eine tolle grafische Animation bei richtiger Antwort), dann sollte der Auswertungscode in einen eigenen Thread verlegt werden (siehe hierzu auch die Reaktionstester-App aus Kapitel 12.3). Problematisch ist dabei allerdings, dass wir in dem Auswertungscode direkt auf die View-Elemente der Bildschirmseite zugreifen. Aus einem eigenständigen Thread heraus ist dies nicht gestattet (der Code wird zwar kompiliert, würde aber bei der Ausführung zum Absturz der App führen). Zur Lösung dieses Problems werden bei der App-Programmierung beispielsweise `Handler`-Objekte eingesetzt (siehe Kapitel 19.2).

■ 13.6 Frage und Antwort

Darf ich Ihr Quiz als Ausgangspunkt für ein eigenes Quiz-Spiel verwenden?
Aber gerne! Nur ändern Sie vielleicht das Design ein wenig ab, damit es nicht demnächst unzählige gleich aussehende Quiz-Spiele für Android gibt.

■ 13.7 Übung

Ersetzen Sie die in *SpielLogik.java* hartkodierten Fragen durch Fragen, die aus einer *Raw*-Ressource ausgelesen werden. Das Android Studio-Projekt *Quiz* aus der Beispielsammlung enthält hierzu bereits in *\res\raw\fragen.txt* eine Textdatei mit Fragen, die Sie verwenden können.

Hinweis: Verwenden Sie zum Einlesen die Klassen `java.io.BufferedReader` und `InputStreamReader`. Jede Zeile in der Textdatei ist eine Frage mit Antworten und Lösung, getrennt durch das Zeichen #. Zum Extrahieren der Daten sollten Sie dabei die Klasse `java.util.StringTokenizer()` einsetzen.

14 Multimedia

Sie können nachts ohne Schlummerlied nicht einschlafen? Wie wäre es, wenn Sie sich dann eine App schreiben, die Ihnen in einer Schleife ein Schlummerlied vorspielt? Sie möchten eine App mit einem Video aufpeppen? Kein Problem. Android-Geräte verfügen, gemessen an ihrer Größe, meist über eine hervorragende Audio- und Videohardware. Und dank der kongenialen Bibliotheksklassen aus dem Android-SDK können Sie diese Hardware ohne große Probleme für Ihre eigenen Apps nutzen.

■ 14.1 Audioressourcen

Wie alle Daten können Sie Audio- und Videodaten über externe Medien bereitstellen (z. B. über die SD-Karte oder das Internet) oder bereits im Rahmen der Projektdefinition in Android Studio als Ressource definieren. Da Videodateien erheblichen Speicherbedarf haben, ist der Ressourcenansatz für längere Videos ungeeignet und wird in der Regel nur für Audiodaten eingesetzt.

Um eine Audioressource abspielen zu können, müssen Sie die Audiodatei zunächst als Ressource im Android Studio-Projekt bereitstellen (im Ordner *res/raw*), damit eine automatisch generierte Ressourcen-ID verfügbar wird. Anschließend können Sie die Audioressource mithilfe eines `SoundPool`- oder auch `MediaPlayer`-Objekts an beliebiger Stelle im Code referenzieren und abspielen.

Audiodateien als Ressource speichern

Audiodateien, die Sie als Ressourcen laden möchten, gehören in den Ordner *res/raw*.

Der erste Schritt zum Anlegen einer Soundressource besteht folglich darin, unter dem App-Ordner *res* einen Unterordner *raw* anzulegen. Klicken Sie dazu z. B. in der Projektansicht mit der rechten Maustaste auf den Ordner *res*, rufen Sie im Kontextmenü den Befehl **New/Directory** auf und geben Sie *raw* als Ordnernamen an. (Achtung: Da der neue Ordner noch leer ist, wird er nicht in der Projektansicht erscheinen.) Klicken Sie nun *res* erneut mit der rechten Maustaste an und wählen Sie im Kontextmenü den Punkt **Show in Explorer** und wechseln Sie in das Unterverzeichnis *res/raw*. Hierhin können Sie nun die Datei kopieren.

ACHTUNG

Ressourcendateinamen dürfen nur Kleinbuchstaben, die Ziffern 0 bis 9 und den Unterstrich enthalten.

Nach kurzer Zeit wird Android Studio die Audiodatei bemerken und ihr automatisch eine Ressourcen-ID zuweisen und sie in die Datei *R.java* aufnehmen.

TIPP

Sie haben eine Audiodatei, die Sie für Ihre App nutzen möchten, die aber das falsche Audioformat hat? Im Internet finden Sie zahlreiche Programme zum kostenfreien Download, mit denen Sie Ihre Audiodatei in eines der unterstützten Formate konvertieren können; zum Beispiel den VLC-Player von

http://vlc-media-player.de.softonic.com/.

TIPP

Einige kostenlose und frei verwendbare Soundeffekte finden Sie hier:

http://rpg.hamsterrepublic.com/ohrrpgce/Free_Sound_Effects.

■ 14.2 Soundeffekte mit SoundPool

Zum Abspielen kleiner Soundsamples bzw. Audiodateien ist die Klasse SoundPool (Paket `android.media`) gedacht. Die Bereitstellung der Audiodaten erfolgt dabei in Form einer Ressource.

RESSOURCE ODER INTERNET

Kleinere, häufiger abgespielte Mediendateien, wie z. B. Soundeffekte und besondere Klickgeräusche für Buttons, sollten Sie möglichst mit SoundPool aus einer Ressource oder vom Dateisystem abspielen. Größere Mediendateien, die zudem nicht zwangsweise bei jeder Ausführung einer App abgespielt werden (wie z. B. eine Sammlung von Videos oder Audiodateien, die der Anwender über eine Liste auswählen kann), eignen sich dagegen eher dafür, nach Bedarf aus dem Internet heruntergestreamt und via `MediaPlayer` abgespielt zu werden.

SoundPool lädt die übergebene Audioressource in den Hauptspeicher des Geräts und dekodiert die Daten in unkomprimierte WAVE-Audiodaten, die verzögerungsfrei abgespielt werden können.

Das Laden der gewünschten Audioressourcen kann beispielsweise im Code der onCreate()-Methode der Activity erfolgen:

```
private SoundPool soundPool;
private boolean soundPoolBereit;
private int explosionID;

public void onCreate(Bundle savedInstanceState) {
  // ... andere Initialisierungen etc.

  soundPool = new SoundPool(5, AudioManager.STREAM_MUSIC, 0);
  soundPool.setOnLoadCompleteListener(
        new OnLoadCompleteListener() {
            public void onLoadComplete(SoundPool soundPool,
                                      int sampleId,
                                      int status) {
                soundPoolBereit = true;
            }
        });

  explosionID = soundPool.load(this, R.raw.explosion, 1);
}
```

Der SoundPool-Konstruktor benötigt die Anzahl an parallelen Ausgabestreams, die unterstützt werden sollen (im Beispiel 5), d. h., Sie geben an, wie viele Soundeffekte maximal gleichzeitig (sich evtl. überlagernd) abgespielt werden können. Ferner muss man noch angeben, um welche Art von Sound es sich handelt. Mit AudioManager.STREAM_MUSIC geben wir an, dass es Musik sein soll.

> Ab API 21 (Android 5.0) wird empfohlen, das SoundPool-Objekt nicht mehr per Konstruktor zu erzeugen (was aber trotzdem problemlos funktioniert), sondern spezielle Builder-Klassen einzusetzen, z. B.
> ```
> SoundPool.Builder builder = new SoundPool.Builder();
> AudioAttributes.Builder attrsBuilder = new
>                         AudioAttributes.Builder();
> attrsBuilder.setContentType(
>             AudioAttributes.CONTENT_TYPE_MUSIC);
> attrsBuilder.setUsage(AudioAttributes.USAGE_MEDIA);
> builder.setAudioAttributes(attrsBuilder.build());
> builder.setMaxStreams(5);
> soundPool = builder.build();
> ```

Das Laden erfolgt dann nicht weiter überraschend durch die Methode load(), welche die gewünschte Ressource in den Hauptspeicher lädt und unter einer ID bekannt macht (der zweite Parameter hat zurzeit keine Bedeutung und soll laut Android-Dokumentation auf 1 gesetzt werden).

Da das Laden einige Zeit in Anspruch nehmen kann, sollten Sie dem SoundPool-Objekt noch einen Listener vom Typ OnLoadCompleteListener zuweisen. Dessen onLoadComplete()-Methode wird automatisch ausgeführt, wenn das Laden einer Ressource via load() beendet ist. Im Listener können Sie dann mit dem Abspielen beginnen oder – wie im obigen Code –

ein boolesches Feld setzen, um anzuzeigen, dass der Sound geladen wurde. Den Wert dieses Felds können Sie dann überall dort abfragen, wo Sie den Sound abspielen möchten:

```
if(soundPoolBereit) {
   float lautstaerkeLinks    = 1.0f;
   float lautstaerkeRechts   = 1.0f;
   float geschwindigkeit     = 1.0f;
   int endlosschleife        = 0; // nur einmal abspielen
   soundPool.play(explosionID, lautstaerkeLinks,
                  lautstaerkeRechts, 1,
                  endlosschleife, geschwindigkeit);
}
```

Die play()-Methode erwartet die ID der geladenen Sound-ID sowie Angaben zur Lautstärke links und rechts (Werte zwischen 0 und 1.0), zur Priorität sowie den Hinweis, ob der Sound als Endlosschleife (–1) oder nur einmal (0) abgespielt werden soll. Ungewöhnlich, aber ganz interessant für besondere Effekte ist die Wahl der Abspielgeschwindigkeit: 1.0 = normal, 0.5 = halb so schnell etc.

ACHTUNG

Wenn ein SoundPool-Objekt nicht mehr benötigt wird, sollten Sie seine Ressourcen explizit durch Aufruf seiner Methode release() freigeben.

■ 14.3 Das Universalgenie: MediaPlayer

Zum Abspielen von Musikdateien und Videos stellt uns das Android-SDK ferner die Klasse MediaPlayer zur Verfügung. Die Dateien, die Sie abspielen, können dabei aus unterschiedlichen Quellen stammen (den App-Ressourcen, dem Dateisystem oder auch dem Internet) und unterschiedliche Formate haben (z. B. MP3, MIDI, OGG oder WAV für Audiodateien und MP4 oder 3GP für Videos).

ACHTUNG

Nicht jedes Android-Gerät kann alle unterstützten Formate abspielen.
Weit verbreitete Formate sind z. B. MP3, OGG und MP4.

14.3.1 Audioressourcen abspielen

Der einfachste Weg, um eine Audioressource abzuspielen, besteht darin, sich von der statischen MediaPlayer-Methode create() ein passendes MediaPlayer-Objekt zurückliefern zu lassen. „Passend" bedeutet hierbei, dass das MediaPlayer-Objekt die Audiodatei automatisch lädt und für den Abspielvorgang vorbereitet. Welche Datei? Nun, diejenige, deren Ressourcen-ID Sie als zweites Argument an die create()-Methode übergeben.

Zum Abspielen der Soundressource müssen Sie danach nur noch die Methode `start()` aufrufen.

```
mediaplayer = MediaPlayer.create(this, R.raw.gong);

if (mediaplayer != null)
   mediaplayer.start();
```

Vergessen Sie nicht, den Klassennamen android.media.MediaPlayer zu importieren oder durch die Tastenkombination **Alt+Eingabe** die benötigte import-Anweisung automatisch erstellen zu lassen.

Tabelle 14.1 Abspielmethoden der Klasse MediaPlayer

Methode	Beschreibung
start()	Startet den Abspielvorgang oder nimmt diesen – nach vorangehendem pause()-Aufruf – wieder auf.
	Voraussetzung ist, dass Sie zuvor eine abzuspielende Mediendatei ausgewählt (mit create() oder setDataSource()) und den MediaPlayer vorbereitet haben (mit prepare() oder automatisch durch create()).
	Abgelaufene Mediendateien können durch nachfolgende start()-Aufrufe jederzeit wieder erneut abgespielt werden.
pause()	Hält den Abspielvorgang an, bis Sie ihn mit start() wieder aufnehmen oder mit stop() ganz beenden.
stop()	Stoppt den Abspielvorgang.
	Bevor Sie eine gestoppte Mediendatei erneut abspielen, müssen Sie die Methode prepare() aufrufen.

14.3.2 Audiodateien vom Dateisystem abspielen

Wenn Sie Audiodateien vom Dateisystem abspielen möchten, übergeben Sie der `create()`-Methode statt der Ressourcen-ID einfach ein Objekt der Klasse `android.net.Uri`, das die Speicheradresse der Audiodatei repräsentiert, z. B.:

```
File sdCard = Environment.getExternalStorageDirectory();
MediaPlayer player = MediaPlayer.create(context,
                     Uri.parse("file://" + sdCard.getAbsolutePath()
                          + "/jump.mp3"));
```

14.3.3 Audiodateien aus dem Internet abspielen

Wenn Sie Audiodateien aus dem Internet abspielen möchten, übergeben Sie der `create()`-Methode statt der Ressourcen-ID einfach ein Objekt der Klasse `android.net.Uri`, das die Webadresse der Audiodatei repräsentiert.

Im einfachsten Fall müssen Sie den String mit der Webadresse dazu lediglich an die statische Methode `Uri.parse()` übergeben. Der String sollte allerdings URL-kodiert sein, weswegen es empfehlenswert ist, ihn an `Uri.encode()` zu übergeben und den Rückgabewert an `Uri.parse()` weiterzureichen:

```java
String webadresse = "http://www.carpelibrum.de/test/spacemusic.mp3";

Uri soundUri = Uri.parse(Uri.encode(webadresse));

MediaPlayer mediaplayer = MediaPlayer.create(this, soundUri);
if (mediaplayer != null)
    mediaplayer.start();
```

Beachten Sie, dass Sie der App explizit erlauben müssen, auf Dateien im Internet zuzugreifen. Laden Sie dazu die Manifestdatei *app/manifests/AndroidManifest.xml* und fügen Sie ein `uses-permission`-Tag ein mit dem Wert `android.permission.INTERNET` (beachten Sie bitte ferner, dass ab Android 6.0 zusätzlich eine Berechtigungsprüfung zur Laufzeit erfolgen muss, siehe auch Kapitel 12.2.2).

Listing 14.1 Internetzugriff gewähren

```xml
<?xml version="1.0" encoding="utf-8"?>
<manifest xmlns:android="http://schemas.android.com/apk/res/android"
    package="com.example.standard.sounddemo">

    <uses-permission android:name="android.permission.INTERNET"/>

    <application
        ....
    </application>

</manifest>
```

14.3.4 Auf das Abspielende reagieren

Der `start()`-Aufruf zum Abspielen von Audiodateien arbeitet asynchron, d.h., es wird nur das Abspielen in einem separaten Hintergrund-Thread gestartet und dann kehrt der Programmfluss direkt zurück und die normale Codeverarbeitung geht weiter. Wenn Sie bzw. Ihre App informiert werden möchten, dass die übergebene Audiodatei komplett abgespielt worden ist, dann können Sie bei dem `MediaPlayer`-Objekt ein Lausch-Objekt mittels `setOnCompletionListener()` registrieren, welches das Interface `OnCompletionListener` implementiert und in seiner Methode `onCompletion()` auf das Ereignis reagiert:

```java
mediaPlayer.setOnCompletionListener(new OnCompletionListener() {
    public void onCompletion(MediaPlayer mp) {
        Log.d("MeineApp", "Datei abgespielt");
    }
});
```

Im obigen Beispiel wird bei der Parameterübergabe eine anonyme Klasse definiert, welche das Interface realisiert.

14.3.5 MediaPlayer-Objekte wiederverwenden

MediaPlayer-Objekte können intern erhebliche Systemressourcen beanspruchen. Solange Sie nur ein oder zwei MediaPlayer-Objekte erzeugen, stellt dies kein Problem dar. Falls Sie aber aus Achtlosigkeit eine größere Anzahl MediaPlayer-Objekte erzeugen, kann dies die Leistung des Android-Geräts beeinträchtigen. Ein typisches Szenario wäre z. B., dass Sie einen Button bereitstellen, über den der Anwender eine Audiodatei abspielen kann, und das MediaPlayer-Objekt ad hoc in der Ereignisbehandlungsmethode erzeugen:

```java
public void onClick(View v) {
   MediaPlayer mediaplayer = MediaPlayer.create(this, R.raw.gong);
   if (mediaplayer != null) {
      mediaplayer.start();
   }
}
```

Das Problem hierbei ist, dass jedes Mal, wenn der Anwender den zugehörigen Button drückt, ein MediaPlayer-Objekt erzeugt wird. Wird die Methode onClick() beendet, wird das MediaPlayer-Objekt nicht weiter benötigt und die interne Speicherbereinigung von Android wird es irgendwann automatisch löschen. Bis dahin bleiben aber die internen Systemressourcen, die das Objekt für sich in Anspruch genommen hat, belegt.

Es gibt zwei Möglichkeiten, wie Sie dieses Problem lösen können. Eine Möglichkeit, mit der wir uns im nachfolgenden Abschnitt beschäftigen, wäre die sofortige Freigabe der Ressourcen durch Aufruf der Methode release(). Die andere Möglichkeit ist, nur ein MediaPlayer-Objekt zu erzeugen, den Verweis darauf in einem Feld der Activity-Klasse zu speichern und das Objekt bei Bedarf wiederzuverwenden.

```java
public class MainActivity extends AppCompatActivity
                    implements View.OnClickListener {
   private Button geraeuschButton;
   private MediaPlayer mediaplayer;

   @Override
   public void onCreate(Bundle savedInstanceState) {
       super.onCreate(savedInstanceState);
       setContentView(R.layout.activity_sounddemo);

       mediaplayer = MediaPlayer.create(this, R.raw.gong);

       geraeuschButton = (Button) this.findViewById(R.id.button1);
       geraeuschButton.setOnClickListener(this);
   }

   public void onClick(View v) {
       if (mediaplayer != null) {
           mediaplayer.start();
       }
   }
}
```

Sie können ein einmal erzeugtes MediaPlayer-Objekt auch zum Abspielen mehrerer Audiodateien benutzen. Setzen Sie dann das MediaPlayer-Objekt vor jedem neuen Gebrauch mithilfe von reset() zurück, weisen Sie ihm mit setDataSource() die abzuspielende Mediendatei zu und rufen Sie vor dem Aufruf von start() unbedingt noch prepare() auf.

Die folgende App stellt dem Anwender z.B. zwei Buttons zur Verfügung, über die er wahlweise eine Geräuschressource oder eine Musikdatei aus dem Internet abspielen kann. Zum Abspielen wird jeweils das gleiche MediaPlayer-Objekt verwendet, das einmal in der onCreate()-Methode erzeugt wurde.

Listing 14.2 Wiederverwendung eines MediaPlayer-Objekts

```java
package com.example.standard.sounddemo;

import android.app.Activity;
import android.content.res.AssetFileDescriptor;
import android.media.MediaPlayer;
import android.net.Uri;
import android.os.Bundle;
import android.view.View;
import android.view.View.OnClickListener;
import android.widget.Button;

public class MainActivity extends AppCompatActivity
                        implements View.OnClickListener {
    private Button geraeuschButton;
    private Button musikButton;
    private MediaPlayer mediaplayer;

    @Override
    public void onCreate(Bundle savedInstanceState) {
        super.onCreate(savedInstanceState);
        setContentView(R.layout.activity_sounddemo);

        mediaplayer = MediaPlayer.create(this, R.raw.gong);

        geraeuschButton = (Button) this.findViewById(R.id.button1);
        geraeuschButton.setOnClickListener(this);

        musikButton = (Button) this.findViewById(R.id.button2);
        musikButton.setOnClickListener(this);
    }

    public void onClick(View v) {

        if (mediaplayer == null)
            return;

        if(v == geraeuschButton) {
            AssetFileDescriptor fd =
                    getResources().openRawResourceFd(R.raw.gong);
            mediaplayer.stop();
            mediaplayer.reset();
            try {
                mediaplayer.setDataSource(fd.getFileDescriptor(),
                                fd.getStartOffset(),
                                fd.getLength());
                mediaplayer.prepare();
                mediaplayer.start();
```

```
            } catch (Exception e) {
                e.printStackTrace();
            }
        }
        else if(v == musikButton) {
            Uri soundUri = Uri.parse(
                    Uri.encode(
                    "http://www.carpelibrum.de/test/spacemusic.mp3"));
            mediaplayer.stop();
            mediaplayer.reset();
            try {
                mediaplayer.setDataSource(this, soundUri);
                mediaplayer.prepare();
                mediaplayer.start();
            } catch (Exception e) {
                e.printStackTrace();
            }
        }
    }
}
```

Beachten Sie den Code zum Abspielen der Soundressource. Anders als im Fall der Methode create() können Sie der Methode setDataSource() nicht einfach eine Ressourcen-ID übergeben. Um ein bestehendes MediaPlayer-Objekt mit einer Soundressource zu verbinden, müssen Sie daher zuerst ein AssetFileDescriptor-Objekt für die Soundressource erzeugen. Dieses können Sie dann an setDataSource() übergeben.

14.3.6 Ressourcen freigeben

Um die Ressourcen eines nicht mehr benötigten MediaPlayer-Objekts sofort freizugeben, brauchen Sie an sich nur die Methode release() aufzurufen.

Allerdings sollten Sie in der Regel mit dem Aufruf von release() warten, bis die Mediendatei fertig abgespielt ist. Dazu müssen Sie einen OnCompletedListener einrichten.

```
public void onCreate(Bundle savedInstanceState) {
    super.onCreate(savedInstanceState);
    setContentView(R.layout.activity_sounddemo);

    MediaPlayer mediaplayer = MediaPlayer.create(this, R.raw.gong);
    if (mediaplayer != null) {
        mediaplayer.start();

        mediaplayer.setOnCompletionListener(
                new OnCompletionListener() {
                    public void onCompletion(MediaPlayer mp)
                    { mp.release(); }
                });
    }
}
```

> **ACHTUNG**
>
> Nach Aufruf von release() dürfen Sie das MediaPlayer-Objekt nicht mehr weiter verwenden!

14.3.7 Audiodateien wiederholt abspielen

Um eine Audiodatei in einer Endlosschleife abspielen zu lassen, rufen Sie die Methode setLooping() mit dem Argument true auf.

Beachten Sie aber, dass die Audiodatei danach auch dann im Hintergrund weiter abgespielt wird, wenn der Anwender längst eine andere App gestartet hat. Um das Abspielen zu beenden, wenn Ihre App in den Hintergrund tritt oder gar beendet wird, müssen Sie die Methode stop() (oder pause()) des MediaPlayer-Objekts aufrufen, vorzugsweise in der Activity-Methode onPause():

```
@Override
protected void onPause() {
    mediaplayer.stop();
    super.onStop();
}
```

14.4 Piepen und andere Töne

Neben dem Abspielen von vorgefertigtem Tonmaterial kann man einem Android-Smartphone noch andere Töne entlocken. Hierzu finden sich einige interessante Klassen im Paket android.media.

Für das Abspielen von vordefinierten Pieptönen bietet sich die Klasse ToneGenerator an:

```
int streamTyp     = AudioManager.STREAM_SYSTEM;
int lautstaerke   = 100; // in Prozent
ToneGenerator tg  = new ToneGenerator(streamTyp, lautstaerke);
tg.startTone(ToneGenerator.TONE_CDMA_ALERT_AUTOREDIAL_LITE);
```

Um dem Gerät einen Piepton zu entlocken, erzeugen Sie eine Instanz der Klasse ToneGenerator mit dem Stream-Typ AudioManager.STREAM_SYSTEM und der gewünschten Lautstärke in Prozent (also von 0–100).

Das Abspielen geschieht dann durch Aufruf der Methode startTone(), die eine Konstante für den gewünschten Piep erwartet. In der Android-Dokumentation der Klasse ToneGenerator finden sich viele vordefinierte Pieptöne, aus denen Sie sich etwas Passendes heraussuchen können.

Viele der Piep-Konstanten haben eine definierte Dauer, andere sind per se endlos (z.B. ToneGenerator.TONE_CDMA_DIAL_TONE_LITE). Für Letztere können Sie das Abspielen des

Tons durch Aufruf der Methode `stopTone()` an geeigneter Stelle beenden. Oder Sie geben die gewünschte Abspieldauer direkt beim Starten des Abspielvorgangs in Millisekunden an, z. B.

```
// 1000 ms lang Piep abspielen
tg.startTone(ToneGenerator.TONE_CDMA_DIAL_TONE_LITE, 1000);
```

Eigene Soundtracks erzeugen

Leider erlaubt `ToneGenerator` nur das Abspielen von vordefinierten Pieptönen. Was aber tun, wenn man ganz andere Töne braucht und nicht MP3-Dateien o. Ä. abspielen möchte? In diesem Fall kann man Zuflucht bei der Klasse `AudioTrack` suchen. Sie erlaubt es, Audiodaten zu definieren, die man dann abspielen kann. Leider ist dies deutlich komplizierter und aufwendiger als der Einsatz von `ToneGenerator` und erfordert Kenntnisse über den Aufbau von Audiodaten und das Erzeugen von digitalen Klangdaten. Im Rahmen dieses Einsteigerbuchs zeigen wir daher nur ein kleines Beispiel, das Sie auf den Weg bringen soll.

Ausgangspunkt ist das Erzeugen einer Instanz von `AudioTrack` zur Definition der Audiodaten:

```
AudioTrack audioTrack = new AudioTrack(AudioManager.STREAM_MUSIC,
                          1000 * SAMPLE_RATE,
                AudioFormat.CHANNEL_OUT_MONO,
                AudioFormat.ENCODING_PCM_16BIT, daten.length,
                AudioTrack.MODE_STATIC);
audioTrack.write(daten, 0, daten.length);
audioTrack.play(); // abspielen
```

Der Konstruktor erhält neben dem Ausgabestream eine Sample-Rate (Angabe, durch wie viele digitale Signale pro Sekunde das abzuspielende analoge Tonsignal dargestellt werden soll) sowie einige weitere Informationen wie Mono-Kanal-Ausgabe und die Art des Audioformats (PCM 16 Bit = WAVE). Die übergebene Variable `daten` verweist auf die eigentlichen Sampling-Daten, die zuvor bereitgestellt werden müssen:

```
private void init(int frequenz, int dauer_in_millis) {
  anzahlSamples  = SAMPLE_RATE * dauer_in_millis;
  daten          = new byte[2*anzahlSamples];
  double d       = (double) (1000 * SAMPLE_RATE * 1.0 /
                     frequenz);

  int pos = 0;

  // als WAVE Format 16 Bit PCM erzeugen
  for(int i = 0; i < anzahlSamples; i++) {
    short wert     = (short) (32767 * Math.sin(PI_2 * i / d));
    daten[pos++]   = (byte) (wert & 0x00ff);
    daten[pos++]   = (byte) ((wert & 0xff00) >>> 8);
  }
}
```

Im obigen Listing wird der Datenpuffer `daten[]` mit den Sampling-Daten gefüllt, die in Abhängigkeit von der gewünschten Tonfrequenz und der Dauer in Millisekunden berechnet werden.

In der Beispielsammlung finden Sie im zugehörigen Verzeichnis die vollständige Implementierung der Klasse TonAusgabe als Teil des Projekts *MultimediaDemo*.

■ 14.5 Bilddateien anzeigen

Das Anzeigen einer Bilddatei ist eine der leichtesten Übungen überhaupt. Sie brauchen neben der Datei (unterstützte Formate sind JPG, PNG, BMP und GIF) ein ImageView-Objekt zur Anzeige, das wie üblich in der XML-Layoutdatei definiert wird. Die Bilddatei legen sie als Ressource beispielsweise im Verzeichnis *res\drawable* ab.

 Wie Sie Bildressourcen über XML-Attribute an View-Elemente zuweisen, lesen Sie in den Kapiteln 5.3.3 und 5.4.

Das Laden der Bilddateien geschieht dann z. B. in der onCreate()-Methode der Start-Activity (oder je nach App-Konzeption auch an anderer Stelle).

Sie können die Bilddatei durch Angabe der Ressourcen-ID direkt in ein passendes View-Element laden:

```
public void onCreate(Bundle savedInstanceState) {
    super.onCreate(savedInstanceState);
    setContentView(R.layout.activity_multimedia);

    ImageView imageView;
    imageView = (ImageView) findViewById(R.id.imageView1);
    imageView.setImageResource (R.drawable.abstrakte_kunst);
}
```

oder Sie laden die Bilddatei zuerst in ein Bitmap-Objekt, das Sie dann dem View-Element zuweisen:

```
public void onCreate(Bundle savedInstanceState) {
    super.onCreate(savedInstanceState);
    setContentView(R.layout.activity_multimedia);

    Bitmap bitmap;
    bitmap = BitmapFactory.decodeResource(getResources(),
                              R.drawable.abstrakte_kunst);
    ImageView imageView;
    imageView = (ImageView) findViewById(R.id.imageView1);
    imageView.setImageBitmap(bitmap);
}
```

Letztere Vorgehensweise hat den Vorteil, dass der Ladevorgang im Hintergrund abläuft und nicht den UI-Thread belastet. Außerdem können Sie auf diese Weise vorab mehrere Bitmap-Objekte für verschiedene Bilder erzeugen und diese dann später z. B. nacheinander an das View-Element zuweisen. (Die Bitmap-Objekte sollten dann natürlich nicht wie hier in einer lokalen Variablen, sondern in Feldern der Klasse gespeichert werden.)

Die Bilddatei liegt als Datei vor? Auch kein Problem, dann verwenden Sie einfach die Methode `BitmapFactory.decodeFile(String dateiPfad)`!

14.6 Videos abspielen

Fast genauso einfach wie das Abspielen von Audiomaterial funktioniert die Wiedergabe von Videos (vorzugsweise MPEG-4/MP4; das weit verbreitete MPEG2 wird leider nicht unterstützt).

Wir brauchen hierzu eine besondere View namens `VideoView`, die zur Wiedergabe und Anzeige der Videodaten dient. Hinter den Kulissen werkelt wieder ein `MediaPlayer`-Objekt, aber das braucht uns hier nicht weiter zu interessieren.

Wie jede View können Sie das `VideoView`-Element zur Anzeige des Videos entweder programmtechnisch zur Laufzeit hinzufügen oder statisch in der XML-Layoutdatei definieren, z. B.

```xml
<VideoView android:id="@+id/videoView1"
           android:layout_width="wrap_content"
           android:layout_height="wrap_content">
</VideoView>
```

... und dann in der `onCreate()`-Methode der Activity initialisieren. Der folgende Code geht z. B. davon aus, dass ein Video von der SD-Karte abgespielt werden soll:

```java
File sdCard = Environment.getExternalStorageDirectory();
VideoView videoView = (VideoView) findViewById(R.id.videoView1);

Uri uri = Uri.parse("file://" + sdCard.getAbsolutePath() +
                    "/video.mp4");
videoView.setVideoURI(uri);
videoView.setKeepScreenOn(true);

// optional: Buttons zur Steuerung
MediaController mc = new MediaController(this);
videoView.setMediaController(mc);
mc.setMediaPlayer(videoView);

videoView.start();
videoView.requestFocus(); // nur in Verbindung mit MediaController
```

Das `VideoView`-Objekt benötigt die Angabe, wo die abzuspielende Videodatei zu finden ist (typischerweise auf der SD-Karte oder eine Webadresse). Optional kann man noch Buttons anzeigen lassen (die ersten drei Sekunden bei Videobeginn oder wenn der Anwender auf die VideoView tippt), um die üblichen Aktivitäten wie Pause, Vorspulen etc. zu erledigen. Hierzu dient die Klasse `MediaController`, die wie oben gezeigt mit der `VideoView`-Instanz verbunden werden muss.

Wie beim Abspielen von Audiodateien ist der `start()`-Aufruf nicht blockierend und stößt das Abspielen in einem Hintergrund-Thread an. Wenn Sie den Abspielvorgang vorzeitig beenden möchten, verwenden Sie dazu die `stopPlayback()`-Methode:

```
if(videoVideo.isPlaying() {
   videoView. stopPlayback ();
}
```

ACHTUNG

Das Aufnehmen und Abspielen von Videodateien funktioniert erfahrungsgemäß nur auf wenigen PCs mit dem Emulator. Für das Entwickeln von Apps, die mit Videodaten arbeiten, ist ein echtes Android-Gerät zwingend erforderlich.

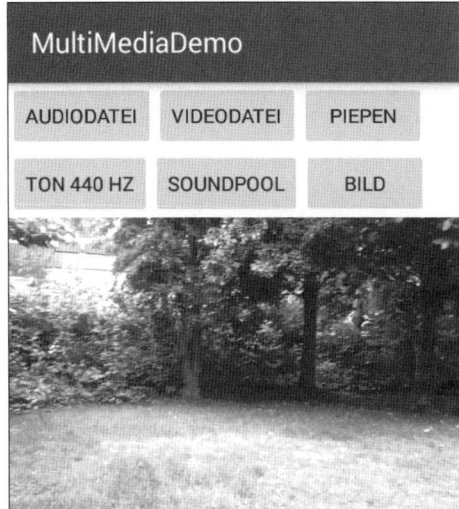

Bild 14.1
Abspielen einer Videodatei

ACHTUNG

Die *MultimediaDemo*-App aus der Beispielsammlung lädt die Videodatei wie oben gezeigt von der SD-Karte. Um Ihnen aber die Mühe zu ersparen, erst eine passende Videodatei auf die SD-Karte kopieren zu müssen, verfügt die App über eine Videoressource (abgelegt im Ordner *assets*), die beim Start der App auf die SD-Karte umkopiert wird. Testen Sie das Beispiel daher nur in einem Emulator mit konfigurierter SD-Karte.

14.7 Fotos und Videos aufnehmen

Was in der Anfangszeit der Mobilgeräte noch sündhaft teuer und nur Luxusmodellen vorbehalten war, ist mittlerweile Standard: eine mehr oder wenige gute Kamera zum Erstellen von Fotos und Videos.

Prinzipiell hat man als Entwickler zwei Möglichkeiten:

- Man konzentriert sich bei der Implementierung auf seine eigene App und lässt solche Sachen wie Foto & Video von Spezialisten erledigen, d. h. wann immer man ein Foto bzw. Video braucht, übergibt man die Kontrolle an eine Kamera-App (mindestens die Standard-Android-App ist immer vorhanden). Wie das grundsätzlich geht, wissen Sie schon: Man nimmt den Intent-Mechanismus in Anspruch.

- Oder man macht die Drecksarbeit selbst und taucht tief in die Android-Bibliotheken ein und plagt sich je nach API-Version mit verschiedenen Klassen und Vorgehensweisen (wichtig sind hierbei die Klassen android.hardware.Camera und android.hardware.Camera2). Man hat dann natürlich mehr Kontrolle über die Bildaufnahme, aber auch sehr viel mehr Programmierärger und mühselige Fehlersuche!

Wenn Sie nicht gerade eine Kamera-App schreiben wollen, gibt es aus unserer Sicht keine guten Gründe, sich mit dem zweiten Ansatz auseinanderzusetzen, insbesondere nicht als Einsteiger. Wir beschränken uns daher im Folgenden auf den ersten Ansatz und delegieren die Aufnahme an andere. Wie bereits erwähnt brauchen wir hierzu den Intent-Mechanismus.

Außerdem muss die App in ihrer Manifestdatei signalisieren, dass sie eine Kamera benutzen will, und zwar durch Angabe von:

```
<uses-feature android:name="android.hardware.camera"
                              android:required="true"/>.
```

Listing 14.3 Manifest für Kamerabenutzung

```
<?xml version="1.0" encoding="utf-8"?>
<manifest xmlns:android="http://schemas.android.com/apk/res/android"
    package="com.example.standard.camerademo">

    <uses-feature android:name="android.hardware.camera"
                                  android:required="true"/>

    <application
        android:allowBackup="true"
        android:icon="@mipmap/ic_launcher"
        android:label="@string/app_name"
        android:supportsRtl="true"
        android:theme="@style/AppTheme">
        <activity android:name=".MainActivity"
                android:screenOrientation="portrait">
            <intent-filter>
                <action android:name="android.intent.action.MAIN" />

                <category android:name=
```

```xml
                              "android.intent.category.LAUNCHER" />
            </intent-filter>
        </activity>
    </application>

</manifest>
```

Um eine Kamera-App zur Aufnahme eines Fotos zu bewegen, müssen wir einen Intent vom Typ `android.provider.MediaStore.ACTION_IMAGE_CAPTURE` erzeugen und mit der in jeder `Activity`-Klasse vorhandenen Methode `startActivityForResult()` versenden:

```java
Intent cameraIntent = new
        Intent(android.provider.MediaStore.ACTION_IMAGE_CAPTURE);
startActivityForResult(cameraIntent, 1); // 1 = beliebige ID
```

Wenn das Foto erstellt worden ist, wird Ihre App zurückgerufen und man kann in der Methode `onActivityResult()` dann darauf zugreifen und aus den übergebenen Intent-Daten via `getExtras().get("data")` das Bild erhalten und damit irgendetwas anstellen, z. B. in einer `ImageView` UI-Element anzeigen:

```java
ImageView imageView;
// ...
@Override
protected void onActivityResult(int requestCode, int resultCode,
                                Intent data) {
    if (requestCode == 1 && resultCode == RESULT_OK){// 1 == die ID
        Bitmap photo = (Bitmap) data.getExtras().get("data");
        imageView.setImageBitmap(photo);
    }
}
```

Der oben gezeigte Ansatz sollte schon für viele Zwecke ausreichend sein. Allerdings gibt es eine Kleinigkeit, die stören könnte: Das erhaltene Bild ist lediglich eine Voransicht (Thumbnail) und hat nicht die volle Auflösung und Pracht, was die Kamera eigentlich leisten könnte. Aber keine Sorge! Das geht natürlich auch. Man muss hierzu dem Intent noch eine Dateiangabe mittels `putExtra()` mitgeben, wo die Fotodaten gespeichert werden sollen. Wenn die Kamera-App unsere App zurückruft, finden wir in dieser Datei dann die vollen Bilddaten und können darauf zugreifen.

Die Datei, die für den Datenaustausch zwischen Foto-App und der eigenen App dient, muss natürlich an einem Plätzchen liegen, das für die Foto-App erreichbar ist. Hier bietet sich beispielsweise der öffentliche Bereich auf der SD-Karte an; vergessen Sie daher nicht, in der Manifestdatei noch eine zusätzliche Berechtigung zu signalisieren (und falls Sie Android 6.x anpeilen, auch eine Prüfung der Berechtigung zur Laufzeit einzubauen):

```xml
<uses-permission
        android:name="android.permission.WRITE_EXTERNAL_STORAGE" />
```

Listing 14.4 Fotoübermittlung via Datei (Beispielprojekt CameraSimple)

```java
public class MainActivity extends AppCompatActivity
                          implements View.OnClickListener {
    private ImageView imageView;
```

```java
    private File bildDatei;

@Override
protected void onCreate(Bundle savedInstanceState) {
  super.onCreate(savedInstanceState);
  setContentView(R.layout.activity_main);
  Button b = (Button) findViewById(R.id.button);
  b.setOnClickListener(this);
  imageView = (ImageView) findViewById(R.id.imageView);
}

@Override
public void onClick(View v) {
  try {
    int check = ContextCompat.checkSelfPermission(this,
                    Manifest.permission.WRITE_EXTERNAL_STORAGE);

    if(check != PackageManager.PERMISSION_GRANTED) {
      ActivityCompat.requestPermissions(this, new
          String[]{Manifest.permission.WRITE_EXTERNAL_STORAGE}, 1);
      return;
    }

    cameraIntentSenden();
}


private void cameraIntentSenden() {
  try {
    Intent intent = new Intent(MediaStore.ACTION_IMAGE_CAPTURE);
    bildDatei = bildDateiErzeugen();
    intent.putExtra(MediaStore.EXTRA_OUTPUT,
                              Uri.fromFile(bildDatei));
    startActivityForResult(intent, 1); // 1 = beliebige ID
  } catch (IOException e) {
    Log.d("MeineApp", "Problem beim Intent-Senden", e);
  }
}


    @Override
    protected void onActivityResult(int requestCode, int resultCode,
                              Intent data) {
     if (requestCode == 1 && resultCode == RESULT_OK) {
       BitmapFactory.Options options = new BitmapFactory.Options();
       options.inPreferredConfig = Bitmap.Config.ARGB_8888;
       String dateiPfad = bildDatei.getAbsolutePath();
       Bitmap bitmap = BitmapFactory.decodeFile(dateiPfad, options);
       imageView.setImageBitmap(bitmap);
     }
    }

private File bildDateiErzeugen() throws IOException {
    String dateiName = "CameraSimple_" + System.currentTimeMillis()
                            + ".jpg";
    File dir = Environment.getExternalStoragePublicDirectory(
                            Environment.DIRECTORY_PICTURES);
    return new File(dir, dateiName);
```

}

}

 Für eine Videoaufnahme gehen Sie analog vor. Der wesentliche Unterschied liegt darin, dass man als Action für den Intent nun `MediaStore.ACTION_VIDEO_CAPTURE` verwenden muss.

■ 14.8 Fragen und Antworten

1. *Welches Aufnahmeformat wird eigentlich verwendet, wenn man ein Foto oder Video via Intent und die installierte Kamera-App aufnimmt?*

   Das ist abhängig von der aufgerufenen Kamera-App; in der Regel ist es aber JPG für Fotos und MP4 für Video.

2. *Kann ich die Kamera-App auch auf dem Emulator testen?*

   Ja! Sie müssen aber ein AVD verwenden, für das eine Kamera konfiguriert worden ist (man muss dazu **SHOW Advanced Settings** im AVD-Assistenten aktivieren, siehe Anhang C). Leider ist es dennoch oft ein Glücksspiel, ob kamerabasierte Apps im Emulator ordnungsgemäß funktionieren oder nicht. Ein richtiges Smartphone ist unbedingt erforderlich.

■ 14.9 Übungen

1. Schreiben Sie eine App, die via Intent eine Videoaufnahme startet und nach deren Beendigung in einem kurzen Dialog (z. B. als Toast) den Pfad der Videodatei ausgibt! Verwenden Sie die Methode `startActivityForResult()`!

2. Schreiben Sie eine App, bei der man über eine `EditView` eine PIN eingeben kann. Bei jeder eingetippten Ziffer ertönt ein kurzer Piep als Rückmeldung. Hinweis: Zum Reagieren auf die Eingabe einzelner Tasten müssen Sie einen Listener vom Typ `android.view.View.OnKeyListener` bei dem Eingabefeld registrieren.

15 Sensoren

Von der Größe einmal abgesehen unterscheiden sich Smartphones von konventionellen PCs und Notebooks vor allem dadurch, dass sie viel intensiver mit der Umgebung und auch mit dem Anwender interagieren. Dies liegt vor allem daran, dass sie diverse Sensoren besitzen, um Informationen aufzunehmen. Neben dem allseits bekannten GPS (siehe Kapitel 17) sind in fast allen Android-Geräten noch etliche weitere, zum Teil recht ausgefallene Sensoren vorhanden, die Ihnen als App-Programmierer phänomenale Möglichkeiten eröffnen.

■ 15.1 Zugriff

Auf API-Ebene bietet Android im Paket `android.hardware` Unterstützung für eine Vielzahl von Sensoren an. Für jeden Sensortyp ist in der Klasse `Sensor` eine Konstante definiert. Die wichtigsten sind in Tabelle 15.1 aufgelistet.

Tabelle 15.1 Auswahl wichtiger Sensortypkonstanten

Sensortyp	Beschreibung
Sensor.TYPE_ACCELEROMETER	Beschleunigung (inkl. Erdanziehung)
Sensor.TYPE_LINEAR_ACCELERATION	Lineare Beschleunigung (ohne Erdanziehung)
Sensor.TYPE_GYROSCOPE	Gyroskop
Sensor.TYPE_RELATIVE_HUMIDITY	Relative Luftfeuchtigkeit
Sensor.TYPE_LIGHT	Umgebungslicht
Sensor.TYPE_MAGNETIC_FIELD	Magnetfeld (Kompass)
Sensor.TYPE_GRAVITY	Schwerkraft
Sensor.TYPE_ORIENTATION	Lage (deprecated ab Android 4.4)
Sensor.TYPE_PRESSURE	Luftdruck
Sensor.TYPE_PROXIMITY	Annäherung

(Fortsetzung nächste Seite)

Tabelle 15.1 Auswahl wichtiger Sensortypkonstanten *(Fortsetzung)*

Sensortyp	Beschreibung
Sensor.TYPE_ROTATION_VECTOR	Rotationsvektor
Sensor.TYPE_STEP_COUNTER (ab Android 4.4)	Schrittzähler
Sensor.TYPE_TEMPERATURE (bis Android 3.x)	Interne Gerätetemperatur
Sensor.TYPE_AMBIENT_TEMPERATURE (ab Android 4.x)	Umgebungstemperatur
Sensor.TYPE_ALL	Alle Sensoren

Bevor Sie angesichts der Vielfalt an Sensoren in helle Aufregung geraten, gleich mal einen Dämpfer: Die meisten Android-Geräte besitzen nur einen Bruchteil dieser Sensoren; am meisten verbreitet sind Beschleunigungssensor, Lagesensor, elektronischer Kompass sowie bei höherpreisigen Modellen zunehmend der Gyroskop-Sensor. Der Lagesensor ist übrigens oft nicht wirklich physikalisch vorhanden, sondern kombiniert die Daten von anderen Sensoren wie Beschleunigung und Kompass.

15.1.1 Was Sie benötigen

Für den Zugriff auf einen Sensor benötigen Sie:

- eine Instanz der Klasse `SensorManager`, die den Zugriff auf die Sensoren ermöglicht,
- ein Objekt vom Typ `Sensor`, das den konkreten Sensor repräsentiert, und
- eine Implementierung des Interface `SensorEventListener`, um Messdaten (Typ `SensorEvent`) vom Sensor zu empfangen.

15.1.2 Welche Sensoren sind verfügbar?

Ein guter Einstieg ist, erst einmal herauszufinden, ob die Sensoren, die man benutzen möchte, von dem konkreten Gerät, auf dem eine App läuft, überhaupt unterstützt werden. Der folgende Code prüft z. B., ob der Beschleunigungs- und der Lichtsensor vorhanden sind.

```
SensorManager sm = (SensorManager)
                        getSystemService(Context.SENSOR_SERVICE);
List<Sensor> sensoren = sm.getSensorList(Sensor.TYPE_ALL);
Sensor accelerometer = null;
Sensor lichtSensor   = null;

for(Sensor s : sensoren) {
   switch(sensor.getType()) {
      case Sensor.TYPE_ACCELEROMETER: accelerometer = sensor;
                                      break;
      case Sensor.TYPE_LIGHT         : lichtSensor = sensor;
```

```
                                                break;
        default:
    }
}
```

Wir besorgen uns zunächst mithilfe der `Activity`-Methode `getSystemService()` eine `SensorManager`-Instanz. Von deren `getSensorList()`-Methode lassen wir uns eine `List`-Collection der verfügbaren Sensoren zurückliefern, die wir in einer nachgeschalteten `for`-Schleife durchlaufen.

In der Schleife prüfen wir mithilfe einer `switch`-Verzweigung, ob der aktuelle Sensor einem der von uns gesuchten Sensortypen angehört. Wenn ja, kopieren wir den Verweis auf den Sensor in eine Variable, die wir zu diesem Zweck bereits vorab definiert und mit `null` initialisiert haben. (Im obigen Code handelt es sich um die lokalen `Sensor`-Variablen `accelerometer` und `lichtSensor`; in einer App würden Sie wohl eher Felder definieren, die dann in der gesamten Klassendefinition verfügbar sind, siehe auch das App-Beispiel *SensorDemo* aus der Beispielsammlung.)

Nach Durchlaufen der `for`-Schleife können wir mit einem `if`-Vergleich gegen `null` bei Bedarf jederzeit feststellen, ob ein gewünschter Sensor vorhanden ist:

```
if (accelerometer != null)
{
   // Sensor vorhanden, kann verwendet werden
}
```

Wenn Sie nicht an der gesamten Liste an Sensoren interessiert sind, sondern nur einen bestimmten brauchen, können Sie auch so vorgehen:

```
List<Sensor> sensoren = sm.getSensorList(Sensor.TYPE_ACCELEROMETER);
```

Dies liefert alle Sensoren des gewünschten Typs (in der Regel wird es keinen oder einen geben). Alternativ können Sie auch die Methode `getDefaultSensor()` verwenden:

```
Sensor sensor = sm.getDefaultSensor(Sensor.TYPE_ACCELEROMETER);
```

Vielleicht etwas überraschend braucht eine App keine besonderen Rechte, um auf die Sensoren zuzugreifen! Sie müssen also keine Berechtigungen (Permissions) in der Datei *AndroidManifest.xml* setzen.

MATERIAL ZUM BUCH

Ausführliche Informationen zur Programmierung mit Java-Collections finden Sie im Exkurs „Collections" des Java-Tutoriums.

15.1.3 Anmeldung beim Sensor

Der nächste Schritt besteht nun darin, sich beim Sensor anzumelden und Interesse an seinen Messwerten zu bekunden. Hierzu definiert die Klasse Sensor die Methoden register() und unregister().

Registrierbar sind allerdings nur Klassen, die das Interface SensorEventListener implementieren. Wenn Sie das Interface von Ihrer Activity-Klasse implementieren lassen, können Sie beim SensorManager für den gewünschten Sensortyp das Activity-Objekt (this) registrieren.

```
public class MainActivity extends AppCompatActivity
                         implements SensorEventListener {
  private Sensor accelerometer        = null;
  private Sensor lichtSensor          = null;
  private SensorManager sensorManager = null;

  public void onAccuracyChanged(Sensor sensor, int accuracy) {

  }

  public void onSensorChanged(SensorEvent event) {
    // hier Messwerte auslesen
  }
}
```

Das Interface ist überschaubar und hat nur zwei Methoden. Die Methode onAccuracyChanged() können Sie in der Regel unbeachtet lassen, denn sie wird nur aufgerufen, wenn die Messgenauigkeit des Sensors sich geändert hat (was in der Regel nie passiert).

Weit interessanter ist onSensorChanged(). Dies ist die Callback-Methode, über die der Sensor Manager alle registrierten Interessenten mit aktuellen Sensorwerten (Typ SensorEvent) informiert. Wie das genau geht, sehen wir im Abschnitt 15.2.

Erinnern Sie sich noch an den Activity-Lebenszyklus? Wenn die Activity sichtbar und im Vordergrund ist, wird onResume() aufgerufen und, wenn sie den Vordergrund verlässt, entsprechend onPause(). Es bietet sich daher an, in diesen Methoden auch das An- und Abmelden der Sensoren zu erledigen.

```
protected void onPause() {
   super.onPause();

   sensorManager.unregisterListener(this);
}

protected void onResume() {
   super.onResume();

   if(accelerometer != null) {
      sensorManager.registerListener(this, accelerometer,
                        SensorManager.SENSOR_DELAY_NORMAL);
   }
```

```
if(lichtSensor != null) {
    sensorManager.registerListener(this, lichtSensor,
                            SensorManager.SENSOR_DELAY_NORMAL);
}
```

Bei der Registrierung übergibt man dem `SensorManager` eine Referenz des lauschenden Objekts (also in unserem Beispiel die Activity selbst = `this`), den gewünschten Sensor und eine Auslesefrequenz. Hierfür stehen mehrere Werte zur Verfügung (in aufsteigender Ausleserate `SENSOR_DELAY_UI`, `SENSOR_DELAY_NORMAL`, `SENSOR_DELAY_GAME`, `SENSOR_DELAY_FASTEST`).

ACHTUNG

Das Abmelden von einem Sensor ist wichtig, da aktive Sensoren erheblich Strom aus dem Akku saugen können und daher nur so lange arbeiten sollten, wie unbedingt notwendig ist.

15.2 Sensordaten auslesen

Wenn sich eine Klasse – typischerweise eine Activity – für den Empfang von Sensordaten registriert hat, wird wie bereits erwähnt je nach eingestellter Häufigkeit die Callback-Methode `onSensorChanged()` aufgerufen. Bei jedem Aufruf wird der Methode dabei als Argument ein Objekt vom Typ `SensorEvent` übergeben, das die eigentliche Sensorinformation bereitstellt:

```
public void onSensorChanged(SensorEvent event) {
  if(event.sensor == accelerometer) {
    float[] werte  = event.values.clone();

    // Werte verarbeiten
    // ...
  }
}
```

ACHTUNG

Beim Auslesen von Sensorwerten sollten Sie durch Aufruf der `clone()`-Methode eine Kopie des Werte-Arrays erzeugen und für die Weiterverarbeitung nutzen. Bei schneller Folge von Sensorereignissen kann es unter Umständen passieren, dass Android das `SensorEvent`-Objekt für einen neuen `onSensorChanged()`-Aufruf wiederverwendet und dadurch alte und neue Daten gemischt bzw. überschrieben werden.

Das `SensorEvent`-Objekt enthält folgende Informationen:

- Einen Zeitstempel (`timestamp`-Feld), der die Anzahl an Nanosekunden seit dem letzten Android-Neustart angibt *(Uptime)*
- Einen Hinweis auf die Genauigkeit des Sensors (`accuracy`-Feld). Dieser Wert ist allerdings in der Praxis meist wertlos, da verschiedene Smartphones ganz unterschiedliche bis sinnlose Angaben liefern.
- Die Messwerte (`float[]`-Arrayfeld namens `values`). Die Größe dieses Arrays und die Bedeutung des Inhalts hängen vom jeweiligen Sensortyp ab, ebenso das verwendete Koordinatensystem (xyz-Achsen).

Tabelle 15.2 Messdaten der Sensortypen

Sensortyp	Messwerte in SensorEvent.values
TYPE_ACCELEROMETER	values[0]: –1 * Beschleunigung in x-Richtung (in m/s²)
	values[1]: –1 * Beschleunigung in y-Richtung
	values[2]: –1 * Beschleunigung in z-Richtung
	Alle Werte verstehen sich inklusive Erdbeschleunigung.
TYPE_LINEAR_ACCELERATION	Wie TYPE_ACCELEROMETER, aber ohne Erdanziehung
TYPE_GYROSCOPE	values[0]: Winkelgeschwindigkeit um x-Achse (in rad/s)
	values[1]: Winkelgeschwindigkeit um y-Achse
	values[2]: Winkelgeschwindigkeit um z-Achse
TYPE_LIGHT	values[0]: Lichtstärke in Lux
TYPE_MAGNETIC_FIELD	values[0]: Feldstärke x-Achse (in µT)
	values[1]: Feldstärke y-Achse
	values[2]: Feldstärke z-Achse
TYPE_GRAVITY	values[0]: –1 * Schwerkraft in x-Richtung (in m/s²)
	values[1]: –1 * Schwerkraft in y-Richtung
	values[2]: –1 * Schwerkraft in z-Richtung
TYPE_ORIENTATION	values[0]: Azimuth in Grad (Rotation um z-Achse)
	values[1]: Pitch (Rotation um x-Achse)
	values[2]: Roll (Rotation um y-Achse)
TYPE_PRESSURE	values[0]: Luftdruck in hPa
TYPE_PROXIMITY	values[0]: Entfernung in cm (bei manchen Typen nur ein Wert für nah, ein Wert für fern)
TYPE_RELATIVE_HUMIDITY	values[0] – rel. Luftfeuchtigkeit in Prozent
TYPE_ROTATION_VECTOR	θ (Rotationswinkel in rad/s)
	values[0]: x*sin(θ/2)
	values[1]: y*sin(θ/2)
	values[2]: z*sin(θ/2)
	values[3]: cos(θ/2)
TYPE_STEP_COUNTER	values[0]: Anzahl Schritte ab Sensorregistrierung

Sensortyp	Messwerte in SensorEvent.values
TYPE_TEMPERATURE	values[0]: Grad Celsius
TYPE_AMBIENT_TEMPERATURE	

Obwohl das eigentliche Auslesen von Sensorwerten sehr einfach ist, muss man dennoch manchmal ganz schön rackern, damit auch etwas Sinnvolles dabei herauskommt. Dies liegt daran, dass die eingebauten Sensoren natürlich qualitativ nicht mit industriellen Messsensoren für den Profibereich vergleichbar sind[1] und einen erhöhten Anteil an Rauschen und Störsignalen aufweisen, der für eine genaue Auswertung ziemlich hinderlich sein kann. Man muss dann geeignete Verfahren aus der Theorie der Signalverarbeitung einsetzen. Das würde aber den Rahmen dieses Buchs deutlich sprengen. Wir beschränken uns im Folgenden daher auf zwei kleine Beispiele, um den Umgang mit Sensoren zu üben.

> **ACHTUNG**
> Der Emulator unterstützt Sensoren nur eingeschränkt; der SensorManager liefert via getSensorList() je nach Emulatorversion nur einige wichtige Sensoren wie TYPE_ACCELEROMETER oder TYPE_PROXIMITY. Sinnvolle Messdaten dürfen Sie natürlich auch nicht erwarten, sodass Sie unbedingt ein Android-Gerät zur Hand haben sollten.

15.2.1 Beschleunigungswerte ermitteln

Der Beschleunigungssensor liefert seine Messwerte in Bezug auf ein Koordinatensystem, das folgendermaßen definiert ist: Wenn Sie auf ein vor Ihnen liegendes Smartphone blicken, dann ist die x-Achse die Richtung nach rechts, die y-Achse nach vorne (von Ihnen weg) und die z-Achse steht senkrecht dazu und zeigt Richtung Himmel. Der Nullpunkt des Koordinatensystems liegt im Gerätemittelpunkt.

Diese Definition geht davon aus, dass ein Android-Gerät eine natürliche Ausrichtung hat: bei einem Smartphone das Hochformat *(portrait)*, bei einem Tablet-PC das Querformat *(landscape)* (siehe Bild 15.1).

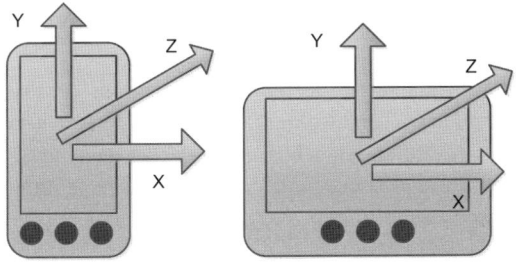

Bild 15.1
Natürliches Koordinatensystem für Beschleunigungssensor

---

[1] Diese Sensoren sind im Bereich unter € 5 angesiedelt, wohingegen professionelle Sensoren leicht € 1000 und mehr kosten!

WICHTIGER MERKSATZ

Das natürliche Koordinatensystem ändert sich nicht! Wenn Sie ein typisches Smartphone haben (mit Hochformat/Porträt als natürliche Ausrichtung, d. h., die untere kurze Seite ist die x-Achse) und nun so drehen, dass es im Querformat vorliegt, dann ist die x-Achse immer noch die kurze Seite, die nun aber die linke Seite geworden ist. Wenn dies für Ihre Sensorauswertung bzw. Anzeige wichtig ist, dann können Sie mit der Methode `android.view.Display.getRotation()` diese Rotation ermitteln und berücksichtigen.

Der Sensor liefert die aktuell wirkende Beschleunigung inklusive der Erdanziehung (also nicht die reine Beschleunigung an sich). Die vom Sensor gelieferten Messwerte sind dabei immer ein Vielfaches bzw. ein Bruchteil der Erdbeschleunigung von 9,81 m/s^2, die in der Regel mit *g* abgekürzt wird.

In der Android-API ist übrigens für *g* die Konstante `SensorManager.GRAVITY_EARTH`[2] definiert.

Ein Android-Gerät, das ruhig auf dem Tisch liegt, erfährt in x- und y-Richtung keine Beschleunigung, wird jedoch bzgl. der z-Achse (die wie oben gezeigt als „zum Himmel weisend" definiert ist) mit der normalen Erdanziehungskraft – also mit einem *g* – nach unten gezogen. Ein korrekt arbeitender Beschleunigungssensor liefert daher in diesem idealen Szenario das Werte-Tupel (0, 0, 9.81).

Die Praxis sieht natürlich, wie so oft, anders aus. Zunächst ist die Erdanziehungskraft überall auf der Erde verschieden: am Meer größer als im Gebirge und am Äquator geringer als an den Polen, sodass die Konstante *g* nur ein Mittelwert ist. Für die korrekte Bestimmung der Erdbeschleunigung müsste man also zunächst die genaue Position haben (das könnte Ihr Android-Gerät dank GPS) und dann mit speziellen Näherungsformeln (z. B. der Formel von Somigliana) die lokale Gravitation berechnen.

Die zweite Unsicherheit liegt im Sensor selbst, dessen Daten immer auch einen mehr oder weniger starken Anteil an Rauschen enthalten und somit die Werte verfälschen.

Drittens wird die `onSensorChanged()`-Methode nicht in garantiert gleichbleibenden Abständen aufgerufen, sodass die Zeitintervalle, in denen neue Sensorwerte geliefert werden, mehr oder weniger stark schwanken, was eine exakte Auswertung ebenfalls erschweren kann.

Um bessere Messdaten zu erhalten, gibt es verschiedene Filtertechniken aus dem Bereich der digitalen Signalverarbeitung, die Sie je nach Bedarf ausprobieren können, z. B. Tief- und Hochpassfilter oder fortgeschrittene statistische Methoden wie Kalman-Filter. Man muss dabei immer im Einzelfall abwägen und einen guten Kompromiss zwischen Implementierungsaufwand sowie CPU-Last und Speicherverbrauch finden. Probieren geht über Studieren!

---

[2] Lustigerweise gibt es auch eine Gravitationskonstante `GRAVITY_DEATH_STAR_1` für die Anziehungskraft auf dem ersten Todesstern aus dem Film *Krieg der Sterne*.

Ein einfacher Ansatz für die ersten Gehversuche zur Bestimmung der aktuellen Beschleunigung könnte folgendermaßen aussehen:

```java
// Felddefinitionen
float ax = 0;
float ay = 0;
float az = 0;

float gx = 0;
float gy = 0;
float gz = SensorManager.GRAVITY_EARTH;

float xAlt = 0;
float yAlt = 0;
float zAlt = 0;

// ...

public void onSensorChanged(SensorEvent event) {
   float[] werte   = event.values.clone();

   // einfacher Tiefpass-Filter, um den g-Anteil herauszufiltern
   float alpha = 0.9f;
   float beta  = 0.1f;  // beta = 1 - alpha

   // Gravitationsanteil mit Tiefpass-Filter herausfiltern
   gx = alpha * gx + beta * werte[0];
   gy = alpha * gy + beta * werte[1];
   gz = alpha * gz + beta * werte[2];

   // reine Beschleunigung ohne g
   float xNeu = werte[0] - gx;
   float yNeu = werte[1] - gy;
   float zNeu = werte[2] - gz;

   // aktueller Beschleunigungsvektor
   ax = alpha * (ax + xNeu - xAlt);
   ay = alpha * (ay + yNeu - yAlt);
   az = alpha * (az + zNeu - zAlt);

   xAlt = xNeu; // für nächsten Durchgang merken
   yAlt = yNeu;
   zAlt = zNeu;

   // Betrag der Beschleunigung
   double betrag = Math.sqrt(ax * ax + ay * ay + az * az);

   // jetzt Beschleunigungsdaten verwenden
   // ...
}
```

Mit einem einfachen Tiefpassfilter extrahieren wir den Einfluss der Schwerkraft, um weiter unten den Anteil der Schwerkraft aus den Messwerten herausrechnen zu können. Als Endergebnis erhalten wir die reine Beschleunigung ohne Erdanziehung (xNeu, yNeu, zNeu).

Der Tiefpassfilter wirkt ähnlich wie ein arithmetisches Mittel. Für jedes Messwertetripel wird die Gravitation (festgehalten in gx, gy, gz) neu berechnet. Da man allerdings davon ausgeht, dass sich der Gravitationsanteil nur langsam ändert, werden die aktuellen Messwerte (Array `werte[]`) mit einem niedrigen `beta`-Faktor gewichtet. Das heißt, es fließt nur eine geringe Änderung in den neu berechneten Gravitationswert ein. Welche Werte für `alpha` und `beta` die besten Ergebnisse liefern, wird man für den konkreten Anwendungsfall ausprobieren müssen.

Da die Messdaten (Array `werte[]`), die in unsere Berechnung der reinen Beschleunigung einfließen, stark schwanken, verbessern wir die Daten noch mithilfe eines Hochpassfilters. Der Filter betrachtet die ermittelte Änderung in x/y/z-Richtung und lässt sie mit `alpha` gewichtet in den neuen Wert einfließen.

 MATERIAL ZUM BUCH

In der Beispielsammlung zu diesem Buch finden Sie im Verzeichnis zu diesem Kapitel eine Beispiel-App *SensorDemo*, die nach dem obigen Ansatz die aktuelle Beschleunigung ermittelt und anzeigt. Auf Wunsch kann die Stärke der Beschleunigung auch durch einen Signalton simuliert werden (je stärker die Beschleunigung, desto höher der Ton).

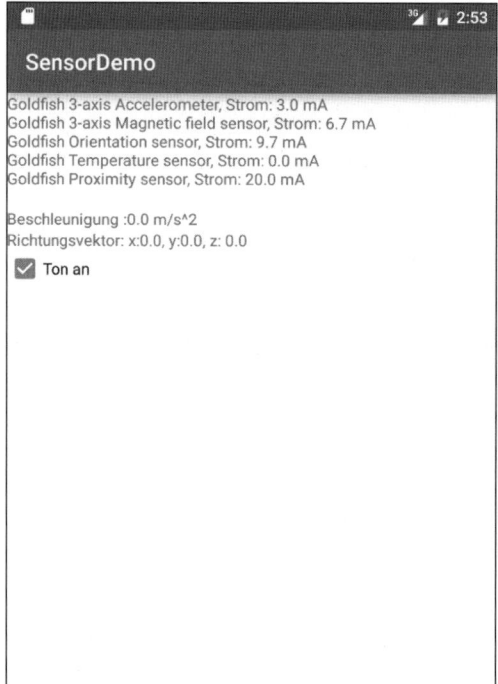

Bild 15.2
Anzeige der vorhandenen Sensoren und der aktuellen Beschleunigung

15.2.2 Lagedaten ermitteln

Die Bestimmung der aktuellen Lage eines Android-Geräts erfolgt mithilfe des Lagesensors, den mittlerweile fast jedes Gerät besitzt. Im Unterschied zum Beschleunigungssensor wird ein anderes Koordinatensystem verwendet (siehe Bild 15.3 Koordinatensystem des Lagesensors).

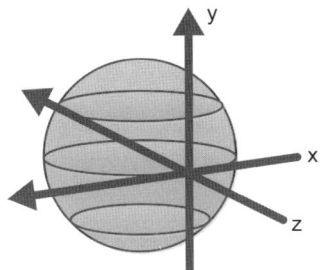

Bild 15.3
Koordinatensystem des Lagesensors

Die y-Achse ist die Tangentiale, welche die Erde an der aktuellen Position des Geräts berührt und ungefähr in Richtung Nordpol zeigt. Die z-Achse zeigt Richtung Erdmittelpunkt und steht senkrecht auf y. Die x-Achse wiederum ist das Vektorprodukt aus y-Achse und z-Achse und steht somit senkrecht zu beiden und zeigt grob nach Westen.

Der Lagesensor liefert glücklicherweise wesentlich stabilere Werte als ein Bewegungssensor und die Werte können meist ohne aufwendige Aufbereitung verwendet werden, eventuell abgesehen von geringen Schwellwerten in Grenzbereichen.

 ACHTUNG
Beim Lagesensor gab es im Laufe der Android-Versionen eine wichtige Änderung: Sensor.TYPE_ORIENTATION ist mittlerweile als veraltet *(deprecated)* gekennzeichnet und man soll stattdessen die Methode SensorManager.getOrientation() verwenden.

Der Zugriff auf die Daten des Lagesensors erfolgt direkt über den `SensorManager` und dessen Methode getOrientation(). Leider hat diese Methode einen kleinen Schönheitsfehler: Man muss als Parameter ein Array mit der aktuellen Rotationsmatrix übergeben. Diese Matrix muss man unter Zuhilfenahme der Sensoren für Magnetfeld und Beschleunigung selbst berechnen lassen. Die Abfolge an Schritten ist daher:

- Die Start-Activity muss sich für zwei Sensoren registrieren: TYPE_MAGNETIC_FIELD und TYPE_ACCELEROMETER (oder, falls vom Gerät unterstützt, noch besser: TYPE_GRAVITY).
- In der `onSensorChanged()`-Methode ermitteln Sie mithilfe der Sensordaten vom Beschleunigungssensor den Gravitationsvektor `gravitation[]` und mit dem digitalen Kompass den magnetischen Feldvektor `magnetFeld[]`.
- Verwenden Sie den Aufruf `SensorManager.getRotationMatrix(rotationMatrix, null, gravitation, magnetFeld)`, um die Rotationsmatrix berechnen zu lassen. Die Methode speichert die Matrixwerte in dem übergebenen Array-Argument `rotationMatrix` (Typ float[]).

- Rufen Sie nun SensorManager.getOrientation(rotMatrix, orientation) auf, um die Lagedaten zu erhalten. Die Methode speichert die berechneten Daten in dem übergebenen Array-Argument orientation (Typ float[]).
- Danach enthält die Array-Variable orientation die Informationen zur Lage des Geräts.
- Zur besseren Verarbeitung und Verständlichkeit kann man die Lagedaten aus Radient in den vertrauten Grad mithilfe der Methode Math.toDegrees() umrechnen:

```
int gradZ = (int) Math.round(Math.toDegrees(orientation[0]));
int gradX = (int) Math.round(Math.toDegrees(orientation[1]));
int gradY = (int) Math.round(Math.toDegrees(orientation[2]));:
```

- gradZ: der Winkel −180° bis +180°, um den das Android-Gerät bezogen auf seine natürliche Ausrichtung („portrait" bei Smartphones, „landscape" bei Tablet-PCs) von der Ausrichtung zum magnetischen Nordpol abweicht. Anders formuliert ist es die Drehung des Geräts um die oben definierte z-Achse (entgegen dem Uhrzeigersinn).
- gradX: der Winkel von −90° bis +90° (entgegen dem Uhrzeigersinn), um den das Gerät um die x-Achse gedreht ist, d. h., wie stark hat der Anwender das Gerät zu sich hin bzw. von sich weg gekippt.
- gradY: der Winkel von −180° bis +180° (entgegen dem Uhrzeigersinn), um den das Gerät um die y-Achse gedreht ist, d. h., wie stark ist das Gerät nach links oder rechts gekippt.

Ein Lagesensor liefert stabilere Werte als ein Bewegungssensor, d. h., die Werte schwanken nicht so stark und schnell. Dennoch sollten Sie sich bewusst sein, dass der absolute Fehler trotzdem sehr groß sein kann, insbesondere wenn künstliche elektromagnetische Felder in der Nähe sind. Selbst Musik, die über den integrierten Lautsprecher des Smartphones wiedergegeben wird, hat negative Einflüsse auf die Sensoren – was insbesondere bei Spielen ein Problem sein kann!

In der Beispielsammlung auf der Buch-DVD finden Sie zu diesem Kapitel die App *Kratzbild-Kugel*, welche eine Weiterentwicklung der *Kratzbild*-App aus Kapitel 9 ist. Anstelle des Fingers wird nun zum Kratzen eine Kugel über den Bildschirm durch Neigen des Geräts bewegt. Die oben erläuterten Schritte finden sich in der Methode onSensorChanged() der Activity wieder.

Listing 15.1 Ermitteln der Lagedaten

```
@Override
public void onSensorChanged(SensorEvent event) {
    if(!startButton.isEnabled()) {
        float[] werte = event.values.clone();

        switch (event.sensor.getType()) {
            case Sensor.TYPE_ACCELEROMETER : gravitation = werte;
                                             break;
            case Sensor.TYPE_MAGNETIC_FIELD: magnetFeld = werte;
                                             break;
            default: return;
```

```
    }
    if(gravitation == null || magnetFeld == null) {
        return;
    }

    float rotationMatrix[] = new float[9];

    if (!SensorManager.getRotationMatrix(rotationMatrix, null,
                                gravitation, magnetFeld)) {
        Log.d(DEBUG_TAG, "getRotationMatrix() Fehler");
        return;
    }

    float orientation[] = new float[3];
    SensorManager.getOrientation(rotationMatrix, orientation);

    float rotZ = orientation[0] - offsetZ;
    int rotZGrad = (int) Math.round(Math.toDegrees(rotZ));

    float rotX = orientation[1] - offsetX;
    int rotXGrad = (int) Math.round(Math.toDegrees(rotX));

    float rotY = orientation[2] - offsetY;
    int rotYGrad = (int) Math.round(Math.toDegrees(rotY));

    if(kalibriertZaehler <= 10) {
        kalibriertZaehler++;
        sensorKalibrierung[0] += rotZ;
        sensorKalibrierung[1] += rotX;
        sensorKalibrierung[2] += rotY;

        if(kalibriertZaehler >= 10) {
            offsetZ = sensorKalibrierung[0] / 10;
            offsetX = sensorKalibrierung[1] / 10;
            offsetY = sensorKalibrierung[2] / 10;
        }
    }
    else if(rotYGrad != 0 && rotXGrad != 0){
        // nach rechts: rotYGrad > 0, nach links: rotYGrad < 0
        // nach vorne=unten : rotXGrad < 0, nach hinten=hoch:
        // rotXGrad > 0 -> daher mit  -1 multiplizieren
        // da ein Canvas den Nullpunkt links oben hat
        kratzView.updateMouse(rotYGrad, -1 * rotXGrad );
    }
  }
}
```

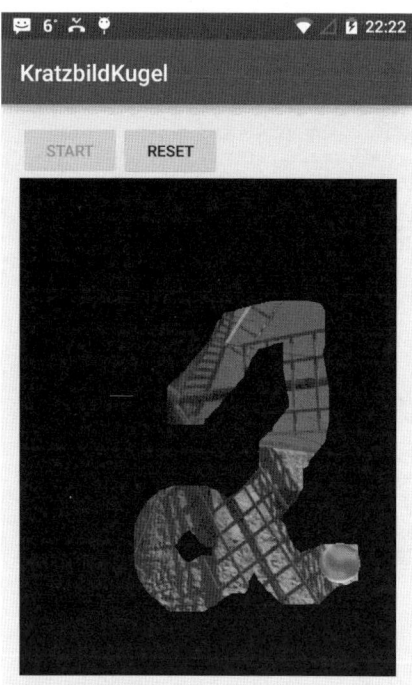

Bild 15.4
Kratzen durch Balancieren einer blauen Kugel

TIPP

Für das Balancieren einer Kugel braucht man eine definierte Nullstellung, was wiederum eine Kalibrierung des Lagesensors erfordert. Einige Android-Geräte bieten eine solche Kalibrierung zwar an (z. B. Samsung Galaxy-Modelle via **Einstellungen/Anzeige/Horizontale Kalibrierung**), aber Ihnen als App-Entwickler hilft dies nicht wirklich weiter, um alle möglichen Android-Geräte abzudecken. Sie kommen daher nicht umhin, selbst eine Kalibrierungsfunktion einzubauen (wie in der Beispiel-App *KratzbildKugel:* Dort werden die ersten zehn Messwerte addiert und der Mittelwert gebildet. Für alle nachfolgenden Messungen wird dieser Wert dann abgezogen).

■ 15.3 Fragen und Antworten

1. *In welchem Wertebereich liegen die Daten der verschiedenen Sensoren? Wie sieht es mit der Auflösung/Genauigkeit aus?*

   Hierzu lassen sich leider keine genauen Angaben machen. Es hängt völlig vom jeweiligen Gerät und seinen verbauten Sensoren ab.

2. *Wieso gibt es in der Android-API überhaupt drei Sensortypen für Beschleunigung (*TYPE_ACCELEROMETER, TYPE_LINEAR_ACCELERATION, TYPE_GRAVITY*)?*

   Das Android-Team hält Beschleunigung wohl für ein sehr interessantes Thema. Die Sensoren TYPE_LINEAR_ACCELERATION und TYPE_GRAVITY werden allerdings von sehr vielen Geräten nicht unterstützt, sodass man eigentlich doch nur einen Sensortyp für Beschleunigung hat, wenn man auf der sicheren Seite sein will.

3. *Was hat es mit dem Wechsel von* TYPE_TEMPERATURE *(bis Android 3.x) zu* TYPE_AMBIENT_TEMPERATURE *(ab Android 4.x) auf sich?*

   Es gab wohl diverse Verwirrungen bei Geräteherstellern und Entwicklern. Die Android-API schreibt bei TYPE_TEMPERATURE vor, dass es sich um die interne CPU-Temperatur handeln muss, aber bei den Anwendern und Programmierern dachte man natürlich mehr an die Raumtemperatur. Durch die Einführung von TYPE_AMBIENT_TEMPERATURE ist dies nun möglich.

4. *Was passiert bezüglich GPS bei einem Konfigurationswechsel wie Drehen von Hoch- auf Querformat (Portrait zu Landscape)?*

   Dies kann in der Tat ein Problem sein, da jedweder Konfigurationswechsel zu einem Neustart der Activity führt und somit der Strom an GPS-Koordinaten unterbrochen wird. Für die meisten GPS-Apps ist es am einfachsten, dies zu unterdrücken (in der Android-Manifestdatei in der XML-Ansicht das Attribut screenOrientation setzen), z. B.

```
<application
    <activity
        android:name=".GPSMassbandActivity"
        android:label="@string/app_name"
        android:screenOrientation="portrait">
    >
    </activity>
</application>
```

15.4 Übung

Erstellen Sie eine App, die ein Senkblei simuliert: Ein Pfeil zeigt immer genau nach unten Richtung Erdmittelpunkt. Verwenden Sie hierzu den Gravitationssensor (falls nicht vorhanden, zur Not den normalen Beschleunigungssensor).

16　Einsatz der Datenbank SQLite

Android zeichnet sich durch eine ungewöhnliche Besonderheit aus, nämlich dass ein Datenbanksystem[1] namens *SQLite* fester Bestandteil der Laufzeitumgebung ist. Dadurch hat jede App die Möglichkeit, mit überschaubarem Aufwand Daten in einem richtigen Datenbanksystem zu speichern, zu suchen und wieder auszulesen. Der Einsatz einer Datenbank anstelle simpler Dateien lohnt sich immer dann, wenn Sie sehr viele Daten abspeichern müssen, mit denen intensiv gearbeitet wird (suchen, verändern, löschen, auswerten).

■ 16.1　Was ist eine relationale Datenbank?

Eine *relationale* Datenbank ist ein Konstrukt zum Ablegen von Daten. Die Organisation der Daten erfolgt in Form von Tabellen, also Datenstrukturen mit Zeilen und Spalten. Die Daten in verschiedenen Tabellen können sich gegenseitig referenzieren (über IDs, die man *Schlüssel* nennt) und dadurch Beziehungen *(Relationen)* aufweisen.

Kunden-Nr	Name	Straße	Stadt
345	Schimmel	Kaiserstr. 4	München
346	Meier	Am Beet 47	Stuttgart
445	Müller	Lindenstr. 52	Köln
449	Schmidt	Opelplatz 8	Berlin

Bestellung-Nr	Typ	Bearbeiter	Status	Kunden-Nr
5464711	Online	K12	offen	346
9855325	Standard	Z4	offen	345
9884576	Online	K12	in Arbeit	449
9982145	Standard	T44	offen	449

Bild 16.1
Tabellen mit Kundendaten

Im Beispiel aus Bild 16.1 haben wir es mit Kunden- und Bestelldaten zu tun, die in zwei Tabellen organisiert sind. Jede Zeile einer Tabelle bildet einen sogenannten *Datensatz* und

---

[1] Vielfach werden die Begriffe „Datenbanksystem" und „Datenbank" synonym verwendet. Streng genommen ist die Datenbank aber nur ein bestimmter, zusammengehörender Datenblock, während Datenbanksystem das Softwareprogramm meint, das die Datenbanken verwaltet und Zugriff darauf bietet.

setzt sich aus den Werten mehrerer Felder (Spalten) zusammen. Typisch ist, dass es in jeder Tabelle eine Spalte gibt, deren Werte innerhalb der Tabelle eindeutig sind (d.h., es gibt in der Tabelle keine zweiten Datensätze, die in der betreffenden Spalte denselben Wert stehen haben). Diese Spalten (Kunden-Nr bzw. Bestellung-Nr) werden als *Primärschlüssel* bezeichnet. Wird eine solche Primärschlüssel-Spalte in einer anderen Tabelle verwendet (die Primärschlüssel-Spalte Kunden-Nr taucht z.B. auch in der darunter gelegenen Tabelle der Bestelldaten auf), spricht man von einem sogenannten *Fremdschlüssel*. Über Fremdschlüssel kann ein Datensatz eine Verbindung zu einem Datensatz einer anderen Tabelle herstellen. In unserem Beispiel ergänzt z.B. der Fremdschlüssel die Bestellinformationen um die Information, welcher Kunde die Bestellung aufgegeben hat.

Wie eingangs erwähnt, bietet Android das Datenbanksystem SQLite an, mit dessen Hilfe Sie von einer App aus Daten in Form einer Datenbank, d.h. einer definierten Menge von Tabellen, ablegen und auslesen können. Für die Kommunikation mit relationalen Datenbanken wie SQLite gibt es eine spezielle Kommandosprache namens *SQL*. Im Falle von SQLite können Sie via SQL folgende Operationen durchführen:

- Definition der Tabellenstruktur (Name der Tabelle, Anzahl Spalten, Datentyp pro Spalte)
- Anlegen und Löschen einer Tabelle
- Einfügen, Ändern, Löschen von Datensätzen (= Tabellenzeilen)
- Suchen von Daten aus einer oder mehreren Tabellen anhand von Suchkriterien

Die meisten dieser Operationen lassen sich aber auch ganz bequem ohne Rückgriff auf SQL ausführen.

AUFSTEIGER

Wer sich schon einmal mit der Datenbankprogrammierung mit Java beschäftigt hat, wird wissen, dass man dabei viel mit JDBC-Treibern und Datenbankverbindungen hantieren muss. Bei der Android SQLite-Programmierung ist dies nicht nötig!

16.2 Datenbank anlegen/öffnen

Im Paket android.database.sqlite findet sich eine hilfreiche Klasse namens SQLiteOpenHelper, die Sie zum Anlegen oder Öffnen einer Datenbank verwenden können. Sie müssen dazu allerdings eine abgeleitete Klasse definieren:

```
public DBZugriff extends SQLiteOpenHelper {

   private SQLiteDatabase db;

   // Konstruktor
   public DBZugriff(Context activity, String dbName) {
      super(activity, dbName, null, 1);
      db = getWritableDatabase();
```

```
    }
    public void onCreate(SQLiteDatabase db) {
      try {
        // Tabelle anlegen
        String sql = "CREATE TABLE freunde " +
                     "(id INTEGER PRIMARY KEY AUTOINCREMENT," +
                     "name VARCHAR(20) NOT NULL, " +
                     "vorname VARCHAR(20) NOT NULL, " +
                     "geburtsdatum DATE)";
        db.execSQL(sql);
      }
      catch(Exception ex) {
        Log.e("carpelibrum", ex.getMessage());
      }
    }

    public void onUpgrade(SQLiteDatabase db, int oldVersion,
                          int newVersion) {
      // auf Versionswechsel reagieren
    }
}
```

Der Konstruktor von `SQLiteOpenHelper` erwartet ein `Context`-Objekt (typischerweise die aktuelle Activity) und den Namen der Datenbank. Dies ist letztlich ein normaler Dateiname (ohne Pfad), den Sie beliebig festlegen können, z. B. *freunde.dat*. Mithilfe der geerbten Methode `getWritableDatabase()` erhält man dann eine Referenz auf das eigentliche Datenbankobjekt vom Typ `SQLiteDatabase`. Dieses Objekt wird in der Folge benutzt, um Daten zu verändern oder auszulesen. (Wenn Sie nur Daten auslesen möchten, rufen Sie stattdessen die Methode `getReadableDatabase()` auf.)

Beim Aufruf von `getWritableDatabase()` bzw. `getReadableDatabase()` geschieht dann Folgendes: Wenn es eine Datenbank mit dem im Konstruktor übergebenen Namen bereits gibt, wird diese geöffnet, andernfalls wird zuvor eine neue Datenbank erstellt.

16.2.1 onCreate()

Im letzteren Fall, also wenn die Datenbank neu angelegt wird, wird die `SQLiteOpenHelper`-Methode `onCreate()` aufgerufen. Wir müssen diese folglich überschreiben und in ihr festlegen, wie die Tabellenstruktur aussehen soll. Dies erfolgt durch einen SQL-String, der angibt, wie die Tabelle heißt und welche Spalten (inklusive SQL-Datentyp) vorgesehen sind. Im obigen Beispiel lautet das SQL-Kommando:

```
CREATE TABLE freunde (id           INTEGER PRIMARY KEY AUTOINCREMENT,
                      name         VARCHAR(20) NOT NULL,
                      vorname      VARCHAR(20) NOT NULL,
                      geburtsdatum DATE)
```

Dies sagt dem Datenbanksystem, dass

- eine Tabelle namens *freunde* angelegt werden soll,
- die Tabelle aus vier Spalten mit den Namen *id*, *name*, *vorname* und *geburtsdatum* besteht,

- die Spalten *id* für ganzzahlige Werte, *name* und *vorname* für Zeichenketten mit maximal 20 Zeichen und *geburtsdatum* für Datumsangaben gedacht sind,
- *id* als Primärschlüssel (PRIMARY KEY) fungiert und somit zur eindeutigen Referenzierung der Datensätze (Zeilen) in der Tabelle verwendet werden kann; AUTOINCREMENT gibt dabei an, dass SQLite automatisch die nächste verfügbare ID als Wert für *id* einsetzt,
- *name* und *vorname* in jedem Datensatz einen Wert (NOT NULL) enthalten müssen, *geburtsdatum* darf auch ungesetzt bleiben.

Das so definierte und in einen String verpackte SQL-Kommando übergeben wir via execSql() dem SQLiteDatabase-Objekt zur Ausführung, woraufhin die gewünschte Tabellenstruktur angelegt wird.

```
public void onCreate(SQLiteDatabase db) {
  try {
    // Tabelle anlegen
    String sql = "CREATE TABLE freunde " +
                 "(id INTEGER PRIMARY KEY AUTOINCREMENT," +
                 "name VARCHAR(20) NOT NULL, " +
                 "vorname VARCHAR(20) NOT NULL, " +
                 "geburtsdatum DATE)";
    db.execSQL(sql);
  }
  catch(Exception ex) {
    Log.e("carpelibrum", ex.getMessage());
  }
}
```

Die wichtigsten SQLite-Datentypen sind VARCHAR(n) für Zeichenketten (der max. Länge n), INTEGER für ganzzahlige und REAL für Fließkommazahlen sowie DATE für Datumsangaben.

Wenn Sie eine Datenbank mit mehreren Tabellen erstellen möchten, dann müssen Sie für jede Tabelle einen entsprechenden SQL-String erstellen und via execSql() der Reihe nach ausführen lassen.

ACHTUNG
Einige Klassen aus der Android-API (z. B. SimpleCursorAdapter) erwarten zwingend, dass die Spalte mit dem Primärschlüssel (die eindeutige ID) den Namen *_id* hat. Berücksichtigen Sie dies bei der Tabellendefinition, wenn Sie mit ListView-Klassen arbeiten möchten, die von einer Datenbank ihre Daten beziehen sollen.

GROSS- UND KLEINSCHREIBUNG BEI SQLITE

In SQL-Kommandos spielt die Groß- und Kleinschreibung keine Rolle. Dies gilt aber nicht für die SQL-Behandlung auf Android-Seite. Schreiben Sie die Namen von Spalten genau so wie in der CREATE TABLE-Anweisung definiert! Eine weit verbreitete Konvention ist es übrigens, die SQL-Begriffe groß- und die Namen von Tabellen und Spalten kleinzuschreiben (oder auch umgekehrt).

16.2.2 onUpgrade()

Neben `onCreate()` muss noch die Methode `onUpgrade()` implementiert werden. Hier können Sie für den Einstieg einfach eine leere Hülle verwenden. SQLite versieht Datenbanken mit einer Versionsnummer (daher übergeben wir im Beispiel im Konstruktor eine 1 für die erste Version) und stellt einen Mechanismus bereit, falls sich eine Datenbankversion ändern soll. Dies werden wir im Rahmen dieser Einführung aber nicht weiter betrachten.

16.2.3 close()

Nicht zwingend erforderlich, aber ratsam ist es ferner, die Methode `onClose()` zu überschreiben, um sicherzustellen, dass das `SQLiteDatabase`-Objekt geschlossen wird, wenn der Datenbankzugriff nicht mehr benötigt wird:

```
public synchronized void close() {
   if(db != null) {
     db.close();
     db = null;
   }

   super.close();
}
```

Im Internet finden sich zahlreiche Einführungen zu SQL, z. B.

http://sqlzoo.net.

16.2.4 Datenbanken als Ressourcen mitgeben

SQLite legt alle Datenbanken, die in einer App erzeugt werden, im Verzeichnis */data/data/IHR_PAKETNAME/databases/* ab, also z. B. */data/data/comexample.standard.sqlitedemo/databases/*.

Eine SQLite-Datenbank ist nur für die App zugreifbar, die sie angelegt hat!

Diesen Umstand können Sie zum Beispiel dazu nutzen, Ihre App mit einer vordefinierten Datenbank auszuführen: Erstellen Sie während der Entwicklungsphase die SQLite-Datenbank (mit einer Android-Version, nicht mit anderen SQLite-Varianten) und fügen Sie sie dem Projekt im Verzeichnis *assets* hinzu. Ihre App muss dann während ihrer Initialisierungsphase diese Datei als Eingabestream öffnen und in das oben genannte SQLite-Verzeichnis umkopieren[2], z. B.

```
// this == die aktuelle activity
InputStream input   = this.getAssets().open("meineDB.dat");
String dbName       = "/data/data/com.example.standard.sqlitedemo/databases/"
                    + "meineDB.dat";
FileOutputStream output = new FileOutputStream(dbName);

// umkopieren
byte[] puffer = new byte[1024];
int anzahl;

while ((anzahl = input.read(puffer))> 0){
   output.write(puffer, 0, anzahl);
}

output.flush();
input.close();
output.close();
```

16.3 Datenzugriffe

Bei der Arbeit mit Datenbanken gibt es vier Grundoperationen, die oft als CRUD zusammengefasst werden:

- **C**reate: neue Datensätze (Zeilen) in einer Tabelle anlegen
- **R**ead: Datensätze auslesen
- **U**pdate: Datensätze mit neuen Werten beschreiben
- **D**elete: Datensätze löschen

Für komplizierte CRUD-Kommandos kann man einen entsprechenden SQL-String definieren und dann mithilfe der Methode `execSql()` des `SQLiteDatabase`-Objekts ausführen lassen. Wir werden uns im Rahmen dieser Einführung auf einfache Operationen beschränken und zeigen daher, wie die Basiszugriffe mit den von `SQLiteDatabase` bereitgestellten Methoden ohne explizites SQL durchgeführt werden können.

---

[2] Denken Sie daran, dass die App dann Zugriffsrechte auf die SD-Karte benötigt (`android.permission.WRITE_EXTERNAL_STORAGE` in *AndroidManifest.xml*).

Datensätze (Zeilen) einfügen

Der erste Schritt beim Einfügen neuer Datensätze besteht darin, ein Hilfsobjekt vom Typ `ContentValues` anzulegen, in dem die Daten als Schlüssel-Wert-Paare abgelegt werden. Die Schlüsselnamen sind die Spaltennamen, die Werte die zu schreibenden Daten:

```
ContentValues daten = new ContentValues();
daten.put("name", "Schmidt");
daten.put("vorname", "Günther");
```

Beachten Sie, dass hier nicht notwendigerweise für jede Spalte ein Wert festgelegt werden muss. Unsere Beispieltabelle besteht z. B. aus den Spalten *id*, *name*, *vorname* und *geburtsdatum*. Die Spalte *id* haben wir mit `autoincrement` gekennzeichnet, d. h., der Wert wird automatisch von SQLite gesetzt, weswegen wir für diese Spalte keinen Eintrag im `ContentValues`-Objekt vorsehen dürfen. Die Spalte *geburtsdatum* darf laut Definition auch NULL sein und wir dürfen, müssen aber keinen Wert setzen. Für die Spalten *name* und *vorname*, die mit `NOT NULL` definiert wurden, müssen wir Werte vorsehen!

Sind die zu schreibenden Daten derart vorbereitet, übergibt man das Ganze an die Methode `insert()` und fügt sie dadurch in die Tabelle ein:

```
// SQLiteDatabase db = ...
long id = db.insert("freunde", null, daten);
```

Bei erfolgreichem Einfügen erhält man eine eindeutige ID für den erzeugten Datensatz zurück. Diese ID sollte man in einer geeigneten Variablen abspeichern, damit man später bei Bedarf direkt darauf zugreifen kann.

DATENSÄTZE IM CODE REPRÄSENTIEREN

Um nicht im Datenchaos zu versinken, ist es üblich, im App-Code eine eigene Klasse zu definieren, deren Objekte die Daten eines SQL-Datensatzes (Tabellenzeile) aufnehmen können, z. B.:

```
public class Freund {
    public long id;
    public String name;
    public String vorname;
    public Date geburtsdatum;

    public Datensatz(String name, String vorname, Date geburtsdatum) {
        this.name          = name;
        this.vorname       = vorname;
        this.geburtsdatum  = geburtsdatum;

        id = -1; // wird erst beim Einfügen in die Datenbank erzeugt
    }
}
```

Datensätze lesen

Der wesentliche Vorteil einer Datenbank ist natürlich, dass man Suchanfragen *(Queries)* definieren kann.

Hierfür stellt die Klasse `SQLiteDatabase` die Methode `query()` zur Verfügung. Die Methode erwartet als Argumente den Namen der zu durchsuchenden Tabelle, die Namen der Spalten, die von der Suchanfrage zurückgeliefert werden sollen (oder `null` für alle Spalten), sowie einen String mit den Suchkriterien:

```
String suchStr   = "name = 'Vradi' AND vorname = 'Julia'";
String[] spalten = new String[]{ "id", "name", "vorname",
                                 "geburtsname" };
Cursor cursor = db.query("freunde", spalten, suchStr, null, null,
                         null, null);
```

Der String mit den Suchkriterien enthält die Namen der zu vergleichenden Spalten und testet mit den Operatoren =, >, <, !=, ob die Werte den gewünschten Daten entsprechen. Mehrere Bedingungen können mit den booleschen Operationen AND und OR logisch verknüpft werden.

Beim Vergleich von Werten sind vor allem zwei wichtige Fälle hervorzuheben:

- Zeichenketten müssen in Hochkommata eingeschlossen sein, z. B. `name = 'Vradi'`.
- Datumsangaben vom SQL-Typ `DATE` werden von SQLite intern als `long`-Wert gespeichert. Für effiziente Vergleiche sollten Sie daher ebenfalls `long`-Werte verwenden. Das heißt, ein zu suchendes Datum, das als `java.util.Date`-Objekt vorliegt, sollte man mithilfe der Methode `getTime()` in Millisekunden umrechnen:

```
java.util.Date suchDatum = // ...
String suchStr = "geburtsdatum = " + suchDatum.getTime();
```

Die Suchanfrage liefert als Ergebnis ein spezielles Datenzugriffsobjekt vom Typ `Cursor` zurück. Mit diesem Cursor können Sie die Datensätze im Suchergebnis durchlaufen und diese z. B. in Ihre eigenen Datenstrukturen überführen. Statt von einem Cursor spricht man hier auch häufig von einem „Datensatzzeiger" und dies veranschaulicht die Funktionsweise des Cursors ganz gut. Wenn Sie mit einem `Cursor`-Objekt arbeiten, dann zeigt es intern immer nur auf den gerade aktuellen Datensatz. Um zu einem anderen Datensatz zu navigieren, müssen Sie den Datensatzzeiger durch Aufruf einer der folgenden Methoden explizit verschieben:

```
boolean cursor.moveToFirst()              // erster Datensatz
boolean cursor.moveToLast()               // letzter
boolean cursor.moveToPrevious()           // voriger
boolean cursor.moveToNext()               // nächster
boolean cursor.moveToPosition(int pos);   // zum Datensatz an
                                          // Position pos
```

Jede Methode liefert `true`/`false`, um anzuzeigen, ob die Operation erfolgreich durchgeführt worden ist.

Wie viele Datensätze im Suchergebnis enthalten und damit über den Cursor zugreifbar sind, lässt sich über die Methode `getCount()` ermitteln. Wie bei den Arrays sind die Datensätze im Suchergebnis null-indexiert, d. h., Datensatz Nummer 1 hat die Position 0. Ein typisches Vorgehen, um alle Datensätze mit allen Spalten über einen Cursor auszulesen, sieht so aus:

```
Cursor cursor = db.query("freunde", null, null,
                         null, null, null, null);
int anzahl = cursor.getCount();
cursor.moveToFirst();

for(int i = 0; i < anzahl; i++) {
   long id        = cursor.getLong(0);
   String name    = cursor.getString(1);
   String vorname = cursor.getString(2);

   Date geburtsdatum;

   try { // Geburtsdatum kann null sein, was beim Zugriff
         // eine Exception werfen würde
      long geburtsdatum = cursor.getLong(3);
      geburtsdatum      = new Date(geburtsdatum);
   }
   catch(Exception ex) {
      // Geburtsdatum ist nicht gesetzt
      geburtsdatum = null;
   }

   // gelesene Daten nun weiter verarbeiten
   // ...

   // nächster Datensatz
   cursor.moveToNext();
}
```

 Ein alternativer Ansatz zum Durchlaufen eines Cursors ist eine Endlosschleife, die abbricht, bis die Cursor-Methode moveToNext() den Wert false liefert (= keine weiteren Daten vorhanden).

Als Erstes setzen wir den Datensatzzeiger des von der query()-Abfrage zurückgelieferten Cursor-Objekts mit moveToFirst() auf den ersten Datensatz (Position 0).

Danach beginnen wir damit, die Daten in einer Schleife auszulesen. Die Klasse Cursor definiert zu diesem Zweck eine Reihe von get-Methoden, mit deren Hilfe die Spaltenwerte ausgelesen werden können: getString(), getLong(), getInt(), getFloat(). Als Argument übergeben Sie den Methoden den Index der Spalte, deren Wert ausgelesen werden soll. (Die Indizes der Spalten entsprechen der Reihenfolge, in der die Spalten beim Anlegen der Tabelle festgelegt wurden.)

Beachten Sie im obigen Beispiel das Auslesen der Spalte *geburtsdatum*. Gemäß der Definition unserer Tabelle *freunde* muss nicht jeder Datensatz für diese Spalte einen Wert vorsehen. Gibt es keinen Wert, führt unser Code zu einer Exception. Wir nutzen dies dazu, die zugehörige Variable gegebenenfalls auf null zu setzen.

Nachdem der Datensatz an der aktuellen Cursorposition gelesen und verarbeitet ist, rücken wir den Datensatzzeiger durch Aufruf von moveToNext() zum nächsten Datensatz vor.

FORTGESCHRITTENE SUCHANFRAGEN
Mithilfe der query()-Methode lassen sich auch Suchanfragen absetzen, bei denen nur die Datensätze zurückgeliefert werden, die eine bestimmte Bedingung erfüllen. Oder Sie geben an, dass die Datensätze im Ergebnis nach einer bestimmten Spalte sortiert werden sollen.

```
SimpleDateFormat df = new SimpleDateFormat("dd.MM.yyyy");
Date datum        = df.parse("15.07.1990");

Cursor cursor = db.query("freunde", null, "geburtsdatum = " +
                datum.getTime(), null, null, null, "name");
```

Diese Anfrage liefert alle Datensätze aus der Tabelle *freunde*, deren Spalte *geburtsdatum* den Wert 15.07.1990 hat. Die gefundenen Datensätze werden dann alphabetisch aufsteigend geordnet nach der Spalte *name*.

Datensätze aktualisieren

Das Ändern einer bestehenden Zeile erfolgt mithilfe der Methode update(). Sie erwartet die ID des zu ändernden Datensatzes und ein ContentValues-Objekt mit den neuen Spaltenwerten, z.B.

```
//java.util.Date geburtsdatum = ...
// long id = ...
ContentValues daten = new ContentValues();
daten.put("geburtsdatum", geburtsdatum.getTime());
db.update("freunde", "id=" + id, daten, null);
```

Beachten Sie bei diesem Beispiel, wie wir mit dem SQL-Datentyp DATE, der für die Spalte *geburtsdatum* gesetzt ist, umgehen. Wir können nicht direkt ein java.util.Date-Objekt übergeben, sondern verwenden die äquivalente Darstellung in Millisekunden seit dem 1.1.1970, die dann (vom Java-Compiler) beim Einfügen in das ContentValues-Objekt in ein Long-Objekt überführt wird.

Datensätze löschen

Das Löschen erfolgt ganz einfach mittels der Methode delete(), der Sie als Argumente die Tabelle und die ID der zu löschenden Zeilen übergeben:

```
// long id = ...
db.delete("freunde", "id=" + id, null);
```

16.4 Datenbankinhalte mit ListView anzeigen

Das Zusammenspiel zwischen Datenbank und Benutzeroberfläche kann recht kompliziert sein und sprengt den Rahmen dieses Einsteigerbuchs. Dennoch möchten wir ein wenig tiefer in das Thema einsteigen und zumindest die Vorgehensweise aufzeigen. In der Beispielsammlung zu diesem Buch finden Sie zu diesem Kapitel das Beispielprojekt *SQLiteDemo*, das eine einfache Geburtstagsliste ermöglicht. Der Anwender kann Namen und Geburtstage seiner Freunde eingeben und per Knopfdruck anzeigen lassen, wer gerade heute Geburtstag hat.

Bild 16.2
Dateneingabe

Die App reflektiert die oben geschilderte Vorgehensweise zum Anlegen einer SQLite-Datenbank und zum Datenzugriff und sollte daher für Sie ohne allzu große Probleme nachvollziehbar sein. Sie verwendet allerdings eine Besonderheit, die wir noch kurz beleuchten wollen.

Da die Daten in einer Datenbank bereits zeilenweise vorliegen, ist es oft naheliegend, zur Anzeige dieser Daten in der App eine Listendarstellung zu wählen. Für solche Aufgaben gibt es die Klasse `ListView`, die Sie mittels einer Hilfsklasse vom Typ `SimpleCursorAdapter` (Paket `android.widget`) an den Cursor aus einer Datenbankabfrage binden können. Die Liste zeigt dann direkt den Inhalt aus der Datenbank an. Um dies zu bewerkstelligen, gehen Sie folgendermaßen vor.

In der XML-Layoutdatei der App fügen Sie zunächst ein ListView-Element hinzu, z. B.:

Listing 16.1 Die Layoutdatei layout_sqlitedemo.xml

```
<?xml version="1.0" encoding="utf-8"?>
<LinearLayout
   xmlns:android="http://schemas.android.com/apk/res/android"
   android:orientation="vertical"
   android:layout_width="match_parent"
   android:layout_height="match_parent">
   <LinearLayout
      android:layout_width="match_parent"
      android:layout_height="wrap_content"
      android:id="@+id/linearLayout1">
      <Button
         android:text="Neu"
         android:id="@+id/buttonNeu"
         android:layout_width="wrap_content"
         android:layout_height="wrap_content"/>
      <Button
         android:text="Heute"
         android:id="@+id/buttonHeute"
         android:layout_width="wrap_content"
         android:layout_height="wrap_content"/>
   </LinearLayout>
   <ListView
      android:layout_height="wrap_content"
      android:id="@+id/listView1"
      android:layout_width="match_parent"/>
</LinearLayout>
```

Daneben brauchen wir noch eine separate Layoutdatei (z. B. *datensatz.xml*) für das Layout der einzelnen Listeneinträge, z. B.:

Listing 16.2 Die Layoutdatei für die Listeneinträge (datensatz.xml)

```
<?xml version="1.0" encoding="utf-8"?>
<LinearLayout
   xmlns:android="http://schemas.android.com/apk/res/android"
   android:layout_width="match_parent"
   android:layout_height="match_parent"
   android:orientation="horizontal">

   <TextView
      android:paddingLeft="5px"
      android:text=" "
      android:id="@+id/textViewName"
      android:layout_width="wrap_content"
      android:layout_height="wrap_content"></TextView>
   <TextView
      android:paddingLeft="10px"
      android:text=" "
      android:id="@+id/textViewVorname"
      android:layout_width="wrap_content"
      android:layout_height="wrap_content"></TextView>
   <TextView
      android:paddingLeft="10px"
      android:text=" "
```

```
        android:id="@+id/textViewGeburtstag"
        android:layout_width="wrap_content"
        android:layout_height="wrap_content"></TextView>
</LinearLayout>
```

Dieses Layout bestimmt, dass jeder Eintrag aus drei `TextView`-Elementen besteht, die zur Anzeige der Daten (Name, Vorname, Geburtsdatum) dienen werden.

Der nächste Schritt besteht nun darin, bei der Initialisierung der App in der `onCreate()`-Methode ihrer Start-Activity die definierte ListView mit der Datenbank zu verknüpfen. Hierbei kommt die bereits erwähnte Klasse `SimpleCursorAdapter` zum Einsatz, deren Konstruktor Sie ein `Cursor`-Objekt auf die anzuzeigenden Daten übergeben müssen. Betrachten wir zunächst den Code bis zur Erzeugung dieses Objekts:

```
// in der onCreate()-Methode der Start-Activity
String sql = "CREATE TABLE freunde " +
             " (_id INTEGER PRIMARY KEY AUTOINCREMENT, " +
             "name VARCHAR(20) NOT NULL, " +
             "vorname VARCHAR(20) NOT NULL, " +
             "geburtsdatum DATE)";

DBZugriff  dbZugriff   = new DBZugriff(this, "geburtstage.dat", sql);

SimpleDateFormat  datumFormat  = new SimpleDateFormat("dd.MM.yyyy");
Cursor cursor         = dbZugriff.erzeugeListViewCursor();
// ...
```

Die hier verwendete Klasse `DBZugriff` ist von `SQLiteOpenHelper` abgeleitet und stellt die Verbindung zur Datenbank her. Beachten Sie das SQL-Kommando zur Erzeugung der Tabelle: Die ID-Spalte trägt hier den Namen *_id*. Wir entsprechen damit dem Wunsch der Klasse `SimpleCursorAdapter`, die erwartet, dass die Spalte für den Primärschlüssel *_id* heißt.

Das `Cursor`-Objekt erzeugen wir in der Methode `erzeugeListViewCursor()` unserer selbst geschriebenen Klasse `DBZugriff`. Der Code besteht im Wesentlichen aus dem Aufruf der `SQLiteDatabase`-Methode `query()` und dürfte Ihnen mittlerweile vertraut sein:

```
public Cursor erzeugeListViewCursor() {
   String[] spalten = new String[]{"_id",
                                   "name",
                                   "vorname",
                                   "geburtsdatum"};

   return  db.query(tabelle, spalten, null,
                    null, null, null, "name");
}
```

Zurück in der `onCreate()`-Methode kann das `ListView`-Objekt initialisiert werden.

```
// in der onCreate()-Methode der Start-Activity
// ...
Cursor cursor     = dbZugriff.erzeugeListViewCursor();

ListView  anzeigeListe = (ListView) findViewById(R.id.listView1);
String[] anzeigeSpalten = new String[]{ "name", "vorname",
```

```java
                                          "geburtsdatum"};
int[] anzeigeViews     = new int[] { R.id.textViewName,
                                     R.id.textViewVorname,
                                     R.id.textViewGeburtstag};
SimpleCursorAdapter adapter;
adapter  = new SimpleCursorAdapter(this, R.layout.datensatz, cursor,
                 anzeigeSpalten, anzeigeViews,
                 CursorAdapter.FLAG_REGISTER_CONTENT_OBSERVER);

adapter.setViewBinder(new SimpleCursorAdapter.ViewBinder() {
    public boolean setViewValue(View view, Cursor cursor,
                                int columnIndex) {

        if (columnIndex == 3) {
            // Geburtsdatum umformatieren
            try {
              long datum = cursor.getLong(columnIndex);
                if(datum != 0) {
                    String str = datumFormat.format(new Date(datum));
                    TextView anzeige = (TextView) view;
                    anzeige.setText(str);
                    return true;
                }
            }
            catch(Exception ex) {}
        }

        return false; // keine Änderung
    }
});

anzeigeListe.setAdapter(adapter);
} // Ende von onCreate()
```

Neben dem Verweis auf die aktuelle Activity (erstes Argument) und den Cursor (drittes Argument) benötigt der Adapter noch die Angabe, welches Layout er zur Anzeige verwenden soll (zweites Argument), und zwei Arrays, denen er entnehmen kann, welche Spalten aus der Datenbankabfrage durch welches View-Element repräsentiert werden (hier die Arrays `anzeigeSpalten` und `anzeigeViews`).

Ein letztes Problem stellt sich noch. Das Geburtsdatum, das der Cursor liefert, ist ein long-Wert und würde daher standardmäßig auch nur als Anzahl Millisekunden angezeigt – was natürlich recht unbefriedigend wäre.

Glücklicherweise gibt es jedoch die Möglichkeit, die Art der Darstellung zu beeinflussen. Dazu müssen Sie ein Objekt vom Typ `SimpleCursorAdapter.ViewBinder` erzeugen, in dessen Methode `setViewValue()` Sie festlegen können, wie der Wert jeder Spalte im Cursor für die Anzeige aufbereitet werden soll. Dieses Objekt übergeben Sie dann mithilfe der Methode `setViewBinder()` bei dem Adapter.

Bild 16.3
Anzeige der Cursordaten mit einer ListView

16.5 Fragen und Antworten

1. *Wo kann ich denn mehr Informationen zu SQLite allgemein finden?*

   Wie erwähnt ist SQLite nicht Android-spezifisch, sondern für verschiedene Plattformen verfügbar. Ein guter Startpunkt für die Vertiefung ist:

   www.sqlite.com

2. *Kann man Datenbanken auch ohne die Klasse* SQLiteOpenHelper *erzeugen/öffnen?*

   Ja, das geht, wenngleich es keinen wirklich zwingenden Grund dafür gibt. Die Activity-Klasse bietet hierfür die Methode openOrCreateDatabase().

3. *Gibt es eine Größenbeschränkung für die Menge an Daten, die ich in einer SQLite-Datenbank speichern kann?*

   Nein, eine implizite Grenze ist lediglich der verfügbare Speicherplatz im internen Dateisystem.

4. *Können andere Apps auf eine Datenbank, die meine App erzeugt hat, zugreifen?*

   Nicht ohne weiteres: Jede Datenbank ist nur für die erzeugende App nutzbar. Wenn andere zugreifen sollen, muss man einen sogenannten *Content Provider* realisieren (was leider den Rahmen dieses Buchs sprengt).

16.6 Übung

Datenbanken sind gut geeignet, um große Datenmengen zu sammeln und dann später auszuwerten. Simulieren Sie dies folgendermaßen durch eine App, die 1000 Fließkommazufallszahlen gleichverteilt zwischen 0.0 und 1.0 erzeugt und in einer geeignet definierten Datenbanktabelle ablegt. Danach werden alle Zahlen wieder ausgelesen und der Mittelwert berechnet und angezeigt (welches Ergebnis erwarten Sie?). *Hinweis:* Zum Erzeugen von Zufallszahlen können Sie die statische Methode `Math.random()` verwenden.

17 Geolokation

Kaum eine andere Funktion hat so viel Wirbel erzeugt wie die Möglichkeit, mittels GPS (Global Positioning System) den eigenen Standort zu bestimmen. Geräte ohne GPS-Empfänger sind daher heutzutage kaum noch marktfähig und höchstens in Modellen der Einstiegsklasse zu finden. Grund genug, zumindest einen einführenden Blick auf diese interessante Technologie zu werfen.

17.1 Zugriff

Android bietet dem App-Programmierer mehrere unterschiedlich genaue Möglichkeiten (*Provider* genannt), um die Position eines Geräts zu ermitteln:

- GPS – die satellitengestützte Positionsbestimmung ist beliebt und genau, hat aber auch einige Nachteile:
    - in Gebäuden nicht möglich,
    - kann relativ lange dauern, bis eine erste Anfrage beantwortet wird *(time to fix)*,
    - verbraucht bei aktivem GPS-Sensor relativ viel Strom.
- Netzwerk – basierend auf Informationen des WLAN oder der Funkzellen des Mobilfunknetzes wird eine Position ermittelt, die natürlich wesentlich ungenauer als GPS ist (insbesondere auf dem flachen Land mit großen Funkzellen), dafür aber auch innerhalb von Gebäuden verfügbar ist, schnell antwortet und den Akku schont.

17.1.1 Verfügbarkeit feststellen

Ihr Zugang zur Geolokation ist die Klasse `LocationManager` (Paket `android.hardware`). Ein Objekt dieser Klasse können Sie in einer Activity als System-Service von der Android-Laufzeitumgebung anfordern:

```
LocationManager locationManager = (LocationManager)
                this.getSystemService(Context.LOCATION_SERVICE);
```

In einem ordnungsgemäß laufenden Android-System werden Sie immer ein `Location Manager`-Objekt zurückbekommen. Das muss aber noch nicht heißen, dass Geolokation vom Gerät bzw. von den aktuellen Einstellungen unterstützt wird.

Daher sollten Sie immer zuerst prüfen, ob der benötigte Provider verfügbar ist – und falls nicht, den Anwender entsprechend informieren, z. B.:

```
if ( !locationManager.isProviderEnabled(
                      LocationManager.GPS_PROVIDER ) ) {

    AlertDialog.Builder builder = new AlertDialog.Builder(this);
    builder.setMessage("Kein GPS-Empfänger. Bitte aktivieren!");
    builder.setPositiveButton("OK",
         new DialogInterface.OnClickListener() {
             public void onClick(DialogInterface dialog, int id) {
                 dialog.dismiss();
                 finish(); // Activity beenden
             }
         });

    AlertDialog dialog = builder.create();
    dialog.show();
}
```

Zu diesem Zweck definiert die `LocationManager`-Klasse die Methode `isProviderEnabled()`, die für den gewünschten Providertyp (`LocationManager.GPS_PROVIDER` oder `Location Manager.NETWORK_PROVIDER`) die notwendige Auskunft erteilt. Lautet der boolesche Rückgabewert `false`, können Sie den Anwender informieren und die Activity gleich wieder beenden, falls ein Weitermachen ohne Geolokationsdaten sinnlos ist.

17.1.2 Daten empfangen

Wenn der gewünschte Provider vorhanden ist, müssen Sie dem `LocationManager` mitteilen, wer Positionsdaten empfangen soll (also typischerweise eine Activity). Hierzu brauchen wir eine Klasse, die das Interface `LocationListener` (aus dem Paket `android.location`) mit den folgenden Methoden implementiert:

- `onLocationChanged()`: wird aufgerufen, wenn neue Positionsdaten vorhanden sind.
- `onProviderEnabled()`: wird aufgerufen, wenn der Anwender den gewählten Provider aktiviert hat (z. B. GPS-Empfänger).
- `onProviderDisabled()`: wird aufgerufen, wenn der Anwender den gewählten Lieferanten abgeschaltet hat.
- `onStatusChanged()`: wird bei Zustandsänderungen aufgerufen; jeder Provider von Geolokationen kann sich in einem der folgenden Zustände befinden:
  - funktionsunfähig (`OUT_OF_SERVICE`)
  - zeitweise nicht verfügbar (`TEMPORARILY_UNAVAILABLE`)
  - verfügbar (`AVAILABLE`)

Eine Klasse, die dieses `LocationListener`-Interface implementiert, kann man verwenden, um sich beim `LocationManager` zum Empfang von Geodaten anzumelden. Wenn die aufrufende Klasse selbst die Methoden implementiert, sieht dies z. B. wie folgt aus:

```
// Registrieren für GPS-Updates (jede Minute)
locationManager.requestLocationUpdates(LocationManager.GPS_PROVIDER,
                60000, 0, this);

// Registrieren für Netzwerk-Updates (jede Minute und alle 10 m)
locationManager.requestLocationUpdates(
        LocationManager.NETWORK_PROVIDER, 60000, 10, this);
```

Die Methode `requestLocationUpdates()` erwartet neben dem Providertyp (`LocationManager.GPS_PROVIDER` oder `LocationManager.NETWORK_PROVIDER`) und dem zu benachrichtigenden Listener (im obigen Beispielen der `this`-Verweis) noch zwei Parameter, *minTime* und *minDistance*, die folgende Bedeutung haben:

- *minTime* > 0 zeigt an, nach wie vielen Millisekunden ein Update mit Positionsdaten gesendet werden soll; der Wert 0 bedeutet, dass Updates so schnell wie möglich geliefert werden sollen. Von Werten unter 60 000 ist abzuraten.
- *minDistance* > 0 besagt, dass ein Update nur dann gesendet werden soll, wenn sich die Position seit dem letzten Update um mindestens die angegebene Distanz verändert hat; Wert 0 bedeutet, dass die Distanzänderung für die Häufigkeit keine Rolle spielt und nur *minTime* zählt.

Damit sind schon fast alle Vorbereitungen getroffen, um mit Geodaten arbeiten zu können. Es fehlt allerdings noch das Setzen der notwendigen Berechtigung `android.permission.ACCESS_FINE_LOCATION` (für GPS) bzw. `ACCESS_COARSE_LOCATION` (für Netzwerk)[1] in der Datei *AndroidManifest.xml*, z. B.

Listing 17.1 Setzen der Berechtigung für GPS-Zugriff in AndroidManifest.xml

```
<manifest
   <uses-permission
           android:name="android.permission.ACCESS_FINE_LOCATION">
   </uses-permission>
</manifest>
```

17.1.3 Empfänger abmelden

Eine Activity, die sich via `requestLocationUpdates()` beim `LocationManager` für den Empfang von Geolokationsdaten angemeldet hat, muss sich wieder abmelden, sobald kein Bedarf mehr besteht (analog zur Verwendung des Lage- oder Beschleunigungssensors, siehe Kapitel 15). Zum Abmelden rufen Sie die Methode `removeUpdates(LocationListener listener)` auf.

In der Regel sollten Sie – wie bei anderen Sensoren auch – die An- und Abmeldung für GPS-Daten an einer geeigneten Stelle im Lebenszyklus einer Activity platzieren, z. B. das Anmel-

---
[1] Falls Sie sowohl Netzwerk als auch GPS verwenden, reicht die Berechtigung `FINE_LOCATION`.

den mit `requestLocationUpdates()` in der `onResume()`-Methode der Activity und das Abmelden in der `onPause()`-Methode.

◼ 17.2 Geokoordinaten

Wenden wir uns nun der Methode `onLocationChanged(Location loc)` aus dem Interface `LocationListener` zu. Die Methode definiert einen Parameter vom Typ `Location` – und Sie ahnen es schon: In diesem stecken die Positionsdaten!

17.2.1 Sexagesimale und dezimale Darstellung

Wie Sie hoffentlich wissen, besteht eine geografische Positionsangabe aus Längengrad (0° bis 180° östlich (O) oder westlich (W) von Greenwich, England) und Breitengrad (0° bis 90° nördlich (N) oder südlich (S) des Äquators). Die Grade sind weiter unterteilt in 60 Winkelminuten zu je 60 Winkelsekunden, abgekürzt mit einem bzw. zwei Apostrophen. Die *Golden Gate Bridge* aus San Francisco hat in diesem System die Koordinaten 37°49' N, 122°29' W. Dies ist die sogenannte *sexagesimale* Darstellung.

Für einen Computer ist eine Dezimalschreibweise natürlich viel praktischer und daher werden Längen- und Breitengrad im `Location`-Objekt in Form von `double`-Werten repräsentiert, für die *Golden Gate Bridge* z. B.:

Geografische Breite: 37,816667

Geografische Länge: -122.483333

Die Vorkommastellen sind die Gradzahlen, die Nachkommastellen repräsentieren die Minuten und Sekunden und das Vorzeichen gibt an, ob es sich um Norden oder Osten (positiv) bzw. Süden oder Westen (negativ) handelt.

17.2.2 Das Location-Objekt

Das `Location`-Objekt, das der `LocationManager` beim Update der Position liefert, speichert den Breiten- und Längengrad natürlich als Gleitkommawert (also in der dezimalen Form). Es enthält darüber hinaus aber noch einige weitere interessante Informationen.

Tabelle 17.1 Von der Location-Klasse bereitgestellte Informationen

Methode	Beschreibung
`double getLatitude()`	Breitengrad (Dezimaldarstellung)
`double getLongitude()`	Längengrad (Dezimaldarstellung)
`long getTime()`	Zeitstempel (Anzahl Millisekunden seit 01.01.1970)

Methode	Beschreibung
float getSpeed()	Geschwindigkeit in m/s
double getAltitude()	Höhe (m über Meereshöhe)
double getBearing()	Peilung (Winkel in Grad zwischen Bewegungsrichtung und Norden)

Per se verlässlich sind allerdings nur die Daten zu Breitengrad, Längengrad und Zeitstempel. Ob auch für die anderen Informationen sinnvolle Werte zurückgeliefert werden, hängt von den Fähigkeiten des jeweiligen GPS-Empfängers und der Android-Software ab.

TIPP

Die App-Entwicklung für GPS lässt sich auch ohne echtes Android-Gerät mithilfe des Emulators und Android Studio recht gut durchführen. Wenn Sie den ADM (Android Device Monitor) öffnen (Menü **Tools/Android**), können Sie GPS-Koordinaten an die App senden und dadurch genau testen, wie sich Ihr Programm verhält (mehr dazu in Anhang C).

Tabelle 17.2 Nützliche Hilfsmethoden der Klasse Location

Methode	Beschreibung
static double convert(String str)	Konvertiert eine sexagesimale Darstellung in die Dezimaldarstellung. str muss im Format [+-]DDD:MM:SS.SSSS vorliegen (D = Grad, M = Minuten, S = Sekunden).
static String convert(double coord, int typ)	Konvertiert eine Dezimaldarstellung in sexagesimale Darstellung. Das gewünschte Format wird über das typ-Argument vorgegeben. Mögliche Werte sind: • Location.FORMAT_DEGREES (nur Grad), • FORMAT_MINUTES (Grad und Minuten), • FORMAT_SECONDS (Grad, Minuten, Sekunden).
static void distanceBetween(double sb, double sl, double eb, double el, float[] ergebnis)	Abstand zwischen zwei Positionen in Metern. sb ist der Start-Breitengrad, sl der Start-Längengrad, eb der End-Breitengrad, el der End-Längengrad. Die errechnete Distanz wird in ergebnis[0] zurückgeliefert.
public float distanceTo(Location ziel)	Abstand in Metern zwischen der Position des aufrufenden Location-Objekts und ziel.

17.3 Eine GPS-Tracker-App

In der Beispielsammlung zu diesem Buch finden Sie das Projekt *GPSTrackerDemo*, das den Zugriff auf den GPS-Empfänger demonstriert und nun auszugsweise erläutert wird.

Die Demo-App besteht aus einer Activity, die drei Buttons zum Starten, Stoppen und Speichern anbietet. Damit kann der Anwender die laufende Aufzeichnung der GPS-Positionsdaten beginnen, beenden oder die zurückgelegte Route abspeichern.

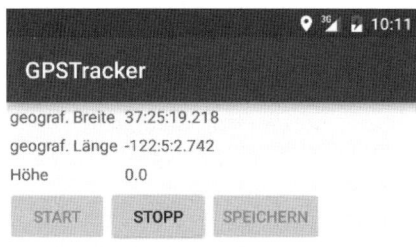

Bild 17.1
GPSTracker-Demo

In der onCreate()-Methode der Activity besorgen wir uns zunächst den LocationManager und prüfen, ob GPS überhaupt aktiviert ist; falls nicht, wird der Anwender über einen Standarddialog vom Typ AlertDialog darauf hingewiesen, dass er GPS aktivieren soll, und die Activity und somit die App beenden sich.

Listing 17.2 Beschaffung eines LocationManagers (aus GPSTracker.java)

```
public class GPSTracker extends Activity
                       implements LocationListener, OnClickListener {

  public void onCreate(Bundle savedInstanceState) {
    super.onCreate(savedInstanceState);
    setContentView(R.layout.activity_gpstracker);

    locationManager = (LocationManager)
              this.getSystemService(Context.LOCATION_SERVICE);

    // Testen, ob GPS verfügbar
    if ( !locationManager.isProviderEnabled(
```

```
                            LocationManager.GPS_PROVIDER ) ) {
            warnungUndBeenden();
      }
    // ...
   }
   // ...
 }
```

Für den Empfang der GPS-Sensordaten muss die Activity das Interface LocationListener implementieren und sich registrieren bzw. wieder abmelden; Letzteres geschieht in den Methoden onResume() und onPause():

Listing 17.3 Registrierung und Abmeldung (aus GPSTracker.java)

```
public class GPSTracker extends Activity
                        implements LocationListener, OnClickListener {
    // ...

    protected void onPause() {
       super.onPause();
       locationManager.removeUpdates(this);   // abmelden
    }

    protected void onResume() {
       super.onResume();

       locationManager.requestLocationUpdates(
                             LocationManager.GPS_PROVIDER,
                             0, 0, this);
    }
    // ...
}
```

Um das Interface LocationListener ordnungsgemäß zu implementieren, muss die Activity die Methoden onLocationChanged(), onProviderDisabled(), onProviderEnabled() und onStatusChanged() definieren, von denen wir in unserer Beispiel-App allerdings nur die Methode onLocationChanged() mit Code füllen.

Wir nutzen die Methode onLocationChanged() dazu, die aktuellen Geolokationsdaten in passenden TextView-Elementen anzuzeigen. Dabei verwenden wir die Location.convert()-Methode, um das dezimale Format in die für Menschen besser verständliche sexagesimale Form umzurechnen.

Zusätzlich merken wir uns das aktuelle Location-Objekt in einer Liste (Feld positionen vom Typ java.util.ArrayList), vorausgesetzt, der Anwender hat über den **Start**-Button die Aufzeichnung aktiviert und das boolesche Feld datenSammeln dadurch auf true gesetzt.

Listing 17.4 Implementierung der LocationListener-Methoden (aus GPSTracker.java)

```
public void onLocationChanged(Location loc) {

   double laenge = loc.getLongitude();
   double breite = loc.getLatitude();

   anzeigeBreite.setText(Location.convert(breite,
```

```
                        Location.FORMAT_SECONDS));
    anzeigeLaenge.setText(Location.convert(laenge,
                        Location.FORMAT_SECONDS));

    if(loc.hasAltitude()) {
      anzeigeHoehe.setText(String.valueOf(loc.getAltitude()));
    }

    if(datenSammeln) {
      positionen.add(loc);
    }
  }

  public void onProviderDisabled(String provider) {
    // TODO Auto-generated method stub
  }

  public void onProviderEnabled(String provider) {
    // TODO Auto-generated method stub
  }

  public void onStatusChanged(String provider, int status,
                        Bundle extras) {
    // TODO Auto-generated method stub
  }
```

Wenn der Anwender die Aufzeichnung beendet hat, wird der **Speichern**-Button aktiv und man kann auf Wunsch die Daten auf der SD-Karte in Form einer GPX-XML-Datei abspeichern. Falls keine SD-Karte vorhanden ist, wird als Notlösung der interne Speicher verwendet. (Je nachdem, wie Ihr Android-Gerät den internen Speicher verwaltet, müssen Sie dann allerdings für den Zugriff auf die Datei die App erweitern, beispielsweise um eine Leseroutine.)

ACHTUNG

GPX ist ein weit verbreitetes Format zur Speicherung von GPS-Routeninformationen. Mehr Informationen hierzu finden Sie beispielsweise unter

http://de.wikipedia.org/wiki/GPS_Exchange_Format.

Nachdem der Anwender über einen Dialog den gewünschten Dateinamen eingegeben hat, werden die gesammelten Daten im GPX-Format in die Datei geschrieben.

Listing 17.5 Geolokationsdaten in Datei schreiben (aus GPSTracker.java)

```
private void positionenSchreiben(String dateiName) throws Exception {
    File sdKarte     = Environment.getExternalStorageDirectory();
    boolean sdKarteVorhanden = ( sdKarte.exists()
                        && sdKarte.canWrite() );
    File datei;
    FileOutputStream ausgabeDatei;

    if(sdKarteVorhanden) {
        datei = new File(sdKarte.getAbsolutePath() + File.separator
```

```java
                            + dateiName);
        }
        else {
            datei = new File(getFilesDir() + File.separator +
                            dateiName);;
        }

        BufferedWriter writer = new BufferedWriter(new
                                        FileWriter(datei));

        // Dateikopf schreiben
        writer.write("<?xml version=\"1.0\" encoding=\"UTF-8\" "
                + " standalone=\"no\" ?>");
        writer.newLine();
        writer.write("<gpx xmlns=\"http://www.topografix.com/GPX/1/1\" "
                + "version=\"1.1\" ");'
        writer.write("creator=\"carpelibrum\" "
         + "xmlns:xsi= \"http://www.w3.org/2001/XMLSchema-instance\" ");
        writer.write("xsi:schemaLocation"
                + "=\"http://www.topografix.com/GPX/1/1/gpx.xsd\"");
        writer.newLine();

        // Daten schreiben
        for(Location loc : positionen) {
            lokationSpeichern(loc, writer);
        }

        // Dateiende schreiben
        writer.write("</gpx>");

        writer.close();
    }
    private void lokationSpeichern(Location loc, BufferedWriter writer)
                                throws IOException {
       writer.write("<wpt lat=\"" + loc.getLatitude() + "\" lon=\"" +
                    loc.getLongitude() + "\">");
       writer.newLine();
       writer.write("<ele>" + loc.getAltitude() + "</ele>");
       writer.newLine();

       String zeit = gpxZeitFormat.format(new Date(loc.getTime()));
       writer.write("<time>" + zeit + "</time>");
       writer.newLine();
       writer.write("</wpt>");
       writer.newLine();
    }
```

Das gezeigte Beispiel ist stark vereinfacht und keineswegs reif für den Ernstfall! Es erfolgt beispielsweise keine Prüfung, ob noch hinreichend Hauptspeicher beim Sammeln der Location-Objekte verfügbar ist oder ob gegebenenfalls auf SD-Karte zwischengespeichert werden muss. Ebenso sollte man beim Speichern auf SD-Karte vor dem Schreiben prüfen, ob noch hinreichend Platz vorhanden ist.

■ 17.4 Fragen und Antworten

1. *Warum dauert die erste Ortsbestimmung bei GPS oft ziemlich lange?*

   GPS ist hinter den Kulissen ziemlich kompliziert und Sie sollten eher erstaunt sein, dass es überhaupt klappt! Der GPS-Empfänger muss Kontakt zu mindestens vier Satelliten finden und dies auf der Grundlage von sehr schwachen und verrauschten Funksignalen.

2. *Ich lese bei Smartphones oft etwas von A-GPS. Was ist das?*

   A-GPS = Assisted GPS. Hierbei werden Zusatzinformationen über die nächstgelegenen Satelliten via Mobilfunk bezogen, sodass die Ortsbestimmung schneller ablaufen kann.

3. *Wie genau ist GPS?*

   Das hängt von vielen Faktoren ab, u. a. von der Güte des Empfängers und den verfügbaren Satellitensignalen. Im Schnitt kann man mit ca. vier bis fünf Metern rechnen. Die `Location`-Klasse bietet die Methode `hasAccuracy()` an. Falls sie `true` liefert, kann man via `getAccuracy()` die Genauigkeit in Metern herausfinden.

■ 17.5 Übung

Erstellen Sie eine App, die ein elektronisches Maßband realisiert. Der Nutzer kann per Klick einen Ausgangspunkt definieren und die App zeigt dann fortlaufend die Entfernung in Metern von der aktuellen Position zur Ausgangsposition.

18 Brettspiel-Apps (TicTacToe)

Wir werden in diesem Kapitel eine vollständige App besprechen, die ein kleines Spiel für den Zeitvertreib zwischendurch realisiert: das vertraute TicTacToe. Dabei werden wir nicht alle, aber doch sehr viele Details besprechen, damit Sie ein besseres Gefühl bekommen, welche Aspekte Sie bei einem typischen Brettspiel berücksichtigen sollten.

■ 18.1 Aufbau und Benutzeroberfläche

Unsere TicTacToe-App basiert auf den bekannten Spielregeln: Abwechselnd setzen Spieler und Android eine Spielmarke innerhalb eines Spielfelds der Größe 3 × 3. Wer zuerst drei Marken in einer horizontalen, vertikalen oder diagonalen Reihe hat, ist der Gewinner.

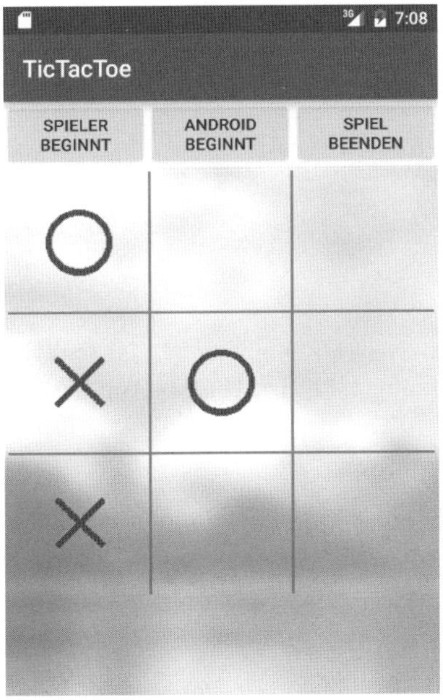

Bild 18.1
Die TicTacToe-Oberfläche

Die Bildschirmseite der App besteht aus zwei Buttons zur Auswahl, wer den ersten Zug machen soll, sowie einem Button zum Beenden der App. Diese Elemente werden in der XML-Layoutdatei mittels zweier LinearLayout-Views angeordnet:

Listing 18.1 Aufbau der Bildschirmseite (activity_tictactoe.xml)

```xml
<LinearLayout
    xmlns:android="http://schemas.android.com/apk/res/android"
    android:orientation="vertical"
    android:layout_width="match_parent"
    android:layout_height="match_parent"
    android:id="@+id/linearLayout0">

    <LinearLayout
        android:id="@+id/linearLayout1"
        android:layout_width="match_parent"
        android:layout_height="wrap_content" >

        <Button
            android:id="@+id/buttonSpieler"
            android:layout_width="0dp"
            android:layout_height="wrap_content"
            android:layout_weight="1"
            android:text="@string/spielerZuerst" >
        </Button>

        <Button
            android:id="@+id/buttonAndroid"
            android:layout_width="0dp"
            android:layout_height="wrap_content"
            android:layout_weight="1"
            android:text="@string/androidZuerst" >
        </Button>

        <Button
            android:id="@+id/buttonEnde"
            android:layout_width="0dp"
            android:layout_height="wrap_content"
            android:layout_weight="1"
            android:text="@string/ende" >
        </Button>
    </LinearLayout>

</LinearLayout>
```

Die eigentliche Spielfläche ist durch eine selbst definierte View namens `TicTacToeView` realisiert, die von der Basisklasse `android.view.View` abgeleitet ist. Unsere App besteht somit aus zwei Java-Dateien:

- *MainActivity.java:* die Start-Activity,
- *TicTacToeView.java:* eine View-Implementierung zum Zeichnen des aktuellen Spielfelds und zur Umsetzung der Spiellogik.

18.2 Die Start-Activity (MainActivity)

Unsere Start-Activity bildet das Rückgrat der App, da sie von der Android-Laufzeitumgebung beim App-Start erzeugt und initialisiert wird. Wie schon erwähnt, bietet sie dem Spieler Buttons zum Starten und Beenden des Spiels an. Ferner legt sie in ihrer onCreate()-Methode eine Instanz von TicTacToeView an und fügt sie dynamisch (also zur Laufzeit) zu dem in der XML-Layoutdatei statisch definierten Grundgerüst hinzu. Schließlich wird für die definierten Buttons eine entsprechende Klick-Behandlung definiert: Starten des Spiels mit Angabe, ob der Spieler oder ob Android mit dem ersten Zug beginnt, sowie für den Ende-Button die Auflösung der Activity über die finish()-Methode. Da die App nur aus einer Activity besteht, bedeutet dies auch das komplette Ende der App.

Listing 18.2 Die Start-Activity des Spiels

```
public class MainActivity
        extends AppCompatActivity implements View.OnClickListener {

  private TicTacToeView ticTacToeView;

  @Override
  public void onCreate(Bundle savedInstanceState) {
    super.onCreate(savedInstanceState);
    setContentView(R.layout.activity_tictactoe);

    // Oberfläche vervollständigen
    ticTacToeView = new TicTacToeView(this);
    LinearLayout layout = (LinearLayout)
                        findViewById(R.id.linearLayout0);
    layout.addView(ticTacToeView);

    Button button = (Button) findViewById(R.id.buttonSpieler);
    button.setOnClickListener(this);
    button = (Button) findViewById(R.id.buttonAndroid);
    button.setOnClickListener(this);
    button = (Button) findViewById(R.id.buttonEnde);
    button.setOnClickListener(this);
  }

  @Override
  public void onClick(View v) {
    switch(v.getId()) {
      case R.id.buttonSpieler : ticTacToeView.starteSpiel(true);
                                break;
      case R.id.buttonAndroid : ticTacToeView.starteSpiel(false
                                break;
      case R.id.buttonEnde :    finish();
                                break;
    }
  }
}
```

18.3 Spielfeld und Logik (TicTacToeView)

Das Spielfeld besteht aus einem Bild für den Hintergrund und einem 3 × 3-Gitter. Außerdem benötigen wir kleine Symbole, die als Spielmarken dienen und die belegten Felder markieren. Hintergrund, Gitter und Marken bereiten wir im Konstruktor von `TicTacToeView` vor.

18.3.1 Vorbereitungen

Listing 18.3 Vorbereitungen im Konstruktor von TicTacToeView

```java
public class TicTacToeView  extends View  {

  private enum ZellenZustand {ANDROID, SPIELER, LEER};

  private final int ABSTAND_RAND     = 10;
  private int zellGroesse;
  private Paint liniePaint;

  private ZellenZustand[][] spielFeld;
  private Bitmap androidIcon;
  private Bitmap spielerIcon;
  private Paint iconPaint;
  private Paint siegMarkierungPaint;
  private Random zufallszahlenGenerator;
  private Spielergebnis gewinnerInfo;

  public TicTacToeView(Context context) {
    super(context);

    // Hintergrund setzen
    setBackgroundResource(R.drawable.hintergrund);

    zellGroesse = (Math.min(getWidth(), getHeight())
             - 2 * ABSTAND_RAND) / 3;

    // Symbole laden für die Spielermarken
    Resources res = getResources();
    androidIcon = BitmapFactory.decodeResource(res,
                        R.drawable.kreuz);  // Android
    spielerIcon = BitmapFactory.decodeResource(res,
                        R.drawable.kreis); // Spieler

     // Zeichenstil für das Gitter
    liniePaint = new Paint();
    liniePaint.setColor(Color.RED);
    liniePaint.setStrokeWidth(5);
    liniePaint.setStyle(Style.STROKE);

    // Zeichenstil für Sieglinie
    siegMarkierungPaint = new Paint();
    siegMarkierungPaint.setColor(Color.YELLOW);
    siegMarkierungPaint.setStrokeWidth(5);
    siegMarkierungPaint.setStyle(Style.STROKE);
```

```
    // zum Malen der Spielermarken
    iconPaint = new Paint(Paint.ANTI_ALIAS_FLAG);

    zufallszahlenGenerator = new Random(System.currentTimeMillis());

    // das logische Spielfeld
    spielFeld = new ZellenZustand[3][3];

    datenZuruecksetzen();
  }
}
```

Die Bilddateien für den Hintergrund und die Spielmarken haben wir mit einem Grafikprogramm erstellt und im PNG-Format im Verzeichnis *res\drawable* abgelegt, sodass sie dem Android Studio-Projekt als Ressource zur Verfügung stehen. Mithilfe der Methode `Bitmap Factory.decodeResource()` werden die Spielmarken in Bitmap-Objekte eingelesen.

Zum Zeichnen des roten Gitters und der Siegmarkierung (eine gelbe Linie zur Anzeige der Reihe) definieren wir passende `Paint`-Objekte, die wir später zum Zeichnen der Elemente verwenden.

Die Organisation der grafischen Darstellung des Spielfelds ist nur die eine Seite. Daneben benötigen wir noch eine interne logische Repräsentation, damit die App weiß, welche Felder von wem belegt sind. Hierzu definieren wir uns einen Aufzählungstyp (`enum Zellenzustand`) mit den drei Werten `ANDROID`, `SPIELER`, `LEER` und zur logischen Repräsentation des Spielfelds ein zweidimensionales Array `spielFeld`, dessen Elemente von unserem selbst definierten `enum`-Typ sind. Das Array besteht aus drei Unterarrays mit je drei Elementen, repräsentiert also letzten Endes eine 3x3-Matrix. In der Methode `datenZurücksetzen()` werden alle Felder des Arrays zunächst auf `LEER` gesetzt.

18.3.2 Spielfeld zeichnen

Das Zeichnen erfolgt immer in der `onDraw()`-Methode einer View, sodass wir diese Methode überschreiben müssen.

Listing 18.4 Zeichnen des Spielfelds

```
protected void onDraw(Canvas canvas) {
  super.onDraw(canvas);

  // Gitter zeichnen
  float posMax = ABSTAND_RAND + 3 * zellGroesse;
  float start;

  for(int i = 1; i <= 2; i++) {
    start = ABSTAND_RAND + i * zellGroesse;
    canvas.drawLine(start, ABSTAND_RAND, start, posMax, liniePaint);
    canvas.drawLine(ABSTAND_RAND, start, posMax, start, liniePaint);
  }

  int zellGroesse_Halbe = zellGroesse / 2;
```

```java
// Spielermarken zeichnen
for(int i = 0; i < 3; i++) {
  for(int j = 0; j < 3; j++) {
    float xPos = ABSTAND_RAND + i * zellGroesse;
    float yPos = ABSTAND_RAND + j * zellGroesse;
    float mitteX = xPos + zellGroesse_Halbe;
    float mitteY = yPos + zellGroesse_Halbe;
    Bitmap spielMarke;

    switch(spielFeld[i][j]) {
      case ANDROID: spielMarke = androidIcon;
                    break;
      case SPIELER: spielMarke = spielerIcon;
                    break;
      default     : spielMarke = null;
    }

    if(spielMarke != null) {
      int iconBreiteHalbe = spielMarke.getWidth() / 2;
      canvas.drawBitmap(spielMarke,  mitteX - iconBreiteHalbe ,
                        mitteY - iconBreiteHalbe, iconPaint);
    }
  }
}

// siegreiche Linie zeichnen
if(gewinnerInfo != null) {
  int startX = ABSTAND_RAND + zellGroesse_Halbe +
               gewinnerInfo.leseStartX() * zellGroesse;
  int startY = ABSTAND_RAND + zellGroesse_Halbe +
               gewinnerInfo.leseStartY() * zellGroesse;
  int endX   = ABSTAND_RAND + zellGroesse_Halbe +
               gewinnerInfo.leseEndX()   * zellGroesse;
  int endY   = ABSTAND_RAND + zellGroesse_Halbe +
               gewinnerInfo.leseEndY()   * zellGroesse;
  canvas.drawLine(startX, startY, endX, endY,
                  siegMarkierungPaint);
}
}
```

Die erste Anweisung ist das Aufrufen von super.onDraw(). Dadurch wird das Hintergrundbild gezeichnet, das wir im Konstruktor gesetzt haben, und wir müssen uns hier nicht mehr darum kümmern. Als Nächstes werden das Gitter und dann die Spielmarken mit entsprechenden drawLine()- und drawBitmap()-Aufrufen gezeichnet. Hierfür lesen wir die Informationen aus unserem logischen Spielfeld-Array spielFeld[][] aus und zeichnen je nach Zellenzustand die zugehörige Marke. Mit etwas Rechnerei wird dabei sichergestellt, dass die Marke exakt in der Mitte jeder Gitterzelle positioniert wird.

Zum Schluss wird die globale Variable gewinnerInfo ausgewertet. Falls ein Gewinner feststeht, enthält sie die Information, wer eine komplette Reihe mit seinen Marken voll hat und von wo bis wo diese Reihe verläuft (als Gitterkoordinaten: Startzelle und Endzelle). Diese Reihe wird dann durch eine Sieglinie dargestellt.

18.3.3 Spielerzug durchführen

Der menschliche Spieler macht seinen Zug durch Tippen auf ein Gitterfeld.

Wir implementieren daher die `onTouchEvent()`-Methode der View. Eine Berührung löst immer zwei `MotionEvent`-Ereignisse aus: Anfang und Ende der Berührung. Wir brauchen hier nur eine und reagieren daher nur auf `MotionEvent.ACTION_UP` (man könnte es natürlich auch andersherum machen).

Wir ermitteln zunächst die genaue x,y-Position, wo die Berührung stattfindet. Von der Position, die wir aus dem Methodenparameter `event` auslesen, ziehen wir noch einen Randbereich `ABSTAND_RAND` ab, weil wir das Gitter um diesen Betrag vom Rand der View abgesetzt gezeichnet haben. Dann müssen wir nur noch durch die Größe einer Gitterzelle teilen und erhalten so die Indizes der berührten Spalte (`yZelle`) und Zeile (`xZelle`).

Listing 18.5 Durchführen eines Spielerzugs

```
public boolean onTouchEvent(MotionEvent event) {

  int action = event.getAction();

  if(action == MotionEvent.ACTION_DOWN) {
    return true;
  }
  else if(action == MotionEvent.ACTION_UP) {
    // Spieler hat losgelassen -> Eingabe verarbeiten
    float xPos = event.getX() - ABSTAND_RAND;
    float yPos = event.getY() - ABSTAND_RAND;

    // auf Zeile/Spalte umrechnen
    int xZelle = (int) (xPos / zellGroesse);
    int yZelle = (int) (yPos / zellGroesse);

    if(spielFeld[xZelle][yZelle] == ZellenZustand.LEER) {
      // noch frei -> besetzen
      spielFeld[xZelle][yZelle] = ZellenZustand.SPIELER;
      invalidate();

      Spielergebnis ergebnis = bestimmeGewinner();

      if(ergebnis.leseZustand() == ZellenZustand.SPIELER) {
          // Spieler hat gewonnen
        zeigeErgebnis(ergebnis);
        }
      else {
        // direkt den Android-Zug machen
        macheAndroidZug();
        }
      }
    return true; // Event wurde verarbeitet
  }

  return super.onTouchEvent(event);
}
```

Mit den Indizes können wir nun in unserem logischen Spielfeld (Array `spielFeld`) nachschauen, ob die gewählte Zelle noch frei ist. Falls ja, dann markieren wir sie entsprechend und rufen `bestimmeGewinner()` auf, um herauszufinden, ob durch den neuen Zustand eine komplette Reihe entstanden ist und somit der Spieler gewonnen hat. Ist dies der Fall, wird mithilfe eines kleinen Dialogs, der in der Methode `zeigeErgebnis()` aufgebaut wird, das Ergebnis angezeigt, andernfalls ist der Spielerzug beendet und wir rufen `macheAndroidZug()` auf, d.h., der Computerzug wird durchgeführt.

18.3.4 Computerzug mit AsyncTask durchführen

Die Methode `macheAndroidZug()` verwendet einen Mechanismus, den wir bisher noch nicht eingesetzt haben und jetzt näher beleuchten wollen: die Hintergrundausführung mit `AsyncTask`.

Der Trick dabei ist, die im Hintergrund auszuführende Aufgabe in eine Instanz einer selbst definierten Klasse zu verpacken, die von `AsyncTask` abgeleitet ist. In der Methode `macheAndroidZug()` lassen wir die `AsyncTask`-Aufgabe dann ausführen:

```
private void macheAndroidZug() {
   AndroidSpielzugTask androidZug = new AndroidSpielzugTask();
   androidZug.execute();
}
```

Die Methode erzeugt zunächst eine Instanz unserer selbst definierten Klasse `AndroidSpielzugTask`, dann startet sie die durch die Instanz repräsentierte Aufgabe durch Aufruf von `execute()`. Das Besondere dabei ist, dass die Methode `execute()` direkt wieder zurückkehrt, d.h., der Programmfluss wird nicht angehalten (der Hauptthread wird sofort wieder weiter ausgeführt), während die in `AndroidSpielzugTask` implementierte Aufgabe als eigener Thread im Hintergrund parallel ausgeführt wird.

Schauen wir uns nun die Klasse `AndroidSpielzugTask` an.

```
private class AndroidSpielzugTask extends AsyncTask<Void, Void,
                                                   Spielergebnis> {
   // wird im Hintergrund ausgeführt
   protected Spielergebnis doInBackground(Void ... args) {
      // ...
   }

   // wird nach doInBackground() ausgeführt
   protected void onPostExecute(Spielergebnis ergebnis) {
      // ...
   }
}
```

`AndroidSpielzugTask` ist von der Klasse `AsyncTask` aus dem Paket `android.os` abgeleitet. `AsyncTask` dient zur Durchführung von länger andauernden Aktivitäten, die nicht im Hauptthread der App laufen sollen. Der Hauptthread, der auch für die Reaktion auf Benutzereingaben zuständig ist, würde sich sonst zwischenzeitlich ganz auf die besagte Aktivität konzentrieren und die App würde vorübergehend nicht mehr auf Benutzereingaben reagieren. Dies kann sogar zur Ausgabe einer ANR-Meldung *(Application not responding)* führen.

Dies gilt es zu verhindern und daher sollte alles, was nicht innerhalb von wenigen Millisekunden innerhalb des Hauptthreads erledigt werden kann, in einen separaten Thread ausgelagert werden. AsyncTask läuft als eigener Thread und hat einige vordefinierte Eigenschaften, welche den Einsatz einfacher machen, als eine eigene Thread-Klasse zu implementieren. Die Ausführung von AsyncTask verteilt sich auf drei Methoden, die nacheinander aufgerufen werden:

1. onPreExecute(): dient für vorbereitende Tätigkeiten
2. doInBackground(): Hier passiert die Hauptarbeit/länger andauernde Aktionen. Zugriff auf die Benutzeroberfläche sind innerhalb dieser Methode nicht erlaubt.
3. onPostExecute(): für abschließende Aktionen

AsyncTask selbst ist mit Java Generics definiert, weswegen wir beim Ableiten von AsyncTask in spitzen Klammern diverse Datentypen angeben müssen: die Typen der beiden Objekte, die als Parameter zu übergeben sind, und den Typ des zurückgelieferten Ergebnisses. Da wir keine Parameter benötigen, übergeben wir für deren Typen Void. Ein „richtiges" Ergebnis brauchen wir nicht, aber wir geben als Rückgabewert den Typ Boolean an, damit die Abschlussmethode onPostExecute() aufgerufen wird (wenn man Void angeben würde, dann wäre nach doInBackground() Schluss).

```
private class AndroidSpielzugTask
                extends AsyncTask<Void, Void, Boolean> {
```

MATERIAL ZUM BUCH

Ausführlichere Erläuterungen zur Programmierung mit Java Generics finden Sie im Exkurs „Java Generics" aus dem Java-Tutorium.

Der nächste Schritt besteht darin, die drei Methoden onPreExecute(), doInBackground() sowie onPostExecute() zu überschreiben und in ihnen den gewünschten Code einzufügen, der im Hintergrund ausgeführt werden soll.

In onPreExecute() bestimmen wir, wie viele freie Felder auf dem Spielfeld noch vorhanden sind.

In doInBackground() erfolgt dann die Hauptarbeit: Für unser Spiel soll Android erst mal ein bisschen warten und dann ein freies Spielfeld aussuchen und belegen. Dazu gehen wir so vor, dass wir so lange zufällig eine Gitterzelle auswürfeln, bis eine freie Zelle gefunden ist. Das Würfeln kann man mit der Klasse java.util.Random durchführen. Die Methode nextInt(3) liefert eine zufällige Zahl zwischen 0 und 3[1].

```
private class AndroidSpielzugTask
                extends AsyncTask<Void, Void, Boolean> {
    @Override
    protected void onPreExecute() {
```

---

[1] Genauer gesagt, aus dem Intervall [0;3), also ohne die 3.

```java
    super.onPreExecute();
    anzahlFreieFelder   = bestimmeAnzahlFreieFelder();
}

@Override
protected Boolean doInBackground(Void ... args) {

    if(anzahlFreieFelder > 0) {
        // ein bisschen warten, damit der Spieler
        // nicht überrumpelt wird
        try {
            Thread.sleep(1000); // 1 sec.
        }
        catch(Exception ex) { }

        while(true) {
            int x = zufallszahlenGenerator.nextInt(3);
            int y = zufallszahlenGenerator.nextInt(3);

            if(spielFeld[x][y] == ZellenZustand.LEER) {
                // leeres Feld gefunden: jetzt als besetzt markieren
                anzahlFreieFelder--;
                spielFeld[x][y] = ZellenZustand.ANDROID;
                break;
            }
        }
    }

    return true; // damit onPostExecute() aktiviert wird
}
```

Jetzt fehlt nur noch die Aktualisierung der Spielfeldanzeige (eine neue Marke wurde ja gesetzt). Da `doInBackground()` nicht innerhalb des UI-Threads läuft, können wir weder direkt in die View zeichnen noch deren Neuzeichnen auf direktem Weg veranlassen. Für diese Aufgabe müssen wir den Umweg über die `AsyncTask`-Methode `onPostExecute()` gehen, die wir zu diesem Zweck ebenfalls überschreiben. Wir prüfen dort, ob durch den neuen Android-Zug eine komplette Reihe entstanden ist.

```java
@Override
protected void onPostExecute(Boolean aBoolean) {
    Spielergebnis ergebnis = bestimmeGewinner();
    int anzahlFrei = bestimmeAnzahlFreieFelder();
    invalidate();

    if(ergebnis.leseZustand() != ZellenZustand.LEER
            || anzahlFrei == 0) {
        zeigeErgebnis(null);
    }
}
```

Das Besondere an der Methode `onPostExecute()` ist, dass sie vom Android-Laufzeitsystem aus dem Hauptthread heraus aufgerufen wird (mit dem Ergebnis-Objekt der `doInBackground()`-Methode als Argument). Mit anderen Worten: Der Code von `onPostExecute()` wird vom Hauptthread ausgeführt, weswegen wir hier jetzt das Neuzeichnen der View durch Aufruf der Methode `invalidate()` anstoßen können (führt indirekt zum Aufruf von onDraw()). Wir nutzen außerdem die Gelegenheit, um den Spielstand auszuwerten und gegebenenfalls den Gewinner anzuzeigen (Aufruf der `TicTacToeView`-Methode `zeigeErgebnis()`).

18.4 Verbesserungen

Der Code dieses Brettspiels ist bewusst einfach gehalten, damit Sie leicht den grundsätzlichen Aufbau und die Spiellogik verstehen können. Dies lässt natürlich Raum für zahlreiche Verbesserungen.

Aufwendigere grafische Darstellung

Die jetzige Darstellung sieht schon ganz nett aus, aber wie Sie vielleicht aus anderen Android-Apps wissen, geht da noch wesentlich mehr: 2D- und 3D-Effekte für Linien und Spielmarken, Schatten oder kleine Animationen nach jedem Zug sind nur einige Ideen, die in der Umsetzung allerdings ziemlich aufwendig sein können.

Künstliche Intelligenz

Die Intelligenz der Spielzüge für den Android-Spieler ist sehr einfach, da er einfach nur ein freies Feld auswählt, ohne die Informationen auszuwerten, wie bzw. wo die anderen Marken positioniert sind und ob es eine Möglichkeit gibt, eine Siegreihe zu erzeugen bzw. eine drohende Siegreihe des Gegners zu verhindern. Kurz gesagt: Der Android-Spieler hat weder Strategie noch Taktik und dies sollte verbessert werden.

Erweiterung der Spielidee

TicTacToe wird auf einem 3 × 3-Feld gespielt, aber das ist ja nicht gesetzlich vorgeschrieben! Wie wäre es mit einer Variante 5 × 5? Oder noch besser: Der Spieler kann zu Beginn die Größe selbst auswählen. Dies erfordert dann allerdings eine aufwendigere Erstellung des Spielfelds, da die Größe der Zellen und der Marken entsprechend dynamisch bestimmt werden muss.

18.5 Frage und Antwort

Darf ich Ihr Spiel als Ausgangspunkt für ein eigenes Spiel verwenden?
Aber gerne!

18.6 Übung

Machen Sie den Android-Spieler schlauer, sodass er bei der Wahl seines nächsten Zugs berücksichtigt, wo Gefahr droht (dass der menschliche Gegner eine Reihe komplettieren kann) bzw. wo er selbst eine Reihe vollmachen kann.

19 Tipps und Tricks

Fast sind wir schon am Ende dieses Buchs angelangt und dabei könnte man doch noch so vieles über die App-Programmierung und die Möglichkeiten des Android-Systems erzählen. Nun, wir werden nicht umhinkommen, die weitere Erforschung dieser Welt Ihrer eigenen Neugier, der einschlägigen Fortgeschrittenenliteratur und dem Internet als nie versiegende Informationsquelle zu überlassen. Ein paar kleine Tipps und Tricks, die Ihnen bei dem einen oder anderen App-Projekt von Nutzen sein können, haben wir allerdings noch für Sie.

■ 19.1 Das Smartphone vibrieren lassen

Zur Schonung der Umwelt verfügen Smartphones, wie praktisch alle Mobiltelefone, über eine Vibrieren-Funktion. Wenn Sie diese in einer App verwenden möchten, müssen Sie sich von der Methode `getSystemService()` ein Objekt der Klasse `android.os.Vibrator` zurückliefern lassen, über das Sie den Vibratordienst steuern können:

```
import android.content.Context;
import android.os.Vibrator;

// ...
Vibrator v = (Vibrator) getSystemService(Context.VIBRATOR_SERVICE);
v.vibrate(500);
```

Der Aufruf der Methode `vibrate()` lässt das Smartphone vibrieren. Als Argument übergeben Sie der Methode die gewünschte Dauer in Millisekunden.

Zusätzlich müssen Sie die Manifestdatei laden und die Berechtigung `android.permission.VIBRATE` setzen:

```
<?xml version="1.0" encoding="utf-8"?>
<manifest xmlns:android="http://schemas.android.com/apk/res/android"
      package="de.carpelibrum.vibrieren"
      android:versionCode="1"
      android:versionName="1.0">

    <uses-permission
```

```
            android:name="android.permission.VIBRATE">
    </uses-permission>

    <application android:icon="@drawable/icon" ...    </application>
</manifest>
```

Um das Smartphone in bestimmten Abständen wiederholt vibrieren zu lassen, können Sie der Methode auch ein Vibriermuster und die Anzahl der gewünschten Wiederholungen übergeben. Das Vibriermuster besteht dabei aus einem einfachen long-Array mit den alternierenden Zeitangaben für die Phasen, in denen das Vibrieren an- bzw. ausgeschaltet sein soll.

■ 19.2 UI-Code periodisch ausführen lassen

In Kapitel 4 haben Sie bereits ein Beispiel dafür gesehen, wie man mithilfe der Java-Klasse `TimerTask` Code periodisch ausführen lassen kann.

Der Rückgriff auf `TimerTask` hat den positiven Nebeneffekt, dass der betreffende Code automatisch in einem eigenen Thread ausgeführt wird – somit also keine Gefahr besteht, dass der Code, gleichgültig wie lange er zur Ausführung braucht, die Activity lahmlegt und einen ANR-Fehler[1] produziert.

Es gibt aber auch einen Nachteil: Der Code darf nicht auf die UI-Elemente der Activity zugreifen. (Tut er es doch – rein technisch gesehen lässt sich ein solcher Zugriff ja durchaus einrichten –, kann dies zum Absturz der App führen.)

MERKSATZ

Nur der Activity-Thread (auch UI-Thread genannt) darf auf die UI der Activity zugreifen!

Es stellt sich also die Frage, wie man vorgehen soll, wenn man Aufgaben periodisch ausführen möchte, die auf die UI-Elemente der Benutzeroberfläche zugreifen oder diese gar aktualisieren.

Eine Möglichkeit, dies zu tun, besteht in der Einrichtung eines `Handler`-Objekts. `Handler`-Objekte besitzen eine interessante Eigenschaft: Sie können sich selbst Meldungen (engl. „Messages") senden. Und wenn wir uns die Mühe machen, eine eigene `Handler`-Klasse zu schreiben, können wir festlegen, was geschehen soll, wenn das `Handler`-Objekt eine solche Botschaft empfängt – durch Überschreiben der Methode `handleMessage()`.

In dem folgenden Beispiel verwenden wir ein `Handler`-Objekt, um den in einer TextView angezeigten Titel Wort für Wort zu erweitern, bis ein ganzer Satz zu lesen ist.

---
[1] ANR steht für „Application Not Responding".

Sehen wir uns zuerst den Code der Activity an und wie diese das Handler-Objekt verwendet.

Listing 19.1 Verwendung eines Handler-Objekts in der Activity

```
package de.carpelibrum.handlerdemo;

import android.support.v7.app.AppCompatActivity;;
import android.os.Bundle;
import android.os.Handler;
import android.os.Message;
import android.widget.TextView;

public class HandlerDemoActivity extends AppCompatActivity {
    private MeinHandler mh;        // Feld für das Handler-Objekt

    @Override
    public void onCreate(Bundle savedInstanceState) {
        super.onCreate(savedInstanceState);
        setContentView(R.layout.activity_handlerdemo);

        TextView tv = (TextView) this.findViewById(R.id.hallo);
        tv.setText("");

        mh = new MeinHandler();
        mh.sendMessage(new Message());
    }
}
```

Um das Handler-Objekt bei Bedarf von verschiedenen Codestellen der Activity aus aufrufen zu können, legen wir für das Handler-Objekt ein eigenes Feld an. Beachten Sie, dass der Typ des Felds MeinHandler und nicht etwa Handler lautet. Dies liegt daran, dass wir ja noch eine eigene Handler-Klasse definieren müssen, in der wir handleMessage() überschreiben. Diese Klasse werden wir dann MeinHandler nennen.

AUFSTEIGER

Grundsätzlich wäre es natürlich auch möglich, das später erzeugte MeinHandler-Objekt in einem Feld des Typs Handler zu speichern oder gleich eine anonyme Klassendefinition aufzusetzen. Wir halten den Code aber so für übersichtlicher.

In der Methode onCreate() erzeugen wir dann das Handler-Objekt und rufen sogleich dessen sendMessage()-Methode auf, um dem Objekt eine erste Meldung zu schicken.

AUFSTEIGER

In der Realität geht die Meldung nicht direkt an das Handler-Objekt, sondern wird über das interne Android-Meldungssystem in die Meldungsschleife desjenigen Threads gestellt, der das Handler-Objekt erzeugt hat (in diesem Beispiel der Haupt- und UI-Thread der Activity; die App besteht hier nur aus diesem einen Thread).

Sobald das Handler-Objekt die Meldung empfangen hat, wird die handleMessage()-Methode des Objekts ausgeführt. Unsere zweite Aufgabe besteht daher darin, eine passende Handler-Klasse zu definieren und in dieser die handleMessage()-Methode nach unseren Vorstellungen zu überschreiben.

Um in der Definition der Handler-Klasse ohne große syntaktische Verrenkungen direkt mit den Elementen der Activity-Klasse arbeiten zu können (namentlich der Methode findViewById(), die wir für den Zugriff auf die UI-Elemente benötigen), definieren wir die Handler-Klasse als innere Klasse der Activity:

```java
public class HandlerDemoActivity extends AppCompatActivity {
    class MeinHandler extends Handler {
        String[] woerter = { "Hallo", "von", "der", "App", "!" };
        int pos = 0;

        @Override
        public void handleMessage(Message msg) {
            super.handleMessage(msg);
            TextView tv = (TextView) findViewById(R.id.hallo);

            String s = (String) tv.getText();
            s += woerter[pos] + " ";
            tv.setText(s);

            if (pos < woerter.length - 1) {
                ++pos;
                sendMessageDelayed(new Message(), 2 * 1000);
            }
        }
    }

    private MeinHandler mh;

    // ...
}
```

In der handleMessage()-Methode besorgen wir uns zuerst einen Verweis auf das TextView-Element der Activity und speichern diesen in der lokalen Variablen tv.

Dann lesen wir den Text in dem TextView-Element aus, hängen das nächste Wort aus dem String-Array woerter an und schreiben den erweiterten String zurück in das TextView-Element.

Sofern das Ende der Wörterliste noch nicht erreicht wurde, setzen wir den Positionsindex für das nächste anzuhängende Wort um eins herauf und senden mithilfe der Methode sendMessageDelayed() uns selbst (also dem Handler-Objekt) mit einer Verzögerung von zwei Sekunden eine weitere Meldung.

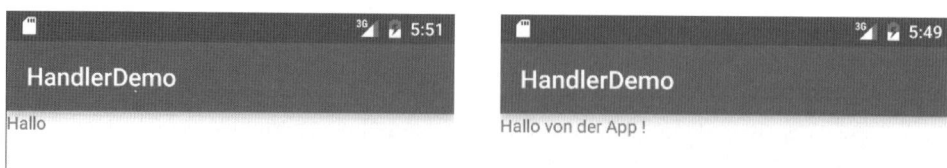

Bild 19.1 Die App direkt nach dem Start und dann nach ca. acht Sekunden

AUFSTEIGER

Über das Message-Objekt, das den sendMessage-Methoden übergeben wird, können Sie bei Bedarf Daten vom Auslöser der Meldung an das Handler-Objekt übertragen. In unserem Beispiel ist dies allerdings nicht nötig, zumal Auslöser und Empfänger – von der ersten Meldung einmal abgesehen – identisch sind.

HANDLER-OBJEKTE ZUR KOMMUNIKATION ZWISCHEN THREADS

Sie können Handler-Objekte auch wie Brieftauben verwenden, die Informationen zwischen Threads, üblicherweise dem UI-Thread und einem Arbeitsthread, überbringen.

Stellen Sie sich vor, Sie lebten im Mittelalter, wären stolzer Besitzer einer Burg und sehr eitel – weswegen es Ihnen wichtig ist, sich immer nach der neuesten Mode zu kleiden. Also schicken Sie einen Ihrer Vasallen nach Paris, wo er sich über die dort herrschende Mode informieren soll. Damit der Vasall Sie umgehend benachrichtigen kann, wenn sich die Mode wieder ändert, geben Sie ihm mehrere Brieftauben mit. Zeichnet sich ein neuer Modetrend ab, beschreibt der Vasall den Trend auf einem Zettel, heftet diesen an eine der Brieftauben an und schickt diese los. Die Brieftaube fliegt zu Ihnen zurück, Sie lesen den Zettel und kleiden sich entsprechend der Pariser Mode neu ein.

Ihre Kleidung steht natürlich für das Erscheinungsbild der Benutzeroberfläche, der Vasall ist der Arbeitsthread, den Sie starten, um eine bestimmte länger andauernde Aufgabe zu erledigen, und die Brieftauben repräsentieren das Handler-Objekt[2], das Sie dem Arbeitsthread mitgeben, damit dieser den UI-Thread bei Bedarf darüber informieren kann, welche Änderungen an den UI-Elementen vorzunehmen sind.

19.3 Bildergalerien mit GridView und BaseAdapter

Mithilfe der Klasse GridView können Sie in drei Schritten wunderbare Bildergalerien erstellen:

1. Sie speichern die anzuzeigenden Bilder als Ressourcen.
2. Sie schreiben eine Adapter-Klasse, welche die Bildressourcen in ImageView-Objekte lädt.
3. Sie erzeugen eine GridView-Galerie und füllen diese mithilfe Ihres Adapters.

---

[2] Während man eine einzelne Brieftaube nur einmal nach Hause zurückschicken kann, kann ein Arbeitsthread über ein Handler-Objekt mehrere Nachrichten nach Hause (d. h. zum UI-Thread) senden.

19.3.1 Die Bildressourcen

Zunächst müssen Sie die Bilder für die Verwendung in Ihrer App vorbereiten. Dazu gehört insbesondere, dass

- die Bilder ein von Android unterstütztes Grafikformat aufweisen (PNG, JPG oder GIF),
- der Dateiname nur Kleinbuchstaben und Ziffern enthält,
- die Bilder nicht größer sind als nötig, da gerade die Bildverarbeitung unter Android der häufigste Grund für Programmfehler (Out-of-Memory Exceptions) ist. Da man die Bildgröße oft nicht beeinflussen kann oder will, sollte beim Laden einer Bildressource immer nur mit der maximal benötigten Skalierung gearbeitet werden: Für eine kleine Vorschau-Anzeige wird eine geringere Auflösung benötigt als für eine große Einzelbild-Anzeige.

Die fertigen Bilder speichern Sie im Ordner *app\res\drawable*, den Sie ggf. noch anlegen müssen. Sie können natürlich auch unterschiedliche Auflösungen für Android-Geräte mit unterschiedlichen Bildschirmdichten vorsehen und die entsprechenden Bilder auf die Ordner *drawable-mdpi*, *drawable-hdpi*, *drawable-xhdpi* usw. verteilen.

Normalerweise erkennt Android Studio innerhalb weniger Sekunden, dass neue Ressourcen hinzugefügt worden sind, und aktualisiert die Anzeige in der Projektansicht. Falls nicht: Klicken Sie in der Projektansicht von Android Studio mit der rechten Maustaste auf den Projektknoten *app\res* und rufen den Befehl **synchronize** auf. Danach sollte die Bilddatei im Ordner *app/res/drawable* aufgeführt werden.

19.3.2 Die Adapter-Klasse

Um Bilder in eine GridView einzulesen, benötigen wir eine Adapter-Klasse, die von `Base Adapter` abzuleiten ist und die Methoden `getCount()`, `getItem()`, `getItemId()` und `getView()` überschreibt.

Das klingt nach viel Arbeit, ist aber nicht so. Die einzige Methode, deren Implementierung etwas aufwendiger wird, ist `getView()`. Und bei den Formalien der Überschreibung lassen wir uns am besten von Android Studio helfen.

1. Tippen Sie dazu über der Definition der Activity-Klasse das folgende Grundgerüst ein.

```
class BildAdapter extends BaseAdapter {

}
```

2. Klicken Sie im Editorfenster auf „BaseAdapter" und drücken Sie die Tastenkombination **Alt+Eingabe** und lassen Sie die erforderliche `import`-Anweisung hinzufügen.
3. Dann drücken Sie erneut **Alt+Eingabe** und wählen den Eintrag **Implement Methods**.

```
package com.example.standard.bildergalerie;
import android.support.v7.app.AppCompatActivity;
import android.os.Bundle;
import android.view.View;
import android.view.ViewGroup;
import android.widget.BaseAdapter;
```

```java
class BildAdapter extends BaseAdapter {

    @Override
    public int getCount() {
        return 0;
    }

    @Override
    public Object getItem(int position) {
        return null;
    }

    @Override
    public long getItemId(int position) {
        return 0;
    }

    @Override
    public View getView(int position, View convertView,
                        ViewGroup parent) {
        return null;
    }

}
```

Der nächste Schritt ist natürlich, die Methodendefinitionen mit sinnvollem Code zu füllen. Doch zuvor erlauben Sie uns noch eine Anmerkung zum Adapter.

Aus Sicht der `GridView`-Bildergalerie besteht seine Aufgabe darin, die anzuzeigenden Bildressourcen zu verwalten und der Bildergalerie auf Anfrage (d.h. Aufruf der `getView()`-Methode) für jedes Bild ein fertiges `ImageView`-Element zurückzuliefern.

Konzeptionell ist der Adapter eine Klasse, welche Daten verwaltet (in unserem Fall werden dies die Ressourcen-IDs der Bilder sein) und auf Anfrage

- die Anzahl der Daten (`getCount()`),
- das Objekt oder die Zeile des n-ten Datenelements (`getItem()` bzw. `getItemId()`) und
- ein View-Element für das n-te Datenelement (`getView()`)

zurückliefert.

Um dies für unseren Bildadapter zu gewährleisten, verwalten wir die Ressourcen-IDs der anzuzeigenden Bilder als Array im Adapter und liefern in `getCount()` die Anzahl der Elemente im Array und in `getItem()` die Ressourcen-ID an der übergebenen Indexposition zurück:

```java
class BildAdapter extends BaseAdapter {
    private Integer[] bilderIDs = {
            R.drawable.norwegen01, R.drawable.norwegen02,
            R.drawable.norwegen03, R.drawable.norwegen04,
            R.drawable.norwegen05, R.drawable.norwegen06,
            R.drawable.norwegen07, R.drawable.norwegen08
    };
```

```
// Anzahl der Daten
public int getCount() { return bilderIDs.length; }

// Die Ressourcen-ID mit dem Index position
public Object getItem(int position) {return bilderIDs[position];}

// wird von uns nicht benötigt, wir liefern einfach 0 zurück
public long getItemId(int position) { return 0; }
```

Bleibt noch die Methode `getView()`, die ein `View`-Element für das Datenobjekt an der als Argument übergebenen Position `position` zurückliefern soll.

```
class BildAdapter extends BaseAdapter {
    private Context context;
    private Integer[] bilderIDs = { ... };

    public BildAdapter(Context c) {
        context = c;
    }

    public int getCount() { return bilderIDs.length; }
    public Object getItem(int position) {return bilderIDs[position];}
    public long getItemId(int position) { return 0; }

    public View getView(int position, View cv, ViewGroup parent) {
        ImageView i;
        if (convertView == null) {
            iv = new ImageView(context);
            iv.setLayoutParams(new GridView.LayoutParams(150, 150));
            iv.setPadding(5, 5, 5, 5);
            iv.setScaleType(ImageView.ScaleType.CENTER_CROP);
        } else {
            iv = (ImageView) convertView;
        }

        Resources resources = iv.getResources();
        // drei Spalten in der Galerie
        int breite   = resources.getDisplayMetrics().widthPixels / 3;
        int hoehe    = resources.getDisplayMetrics().heightPixels / 3;
        int min = Math.min(breite, hoehe);
        Bitmap bild = Utils.ladeBild(resources, min, min,
                                    bilderIDs[position]);
     iv.setImageBitmap(bild);
     return iv;
      }
}
```

Für unsere Bildergalerie soll `getView()` eine `ImageView` zurückliefern, die das Bild anzeigt, dessen Ressourcen-ID im Array `bilderIDs` an der übergebenen Indexposition `position` steht.

Zu diesem Zweck erzeugen wir ein `ImageView`-Objekt (mitsamt `Context`), setzen die von uns gewünschte Breite und Höhe und geben an, wie das Bild für die Anzeige in der `ImageView`-Instanz skaliert werden soll.

Zum Schluss laden wir das Bild. Hierbei ermitteln wir mithilfe von `getDisplayMetrics()` die Größe der View und bestimmen die benötigte Größe pro Vorschaubild (ein Drittel der vorhandenen Fläche, da wir drei Spalten in der Galerieansicht anstreben). Mit der Größeninformation und der ID des gewünschten Bildes können wir dann das Bild laden (siehe Kapitel 9.3) und bei dem `ImageView`-Objekt setzen.

19.3.3 Die GridView

Für die GridView überarbeiten wir zunächst den XML-Code der Layoutdatei. Auf ein Linear-Layout verzichten wir, stattdessen verwenden wir GridView als Wurzelelement. Wir streben eine dreispaltige Anzeige an (`numColumns="3"`) und machen den Hintergrund schwarz, damit das Erscheinungsbild auf allen Android-Versionen ähnlich bleibt (bei neueren Versionen ist der Hintergrund standardmäßig weiß).

Listing 19.2 activity_main.xml

```xml
<?xml version="1.0" encoding="utf-8"?>
<GridView xmlns:android="http://schemas.android.com/apk/res/android"
    android:id="@+id/gridview"
    android:layout_width="match_parent"
    android:layout_height="match_parent"
    android:numColumns="3"
    android:verticalSpacing="10dp"
    android:horizontalSpacing="10dp"
    android:stretchMode="columnWidth"
    android:gravity="center"
    android:padding="@dimen/activity_vertical_margin"
    android:background="#000000"
/>
```

In der `onCreate()`-Methode der Start-Activity laden wir zuerst das Layout. Dann greifen wir auf das GridView-Element zu, instanziieren den Bildadapter und übergeben diesen dem GridView-Element, damit dieses automatisch die Bilder aus dem Bildadapter lädt und anzeigt.

```java
public class BildergalerieActivity extends AppCompatActivity {
    BildAdapter adapter;

    @Override
    public void onCreate(Bundle savedInstanceState) {
        super.onCreate(savedInstanceState);
        setContentView(R.layout.activity_bildergalerie);

        GridView galerie = (GridView) findViewById(R.id.gridview);
        adapter = new BildAdapter(this);
        galerie.setAdapter(adapter);
    }
}
```

19.3.4 Angeklickte Bilder als Vollbild anzeigen

Zu guter Letzt möchten wir Ihnen noch zeigen, wie Sie auf das Anklicken eines der Elemente in der GridView reagieren können. Da es sich in unserem Beispiel um Bilder-Thumbnails handelt, bietet es sich an, das ausgewählte Bild in einer zweiten Activity als Vollbild zu laden.

Dazu benötigen wir zunächst eine zweite Activity:

Listing 19.3 Die Layoutdatei einzelbild.xml zur Anzeige des Vollbilds

```xml
<?xml version="1.0" encoding="utf-8"?>
<LinearLayout
    xmlns:android="http://schemas.android.com/apk/res/android"
    android:layout_height="match_parent"
    android:layout_width="match_parent"
    android:background="#000000"
    android:orientation="vertical">

    <ImageView
        android:id="@+id/imageView1"
        android:layout_height="match_parent"
        android:layout_width="match_parent"
        android:layout_margin="@dimen/activity_horizontal_margin"
        android:background="#000000">
        <requestFocus/>
    </ImageView>
</LinearLayout>
```

Listing 19.4 Die Quelldatei der Activity für die Vollbildanzeige

```java
package com.example.standard.bildergalerie;

import android.app.Activity;
import android.os.Bundle;
import android.widget.ImageView;

public class EinzelbildActivity extends AppCompatActivity {
    @Override
    public void onCreate(Bundle savedInstanceState) {
        super.onCreate(savedInstanceState);
        setContentView(R.layout.einzelbild);
    }
}
```

Tippt nun der Anwender eines der Vorschaubilder (Thumbnail) in der Bildergalerie an, soll die `EinzelbildActivity` gestartet und darin das ausgewählte Bild angezeigt werden.

Die Klasse `GridView` erlaubt zu diesem Zweck die Registrierung eines `OnItemClickListener`, dessen `onItemClick()`-Methode automatisch aufgerufen wird, wenn ein Element in der GridView angetippt wird. Wir lassen also unsere Activity das Interface `OnItemClickListener` implementieren und registrieren die Activity dann als Ereignishandler bei unserem `GridView`-Objekt.

```java
public class BildergalerieActivity extends AppCompatActivity
                                implements OnItemClickListener {
    BildAdapter adapter;
```

```java
@Override
public void onCreate(Bundle savedInstanceState) {
   super.onCreate(savedInstanceState);
   setContentView(R.layout.activity_bildergalerie);

   GridView galerie = (GridView) findViewById(R.id.gridview);
   adapter = new BildAdapter(this);
   galerie.setAdapter(adapter);

   galerie.setOnItemClickListener(this);
}

@Override
public void onItemClick(AdapterView<?> parent, View v,
                       int pos, long id) {
   int resid = (Integer) adapter.getItem(pos);

   Intent intent = new Intent(this, EinzelbildActivity.class);
   intent.putExtra("resId", resid);
   startActivity(intent);
}
}
```

In der `onItemClick()`-Methode starten wir über den Intent-Mechanismus die Aktivität `EinzelbildActivity`. Damit diese beim Start auch das richtige Bild lädt, übergeben wir zusammen mit dem Intent die Ressourcen-ID des zu ladenden Bilds (welche uns die Adapter-Methode `getItem()` zurückliefert).

Fehlt nur noch der Code, der bei Erzeugung der `EinzelbildActivity`-Activity das gewünschte Bild lädt:

```java
public class EinzelbildActivity extends AppCompatActivity {
   @Override
   public void onCreate(Bundle savedInstanceState) {
      super.onCreate(savedInstanceState);
      setContentView(R.layout.einzelbild);

      if (getIntent() != null) {
       Bundle daten = getIntent().getExtras();

       if (daten != null) {
         int resid = daten.getInt("resId");

         ImageView bild = (ImageView) findViewById(R.id.imageView1);
         Resources resources = imageView.getResources();
         int breite = resources.getDisplayMetrics().widthPixels;
         int hoehe  = resources.getDisplayMetrics().heightPixels;
         Bitmap bild = Utils.ladeBild(resources, breite, hoehe,
                                      resid);
         imageView.setImageBitmap(bild);
       }
      }
   }
}
```

Bild 19.2 Die Bildergalerie-App

19.4 Spinner verwenden (Listenfelder)

Der Spinner ist ein dem Listenfeld verwandtes Widget. Wird es „aufgeklappt", erscheint ein Listendialog zur Auswahl des gewünschten Elements.

Zur Konfiguration des Spinners gibt es eigentlich nicht viel mehr zu sagen, als dass

- Sie dem Spinner ein TextView-Element als Beschriftung zur Seite stellen sollten, damit der Anwender weiß, wozu der Spinner dient,
- Sie dem Attribut prompt einen Text oder eine String-Ressource zuweisen sollten, der/die den Titel für den aufspringenden Dialog angibt.

```xml
<?xml version="1.0" encoding="utf-8"?>
<LinearLayout
    xmlns:android="http://schemas.android.com/apk/res/android"
    android:orientation="vertical"
    android:layout_width="match_parent"
    android:layout_height="match_parent">
    <RelativeLayout
        android:layout_width="match_parent"
        android:layout_height="wrap_content">
        <TextView
            android:id="@+id/textview1"
            android:layout_width="wrap_content"
            android:layout_height="wrap_content"
            android:text="@string/spinner_titel"
            android:textSize="20sp"
            android:paddingTop="10dp" />
        <Spinner
```

```
            android:id="@+id/spinner1"
            android:layout_height="wrap_content"
            android:layout_width="match_parent"
            android:layout_below="@id/spinner1"
            android:layout_alignParentRight="true"
            android:prompt="@string/spinner_titel"></Spinner>
    </RelativeLayout>
</LinearLayout>
```

19.4.1 Den Spinner mit Daten füllen

Um den Spinner mit Strings als Daten zu füllen, legen Sie eine String-Array-Ressource an. Die Elemente im String-Array sind die Titel, die im Spinner-Dialog später angezeigt werden.

Für das Demo-Beispiel zum Spinner haben wir eine eigene Ressourcendatei *vegetables.xml* angelegt, in der der String für das prompt-Attribut und das String-Array definiert sind.

Listing 19.5 vegetables.xml

```
<?xml version="1.0" encoding="utf-8"?>
<resources>
    <string name="spinner_titel">Your favourite vegetable:</string>
    <string-array name="spinner_daten">
        <item>broccoli</item>
        <item>savoy cabbage</item>
        <item>leek</item>
        <item>cauliflower</item>
        <item>Brussels sprouts</item>
    </string-array>
</resources>
```

Zum Einlesen der Strings in den Spinner verwenden wir einen `ArrayAdapter`:

```
package com.example.standard.spinnerdemo;

import android.support.v7.app.AppCompatActivity;
import android.os.Bundle;
import android.view.View;
import android.widget.ArrayAdapter;
import android.widget.Spinner;

public class SpinnerDemoActivity extends AppCompatActivity {
    @Override
    public void onCreate(Bundle savedInstanceState) {
        super.onCreate(savedInstanceState);
        setContentView(R.layout.activity_spinnerdemo);

        Spinner spinner = (Spinner) findViewById(R.id.spinner1);
        ArrayAdapter<CharSequence> adapter =
                ArrayAdapter.createFromResource(this,
                    R.array.spinner_daten,
                    android.R.layout.simple_spinner_item);
        adapter.setDropDownViewResource(
                    android.R.layout.simple_spinner_dropdown_item);
```

```
        spinner.setAdapter(adapter);
        spinner.setSelection(0);
    }
}
```

Dieser kryptisch wirkende Code macht nichts anderes, als die Strings aus unserem String-Array R.array.spinner_daten in den Adapter zu laden und mithilfe der von Android vordefinierten Layouts android.R.layout.simple_spinner_item und android.R.layout.simple_spinner_dropdown_item passend für den Spinner aufzubereiten.

Zum Schluss wird der Adapter durch Aufruf der Methode setAdapter() mit dem Spinner verbunden und gegebenenfalls das anfangs im Spinner angezeigte Element mit der Methode setSelection() ausgewählt.

19.4.2 Ereignisbehandlung

Um auf die Auswahl eines der Elemente im Spinner reagieren zu können, müssen Sie beim Spinner einen Ereignishandler vom Typ OnItemSelectedListener registrieren. Wir wählen hier den Ansatz, dass wir das Interface OnItemSelectedListener mit seinen beiden Methoden onItemSelected() und onNothingSelected() direkt von der Activity implementieren lassen.

```
package com.example.standard.spinnerdemo;

import android.support.v7.app.AppCompatActivity;
import android.os.Bundle;
import android.view.View;
import android.widget.AdapterView;
import android.widget.AdapterView.OnItemSelectedListener;
import android.widget.ArrayAdapter;
import android.widget.Spinner;
import android.widget.Toast;

public class SpinnerDemoActivity extends AppCompatActivity
                            implements OnItemSelectedListener {
    @Override
    public void onCreate(Bundle savedInstanceState) {
        super.onCreate(savedInstanceState);
        setContentView(R.layout.activity_spinnerdemo);

        Spinner spinner = (Spinner) findViewById(R.id.spinner1);
        ArrayAdapter<CharSequence> adapter =
                ArrayAdapter.createFromResource(this,
                    R.array.spinner_daten,
                    android.R.layout.simple_spinner_item);
        adapter.setDropDownViewResource(
                    android.R.layout.simple_spinner_dropdown_item);
        spinner.setAdapter(adapter);

        spinner.setOnItemSelectedListener(this);
    }

    public void onItemSelected(AdapterView<?> parent,
```

```
                      View view, int pos, long id) {
        Toast.makeText(parent.getContext(),
                    getString(R.string.spinner_titel) + " "
                    + parent.getItemAtPosition(pos).toString(),
                    Toast.LENGTH_LONG).show();
    }

    public void onNothingSelected(AdapterView<?> parent) {
        // Nichts zu tun.
    }
}
```

Der pos-Parameter der onItemSelected()-Methode gibt Ihnen an, welches Element im Spinner-Dialog ausgewählt wurde.

Über den parent-Parameter der onItemSelected()-Methode können Sie auf den Adapter zugreifen – beispielsweise um sich das Element zurückliefern zu lassen, das der Anwender im Spinner ausgewählt hat.

■ 19.5 Mehrsprachige Apps

Apps, die Sie auf Google Play anbieten, können von Anwendern überall auf der Welt heruntergeladen werden. Den wenigsten dieser Anwender wird es allerdings gefallen, wenn die Texte Ihrer App auf Deutsch sind. Umgekehrt wird es so manchem deutschen Anwender sauer aufstoßen, wenn er mit englischen Titeln und Erläuterungen konfrontiert wird.

Glücklicherweise erlaubt das Android-Ressourcenkonzept das Schreiben von Apps, die sich automatisch an die Sprache der Anwender (genauer gesagt die auf den Android-Endgeräten eingestellte Lokale) anpassen.

Sie müssen lediglich von den XML-Dateien mit Ihren String-Ressourcen mehrere Kopien anlegen.

1. Einen Satz Kopien legen Sie im Verzeichnis *res/values* ab. Dieser Satz bildet den Standardsatz, der immer dann verwendet werden soll, wenn sich kein Satz findet, der besser zur Lokale des Endgeräts passt.
    - Für Apps, die Sie vor allem im Bekanntenkreis weitergeben, wird dies der einzige Satz sein und die darin enthaltenen Strings werden natürlich in Deutsch verfasst sein.
    - Für Apps, die Sie einem internationalen Publikum verfügbar machen möchten, wird dies vermutlich ein Satz mit englischen Strings sein.

Für jede weitere Sprache, die Sie unterstützen möchten, legen Sie einen weiteren Satz Kopien an, übersetzen die darin enthaltenen Strings und speichern die XML-Dateien in einem Verzeichnis, dessen Name mit der Kennung für die betreffende Sprache (Lokale) endet, also beispielsweise *res/values-de* für Deutsch oder *res/values-fr* für Französisch.

> **LOKALE**
>
> Als *Lokale* (englisch: *locale*) bezeichnet man die Gebietsschemaparameter, d. h. die Gesamtheit der nationalen und regionalen Eigenheiten eines Computersystems.

Um zum Beispiel die Spinner-Demo aus dem vorangehenden Abschnitt in Englisch und Deutsch anzubieten, würden Sie folgende *values*-Dateien aufsetzen:

Listing 19.6 res/values/strings.xml

```xml
<?xml version="1.0" encoding="utf-8"?>
<resources>
    <string name="app_name">SpinnerDemo</string>
</resources>
```

Listing 19.7 res/values/vegetables.xml

```xml
<?xml version="1.0" encoding="utf-8"?>
<resources>
   <string name="spinner_titel">Your favourite vegetable:</string>
   <string-array name="spinner_daten">
      <item>broccoli</item>
      <item>savoy cabbage</item>
      <item>leek</item>
      <item>cauliflower</item>
      <item>Brussels sprouts</item>
   </string-array>
</resources>
```

Listing 19.8 res/values-**de**/strings.xml (identisch zu res/values/strings.xml, da der String im Englischen und Deutschen gleich ist)

```xml
<?xml version="1.0" encoding="utf-8"?>
<resources>
    <string name="app_name">SpinnerDemo</string>
</resources>
```

Listing 19.9 res/values-**de**/vegetables.xml

```xml
<?xml version="1.0" encoding="utf-8"?>
<resources>
   <string name="spinner_titel">Ihr Lieblingsgemüse:</string>
   <string-array name="spinner_daten">
      <item>Brokkoli</item>
      <item>Wirsing</item>
      <item>Lauch</item>
      <item>Blumenkohl</item>
      <item>Rosenkohl</item>
   </string-array>
</resources>
```

Sie können zum Testen des *SpinnerDemo*-Beispiels die Lokale des Emulators ändern. Wechseln Sie dazu in die Home-Ansicht des emulierten Geräts (Klick auf das Haus-Symbol) und dann zur App-Übersicht. Klicken Sie auf **Custom Locale** und führen Sie einen langen Klick auf den Eintrag für die einzustellende Lokale aus. Bestätigen Sie anschließend mit **Apply** und verlassen Sie die App.

ACHTUNG

Beachten Sie, dass das hier vorgestellte Konzept natürlich nur dann reibungslos funktioniert, wenn Sie alle Texte, die auf der Benutzeroberfläche zu sehen sind, aus String-Ressourcen laden.

Achten Sie außerdem darauf, möglichst keine fixen Größen für UI-Elemente mit Titeln festzulegen, damit sich Ihr Layout bei einem Sprachwechsel automatisch an länger oder kürzer werdende Titel anpassen kann.

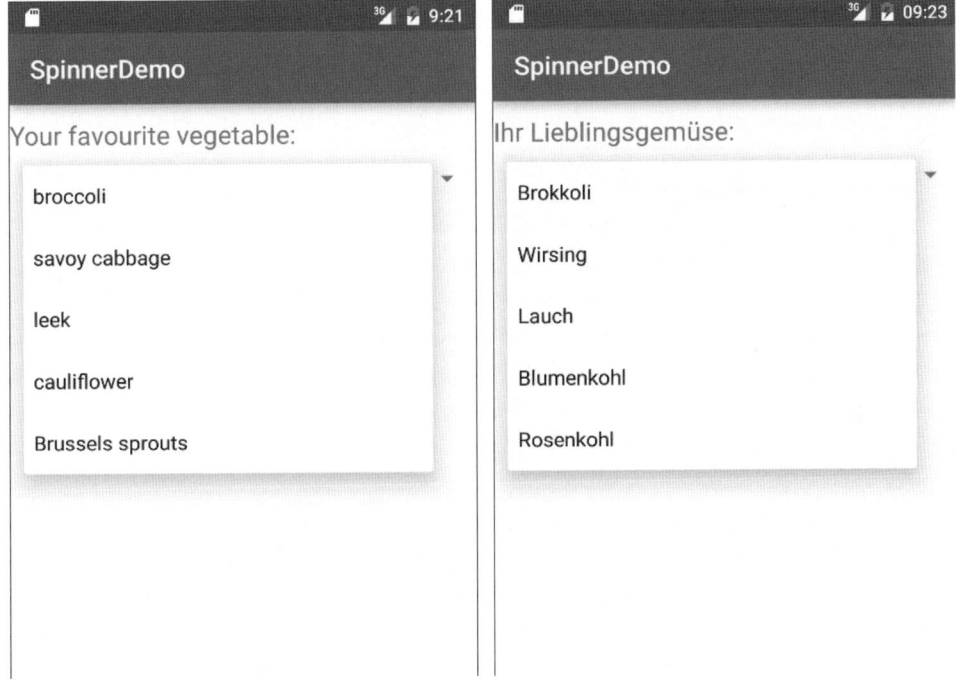

Bild 19.3 Eine App – zwei unterstützte Sprachen

19.6 Schlussbemerkung

Sie haben durchgehalten und alle Kapitel durchgelesen, die sich mit der Android-Programmierung an sich beschäftigen. Gratulation!

Aber jedes Lehrbuch kann nur einen Bruchteil des Wissens vermitteln, das man letztlich braucht, um erfolgreich Apps zu entwickeln. Schwimmen Sie sich also frei und schreiben Sie nun ganz allein Ihre ersten eigenen Apps – beispielsweise eine Signallampe, eine App zum Messen von Laufstrecken, einen Rechentrainer für Kids, ein Dame-Spiel, einen Vokabeltrainer oder was auch immer. Bauen Sie auf den Beispielen aus diesem Buch auf oder starten Sie gleich auf der grünen Wiese. Der beste Weg, sich weiterzubilden, ist viel zu programmieren und eigene Erfahrungen zu sammeln.

Und wenn Sie Hilfe benötigen, dann schlagen Sie in der Android-Dokumentation nach, lesen Sie die Tutorien im Android Developers Guide:

http://developer.android.com/guide/components/index.html,

tauschen Sie sich mit anderen Android-Entwicklern aus oder ziehen Sie weitere Fachliteratur zurate.

IV Teil IV: Anhänge

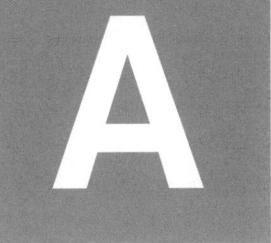

Anhang A: Apps veröffentlichen oder weitergeben

Sie haben eine fantastische App, die Sie dem Rest der Welt zur Nutzung anbieten möchten? Dann können Sie Ihre App über *Google Play* (früherer Name: *Android Market*) publizieren. Wie dies geht und was dabei zu beachten ist, werden wir hier näher beleuchten.

Und für den Fall, dass Sie Ihre App nur im privaten Kreis an Freunde weitergeben möchten, finden Sie im letzten Abschnitt hierzu ebenfalls eine kurze Anleitung.

■ A.1 Die App vorbereiten

Zunächst sollten Sie sich noch einmal Gedanken darüber machen, welche Android-Version Sie mit Ihrer App anvisieren (Attribut android:targetSdkVersion) und welche Android-Version mindestens erforderlich ist, damit Ihre App ausgeführt werden kann (Attribut android:minSdkVersion). Beide Werte können Sie in Android Studio über den Dialog für die Moduleinstellungen festlegen (in der Projektansicht auf **app** klicken, dann die Taste **F4** drücken oder mit der rechten Maus das Kontextmenü aufrufen und den Eintrag **Open Module Settings** auswählen, dann zum Reiter **FlavorS** wechseln).

Hinsichtlich des Werts für minSdkVersion gilt: Je kleiner der Wert ist, desto größer wird der potenzielle Nutzerkreis und umgekehrt. Mittlerweile können Sie SDK-Versionen < 16 (d.h. älter als Android 4.1) guten Gewissens ignorieren; der weitaus größte Anteil an Geräten hat mittlerweile Android 4.x aufwärts.

> **TIPP**
> Die aktuelle Verteilung der verschiedenen Android-Versionen können Sie hier nachschauen:
>
> *http://developer.android.com/resources/dashboard/platform-versions.html*.

Wenn es also keine technischen Features aus neueren Versionen gibt, die Ihre App benötigt, dann sollten Sie als minSdkVersion den Wert 15 oder 16 anstreben und entsprechend setzen. Testen Sie aber auf jeden Fall Ihre App gründlich im Emulator mit einem AVD, das mit der gewählten SDK-Version konfiguriert ist.

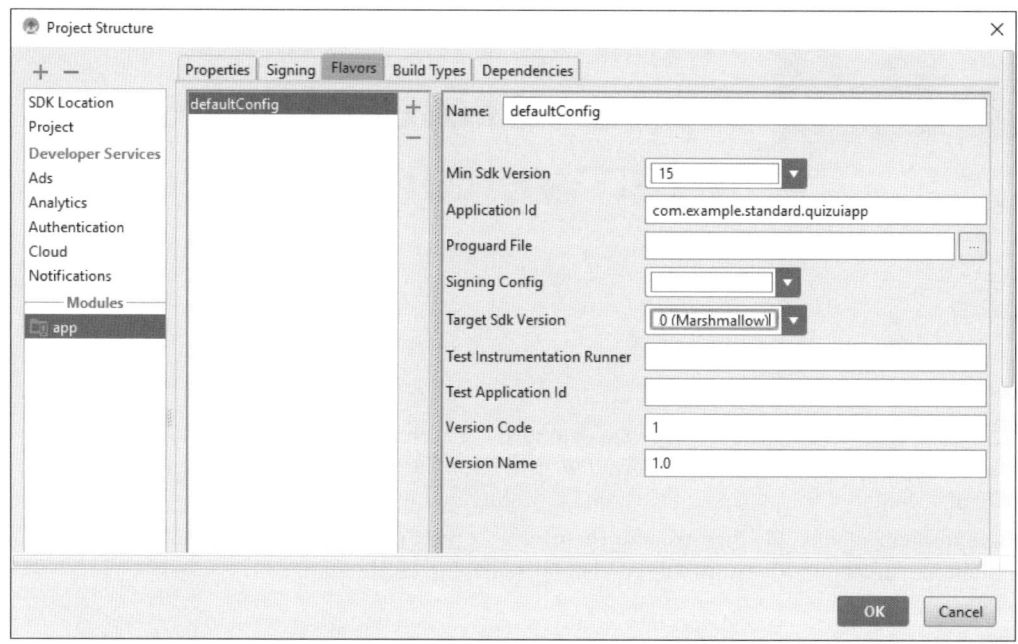

Bild A.1 Festlegen von minSdk und maxSdk

Ferner sollten Sie darauf achten, dass die App einen Namen hat und das `Debuggable`-Flag auf `false` gesetzt ist. Beide Einstellungen können Sie ebenfalls über die Moduleinstellungen machen, Reiter **Build Types**: Legen Sie dort einen neuen Build-Typ an (via +-Button) und machen Sie die gewünschten Einstellungen. Später beim Export der App müssen Sie dann diesen Build-Typ für den Export auswählen.

In der Android-Manifestdatei (in der Projektansicht unter *app/manifests*) sollten Sie sicherstellen, dass die Attribute `versionCode` und `versionName` gesetzt sind. Für das Veröffentlichen der ersten App-Version können Sie die unten gezeigten Werte übernehmen. Wenn Sie ein Update der App veröffentlichen, sollten Sie `versionCode` im Falle von kleineren Fehlerbehebungen und Verbesserungen entsprechend hochzählen. Wenn Sie den Funktionsumfang der App ändern oder das Aussehen und die Struktur stärker ändern, ist es üblich, dass man `versionName` hochzählt (und diese neue Version wieder bei `versionCode=1` starten lässt).

Und falls Sie Ihre App nicht schon beim Anlegen des Projekts mit einem individuellen Launcher-Symbol ausgestattet haben, ist nun der Zeitpunkt gekommen, dies nachzuholen (siehe Kapitel 5.8).

 ACHTUNG
Den Paketnamen Ihrer App können Sie nach dem Veröffentlichen (im Rahmen eines Updates) nicht mehr ändern! Stellen Sie daher sicher, dass er eindeutig ist und Sie mit dem Paketnamen zufrieden sind.

Listing A.1 Konfiguration einer App für die Veröffentlichung *(AndroidManifest.xml)*

```xml
<manifest xmlns:android="http://schemas.android.com/apk/res/android"
    package="com.example.standard.quizapp"
    android:versionCode="1"
    android:versionName="1.0">


    <application android:icon="@drawable/ic_launcher"
                 android:label="@string/app_name"
                 android:theme="@style/AppTheme"
                 android:debuggable="false">
        <activity android:name=".DemoStartActivity"
                  android:label="@string/app_name">
            <intent-filter>
                <action android:name="android.intent.action.MAIN" />
                <category
                    android:name="android.intent.category.LAUNCHER" />
            </intent-filter>
        </activity>

    </application>
</manifest>
```

■ A.2 Digitales Signieren

Das Android-System verlangt für jede App, die installiert wird, dass sie *digital signiert* ist. Digital signiert heißt, dass sie mit einem besonderen Mechanismus verschlüsselt ist:

- Der App-Entwickler hat einen sogenannten privaten Schlüssel (letztlich ein geheimes Passwort), mit dem er seine App signiert, d. h., es wird aus dem Inhalt der App eine besondere Zeichenkette (nennen wir sie der Einfachheit halber einmal *MD*[1]) generiert und dann mit dem privaten Schlüssel verschlüsselt.
- Ferner gibt es einen öffentlichen Schlüssel, mit dem man prüfen kann, ob *MD* tatsächlich zu der App und dem geheimen Schlüssel aus dem vorigen Schritt gehört (ohne den privaten Schlüssel kennen zu müssen!).

Als App-Entwickler müssen Sie daher ein Schlüsselpaar (privater und öffentlicher Schlüssel) und diese Zeichenkette *MD* erzeugen und der App hinzufügen. Die Schlüssel werden zudem in einer Datenstruktur namens *keystore* abgespeichert. Ferner brauchen wir einen Behälter zur Weitergabe des öffentlichen Schlüssels, der sich *digitales Zertifikat* nennt.

---

[1] Die korrekte Bezeichnung für diese besondere Zeichenkette lautet „*message digest*".

Jede installierte App ist digital signiert, auch wenn Sie Ihre App aus Android Studio heraus im Emulator starten lassen. In diesen Fällen hat Android Studio einen standardmäßig definierten Debug-Schlüssel verwendet, der natürlich immer gleich ist und daher nicht für Apps verwendet werden darf, die im App Market veröffentlicht werden sollen.

Digitale Zertifikate und die notwendigen privaten und öffentlichen Schlüssel können Sie mit den Java-Tools *keystore* und *jarsigner* (zu finden in Ihrem Java-JDK-Installationsverzeichnis) erzeugen oder aber gleich während des Exports aus Android Studio heraus durchführen, wie im nächsten Abschnitt gezeigt wird.

■ A.3 Die App exportieren und signieren

1. Rufen Sie in Android Studio den Menübefehl **Build/Generate signed Apk** auf.

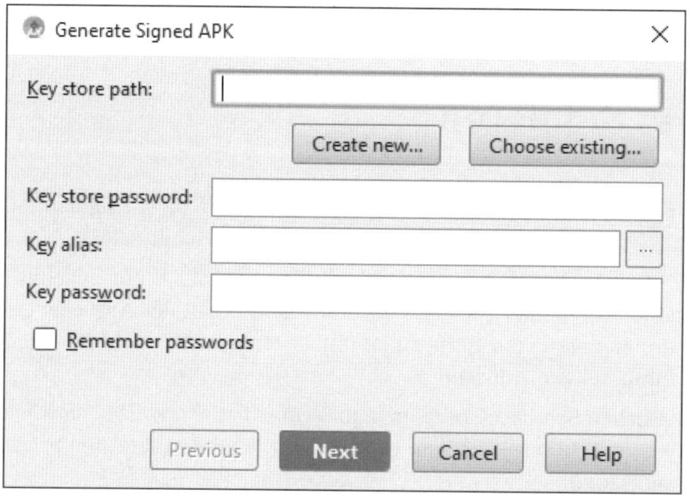

Bild A.2
Startdialog für signierten App-Export

2. Klicken Sie auf **Create new…**, um einen neuen Keystore zur Aufnahme von Schlüsseln zu erzeugen (falls Sie schon einen haben, dann einfach **Choose existing** wählen und weiter mit Schritt 4).
3. Geben Sie die notwendigen Daten ein. Merken Sie sich gut, welches Passwort Sie dabei vergeben.

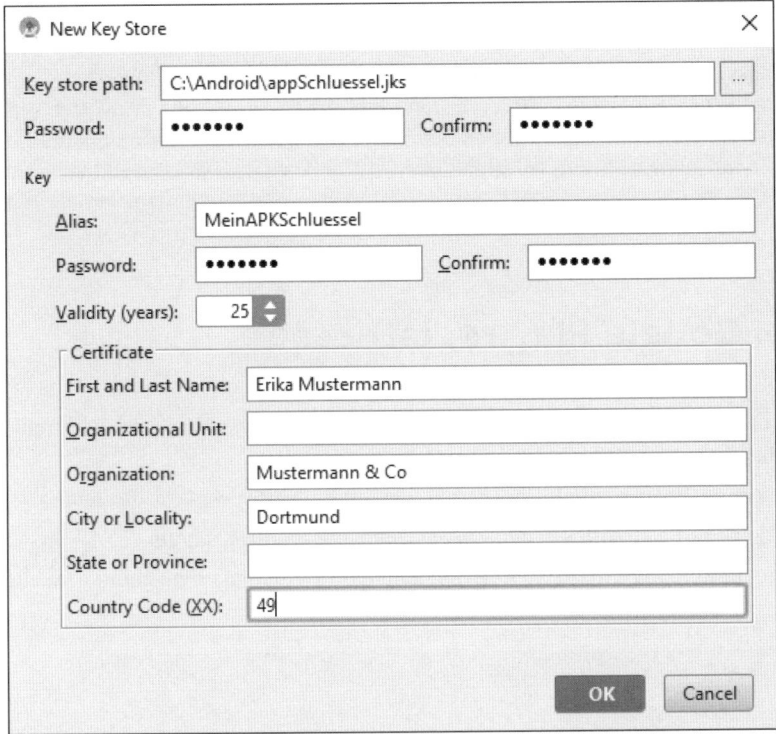

Bild A.3
Eingabe der notwendigen Daten im neuen Keystore

4. Folgen Sie den weiteren Anweisungen des Assistenten. Achten Sie darauf, den richtigen Build-Typ auszuwählen (den Sie hoffentlich wie oben empfohlen konfiguriert haben!).

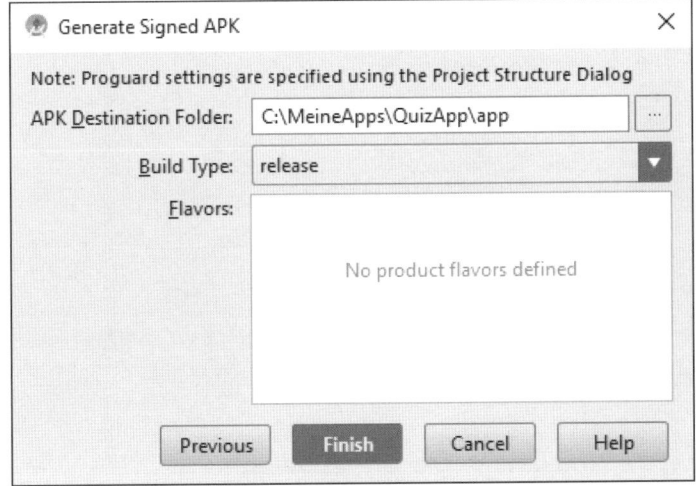

Bild A.4
Weitere Eingaben

5. Die APK-Datei wird nun erzeugt und eine kleine Benachrichtigung wird von Android Studio rechts oben angezeigt. Klicken Sie auf den Link **Show in Explorer** und Sie gelangen zur erzeugten APK-Datei (mit Namen *app-<BuildType>.apk*).

ACHTUNG
Merken Sie sich die Passwörter gut und erstellen Sie eine Sicherheitskopie des Schlüsselspeichers auf einem anderen Datenträger. Wenn Sie an die Passwörter nicht mehr herankommen, dann werden Sie nicht mehr in der Lage sein, Updates zu Ihrer App auf Google Play zu veröffentlichen!

A.4 Bei Google Play registrieren

Der wichtigste Kanal für das Publizieren einer App ist natürlich *Google Play*. Zum Veröffentlichen einer App benötigen Sie dabei zwei Accounts:

- einen Google-Account (kann kostenlos beantragt werden bei *www.google.de/accounts*),
- ein Android-Entwickler-Profil: *https://play.google.com/apps/publish/signup*.

Die Registrierung kostet zurzeit US$ 25 und Sie benötigen zwingend eine Kreditkarte zur Zahlung.

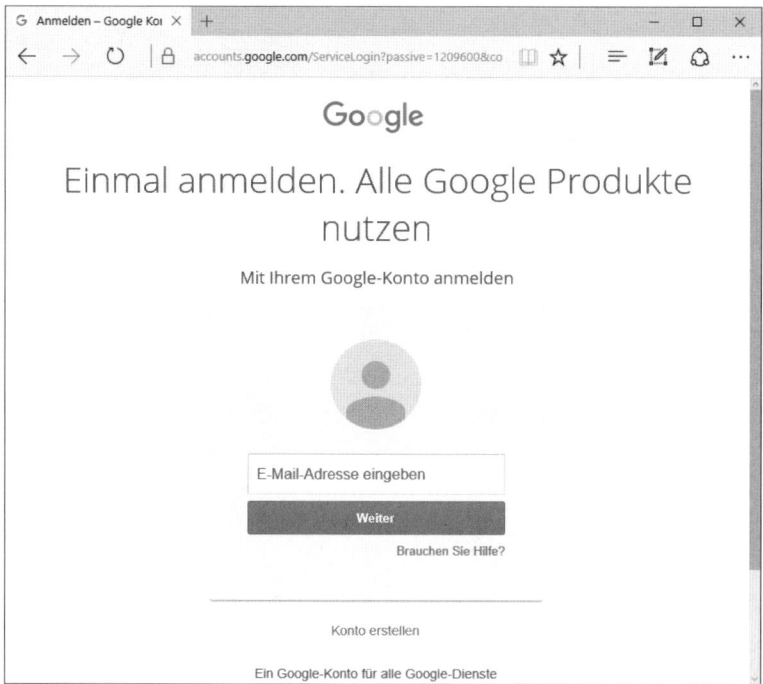
Bild A.5 Anmelden als Entwickler zum App-Veröffentlichen

Neben dem Veröffentlichen über Google Play steht Ihnen aber auch eine Reihe von anderen Möglichkeiten offen, um Ihre Apps unter die Leute zu bringen:

- Bieten Sie die signierte App (als APK-Datei) zum Herunterladen von Ihrer Internetpräsenz an. Um Aspekte wie Bezahlung etc. müssen Sie sich dann natürlich selbst kümmern.
- Melden Sie sich bei anderen App-Stores an, beispielsweise:
- SlideME *(http://slideme.org/)*
- AndroidPIT *(http://www.androidpit.de/de/android-market)*
- GetJar *(http://www.getjar.com)*
- Amazon Appstore *(https://developer.amazon.com/public/support/submitting-your-app)*

A.4.1 Steuerliche Aspekte bei App-Verkauf

Wenn Sie Ihre App nicht kostenlos verteilen, sondern damit Geld verdienen wollen, müssen Sie einige Aspekte und ihre Konsequenzen berücksichtigen. Die nachfolgenden Hinweise sollen Ihnen erste Informationen zu diesem Thema geben; für ausführlichere Beratungen sollten Sie sich an einen Steuerberater oder die Industrie- und Handelskammer wenden. Beachten Sie überdies, dass die beschriebenen Regelungen für Deutschland gelten (falls Sie in Österreich oder der Schweiz leben, gelten für Sie vermutlich recht ähnliche Regelungen).

Durch den Verkauf von Apps werden Sie Gewerbetreibender, d. h., Sie üben nach deutschem Recht ein Gewerbe aus. Dies bedeutet unter anderem, dass Sie

- mindestens 18 Jahre alt sind,
- einen Gewerbeschein (Kosten ca. 50 €) beim zuständigen Gewerbeamt beantragen müssen,
- Mitglied der lokalen Industrie- und Handelskammer (IHK) werden und
- eine Umsatzsteuer-Identifikationsnummer beim Finanzamt beantragen müssen.

Bei *Google Play* müssen Sie bei kommerzieller Nutzung die Option **Google Wallet Merchant Center** anklicken, um ein Verkäuferkonto einzurichten. Einen entsprechenden Link finden Sie nach erfolgreicher Registrierung auf der Seite

> https://play.google.com/apps/publish

am unteren Rand unter **Praktische Tools**. Umsätze, die über den Verkauf der Apps erzielt werden, werden Ihnen erst dann ausbezahlt (abzüglich 30 % Provision, die Google einbehält), wenn Google eine Kopie Ihres Gewerbescheins vorliegt.

A.5 App hochladen

Der letzte Schritt ist das Hochladen Ihrer App. Loggen Sie sich dazu bei Google Play ein:

https://play.google.com/apps/publish

und laden Sie auf der Entwickler-Homepage die APK-Datei hoch.

Bild A.6 Hochladen einer APK-Datei

Danach werden Sie gebeten, diverse Zusatzinformationen und Beschreibungen der App auszufüllen. Wichtig sind vor allem die Screenshots, die Sie von Ihrer App bereitstellen sollten, da dies erfahrungsgemäß die Neigung zur Installation einer App deutlich erhöht (Screenshots können Sie in Android Studio mit dem ADM erstellen, siehe Anhang C zu Emulator & ADM).

Zuletzt müssen Sie entscheiden, ob Sie die App zuerst nur speichern oder wirklich freischalten und veröffentlichen möchten.

Viel Erfolg!

A.6 Weitergabe an Bekannte

Wenn Sie eine App privat an Freunde weitergeben möchten, müssen Sie die App dazu nicht auf Google Play veröffentlichen. Am einfachsten ist es natürlich, Ihre Bekannten kommen mit ihrem Smartphone oder Tablet bei Ihnen vorbei und Sie übertragen die App via Android Studio (siehe Kapitel 2.7).

Falls dies nicht möglich oder zu unbequem ist, gehen Sie wie folgt vor:

1. Fragen Sie Ihren Bekannten, welche Android-Version er oder sie verwendet. Lässt sich die Version nicht ermitteln, gehen Sie von einer niedrigen Version wie z. B. 2.3.3 aus.

2. Setzen Sie in den Modul-Einstellungen (Reiter **Flavors**) den Wert für die Min-SDK-Version auf den zugehörigen API-Wert (z. B. 10 für Android 2.3.3).
3. Achten Sie darauf, dass auch die **Target SDK version** gesetzt ist.
4. Speichern Sie und exportieren Sie dann das Projekt wie oben in Abschnitt A.3 beschrieben.
5. Schicken Sie Ihrem Bekannten die APK-Datei.

Ihr Bekannter muss dann „nur" noch die APK-Datei über einen USB-Anschluss in das Dateisystem seines Smartphones übertragen. Wie er oder sie dazu im Detail vorgehen muss, lässt sich üblicherweise im Benutzerhandbuch des Smartphones oder Tablets nachlesen.

Leider sind manche Benutzerhandbücher mit Hilfestellungen zu eher technischen Fragen oder fortgeschrittenen Anwendungsmöglichkeiten wie dieser etwas sparsam. Ohne ein wenig Ausprobieren oder Recherchieren in passenden Online-Foren wird es dann wohl nicht gehen. Hier noch ein paar Tipps:

6. Falls Sie die App zum Testen auf Ihr eigenes Smartphone übertragen möchten, welches Sie zuvor noch zum Testen von Android Studio aus verwendet haben, schalten Sie das **USB-Debugging** aus.
7. Achten Sie darauf, dass unter **Einstellungen/Sicherheit** im Abschnitt **Geräteverwaltung** die Option **Unbekannte Herkunft** aktiviert ist.
8. Nachdem Sie das Smartphone mit einem USB-Anschluss Ihres Rechners verbunden haben, sollte es Ihnen möglich sein, vom Rechner aus auf das interne Dateisystem des Smartphones zuzugreifen.
9. Legen Sie dann unter dem Verzeichnis *Android/data* ein Verzeichnis für Ihre App an, z. B. *de.IhrName*, und kopieren Sie die APK-Datei in dieses Verzeichnis.
10. Trennen Sie Smartphone und Rechner.
11. Wechseln Sie in das App-Verzeichnis mit der APK-Datei (möglicherweise benötigen Sie dazu eine passende App).
12. Klicken Sie auf die APK-Datei der App und lassen Sie die App installieren.

Anhang B: Android Studio

Wegen der Komplexität und der rein englischen Benutzeroberfläche von Android Studio haben wir die wichtigsten Aktionen in diesem Anhang noch einmal kurz für Sie zusammengefasst.

 Die nachfolgenden Hinweise beziehen sich auf Android Studio Version 2.1. Da laufend Updates zu Android Studio veröffentlicht werden, sind kleine Abweichungen zwischen den hier gezeigten Abbildungen und der Version, die Sie benutzen, möglich.

■ B.1 Android-Projekt anlegen

1. Falls bereits ein Projekt geöffnet ist, dann können Sie über das Menü **File** den Befehl **New/New Project** aufrufen und ein neues Projekt anlegen lassen, ansonsten über die Startseite den Eintrag **Start a new Android Studio Project** wählen.
2. Füllen Sie die verschiedenen Dialogseiten des Assistenten mit den Daten für Ihr Projekt.
3. Klicken Sie auf der letzten Dialogseite auf **Finish**, um das Projekt anlegen zu lassen.

■ B.2 Projekt bauen (Build)

Aktuelles Projekt bauen

Rufen Sie den Menübefehl **Build/Make Project** auf oder drücken Sie die Tastenkombination STRG+F9.

> **TIPP**
>
> Manchmal kann das Bauen Probleme bereiten, wenn zuvor Änderungen an Ressourcen (Layoutdateien etc.) gemacht worden sind. Wählen Sie dann zuerst den Menübefehl **Build/Clean Project** und danach **Build/Make Project**.

Aktuelles Projekt erstellen und ausführen

Rufen Sie den Menübefehl **Run/Run 'app'** auf oder alternativ die Tastenkombination **Umschalt+F10**. Android Studio prüft, ob ein erneutes Bauen des gesamten Projekts notwendig ist, und startet dann die Ausführung.

Es erscheint hierbei zuerst ein Dialogfeld zur Auswahl des Geräts, auf dem die Ausführung gestartet werden soll. Wenn Sie diese Auswahl nicht immer bei jedem Programmstart machen wollen, aktivieren Sie das Kontrollkästchen **Use same selection for future launches**.

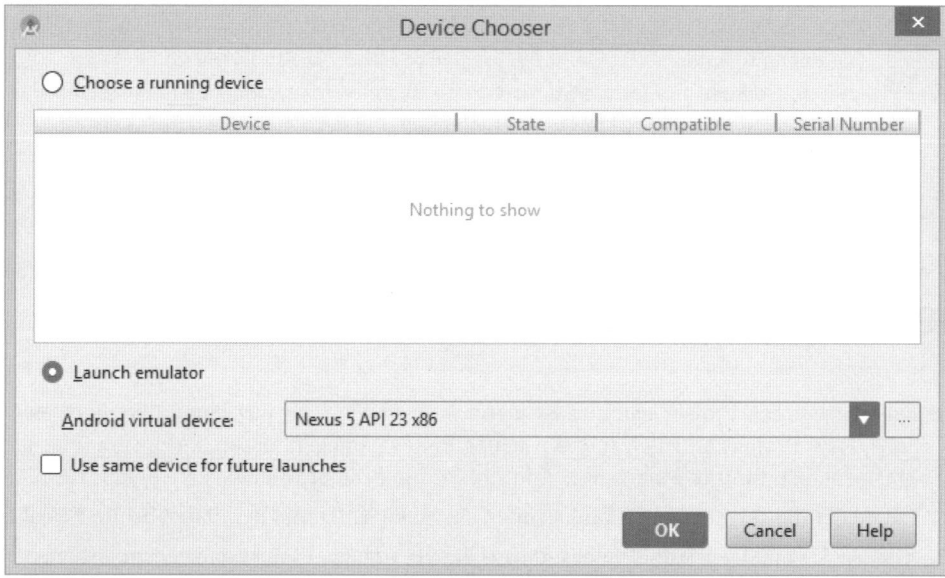

Bild B.1 Geräteauswahl für Programmausführung

Fehlerbehandlung

Gibt es Fehler beim Kompilieren des Projekts, markiert Android Studio die betroffenen Stellen im Editor (rote Wellenlinie und rote Kästchen in Randleiste). Darüber hinaus werden die Fehler im Fenster **messages** aufgelistet (normalerweise im unteren Bereich von Android Studio).

Probleme

Wenn Sie den Eindruck haben, dass die ausgeführte App nicht auf dem aktuellen Stand ist,

- kontrollieren Sie, ob im Fenster **messages** Fehler angezeigt wurden,
- schließen Sie den Emulator, damit dieser bei der nächsten Testausführung komplett neu gestartet wird,
- bauen Sie das Projekt komplett neu, indem Sie zuerst den Befehl **Build/Clean** aufrufen und danach erst **Build/Make Project**.

■ B.3 Projekte löschen

Das Löschen eines Projekts ist nicht innerhalb von Android Studio möglich. Falls Sie also ein Projekt löschen möchten, müssen Sie zuerst das Projekt in Android Studio schließen (Menübefehl **File/Close Project**) und dann im Dateisystem den entsprechenden Projektordner löschen.

■ B.4 Eclipse-ADT-Projekt importieren

Bis vor einiger Zeit war Eclipse die Standard-Entwicklungsumgebung für Android. Falls Sie noch ein solches Projekt haben, dann können Sie es von Android Studio importieren und in das aktuelle Projektformat konvertieren lassen. Rufen Sie hierzu auf der Startseite (also ggf. alle offenen Projekte schließen) den Befehl **Import project (Eclipse ADT)** auf und folgen Sie den Anweisungen.

■ B.5 Run-Konfigurationen anpassen

Android Studio verwaltet die Einstellungen, die zum Ausführen eines Projekts aus Android Studio heraus benötigt werden, in sogenannten Run-Konfigurationen. Standardmäßig heißt die Default-Konfiguration einfach *app*. Sie können die Konfiguration bearbeiten oder neue hinzufügen, indem Sie in der Symbolleiste auf die entsprechende Schaltfläche klicken oder den Menübefehl **Run/Edit configurations** aufrufen.

■ B.6 Fenster zurücksetzen

Die Benutzeroberfläche von Android Studio setzt sich aus einer Vielzahl von Fenstern zusammen, die Sie alle einzeln in ihrer Größe anpassen können oder auch mit Drag'n Drop in einen anderen Bereich innerhalb von Android Studio positionieren können. Ferner können Fenster auch ganz verborgen werden.

Früher oder später wird man aber ein bestimmtes Fenster vermissen und nicht mehr finden! Hier hilft der Menüeintrag **Window/Restore Default Layout**, der alles wieder auf die Standardeinstellungen von Android Studio zurücksetzt.

■ B.7 Apps exportieren

Das Exportieren einer App bedeutet die Erzeugung einer APK-Datei, die sämtliche Bestandteile der App umfasst, sodass sie auf einem Android-Gerät installiert bzw. in einen App-Store wie Google Play überführt werden kann. Der Export wird über den Menübefehl **Build/ Generate Signed APK** angestoßen. Weitere Details hierzu finden Sie in Anhang A.

■ B.8 Kleines Android Studio-Wörterbuch

Englischer Begriff	Deutscher Begriff
build	bauen (Programme aus Quelldateien)
debug	wörtliche Übersetzung: „entwanzen"
	Taucht in Befehlen zum Ausführen von Projekten im Debugger (Werkzeug zur Fehlersuche) auf
folding	wörtliche Übersetzung: „falten"
	Bezeichnet die Code-Gliederungsfunktion des Editors
key	Schlüssel
	Wird in Android Studio zur Signierung von Apps benötigt
keystore	wörtliche Übersetzung: „Schlüsselspeicher"
	Eine Datei mit der Extension *.jks*, in der Signierschlüssel gespeichert werden
location	Lokation, Speicherort
package	Paket

Englischer Begriff	Deutscher Begriff
settings	wörtliche Übersetzung: „Einstellungen"
	In Android Studio unter dem Menübefehl **File/Settings** diverse Dialogfelder zur Konfiguration von Aussehen und Verhalten von Editor und Compiler
properties	Eigenschaften
repository	wörtliche Übersetzung: „Lager", „Fundgrube"
	Der Begriff taucht im Zusammenhang mit der Installation von Plug-in-Software auf.
run	wörtliche Übersetzung: „laufen", „ausführen"
	Taucht in Befehlen zum Starten und Ausführen von Projekten auf
view	wörtliche Übersetzung: „Ansicht"
	Taucht in den Namen von UI-Elementen auf

Anhang C: Emulator, ADM & Debugger

Unersetzliches Handwerkszeug für die Entwicklung von Apps sind der Emulator, das ADM und der Debugger, die im Laufe des Buchs mehrfach erwähnt werden. Dieses Kapitel soll Ihnen eine kurze Einführung in die Benutzung dieser Werkzeuge geben und gleichzeitig noch einige hilfreiche Tipps und Tricks aufzeigen.

■ C.1 Der Emulator

Der Android-Emulator ist ein Programm, das ein Smartphone mit Android-Betriebssystem auf Ihrem PC nachahmt („emuliert"). Der Emulator erlaubt es Ihnen, Ihre entwickelten Apps zu testen bzw. Fehler zu suchen, ohne ein echtes Android-Smartphone zur Hand zu haben.

Obwohl Sie sehr wahrscheinlich eines besitzen und daher im ersten Moment denken mögen, dass Sie einen Emulator nicht brauchen, gibt es dennoch einen sehr guten Grund, den Emulator zu benutzen: Vielfalt!

Jedes reale Smartphone hat eine festgelegte Hardware, die nicht geändert werden kann, sodass Sie Ihre Apps auch nur in eng begrenzten Konfigurationen (beispielsweise Bildschirmauflösung, verfügbarer Speicher, Netzwerkgeschwindigkeit) testen können. Wenn Sie als Zielgerät nur das eigene Gerät ins Auge fassen, ist dies natürlich nicht weiter schlimm, aber in der Regel möchte man doch Apps für ein möglichst großes Spektrum an Geräten entwickeln, sei es, weil man sie kommerziell verkaufen oder aber auch an seine Freunde weitergeben will, die wohl nicht alle dasselbe Modell haben werden.

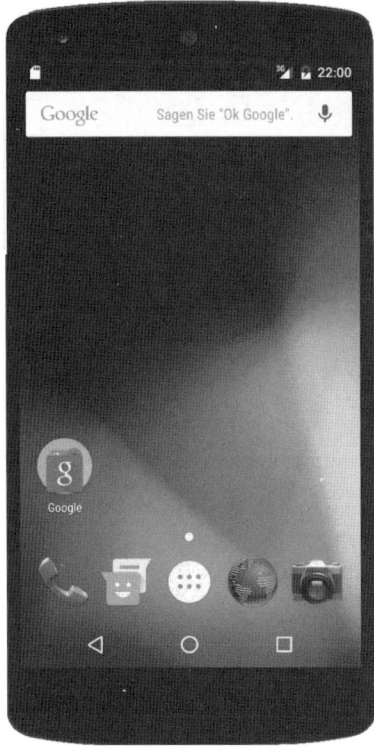

Bild C.1
Android-Emulator (Android 6.0)

C.1.1 AVD-Dateien

Der Emulator benötigt natürlich eine Beschreibung des Geräts, das er emulieren soll. Dies erfolgt durch ein *AVD = Android Virtual Device*. Dies ist im Prinzip einfach eine Datei, welche die Fähigkeiten eines virtuellen Smartphones definiert, z. B. welche Android-Version installiert ist, die Bildschirmauflösung, Größe des Hauptspeichers und der SD-Karte.

Das Anlegen und Bearbeiten eines AVD erledigen Sie aus Android Studio heraus über den Menübefehl **Tools/Android/AVD Manager**. Zum Anlegen wählen Sie die Schaltfläche **Create Virtual Device** und erstellen ein AVD mit dem gewünschten Device (d. h. im Wesentlichen welche Android-API-Version und welche Bildschirmmaße). Sie müssen sich dabei durch mehrere Dialogfenster eines Assistenten durchklicken.

Während der Emulator läuft, schreibt er Daten und sonstige Änderungen in spezielle Dateien, die als *Emulator Disk Images* bezeichnet werden. Ein solches Image enthält die Daten, die bei einem echten Android-Gerät im Hauptspeicher oder auf einem internen oder externen Flash-Speicher (SD-Karte) abgelegt wären. Wenn Sie beispielsweise Ihre App auf den Emulator transferieren und installieren, dann landet die zugehörige APK-Datei in dem sogenannten *user-data image*. Daneben kann es (sofern eingerichtet) ein *external data image* geben, welches die Daten einer emulierten SD-Karte enthält.

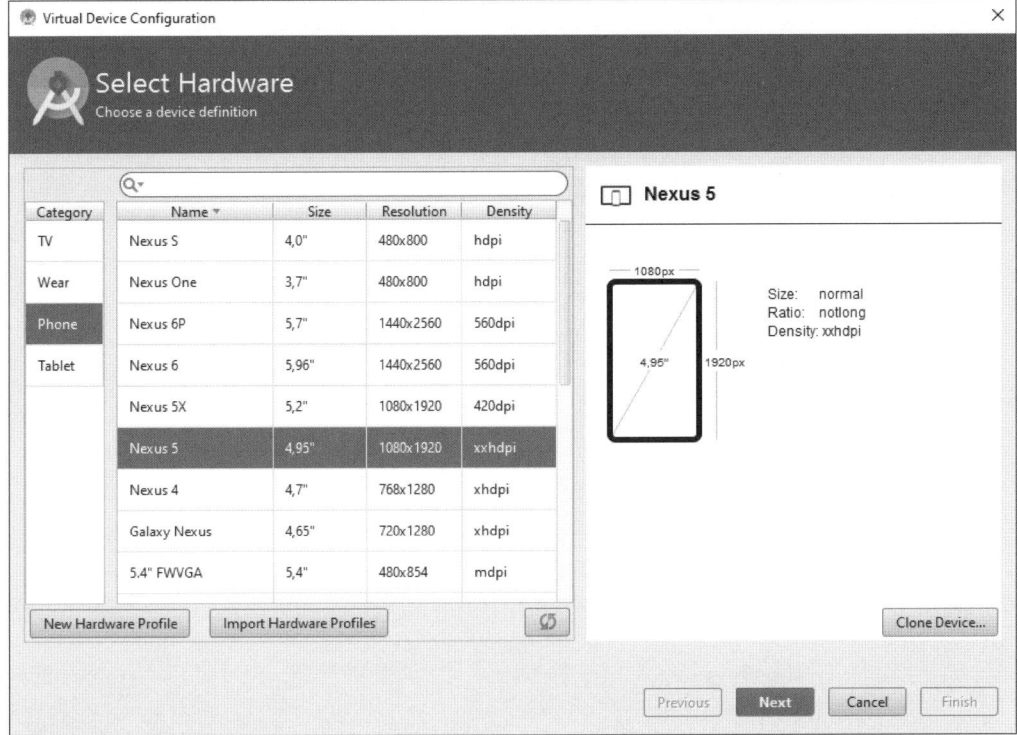

Bild C.2 Anlegen eines AVD

Wenn Sie ein AVD für ein Tablet erstellen, wählen Sie am besten eines der vordefinierten Devices aus der Kategorie *Tablet*, ansonsten aus *Phone*. Sie können im AVD-Manager auch ein Hardware-Profil nach eigenen Bedürfnissen zusammenstellen (siehe nächster Abschnitt).

TIPP
Nehmen Sie in den Namen des AVD immer die Nummer der Android-API auf, ansonsten werden Sie im Laufe der Zeit im Chaos versinken!

C.1.1.1 Eigenes Hardware-Profil erstellen

Wenn von den vordefinierten Devices keines auf Ihre Bedürfnisse passt, dann können Sie auch ein neues Device (Hardware-Profil) erzeugen. Klicken Sie hierzu im AVD-Manager auf die Schaltfläche **New Hardware Profile** und machen Sie die gewünschten Einstellungen.

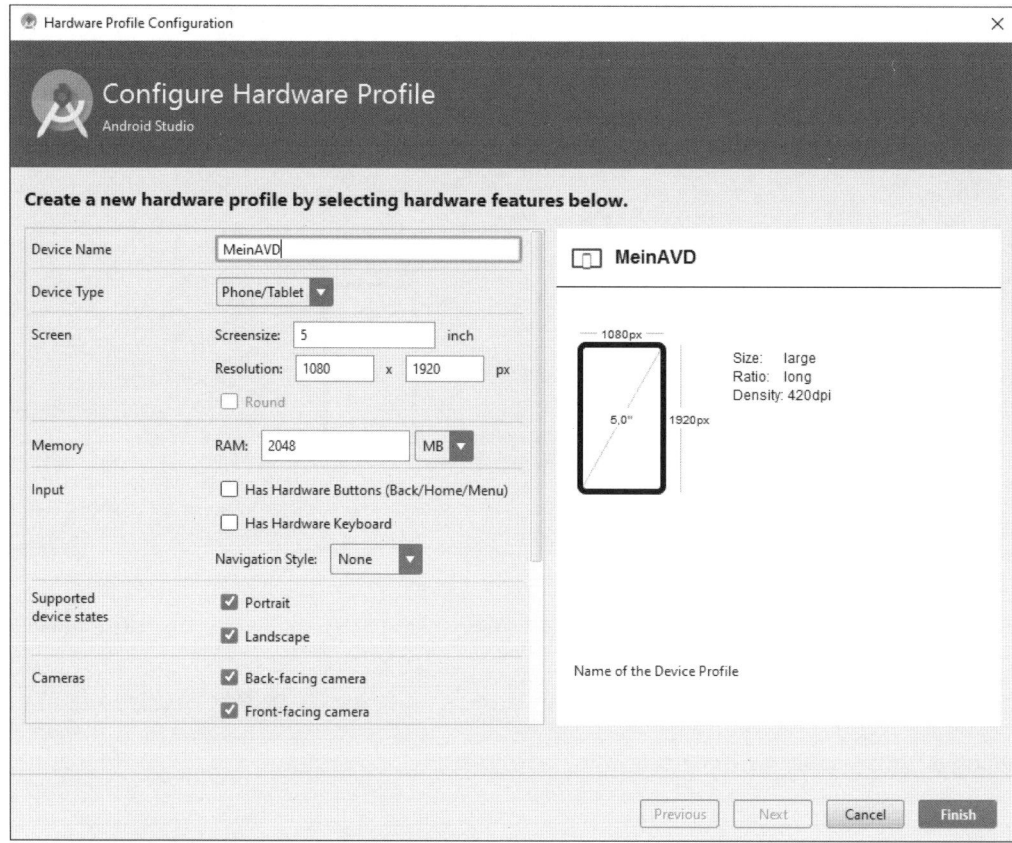

Bild C.3 Anlegen eines Hardware-Profils

C.1.1.2 Emulator mit DPAD

Das DPAD (Direction Pad) ist eine Art Joystick-Taste, bestehend aus einer Wippe für die vier Richtungen und einer Center-Taste. Während früher jedes normale Handy und auch die ersten Smartphones wie das Motorola Droid ein DPAD hatten, ist dies im Zeitalter der Touchscreens größtenteils abhandengekommen. Falls Sie ein DPAD im Emulator benötigen, dann müssen Sie ein Hardware-Profil mit DPAD anlegen. Aktivieren Sie hierzu im obigen Dialog für das Anlegen eines neuen Profils das Häkchen **Has Hardware Keyboard** und wählen Sie als **Navigation Style** den Eintrag **D-PAD**.

C.1.1.3 Emulator mit SD-Karte und Kamera

Die vermutlich wichtigste Einstellung für ein AVD ist die SD-Karte. Dies wird jedoch nicht im Hardware-Profil selbst definiert, sondern in einem der weiteren Dialogfenster des Assistenten (ggf. die Schaltfläche **Show Advanced Settings** klicken). Hier können Sie die Größe einer SD-Karte sowie weitere nützliche Features festlegen wie Kamera und RAM-Speichergröße.

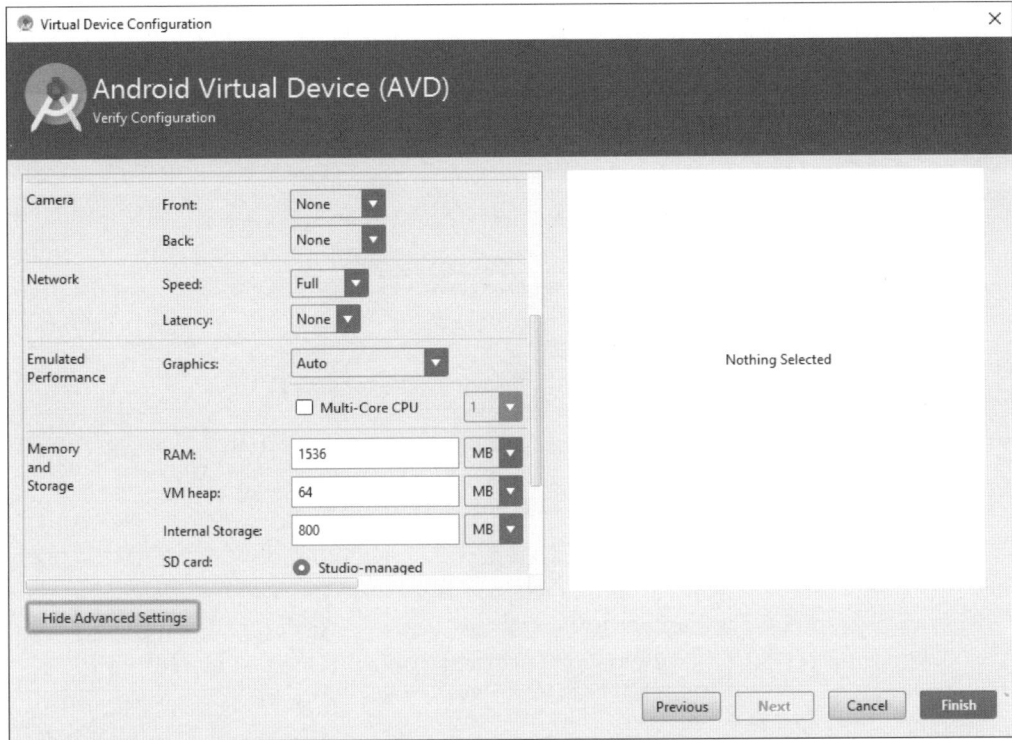

Bild C.4 Weitere Einstellungen wie SD-Karte und Kamera

C.1.2 Emulator starten

Normalerweise werden Sie in Android Studio beim Ausführen einer App (Menübefehle **Run/Run** bzw. **Run/Debug**) einen laufenden Emulator auswählen oder einen Emulator durch Auswahl einer Device-Definition neu starten.

Für spezielle Situationen, wenn Sie mehr Kontrolle über die Emulator-Einstellungen haben wollen, ist es allerdings besser, den Emulator zuerst von Hand zu starten (außerhalb von Android Studio) und dann beim Ausführen der App diese laufende Emulator-Instanz auszuwählen.

Das manuelle Starten des Emulators erfolgt durch Aufruf des Programms *emulator.exe* (zu finden im Android-Installationsverzeichnis unter *\sdk\tools*) in einem Konsolenfenster. Dabei müssen Sie mindestens den Parameter -avd und den Namen des gewünschten AVD mitgeben.

Darüber hinaus gibt es weitere zahlreiche Optionen, die man als Parameter beim Starten mitgeben kann. Die wichtigsten für den Einstieg sind:

Tabelle C.1 Emulator-Startoptionen

Option	Beschreibung	Bemerkung/Beispiel
-help	Gibt Hilfe zu den verfügbaren Optionen aus	Es werden nur die Informationen zum Gebrauch der verschiedenen Optionen ausgegeben; der Emulator wird nicht gestartet.
-avd <avd_name>	Gibt an, welches AVD der Emulator benutzen soll	-avd testavd
-wipe-data	Löscht alle Veränderungen (von früheren Emulatorläufen) in den *Emulator Disk Images*	
-memory <n>	Legt die Größe des emulierten Hauptspeichers in Mbyte fest	-memory 128
-sdcard <dateiname>	Image-Datei, die als SD-Karte verwendet werden soll. Wenn dieser Parameter nicht angegeben ist, wird die bei Erstellung des AVD generierte SD-Image-Datei (falls diese Option aktiviert war) verwendet.	-sdcard c:\daten\sdcard.img
-partition-size <n>	Legt die max. Größe der internen Partitionsgröße in Mbyte fest	-partition-size 128 Setzen Sie diesen undokumentierten Parameter, falls Sie beim Installieren von APKs die Meldung INSTALL_FAILED_INSUFFICIENT_STORAGE erhalten.

Der Emulator ist zwar eine tolle Sache, hat aber leider einen großen Nachteil: Er ist unglaublich langsam! Selbst wenn Sie einen modernen und leistungsfähigen PC besitzen, kann es mehrere Minuten dauern, bis der Emulator vollständig gestartet ist. Seien Sie also geduldig.

Nach dem Starten des Emulators erscheint relativ schnell ein Fenster, aber dies heißt noch lange nicht, dass der Emulator mit der Initialisierung fertig ist. Warten Sie tapfer weiter, bis sich die Anzeige geändert hat und Sie den Startbildschirm sehen. (Achtung: Das genaue Aussehen des Startschirms hängt von der emulierten Android-Version ab.)

Problembehandlung

- Wenn Sie nach dem Emulator-Start in der Bildschirmseite mit der Uhrzeit rechts oben statt „Android" den Text „no Service" lesen, starten Sie den Emulator neu.
- Wird der Emulator komplett neu gestartet und Ihre App wird nicht angezeigt, müssen Sie manchmal erst noch das Display entsperren oder den **Menu**-Button drücken.
- Wenn die App wie erhofft im Emulator startet, Sie aber das Gefühl haben, die App würde Ihre letzten Änderungen nicht berücksichtigen, schließen Sie den Emulator, speichern Sie gegebenenfalls noch einmal alle Dateien im Android Studio, lassen Sie das App-Pro-

jekt bereinigen und neu erstellen (Menü **build/Clean project**) und starten Sie die App anschließend neu (Menü **Run/Run**).

- Eine weitere Möglichkeit bei diversen Problemen (insbesondere wenn im **LogCat**-Fenster eine Meldung der Art *emulator disconnected* erscheint) ist das Zurücksetzen der ADB (Android Debug Bridge), d. h. der Verbindung zwischen Android Studio und dem Emulator. Öffnen Sie hierzu in Android Studio den Android Device Monitor (ADM) über den Menüeintrag **Tools/Android/Android Device Monitor**. Klicken Sie im Devices-Fenster in der Icon-Leiste am rechten Ende auf das nach unten zeigende Dreieck und wählen Sie **Reset ADB**. Eventuell müssen Sie zuerst oben zur Registerkarte **DDMS** wechseln.

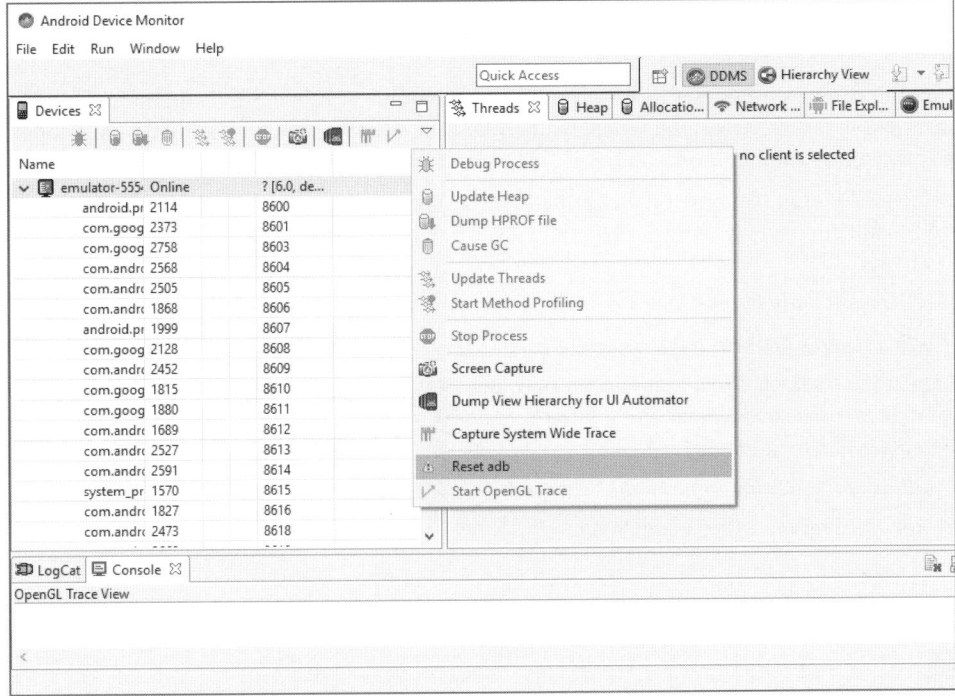

Bild C.5 Zurücksetzen der Verbindung zwischen Android Studio und Emulator

C.1.3 Die Emulator-Bedienung

Der Emulator wird grundsätzlich wie ein richtiges Smartphone bedient, wobei Mauscursor und linke Maustaste als Zeigefinger dienen. Daneben gibt es noch diverse Tastaturbefehle, mit denen Sie bestimmte Smartphone-Aktionen simulieren und testen können.

Tabelle C.2 Wichtige Tastaturbefehle (eine vollständige Liste finden Sie unter http://developer.android.com/guide/developing/tools/emulator.html)

Tastaturbefehl	Beschreibung
Strg+F11	Drehen des Emulators (z. B. von Hoch- in Querformat)
Alt+Enter	Wechsel zwischen Vollbildschirm und Fensterdarstellung
F2	Optionen-Menü der App
Esc	ZURÜCK-Taste (Back)

C.1.4 Apps installieren und deinstallieren

Normalerweise werden Sie Ihre Apps automatisch durch Android Studio auf dem Zielgerät installieren lassen, wenn Sie einen Testlauf starten. Sie können zur Installation aber auch das Hilfsprogramm *adb* verwenden.

Öffnen Sie hierzu (bei laufendem Emulator) ein Konsolenfenster, wechseln Sie zu dem Android-Installationsverzeichnis und dann in das Unterverzeichnis *platform-tools*. Mit den Kommandos

> adb install <dateiname>
>
> adb uninstall <paketname>

können Sie danach Apps installieren bzw. deinstallieren. Für eine App mit dem Paketnamen `de.carpelibrum.demo`, die als Datei *MeineDemo.apk* vorliegt, sähen die betreffenden Befehle z. B. wie folgt aus:

> adb install c:\MeineApps\MeineDemo.apk
>
> adb uninstall de.carpelibrum.demo

■ C.2 Android Device Monitor (ADM)

Neben dem Emulator ist die zweite wichtige Säule der ADM (Android Device Monitor). Er stellt (zusammen mit der Android Debug Bridge = ADB) das Bindeglied dar zwischen Android Studio und den auszuführenden Apps im Emulator bzw. einem physischen Android-Gerät[1].

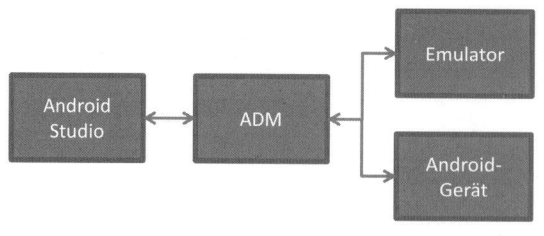

Bild C.6
Zusammenarbeit Android Studio-ADM-Emulator/Android-Gerät

---

[1] Streng genommen ist der ADM nur eine gemeinsame grafische Oberfläche verschiedener Einzeltools (u. a. das DDMS = Dalvik Debug Monitor System), aber das können wir beruhigt hier vernachlässigen.

Wenn Sie genauer mitverfolgen möchten, was bei Ausführung einer App geschieht, aktivieren Sie in Android Studio nach dem Start der App den ADM (Menübefehl **tools/android/ android device monitor**).

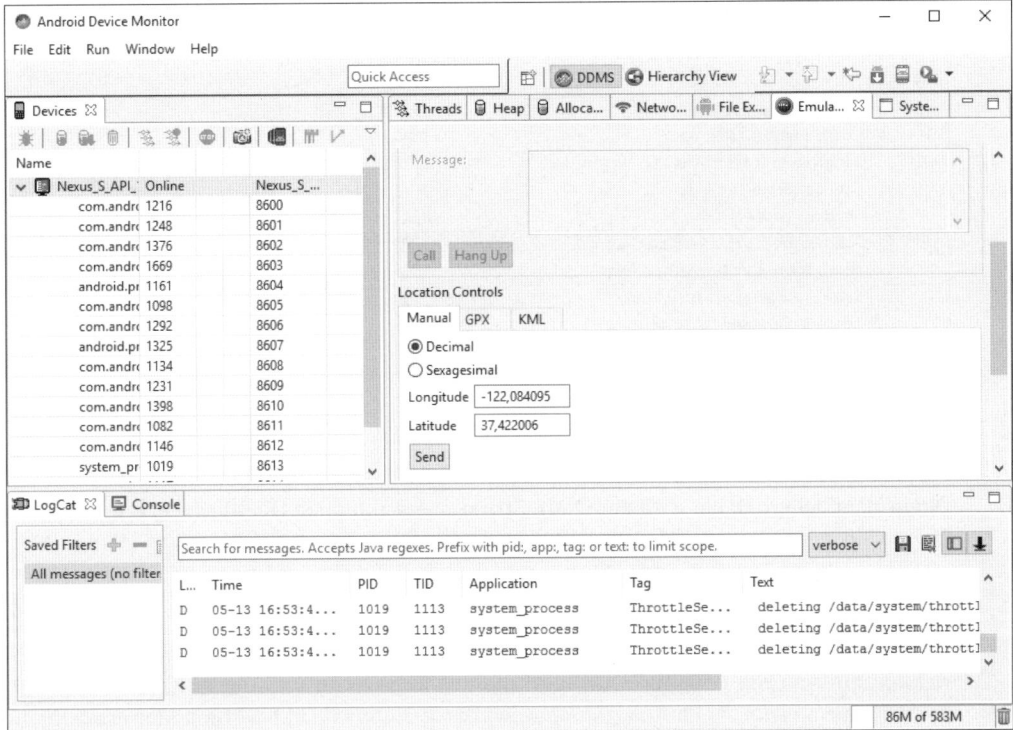

Bild C.7 Android Device Monitor

Devices

Im Teilfenster **Devices** können Sie festlegen, mit welchem verbundenen Gerät (inklusive Emulator) Sie arbeiten möchten. Falls mehrere Geräte gleichzeitig verbunden sind, kann natürlich beliebig hin und her gewechselt werden.

Für jedes Gerät können Sie durch Anklicken mit der Maus den Prozess auswählen, den Sie näher untersuchen möchten. Den Prozess Ihrer App erkennen Sie am Paketnamen.

Wichtige Möglichkeiten sind u. a. eine Profiling-Option zur Analyse, wie viel Zeit verbraucht wird. Mit dem Stopp-Symbol können Sie den ausgewählten Prozess abbrechen und das Kamera-Symbol gestattet es Ihnen, einen Screenshot von dem aktuellen Bildschirm des Android-Geräts zu erstellen. Dies ist beispielsweise dann ganz praktisch, wenn Sie Ihre Apps auf Google Play veröffentlichen und auf der Begleitseite einige Bilder der App präsentieren möchten.

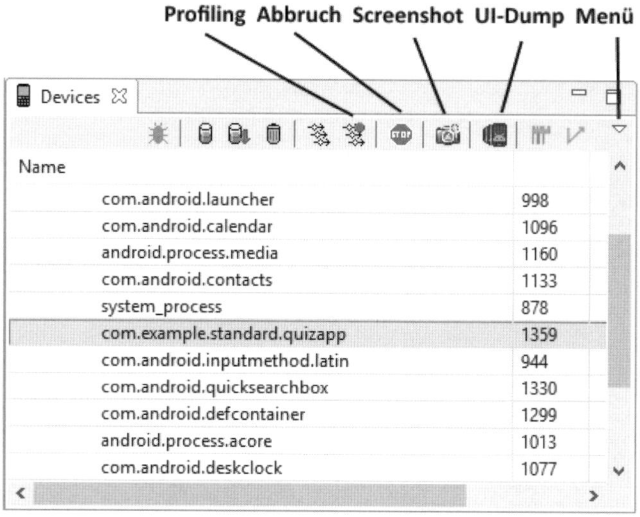

Bild C.8
Devices-Fenster (ADM)

Für komplizierte und dynamisch modifizierte Views kann es auch hilfreich sein, einen UI-Dump zu erstellen. Dabei wird eine XML-Struktur der aktuellen Oberfläche erzeugt und zur manuellen Analyse in einem Editor-Fenster geöffnet.

LogCat

Logging-Ausgaben können im Fenster **LogCat** beobachtet werden. Zu sehen sind alle Nachrichten, die Android oder Ihre App mithilfe der Klasse Log und der Methoden Log.d(), Log.e() etc. ausgibt. Auch Ausgaben mit System.out.println() würden hier erscheinen.

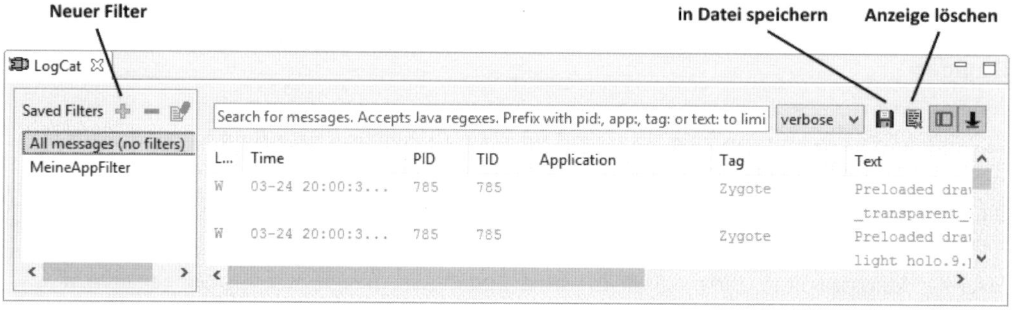

Bild C.9 LogCat-Fenster

Da eine Vielzahl von Logausgaben von der Android-Laufzeitumgebung sowie etwaigen anderen aktiven Apps ausgegeben wird, kann man leicht die Übersicht verlieren. Sie sollten daher Filter definieren.

Für jeden Filter wird eine eigene Registerlasche angelegt, auf deren Seite nur die Ausgaben mit den gewählten Kriterien (typischerweise dem Namens-Tag oder dem Log-Level) angezeigt werden.

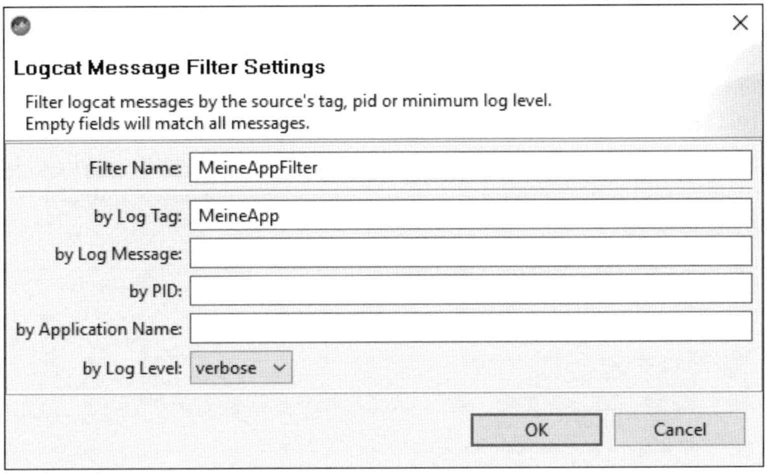

Bild C.10 Definition eines LogCat-Filters

File Explorer

Im **File Explorer** haben Sie Zugriff auf das Dateisystem des Emulators bzw. Android-Geräts und können beispielsweise prüfen, welche Dateien vorhanden sind. Es ist auch möglich, Dateien zwischen dem Dateisystem des PC und dem Android-Dateisystem zu transferieren.

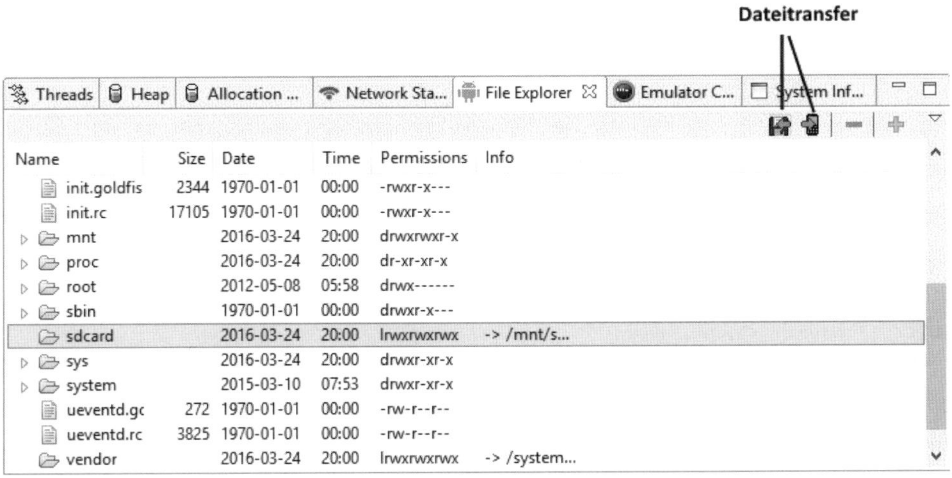

Bild C.11 Der File Explorer

 Wenn Sie Dateien aus dem Android-Dateisystem in Ihr PC-Dateisystem transferieren, sollten Sie der eingeblendeten Fortschrittsanzeige nicht blind vertrauen. Warten Sie auf jeden Fall noch einige Sekunden, nachdem der Transfer (angeblich) beendet wurde, bevor Sie auf die transferierte Datei zugreifen.

Emulator Control

Das Fenster **Emulator Control** bietet die Möglichkeit, eingehende Telefonanrufe bzw. SMS-Nachrichten zu simulieren. Sie können eine fiktive Nummer des Gesprächspartners und den SMS-Text festlegen.

Zum Testen von Apps, die mit GPS arbeiten, ist es außerdem möglich, explizite Geokoordinaten zu senden, und zwar sowohl Einzelkoordinaten als auch ganze Datensätze aus einer entsprechenden Datei.

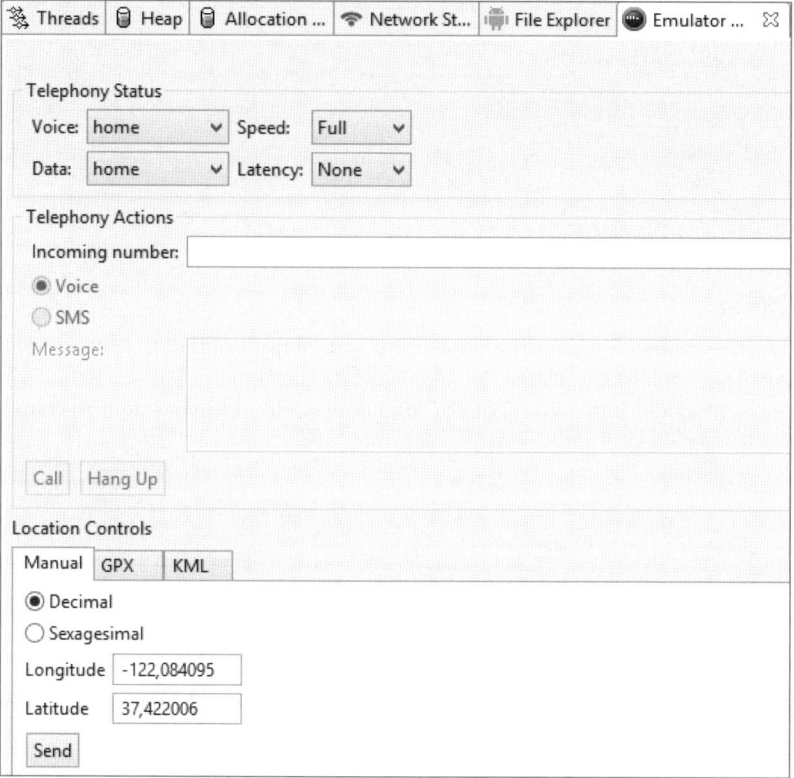

Bild C.12 Emulator-Control-Fenster

 Es scheint öfter vorzukommen, dass die letzten Nachkommastellen von GPS-Koordinaten leicht verfälscht im Emulator ankommen!

C.3 Der Debugger

Der Android Studio-Debugger ist ein mächtiges Werkzeug zur Fehlersuche: Wenn Ihre App abstürzt oder einfach nicht das macht, was Sie eigentlich erwarten, dann hilft Ihnen der Debugger, die Gründe hierfür zu finden.

C.3.1 Debug-Lauf starten

Zum Starten einer Debug-Sitzung wählen Sie in Android Studio den Menübefehl **Run/Debug App** (Tastenkombination **Umschalt+F9**) oder klicken auf das grüne Wanzensymbol in der Symbolleiste.

Es erscheint das Fenster **Device Chooser**, um das Zielgerät auszuführen. Hier können Sie zwischen Emulator und einem physischen Gerät wählen (falls angeschlossen und mit aktiviertem USB-Debugging-Modus[2]). Wenn der Fehler, den Sie finden wollen, sowohl auf dem Emulator als auch auf einem richtigen Gerät vorkommt, sollten Sie immer den Emulator für das Debugging bevorzugen. Nach der Device-Auswahl beginnt die Programmausführung im Debug-Modus. Android Studio ändert dabei etwas die Ansicht und blendet im unteren Bereich diverse Debug-Fenster ein, in denen Sie z. B. verfolgen können, welche Quelltextstelle dem aktuellen Ausführungsstatus der App entspricht, welche lokalen Variablen aktuell existieren oder welche Log-Ausgaben aufgezeichnet wurden.

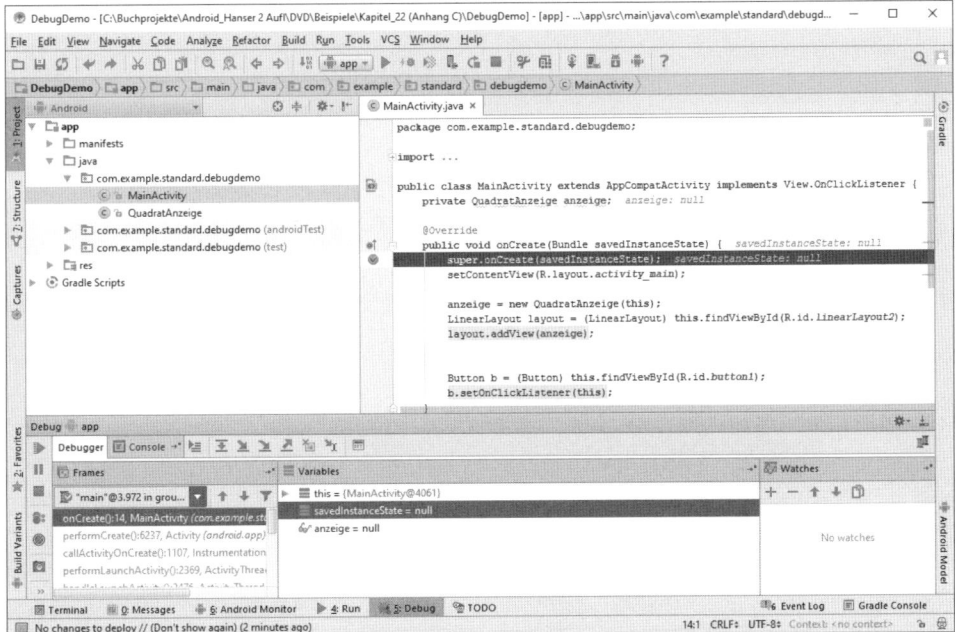

Bild C.13 Debug-Perspektive von Android Studio

---

[2] Auf dem Smartphone/Tablet-PC finden Sie diese Einstellung meistens unter einem Punkt wie **Einstellungen/Anwendungen/Entwicklung** oder **Einstellungen/System/Entwickleroptionen**.

C.3.2 Debug-Möglichkeiten

Debuggen besteht im Wesentlichen aus drei Aktionen:

- zeilenweises Abarbeiten des Quelltextes *(stepping)*
- Durchlaufen bis zum Erreichen des nächsten definierten Haltepunkts *(Breakpoint)*
- Ansehen von Variableninhalten

Nachdem der Debugger gestartet wurde, beginnt er die Ausführung der App und arbeitet den Programmcode so lange ab, bis er entweder auf einen Fehler (Exception) stößt oder einen definierten Haltepunkt – *Breakpoint* – antrifft.

Trifft er auf einen Haltepunkt, stoppt er die Ausführung und Sie haben Gelegenheit, den Zustand der App an diesem Punkt genauer zu betrachten (Werte der Variablen, aufgerufene Methoden etc.). Anschließend können Sie den Code schrittweise oder bis zum nächsten Haltepunkt weiter ausführen.

Haltepunkte setzen

Vor dem Starten eines Debug-Laufs ist es daher sinnvoll, an den Stellen im App-Quelltext, von denen Sie vermuten, dass dort bzw. kurz danach etwas schiefläuft, Haltepunkte zu setzen. Wenn Sie gar keine Ahnung haben, dann setzen Sie einfach einen Haltepunkt in der ersten Zeile der `onCreate()`-Methode der Start-Activity.

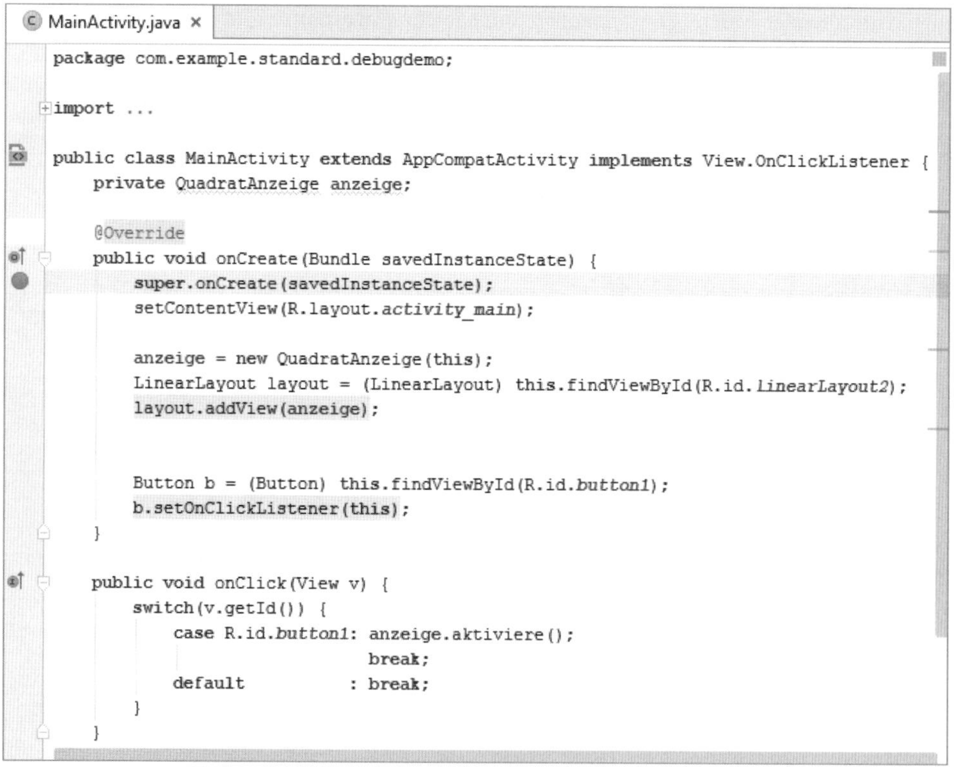

```java
package com.example.standard.debugdemo;

import ...

public class MainActivity extends AppCompatActivity implements View.OnClickListener {
    private QuadratAnzeige anzeige;

    @Override
    public void onCreate(Bundle savedInstanceState) {
        super.onCreate(savedInstanceState);
        setContentView(R.layout.activity_main);

        anzeige = new QuadratAnzeige(this);
        LinearLayout layout = (LinearLayout) this.findViewById(R.id.LinearLayout2);
        layout.addView(anzeige);


        Button b = (Button) this.findViewById(R.id.button1);
        b.setOnClickListener(this);
    }

    public void onClick(View v) {
        switch(v.getId()) {
            case R.id.button1: anzeige.aktiviere();
                               break;
            default           : break;
        }
    }
}
```

Bild C.14 Haltepunkt in onCreate()

Das Setzen eines Haltepunkts erfolgt im Editor-Fenster. Klicken Sie einfach in den linken Rand neben der betreffenden Codezeile. Android Studio markiert die Zeile mit einem roten Punkt. Um einen Haltepunkt wieder zu entfernen, müssen Sie ihn nur noch einmal anklicken.

Trifft der Debugger auf einen Haltepunkt, unterbricht er an der betreffenden Stelle die App-Ausführung. Die betreffende Zeile wird im Editor daraufhin blau unterlegt, um anzuzeigen, dass hier die aktuelle Ausführungsposition ist.

> **ACHTUNG**
>
> Die Ausführung stoppt immer **vor** der Zeile mit dem Haltepunkt, d. h., die blau markierte Zeile ist die Zeile, die als Nächstes ausgeführt wird.

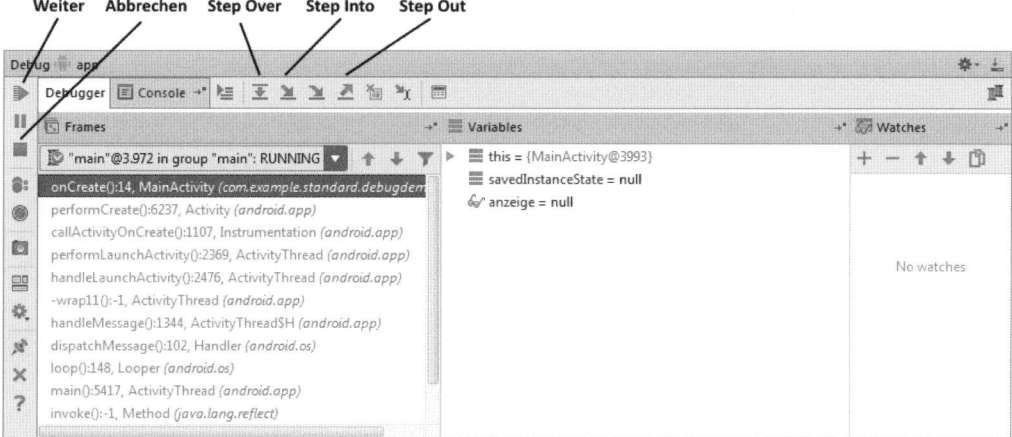

Bild C.15 Wichtige Optionen beim Erreichen eines Haltepunkts

Ausgehend von der aktuellen Ausführungsposition stehen Ihnen folgende Optionen zur Verfügung:

- Weiterlaufen bis zum nächsten Haltepunkt (Befehl **Run/Resume** oder Taste **F9**)
- Debug-Lauf abbrechen (Befehl **Run/Stop** oder Taste **Strg+F2**)
- **Run/Step Over** (Taste **F8**): Die aktuelle Zeile wird abgearbeitet, danach stoppt die Programmausführung. Enthält die aktuelle Zeile einen Methodenaufruf, wird dieser in einem Schritt komplett ausgeführt.
- **Run/Step Into** (Taste **F7**): Enthält die aktuelle Zeile einen Methodenaufruf, wird in deren Code verzweigt und die Programmausführung stoppt dort (falls die Zeile eine Methode aus einer externen Bibliothek enthält, wird kein Step-Into gemacht, sondern ein Step-Over, d. h., die Methode wird in einem Schritt ausgeführt).
- **Run/Step out** (Tastenkombination **Umschalt+F8**): Die aktuelle Methode wird zu Ende abgearbeitet (inklusive aller darin vorkommenden Methodenaufrufe).

Ruht die Programmausführung an einem Haltepunkt, können Sie sich in den verschiedenen Debug-Fenstern über den aktuellen Zustand der App informieren. Prüfen Sie vor allem die Variableninhalte, um festzustellen, ob etwas falsch berechnet oder eine Variable falsch gesetzt wurde.

Für die schnelle Überprüfung eines Variablenwerts brauchen Sie nur in den Quellcode zu schauen: Android Studio blendet automatisch in Hellgrau am Ende der Zeile die aktuellen Werte von wichtigen Variablen im lokalen Kontext ein. Oder Sie halten im Quelltext den Mauszeiger eine kurze Zeit still über dem Variablennamen und Android Studio wird den Wert in einem kleinen Popup-Fenster anzeigen.

Mehr Variableninformationen erhalten Sie im **Variables**-Fenster. Hier sehen Sie standardmäßig alle beim Haltepunkt gültigen und sichtbaren Variablen. Es ist sogar möglich, den Variablen neue Werte zu geben (die gewünschte Variable anklicken und die Taste **F2** drücken).

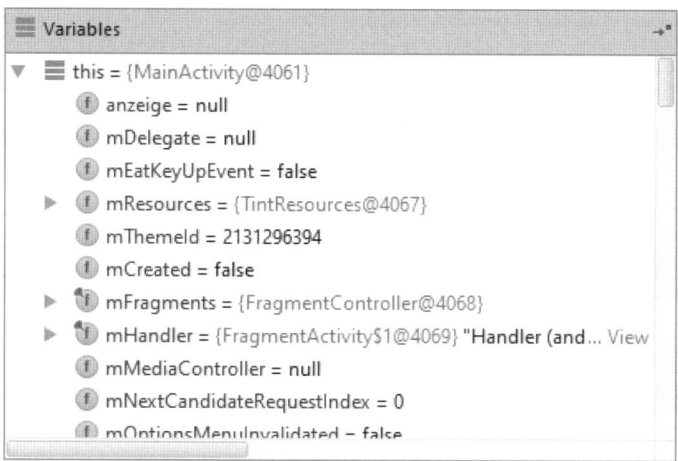

Bild C.16 Ansehen von Variableninhalten

■ C.4 Debugging-Beispiel

Falls Sie sich noch nicht sicher fühlen, wie Sie beim Debuggen vorgehen sollen, dann vollziehen Sie doch den folgenden Abschnitt nach. In der Beispielsammlung zu diesem Buch finden Sie im zugehörigen Verzeichnis das Android Studio-Projekt *DebugDemo*. Kopieren Sie es auf Ihre Festplatte und öffnen Sie es in Android Studio und starten es dann (Menübefehl **Run/Run**).

Die App ist recht überschaubar. Sie besteht aus einem Button und einer dynamisch ins Layout eingefügten View. Drückt der Anwender den **Zeichnen**-Button, wird ein großes, rotes X in die View gezeichnet.

Wenn Sie die App ausführen, werden Sie aber zunächst nur eine Fehlermeldung zu sehen bekommen (siehe Bild C.17).

1. Führen Sie die App aus.

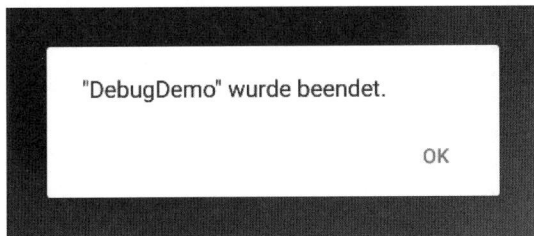

Bild C.17
Die App hat ein Problem ...

Anscheinend hat der Programmstart eine interne Exception ausgelöst, also einen schwerwiegenden Fehler. Wie gehen wir nun am besten vor, um herauszufinden, was schiefläuft?

2. Prüfen wir zunächst einmal die LogCat-Ausgabe in Android Studio.

Wechseln Sie zum **LogCat**-Fenster und halten Sie Ausschau nach roten Fehlermeldungen. Irgendwo weiter unten werden Sie die Zeilen aus Bild C.18 entdecken.

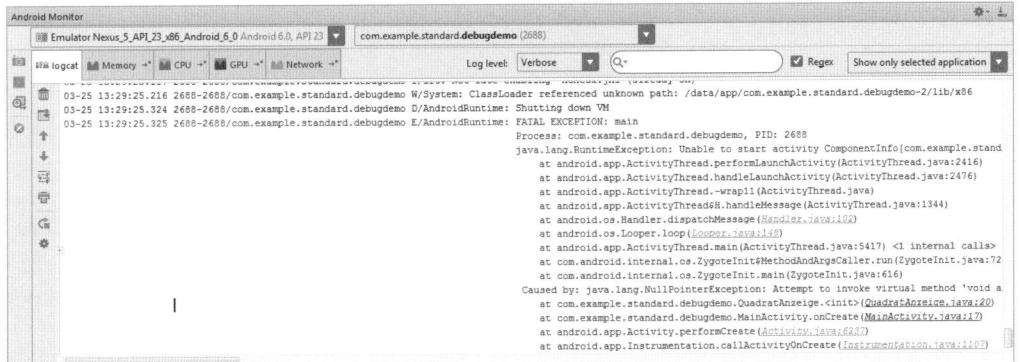

Bild C.18 Fehlermeldungen im LogCat-Fenster

Entscheidende Hinweise gibt die Zeile mit der Meldung „Caused by: java.lang.NullPointerException". Dies besagt, dass versucht wurde, über eine Objektvariable, die den Wert `null` enthält, auf ein Objekt zuzugreifen – was natürlich nicht funktioniert.

Direkt darunter steht auch, wo dies passiert ist: in der Datei *QuadratAnzeige.java* in Zeile 20.

3. Klicken Sie auf den blauen Link in der Fehlermeldung, um die betreffende Stelle in den Editor zu laden.

 Um im Editor Zeilennummern anzeigen zu lassen, klicken Sie mit der rechten Maustaste in den linken grauen Randstreifen und wählen Sie im Kontextmenü den Befehl **Show Line Numbers**.

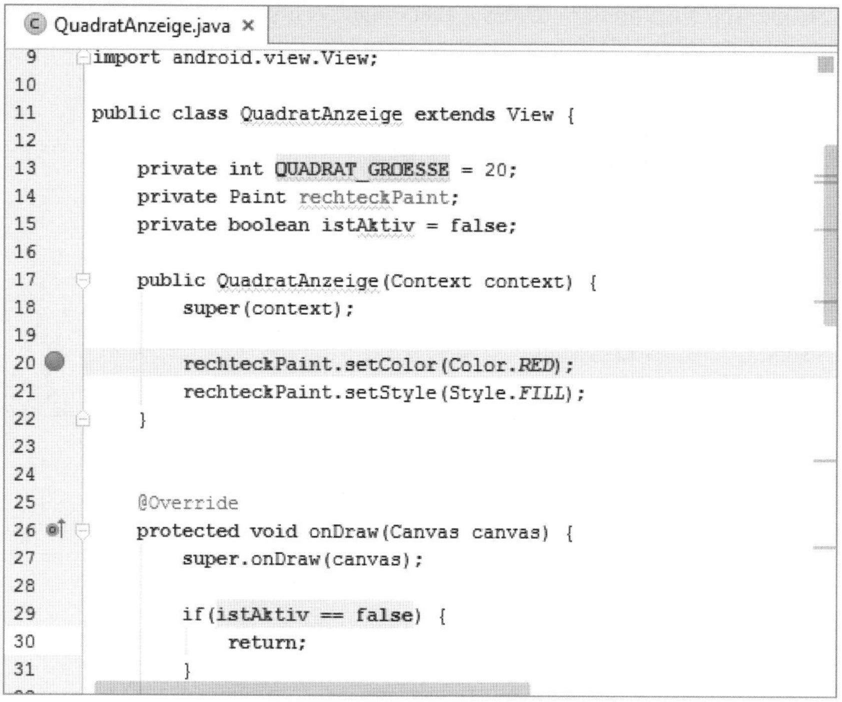

```
QuadratAnzeige.java
 9   import android.view.View;
10
11   public class QuadratAnzeige extends View {
12
13       private int QUADRAT_GROESSE = 20;
14       private Paint rechteckPaint;
15       private boolean istAktiv = false;
16
17       public QuadratAnzeige(Context context) {
18           super(context);
19
20           rechteckPaint.setColor(Color.RED);
21           rechteckPaint.setStyle(Style.FILL);
22       }
23
24
25       @Override
26       protected void onDraw(Canvas canvas) {
27           super.onDraw(canvas);
28
29           if(istAktiv == false) {
30               return;
31           }
```

Bild C.19 Die fehlerhafte Stelle im Quelltext von QuadratAnzeige.java

4. Setzen Sie einen Haltepunkt in die Zeile 20.
5. Starten Sie die App erneut, diesmal über den Menübefehl **Run/Debug** (Tastenkombination **Umschalt+F9**).

Die Programmausführung wird nun in Zeile 20 (d. h. vor dem Ausführen dieser Zeile) gestoppt.

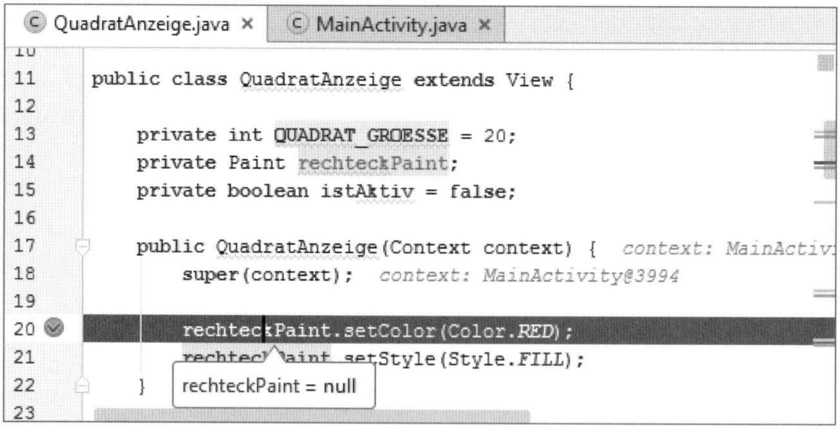

```
QuadratAnzeige.java    MainActivity.java
10
11   public class QuadratAnzeige extends View {
12
13       private int QUADRAT_GROESSE = 20;
14       private Paint rechteckPaint;
15       private boolean istAktiv = false;
16
17       public QuadratAnzeige(Context context) {  context: MainActiv
18           super(context);   context: MainActivity@3994
19
20           rechteckPaint.setColor(Color.RED);
21           rechteckPaint.setStyle(Style.FILL);
22       }                rechteckPaint = null
23
```

Bild C.20 Debugger hält am Haltepunkt in Zeile 21

6. Platzieren Sie den Cursor über dem Variablennamen `rechteckPaint` und Sie werden sehen, dass die Variable den Wert `null` enthält!

Genaueres Betrachten des Quellcodes ergibt, dass vergessen wurde, ein `Paint`-Objekt anzulegen und der Variablen zuzuweisen. Das sieht man auch daran, dass in Zeile 14 der Variablenname ausgegraut ist. Dies bedeutet, dass die Variable nirgendwo verwendet wird und somit nur den Wert `null` haben kann. Wir haben den Fehler gefunden und können unseren Debug-Lauf erst einmal abbrechen.

7. Beenden Sie den aktuellen Debug-Lauf mit dem Befehl **Run/stop**.
8. Korrigieren Sie den Fehler, indem Sie in Zeile 20 folgenden Code einfügen:

```
rechteckPaint = new Paint();
```

9. Führen Sie die App erneut im Debug-Modus bis zum Haltepunkt aus (er bleibt in der Zeile mit der erstmaligen Verwendung von `rechteckPaint`, obwohl sich durch das Einfügen der obigen Codeanweisung die Zeilennummer geändert hat).

Führen Sie die nächsten Zeilen schrittweise aus (Befehl **Step Over** oder Taste **F8**) und sehen Sie, ob die kritische Stelle erfolgreich gemeistert wird.

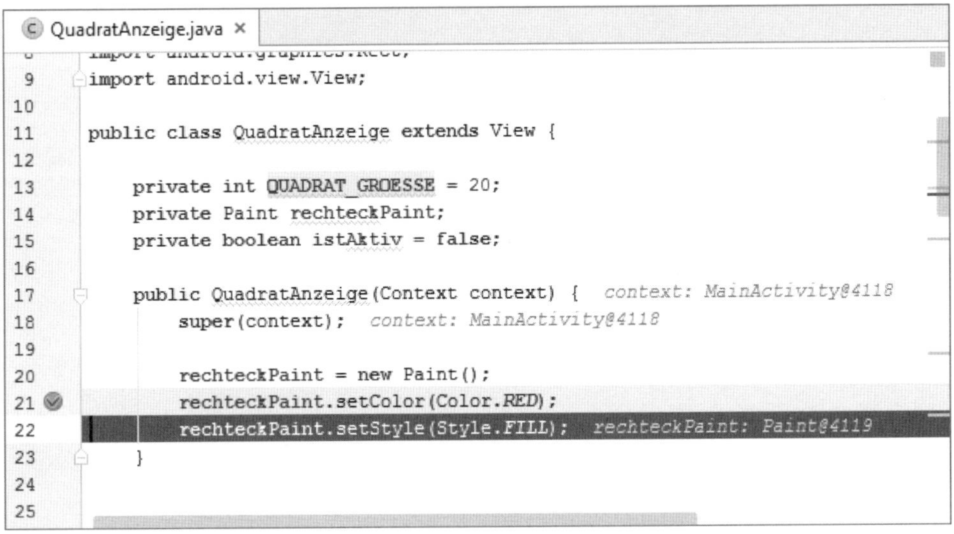

```
 9  import android.view.View;
10
11  public class QuadratAnzeige extends View {
12
13      private int QUADRAT_GROESSE = 20;
14      private Paint rechteckPaint;
15      private boolean istAktiv = false;
16
17      public QuadratAnzeige(Context context) {   context: MainActivity@4118
18          super(context);   context: MainActivity@4118
19
20          rechteckPaint = new Paint();
21          rechteckPaint.setColor(Color.RED);
22          rechteckPaint.setStyle(Style.FILL);   rechteckPaint: Paint@4119
23      }
24
25
```

Bild C.21 Fehler ist behoben!

Tatsächlich, die Zeile 21 wurde nun ohne Probleme passiert. Wir haben den Fehler erfolgreich gefunden und behoben. Nun können wir den Rest des Codes in einem Rutsch ablaufen lassen (Menübefehl **Run/Resume Program** oder Taste **F9**). Wenn keine weiteren Fehler auftauchen, haben wir es geschafft, andernfalls müssen wir uns von Problem zu Problem hangeln.

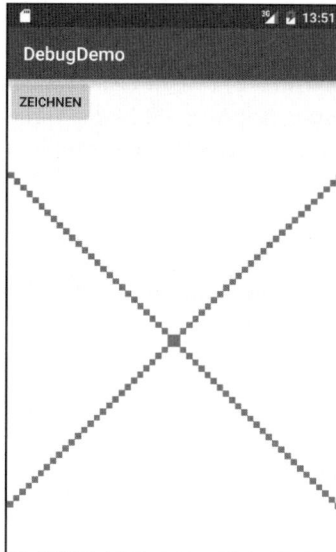
Bild C.22
Hurra, die App funktioniert!

Anhang D: Das Material zum Buch

Das Download-Material zum Buch finden Sie unter den folgenden Links:

Android_Studio http://files.hanser.de/fachbuch/ android-studio-bundle-143.2790544-windows.exe http://files.hanser.de/fachbuch/ android-studio-ide-143.2790544-linux.zip http://files.hanser.de/fachbuch/ android-studio-ide-143.2790544-mac.dmg	Installationsdateien für Android und Android Studio (zur Installation siehe Kapitel 1)
Beispiele http://files.hanser.de/fachbuch/Beispiele.zip	Die in diesem Buch besprochenen App-Beispiele
JDK http://files.hanser.de/fachbuch/ jdk-8u77-windows-i586.exe (32-Bit-Version) http://files.hanser.de/fachbuch/ jdk-8u77-windows-x64.exe (64-Bit-Version) http://files.hanser.de/fachbuch/ jdk-8u77-linux-i586.tar.gz (32-Bit-Version) http://files.hanser.de/fachbuch/ jdk-8u77-linux-x64.tar.gz (64-Bit-Version) http://files.hanser.de/fachbuch/ jdk-8u77-macosx-x64.dmg	Installationsdateien für die Java-Entwicklungsumgebung (zur Installation siehe Kapitel 1)
PDFs http://files.hanser.de/fachbuch/PDFs.zip	Das Java-Tutorium für Umsteiger von anderen Programmiersprachen; eine Kurzeinführung in XML
Lösungen http://files.hanser.de/fachbuch/Loesungen.zip	Die App-Projekte zu den Lösungen

Ausführung der Beispiele

Um eines der Beispielprojekte in Android Studio zu laden, einzusehen und auszuführen, gehen Sie wie folgt vor:

1. Kopieren Sie den jeweiligen Projektordner auf die Festplatte Ihres Computers (z. B. nach *C:\MeineApps*).
2. Starten Sie Android Studio. Wählen Sie auf der Startseite den Befehl **Open an existing Android Studio project** und öffnen Sie das gewünschte Projekt.
3. Rufen Sie im Menü **Build** den Befehl **rebuild project** auf.

 Für Besonderheiten, die bei der Erstellung und Ausführung einzelner App-Projekte zu beachten sind, lesen Sie bitte die im Projektverzeichnis vorhandene Datei *Readme.txt*.

Probleme beim Importieren

Unsere Beispielprojekte wurden mit Android 6.0 (API Level 23) kompiliert. Sollte kein SDK mit Android 6.0 oder höher auf Ihrem System installiert sein, können Sie die Projekte noch nicht verwenden und müssen erst das fehlende SDK mithilfe des SDK-Managers nachinstallieren (siehe Kapitel 1.5).

Manchmal kommt es trotz vorhandenen SDKs zu Problemen, weil die SDKs, die Sie ja aus dem Internet herunterladen, in hohem Tempo fortwährend von Google überarbeitet werden und leider nicht immer mit älteren Projekten 100 % kompatibel sind. Glücklicherweise erscheint dann meist nach dem Öffnen des Projekts im Meldungsfenster **Messages** ein hilfreicher Link, den Sie nur anzuklicken brauchen, um das Projekt an die vorhandene SDK-Version anzupassen. (Wenn mehrere Links angeboten werden, klicken Sie immer zuerst auf den obersten Link; die nachfolgenden Meldungen sind oft Folgefehler, die dann automatisch verschwinden.)

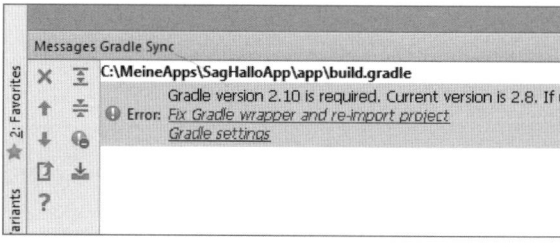

Bild D.1
Links zum Reparieren von Projekteinstellungen

Anhang E: Lösungen

Die vollständigen Android-Projekte zu den Übungen (soweit App-Projekte verlangt waren) finden Sie auf den Websites zum Buch:

http://downloads.hanser.de/

und

www.carpelibrum.de.

Kapitel 1

1. Um Abweichungen und unnötige Komplikationen zu vermeiden, sollten Sie Android Studio und das Android SDK genau so installieren, wie in diesem Kapitel gezeigt.
2. Die nachfolgenden Kapitel setzen Java voraus und Sie sollten spätestens jetzt Ihre Java-Kenntnisse auffrischen!

Kapitel 2

1. Die Lösung dieser Übung wurde praktisch schon in der Aufgabenstellung gegeben. Bei Problemen können Sie Ihre Lösung mit unserer Lösung aus der Beispielsammlung vergleichen.
2. Die Ressourcendatei *strings.xml* finden Sie im Projektfenster unter **app/res/values**. Der neue Text für die Datei könnte wie folgt aussehen:

```xml
<resources>
    <string name="app_name">Meine erste App</string>
    <string name="grussbotschaft">Hallo IHRNAME!</string>
</resources>
```

Kapitel 3

Ihre Antworten könnten wie folgt lauten:

- Die Grundpfeiler der App-Programmierung sind Code, Layout und Ressourcen.
- Eine Activity ist eine Kombination aus einer Bildschirmseite und zugehörigem Code.
- Intents stellen die Verbindung zwischen den Activities her.

- In der Klasse R werden die IDs für den Zugriff auf die Ressourcen der App gespeichert. Die Klasse wird automatisch generiert und sollte vom Programmierer nicht verändert werden.

Kapitel 4

Zu diesen Übungen gibt es keine Lösung.

Kapitel 5

Eine mögliche Lösung für das vorgegebene Layout wäre:

```xml
<LinearLayout xmlns:android="http://schemas.android.com/apk/res/android"
    android:orientation="vertical" android:layout_width="match_parent"
    android:layout_height="match_parent">

    <EditText
        android:layout_width="match_parent"
        android:layout_height="wrap_content"
        android:hint="Email"
        android:id="@+id/email" />

    <EditText
        android:layout_width="match_parent"
        android:layout_height="wrap_content"
        android:inputType="textPassword"
        android:hint="Passwort"
        android:id="@+id/passwort" />

    <Button
        android:layout_width="wrap_content"
        android:layout_height="wrap_content"
        android:text="Anmelden"
        android:id="@+id/anmelden" />
</LinearLayout>
```

Kapitel 6

1. Die grundsätzliche Vorgehensweise besteht aus fünf Schritten:
   - Sie legen das Bild für den Button an (optional in unterschiedlichen Auflösungen).
   - Sie speichern das Bild im Ordner *res/drawable* (wenn Sie das Bild in mehreren Varianten angelegt haben, speichern Sie die einzelnen Auflösungen in passenden *drawable*-Ordnern).
   - Sie aktualisieren sicherheitshalber das Projekt in Android Studio in der Projektansicht (Befehl **synchronize** im Kontextmenü des Projektknotens *app*).
   - Sie lassen das Projekt neu bauen, um eine ID zu erzeugen (Menü **Build/make Project**).
   - Im Layout-Designer ziehen Sie aus der Palette ein ImageButton-Element in die Bildschirmseite und wählen dann im Properties-Fenster die Eigenschaft src, öffnen durch Klick auf ... den Ressourcenauswahl-Dialog und wählen das gewünschte Bild aus.
2. Um das voreingestellte Theme zu bearbeiten, können Sie wie folgt vorgehen:

- Doppelklicken Sie in der Projektansicht auf die Datei *styles.xml* im Ordner **res/values**, um die Stildefinitionen zu laden.
- Tauschen Sie ggf. das geerbte Parent-Theme. (Um sich einen Eindruck davon zu verschaffen, wie die vordefinierten Themes aussehen, wechseln Sie am besten in den Designer (für Ihre Bildschirmseite) und variieren Sie die Themes über das zugehörige Listenfeld in der oberen Symbolleiste.)
- Erweitern Sie das Theme ggf. um eigene <item>-Einträge.

Kapitel 7

Zum Erkennen der Zwei-Finger-Pinch-Geste merken wir uns einfach die Koordinaten der beiden Finger zu Beginn und Ende der Bewegung und vergleichen die Abstände. Ist der Abstand gewachsen, dann will der Anwender vergrößern, andernfalls verkleinern.

```
// globale Variablen
MotionEvent.PointerCoords coordsADown;
MotionEvent.PointerCoords coordsBDown;
int diff = 0;
boolean zweiFingerStart = false;

// ...

public boolean onTouch(View v, MotionEvent event) {
    int action = MotionEventCompat.getActionMasked(event);

 if(action == MotionEvent.ACTION_POINTER_DOWN
                   && event.getPointerCount() == 2) {
    coordsADown = new MotionEvent.PointerCoords();
    coordsBDown = new MotionEvent.PointerCoords();
    event.getPointerCoords(0, coordsADown);
    event.getPointerCoords(1, coordsBDown);
 }
 else if(action == MotionEvent.ACTION_MOVE
                   && event.getPointerCount() == 2) {
        zweiFingerStart = true;
        MotionEvent.PointerCoords coordsAUp =
                            new MotionEvent.PointerCoords();
        MotionEvent.PointerCoords coordsBUp =
                            new MotionEvent.PointerCoords();
        event.getPointerCoords(0, coordsAUp);
        event.getPointerCoords(1, coordsBUp);

        float dxDown = coordsADown.x - coordsBDown.x;
        float dyDown = coordsADown.y - coordsBDown.y;
        float dxUp   = coordsAUp.x - coordsBUp.x;
        float dyUp   = coordsAUp.y - coordsBUp.y;
        int diffDown = (int) Math.sqrt(dxDown*dxDown+dyDown*dyDown);
        int diffUp   = (int) Math.sqrt(dxUp*dxUp + dyUp*dyUp);
        diff = diffUp - diffDown;
 }
 else if(action == MotionEvent.ACTION_UP && zweiFingerStart) {
        zweiFingerStart = false;
        String text = diff > 0 ? "Vergrößern" : "Verkleinern";
        Toast.makeText(this, text, Toast.LENGTH_SHORT).show();
 }
```

```
    return true;
}
```

Kapitel 8

Erweitern Sie die Activity um folgende Überschreibungen:

```
@Override
protected void onRestoreInstanceState(Bundle bundle) {
    Log.d(DEBUG_TAG, getLocalClassName() +
            ".onRestoreInstanceState() aufgerufen");
    super.onRestoreInstanceState(bundle);
}

@Override
public void onSaveInstanceState(Bundle bundle) {
    Log.d(DEBUG_TAG, getLocalClassName() +
            ".onSaveInstanceState() aufgerufen");
    super.onSaveInstanceState(bundle);
}
```

Bei der Ausführung (und Hin- und Herwechseln zu anderen Apps) werden Sie feststellen, dass onSaveInstanceState() nach onResume() ausgeführt wird. Die Methode onRestoreInstanceState() wird nach onStart() durchlaufen, allerdings nur, wenn ein relevanter Zustand vorher mit onSaveInstanceState() gesichert worden war.

Kapitel 9

In der onDraw()-Methode Ihrer View müssen Sie Koordinatenachsen zeichnen und dann in einer Schleife die Wertepaare berechnen und zeichnen. Achten Sie hierbei auf eine geeignete Skalierung, auf die verfügbare Zeichenfläche und dass in Android das Koordinatensystem seinen Nullpunkt eigentlich oben links hat.

```
@Override
protected void onDraw(Canvas canvas) {
    super.onDraw(canvas);

    // Paint-Objekt für Gelb und
    // Linienbreite von 1 Pixeln erzeugen
    Paint pinselGelb = new Paint();
    pinselGelb.setColor(Color.YELLOW);
    pinselGelb.setStrokeWidth(1);

    // Paint-Objekt für Rot und
    // Linienbreite von 2 Pixeln erzeugen
    Paint pinselRot = new Paint();
    pinselRot.setColor(Color.RED);
    pinselRot.setStrokeWidth(2);

    int breite = getWidth();
    int hoehe = getHeight();

    // Koordinatenachsen zeichnen (0-Punkt =
    // Bildschirmmitte)
```

```
    canvas.drawLine(0, hoehe/2, breite, hoehe/2,
                    pinselRot);
    canvas.drawLine(breite/2, 0, breite/2, hoehe,
                    pinselRot);

    // 0-Punkt in die Mitte legen
    canvas.translate(breite/2, hoehe/2);

    // Werte zeichnen
    float skalier_x = breite / 10;
    float skalier_y = hoehe / 10;

    for(float x = -5; x <= 5; x+= 0.01) {
       double y = Math.sin(x); // x * x;

       int xpos = (int) (x * skalier_x);
       int ypos = -1 * (int) (y * skalier_y);
       canvas.drawPoint(xpos, ypos, pinselGelb);
    }
}
```

Kapitel 10

1. Zur Eingabe der PIN können Sie eine View vom Typ EditText nehmen und durch Einsatz von setInputType() sicherstellen, dass man nur Zahlen eingeben kann:

```
EditText edit = (EditText) this.findViewById(R.id.editText1);
edit.setInputType(InputType.TYPE_CLASS_NUMBER);
```

Zum Auslesen der eingegebenen PIN gehen Sie so vor:

```
String text = edit.getText().toString();
int pin     = Integer.valueOf(text);
```

Das Knacken der PIN und die Anzeige der verbrauchten Zeit via Toast:

```
final long start = System.currentTimeMillis();
int test = 0;

while(true) {
   if(pin == test) {
      break;
   }
   else {
      test++;
   }
}

final long ende = System.currentTimeMillis();

handler.post(new Runnable() {
   public void run() {
      String text = "Zeitbedarf: " + (ende - start) + " ms";
      Toast toast = Toast.makeText(MainActivity.this, text,
                        Toast.LENGTH_LONG);
      toast.setGravity(Gavity.CENTER|Gravity.LEFT, 0, 0);
```

```
            toast.show();
        }
    });
```

2. Für den Menüeintrag **Farben** in der Action-Bar muss man eine entsprechende Menü-Ressource anlegen und darauf achten, dass das Attribut **Show as action** gesetzt ist, dann ein Item für den übergeordneten Menüeintrag anlegen und in diesem ein Untermenü mit mehreren Items für die verschiedenen Farben erzeugen, z. B.:

```xml
<?xml version="1.0" encoding="utf-8"?>
<menu xmlns:android="http://schemas.android.com/apk/res/android"
    xmlns:app="http://schemas.android.com/apk/res-auto">
    <item android:id="@+id/farbe"
        android:title="Farbe ändern"
        app:showAsAction="ifRoom">
        <menu>
            <item android:id="@+id/rot" android:title ="rot"/>
            <item android:id="@+id/gelb" android:title ="gelb"/>
            <item android:id="@+id/blau" android:title ="blau"/>
            <item android:id="@+id/weiss" android:title ="weiss"/>
        </menu>
    </item>
</menu>
```

In der Activity muss man nun nur noch die Methode onOtionsItemSelected() überschreiben und dort je nach ausgewähltem Item die entsprechende Farbe setzen:

```java
public boolean onOptionsItemSelected(MenuItem item) {

    switch (item.getItemId()) {
        case R.id.rot   : farbeSetzen(Color.RED);
                          return true;
        case R.id.gelb  : farbeSetzen(Color.YELLOW);
                          return true;
        case R.id.blau  : farbeSetzen(Color.BLUE);
                          return true;
        case R.id.weiss : farbeSetzen(Color.WHITE);
                          return true;

        default         : return super.onOptionsItemSelected(item);
    }
}

private void farbeSetzen(int farbe) {
    View uhr = this.findViewById(R.id.analogClock);
    uhr.setBackgroundColor(farbe);
}
```

Kapitel 11

Die Eingabe des Benutzers wird aus dem Eingabefeld ausgelesen und falls notwendig um das Präfix *http://* ergänzt, damit Android die passende App – also den Browser – zuordnen kann. Dann wird ein Intent erzeugt und mit startActivity() verschickt.

```
EditText editText = (EditText) this.findViewById(R.id.editText1);
String url = editText.getText().toString().trim();

If(!url.startsWith("" || !url.startsWith("")) {
   url = "http:// " + url;
}

Intent intent = new Intent(Intent.ACTION_VIEW, Uri.parse(url));
startActivity(intent);
```

Kapitel 12

1. In ReaktionstestView.ergebnisAnzeigen() lesen wir die bisherige Bestzeit aus und vergleichen sie mit der aktuellen Reaktionszeit. Falls sie besser ist, dann wird die Ausgabe entsprechend angepasst und außerdem die neue Bestzeit gespeichert (wofür eine neue String-Ressource namens bestZeit angelegt wurde).

```
private void ergebnisAnzeigen() {
    int reaktionszeit = (int) (System.currentTimeMillis()
                        - this.letzterZeitPunktDraw);

    AlertDialog alertDialog =
            new AlertDialog.Builder(this.getContext()).create();
    Resources resources = getResources();

    // bisherige Bestzeit auslesen
    int bestZeit  = einstellungen.getInt(MainActivity.BESTZEIT,
                                    Integer.MAX_VALUE);

    CharSequence text;

    if(reaktionszeit < bestZeit) {
       Editor editor = einstellungen.edit();
       editor.putInt(MainActivity.BESTZEIT, reaktionszeit);
       editor.commit();   // neue bestzeit merken
       text =  resources.getText(R.string.bestZeit);
    }
    else {
       text = resources.getText(R.string.reaktionsZeit);
    }

    String nachricht    = text + ": " + reaktionszeit + " ms";

    alertDialog.setTitle(resources.getText(R.string.ergebnis));
    alertDialog.setMessage(nachricht);
    CharSequence okMsg          = resources.getText(R.string.ok);
    android.os.Handler handler  = new Handler(new MyHandler());
    Message dummy               = Message.obtain(handler, 0);
    alertDialog.setButton(DialogInterface.BUTTON_POSITIVE,
                        okMsg, dummy);

    alertDialog.show();
}
```

2. Wir besorgen uns das Wurzelverzeichnis der SD-Karte und sammeln dann mithilfe der Methode `sammleDateiNamen()` alle Datei- bzw. Verzeichnisnamen auf. Diese Methode arbeitet rekursiv, d. h., sie ruft sich selbst ggf. mehrfach wieder auf.

```
private List<String> lese_SD_DateiListe() {
    List<String> dateiListe = new ArrayList<String>();
    File sdKarte = Environment.getExternalStorageDirectory();

    if(sdKarte.exists() && sdKarte.canRead()) {
        return sammleDateiNamen(0, sdKarte);
    }

    return dateiListe;
}

private List<String> sammleDateiNamen(int einrueckTiefe,
                                      File verzeichnis) {
    List<String> dateiListe = new ArrayList<String>();
    File[] dateien = verzeichnis.listFiles();

    if(dateien == null) {
        return dateiListe;
    }

    for(File f : dateien) {
        try {
            String name = f.getName();

            if(f.isDirectory()) {
                name += " <DIR>";
                dateiListe.add(name);
                dateiListe.addAll(sammleDateiNamen(einrueckTiefe+1, f));
            }
            else {
                dateiListe.add(name);
            }
        }
        catch(Exception ex) {
            Log.d("MeineApp", ex.getMessage());
        }
    }
    return dateiListe;
}
```

Kapitel 13

Ändern Sie den Konstruktor der Klasse `Spiellogik`, sodass ein Parameter vom Typ `Context` übergeben wird und wir dadurch in `QuizActivity` die Klasse `Spiellogik` durch new `Spiellogik(this)` erzeugen können.

Dann öffnen wir einen Eingabestream zur Ressourcendatei und lesen sie zeilenweise mithilfe der Klasse `BufferedReader` und ihrer `readLine()`-Methode ein. Jede gelesene Zeile wird in ihre durch # getrennten Teile zerlegt und daraus können wir dann ein `Frage`-Objekt befüllen. Die abschließende Umwandlung in ein Array dient zur Kompatibilität mit der ursprünglichen Version mit hartkodierten Fragen. Man könnte natürlich auch den Rest anpassen und immer mit dem `List`-Objekt arbeiten.

```
import java.util.*;
import java.io.*;
import android.content.Context;
import android.util.Log;
// ...

class Spiellogik {
  Frage[] fragen    = null;
  int     aktFrage  = 0;
  int gewinnstufe = 0;
  Context context;

  Spiellogik(Context c) {
    context = c;

    // Fragen erzeugen

    List<Frage>  fragenListe = new ArrayList<Frage>();

    try {
      InputStream is ;
      is = context.getResources().openRawResource(R.raw.fragen);
      BufferedReader br = new BufferedReader(
                      new InputStreamReader(is, "ISO-8859-1"));

      while(true) {
        String str = br.readLine();

        if(str == null) {
          break; // Ende erreicht
        }
        else {
          StringTokenizer st = new StringTokenizer(str, "#");
          String frage    = st.nextToken().trim();
          String antwort1 = st.nextToken().trim();
          String antwort2 = st.nextToken().trim();
          String antwort3 = st.nextToken().trim();
          String antwort4 = st.nextToken().trim();
          String loesung  = st.nextToken().trim();
          int loesungNum  = Integer.valueOf(loesung);

          Frage f = new Frage(frage, antwort1, antwort2, antwort3,
                              antwort4, loesungNum);
          fragenListe.add(f);
        }
      }
    }
    catch(Exception ex) {
      Log.d("MeineApp", ex.getMessage());
    }

    fragen = fragenListe.toArray(new Frage[fragenListe.size()]);
  }

  // ... weiter wie bisher
}
```

Kapitel 14

1. Zum Starten der Videoaufnahme verwenden Sie wie schon in der Aufgabe angedeutet `startActivityForResult()`:

    ```
    Intent intent = new Intent(MediaStore.ACTION_VIDEO_CAPTURE);
    startActivityForResult(intent, 0);
    ```

    Wenn der Benutzer die Videoaufnahme beendet hat, wird unsere Activity durch Aufruf der Methode `onActivityResult()` benachrichtigt, wo wir dann aus dem übergebenen `Intent`-Objekt den Datenpfad extrahieren und via Toast anzeigen:

    ```
    protected void onActivityResult(int requestCode,
                                    int resultCode, Intent data) {
      // falls die Kamera-App die Orientierung geändert hat,
      // wieder zurücksetzen
      setRequestedOrientation(ActivityInfo.SCREEN_ORIENTATION_PORTRAIT);

      if(requestCode == 0 && data.getData() != null) {
        String url = data.getData().toString();
        Toast toast = Toast.makeText(this, "Aufnahme in: " + url,
                              Toast.LENGTH_LONG);
        toast.setGravity(Gravity.CENTER, 0 , 0);
        toast.show();
      }
    }
    ```

2. Zur Eingabe der PIN verwenden Sie am besten ein `EditView`-Objekt mit dem Eingabetyp `numberPassword` (im Layout-Designer gibt es hierzu unter **Text Fields** den Eintrag **Password(numeric)**). In der Activity weisen wir diesem Objekt einen `OnKeyListener` zu, nämlich die Activity selbst (`this`). Bei jedem Loslassen einer Taste (`KeyEvent.ACTION_UP`) erzeugen wir dann einen kurzen Piep.

    ```
    private ToneGenerator tg;

    @Override
    public void onCreate(Bundle savedInstanceState) {
        super.onCreate(savedInstanceState);
        setContentView(R.layout.layout);

        EditText e = (EditText) this.findViewById(R.id.editText1);
        e.setOnKeyListener(this);

        tg = new ToneGenerator(AudioManager.STREAM_SYSTEM, 100);
    }

    public boolean onKey(View view, int keyCode, KeyEvent keyEvent) {
        if(keyEvent.getAction() == KeyEvent.ACTION_UP) {
           tg.startTone(ToneGenerator.TONE_CDMA_DIAL_TONE_LITE, 100);
        }

        return false;
    }
    ```

Kapitel 15

Der Zugriff auf die benötigten Sensoren dürfte kein Problem für Sie sein. Der interessante Teil ist die Methode onSensorChanged(). Wir ermitteln den Gravitationsanteil in x- und y-Richtung und berechnen mit Pythagoras den Winkel α, den wir negieren, da das Senkblei ein Pfeil nach unten sein soll. Mit diesem Wert wird dann die View (Variable lotAnzeige) aktualisiert.

```
public void onSensorChanged(SensorEvent event) {
    float[] werte = event.values.clone();

    if(beschleunigungsSensor.getType() == Sensor.TYPE_ACCELEROMETER) {
        // Gravitation herausfiltern
        final float faktor = 0.8f;

        gx = faktor * gx + (1 - faktor) * werte[0];
        gy = faktor * gy + (1 - faktor) * werte[1];
    }
    else { // Gravitationsfilter: werte ungefiltert nehmen
        gx = werte[0];
        gy = werte[1];
    }

    double g = Math.sqrt(gy * gy + gx * gx);
    double cos_a = Math.abs(gy / g);
    double alpha = Math.toDegrees(Math.acos(cos_a));
    int winkel   = (int) (Math.signum(gx) * alpha * 100) / 100;

    lotAnzeige.update(winkel);
}
```

Kapitel 16

In der onClick()-Methode für einen geeignet definierten Start-Button starten wir einen Hintergrund-Thread (da das Schreiben und Auslesen länger als wenige Sekunden dauert, müssen wir dies tun) und deaktivieren außerdem noch den Button, damit der Benutzer weiß, dass er warten muss und erst mal nichts klicken kann:

```
public void onClick(View arg0) {
  Button b = (Button) this.findViewById(R.id.button1);
  b.setEnabled(false);

  Thread t = new Thread(this);
  t.start(); // als Hintergrundprozess starten
}
```

Die run()-Methode des Threads erzeugt dann in einer Schleife die Zufallszahlen, speichert sie in einer SQLite-Datenbank ab, liest sie wieder aus und gibt eine Meldung mit dem Mittelwert aus:

```
public void run() {

  // Daten erzeugen und speichern
  for(int i = 0; i < 1000; i++) {
```

```java
      double zufallszahl = Math.random();
      dbZugriff.zahlSpeichern(zufallszahl);
    }

    // jetzt Daten wieder auslesen und Mittelwert bilden
    double summe = 0;
    Cursor cursor = null;

    try {
      cursor = dbZugriff.erzeugeCursor();
      cursor.moveToFirst();

      boolean weiter = true;

      while(weiter) {// Mittelwert berechnen
        summe += cursor.getDouble(1);
        weiter = cursor.moveToNext();
      }

      cursor.close();

      final double mittelwert = summe / 1000;
      final Context context = this;

      handler.post(new Runnable() {
        public void run() {
          String text = "Mittelwert: " + mittelwert;
          Toast toast = Toast.makeText(context,
                                       text, Toast.LENGTH_LONG);
          toast.setGravity(Gravity.CENTER, 0, 0);
          toast.show();

          Button b = (Button)
              ZufallsZahlenActivity.this.findViewById(R.id.button1);
          b.setEnabled(true); // Button wieder klickbar machen
        }
      });
    }
    // ...
  }
```

Der Datenbankzugriff erfolgt mit einer von `SQLiteOpenHelper` abgeleiteten Klasse `DBZugriff`, die in ihren diversen Methoden Folgendes macht:

- Eine Tabelle anlegen zum Abspeichern einer Fließkomma-Zahl:

```java
// SQLiteDatabase db = ...
String sql = "CREATE TABLE daten (_id INTEGER PRIMARY KEY " +
             " AUTOINCREMENT, zufallszahl REAL NOT NULL)";
db.execSQL(sql);
```

- Eine Methode definieren zum Schreiben einer übergebenen Zahl in die Tabelle:

```java
public boolean zahlSpeichern(double zahl) {
    ContentValues daten = new ContentValues();
    daten.put("zufallszahl", zahl);
    db.insert("daten", null, daten);
    return true;
}
```

- Und schließlich das Erzeugen einer Cursor-Instanz, um den Tabelleninhalt wieder auszulesen:

```
public Cursor erzeugeCursor() {
   return db.query("daten", null, null, null, null, null, null);
}
```

Kapitel 17

Im Wesentlichen besteht die Realisierung aus dem Einsatz der Methode distanceTo() der Klasse Location. Dazu muss sich die App bei Drücken eines Start-Buttons die nächste erhaltene Position in einer Variablen startPos merken und bei jeder Positionsänderung den Abstand dazu ausrechnen und in einer TextView anzeigen.

```
public void onLocationChanged(Location location) {
   if( !gpsTracking) {
      return;
   }

   if(startPos == null) {
      startPos = location;
   }

   float entfernung = location.distanceTo(startPos);
   String str = String.valueOf(entfernung);
   entfernungAnzeige.setText(str);
}
```

Kapitel 18

Wir überarbeiten die Methode AndroidSpielzugTask.doInBackground(), indem wir vor dem bisherigen Würfeln eine Analysephase einfügen, die alle horizontalen und vertikalen Reihen sowie die Diagonalen darauf testet, ob zwei eigene oder gegnerische Marken und ein freies Feld vorhanden sind. Falls ja, wird auf das freie Feld eine Marke gesetzt. Andernfalls wird wie bisher eine beliebige freie Stelle genommen.

```
protected Spielergebnis doInBackground(Void ... args) {

   if(anzahlFreieFelder > 0) {
      // ein bisschen warten, damit der Spieler nicht
      // überrumpelt wird
      try {
         Thread.sleep(1000); // 1 sec.
      } catch(Exception ex) { }

      boolean gezogen = macheZugInDiagonale(true);//diagonale 1

      if(!gezogen) {
         gezogen = macheZugInDiagonale(false);// diagonale 2
      }
      if(!gezogen) {
         gezogen = macheZugInReihe(true);//horizontal
      }
      if(!gezogen) {
```

```
        gezogen = macheZugInReihe(false);//vertikal
    }

    // keine Reihe
    while(!gezogen) {
      // zufälliges freies Feld nehmen
      // ...
    }
    // ...
}
```

Das Testen einer Reihe besteht im Zählen der vorhandenen Marken und falls es genau zwei Android-/Spieler-Marken sind, wird gezogen, z. B. der Test der Diagonalen:

```
private boolean macheZugInDiagonale(boolean
                        links_oben_nach_rechts_unten) {
  boolean gezogen = false;

  int anzahlSpielerMarkerProReihe  = 0;
  int anzahlFreieFelderProReihe    = 0;
  int anzahlAndroidMarkerProReihe  = 0;
  int leer_x = -1;
  int leer_y = -1;
  int startIndex  = (links_oben_nach_rechts_unten ? 0 : 2);
  int inkrement   = (links_oben_nach_rechts_unten ? 1 : -1);
  int i = 0;
  int j = startIndex;

  while(true) {
    switch(spielFeld[i][j]) {
        case ANDROID: anzahlAndroidMarkerProReihe++;
                      break;
        case SPIELER: anzahlSpielerMarkerProReihe++;
                      break;
        case LEER   : anzahlFreieFelderProReihe++;
                      leer_x = i;
                      leer_y = j;
                      break;
        default:
    }

    // nächste Zelle
    i++;
    j = j + inkrement;

    if(i == 3) {
      break;
          }
        }

    if(anzahlFreieFelderProReihe == 1 &&
          (anzahlSpielerMarkerProReihe == 2 ||
          anzahlAndroidMarkerProReihe == 2) ) {
        // wir haben eine Reihe mit einer freien Stelle und zwei
        // gegnerischen oder zwei eigenen Marken
        // -> Marke setzen für eigenen Sieg oder um gegnerischen
        // Erfolg zu verhindern
        spielFeld[leer_x][leer_y] = ZellenZustand.ANDROID;
```

```
      gezogen = true;
    }

  return gezogen;
}
```

Anhang F: Glossar

Die in diesem Glossar aufgeführten Begriffe entstammen verschiedenen Themenbereichen, die jeweils durch das in Klammern angehängte Kürzel spezifiziert sind:

- (A) = Android
- (Java) = Java
- (P) = allgemeine Programmierung

Ableitung (P)

Von Ableitung oder Vererbung spricht man, wenn eine neue Klasse auf der Grundlage einer bereits bestehenden Klasse definiert wird. Die neu definierte Klasse bezeichnet man dabei als abgeleitete Klasse (oder Subklasse), die bereits bestehende Klasse nennt man Basisklasse (oder Superklasse). Die abgeleitete Klasse erbt die Elemente der Basisklasse.

Abstrakte Klasse (P)

Als abstrakte Klasse bezeichnet man eine Klasse, die eine oder mehrere abstrakte Methoden enthält und üblicherweise vor allem als Schnittstellenvorgabe für Klassenhierarchien dient. Von abstrakten Klassen können keine Objekte gebildet werden. Abstrakte Klassen werden in Java mit dem Schlüsselwort `abstract` definiert.

Activity (A)

Android-Komponente, die einem abgeschlossenen Aufgabenbereich dient und über eine grafische Benutzeroberfläche verfügt. Apps bestehen üblicherweise aus einer oder mehreren Activities.

Algorithmus (P)

Schrittweiser Ablaufplan, der zur Lösung einer gestellten Aufgabe führt.

Android SDK (A)

Das Software Development Kit für Android.

Annotation (Java)

Ein Satz von „Anmerkungen", die der Programmierer als Hinweise für den Compiler und andere Code-verarbeitende Programme in den Quelltext einbauen kann.

ANR (A)

„Application Not Responding"-Benachrichtigung durch das Android-System. Informiert den Anwender darüber, dass die angegebene App im Moment nicht mehr reagiert. Der Anwender hat die Option, die App einfach weiterarbeiten zu lassen (im Wissen oder der Hoffnung, dass sie bald wieder reaktionsfähig sein wird) oder die App vom System beenden zu lassen.

Anweisung (P)

Höherer Befehl. Wird vom Compiler in eine Folge von Maschinenbefehlen übersetzt. Anweisungen werden grundsätzlich mit Semikolon abgeschlossen.

API (P)

Abkürzung für „Application Programming Interface" (Programmierschnittstelle).

APK-Datei (A)

Installationsdatei einer App.

Argumente (P)

Werte, die beim Aufruf einer Methode an deren Parameter übergeben werden.

Array (P)

Datenstruktur, in der man mehrere Variablen eines Datentyps vereinen kann.

Ausdruck (P)

Kombination aus Werten, Variablen und Operatoren.

AVD (A)

Abkürzung für „Android Virtual Device" – ein Emulator, der ein Android-Gerät simuliert. Wird zum Testen von Apps auf dem lokalen Rechner benötigt.

Bibliothek (P)

Sammlung nützlicher Klassen (und anderer Elemente), die man in einem Programm verwenden kann.

Block (P)

Eine oder mehrere Anweisungen, die durch geschweifte Klammern zusammengefasst sind.

Bytecode (Java)

Vom Java-Compiler erzeugter virtueller Maschinencode, der zur Ausführung erst noch von einem Interpreter in echten Maschinencode übersetzt werden muss. In Android wird dieser Code in DEX-Bytecode übersetzt.

Callback-Methode (P)

Rückruf-Methode. Eine Methode, die – verpackt in ein Objekt – einer anderen Methode als Parameter übergeben wird und von dieser unter gewissen Bedingungen aufgerufen wird.

In Java sind Callback-Methoden oftmals Implementierungen von Interface-Methoden.

Casting (P)

Englischer Begriff für die explizite Typumwandlung.

Compiler (P)

Programm, das den Quelltext eines Programms in binären Code übersetzt.

Datenelement (P)

In einer Klasse definierte Konstanten und Variablen. Letztere werden auch als Felder bezeichnet und in Instanz- und Klassenvariablen unterschieden.

Datentyp (P)

Gibt an, welche Art von Daten in einer Variablen gespeichert werden kann. Hilft dem Compiler außerdem, die korrekte Verwendung von Werten und Objekten sicherzustellen.

DDMS (A, E)

Dalvik Debug Monitor System – eine Teilkomponente des Android Device Monitor zum Debuggen von Apps.

Debugger (P)

Programm, das ein anderes Programm schrittweise ausführen kann.

Dekrement (P)

Schrittweise Erniedrigung des Werts einer numerischen Variablen um einen festgelegten Betrag (oftmals 1).

DEX-Code (A)

Von Android verwendeter Zwischencode (siehe auch Bytecode).

Emulator (A)

Software, die einem Programm eine bestimmte Laufzeitumgebung vorspiegelt. Wird bei der App-Entwicklung zum Testen der Apps auf dem Entwicklungsrechner benutzt.

Feld (P)

Variable, die in einer Klasse definiert ist.

GUI (P)

Abkürzung für „Graphical User Interface" (grafische Benutzerschnittstelle oder Benutzeroberfläche).

ID (P)

Kürzel für das englische Wort „identifier". IDs dienen dazu, Objekte eindeutig zu identifizieren. Meist sind IDs Zahlen oder Namen.

IDE (P)

Siehe Integrierte Entwicklungsumgebung.

Initialisierung (P)

Werden einer Variablen direkt bei der Definition Werte zugewiesen, spricht man von Initialisierung.

Inkrement (P)

Schrittweise Erhöhung des Werts einer numerischen Variablen um einen festgelegten Betrag (oftmals 1).

Instanz (P)

Objekt eines Klassentyps.

Instanzbildung (P)

Erzeugung eines Objekts eines Klassentyps. Ist stets mit dem Aufruf eines Konstruktors der Klasse verbunden.

Instanzvariablen (P)

Nichtstatische Felder einer Klasse, die als Kopie an die erzeugten Objekte (Instanzen) weitergegeben werden.

Integrierte Entwicklungsumgebung (P)

Bei der Programmerstellung ist der Programmierer auf eine Reihe von Hilfsprogrammen angewiesen (Editor, Compiler, Linker, Debugger). Eine integrierte Entwicklungsumgebung (wie Android Studio) ist ein Programm, das eine gemeinsame Benutzeroberfläche zur Verfügung stellt, von der aus man diese Programme aufrufen und bedienen kann.

Intent-Mechanismus (A)

Von Android verwendetes System zum Aufruf von Android-Komponenten. Intents werden insbesondere dazu benutzt, um aus einer Activity heraus eine andere Activity aufzurufen.

Interface (P)

Datentyp, der eine Sammlung von Methoden ohne Anweisungsblöcke definiert. Klassen, die ein Interface implementieren, verpflichten sich, die Methoden des Interface zu implementieren und somit die im Interface vorgegebenen Elemente zum Teil ihrer eigenen Schnittstelle zur Außenwelt zu machen.

Interpreter (P)

Programm, das nichtmaschinenspezifischen Code schrittweise in maschinenspezifischen Code übersetzt und ausführt.

Iteration (P)

Schleifendurchgang.

JAR-Datei (Java)

JAR-Dateien sind komprimierte ZIP-Archive mit Java-Klassen (und Interfaces). Da die Klassen in dem Archiv mitsamt ihren Paketpfaden abgespeichert sind, muss man das Archiv nicht extrahieren, um die Klassen der Bibliothek für das Schreiben eigener Java-Anwendungen benutzen zu können. Java-Compiler und -Interpreter können die nötigen Informationen aus der JAR-Datei herausziehen.

JDK (Java)

Das Software Development Kit für Java.

JRE (Java)

Abkürzung für „Java Runtime Environment". Die Laufzeitumgebung von Java. Java-Programme können auf jedem Rechner ausgeführt werden, auf dem eine passende JRE installiert ist. JREs für die verschiedenen Betriebssysteme können von der Java-Oracle-Site heruntergeladen werden. Im JDK ist eine JRE enthalten.

Klassen (P)

Klassen sind Beschreibungen für Objekte mit gemeinsamen Merkmalen (Felder) und Verhaltensweisen (Methoden). Gelegentlich werden Klassen auch als reine Methodensammlungen definiert. Von diesen Klassen können dann meist keine Objekte erzeugt werden.

Klassenvariablen (P)

Statische Felder einer Klasse, die nur als Elemente der Klasse existieren und nicht an die erzeugten Objekte (Instanzen) weitergegeben werden.

Komponenten (A)

In der Android-Programmierung ein Sammelbegriff für Activities, Services, Content Provider, Broadcast Receiver und Fragmente – essenzielle Bausteine, die Aufgaben definieren, die vom Anwender oder vom System gestartet werden können.

Konkatenation (P)

Aneinanderhängen von Strings.

Konsolenanwendungen (P)

Konsolenanwendungen sind Programme ohne grafische Oberfläche, die ihre Ein- und Ausgabe über die Betriebssystemkonsole (unter Windows die Eingabeaufforderung) abwickeln.

Konstruktor (P)

Spezielle Methode, die bei Einrichtung (Instanzbildung) der Objekte der Klasse aufgerufen wird.

Layout-View (A)

Container-View, die andere Views in sich aufnehmen kann und diese nach bestimmten Regeln anordnet.

Literal (P)

Konstante, die als Wert direkt in den Quelltext geschrieben wird.

Manifestdatei (A)

Zu einer App gehörende Datei, die dem Android-System eine Beschreibung der App liefert.

Methoden (P)

Mit Namen versehene Anweisungsblöcke, die als Teil einer Klasse definiert werden. Durch Aufruf des Methodennamens kann man den Anweisungsblock der Methode ausführen lassen. Ob eine Methode direkt über den Namen der Klasse oder nur für Objekte der Klasse oder aufgerufen wird, hängt davon ab, ob sie als `static` definiert wurde oder nicht.

Objekte (P)

Dem Begriff des Objekts kommen in der Programmierung je nach Kontext verschiedene Bedeutungen zu:

In objektorientierten Modellen bezeichnet man als Objekte real existierende oder abstrakte Dinge, mit denen das Programm später arbeiten soll und für die man Klassen definieren wird.

In einem objektorientierten Programm ist ein Objekt eine explizite Manifestierung (Instanz) einer Klasse. Um auf das Objekt zugreifen und mit ihm arbeiten zu können, weist man es einer Variablen vom Typ der Klasse zu.

Objektorientierung (P)

In der objektorientierten Programmierung werden Probleme gelöst, indem man Klassen implementiert und dann mit den Objekten arbeitet, die aus diesen Klassen erzeugt werden. Ein großer Teil des Programmieraufwands fließt dabei in die Implementierung einer entsprechenden Klasse zur Beschreibung der Objekte. Die solide Implementierung der Klasse zahlt sich beim Schreiben des weiteren Programmcodes aus: Der Programmierer kann mit den Objekten der Klasse (und eventuell definierten statischen Elementen) arbeiten und sich auf die korrekte Implementierung der Klasse verlassen! Der resultierende Code ist dank der Klassen leichter zu verstehen, zu warten und wiederzuverwenden. Darüber hinaus steht die objektorientierte Sichtweise der menschlichen Art und Weise, Dinge zu sehen und zu klassifizieren, näher als der Umgang mit elementaren Datentypen.

Objektvariable (P)

Variable vom Typ einer Klasse.

Overloading

Siehe Überladung.

Overriding

Siehe Überschreiben.

Pakete (Java)

In Java kann man Klassendefinitionen in Paketen organisieren. Auf diese Weise lassen sich Namenskonflikte durch Verwendung gleicher Klassennamen vermeiden (interessant bei der Erstellung größerer Software-Projekte, an denen gleichzeitig mehrere Programmierer arbeiten oder bei denen mehrere Bibliotheken verwendet werden). Klassen, die in einer Quelldatei ohne `package`-Deklaration definiert werden, gehören automatisch dem anonymen Standardpaket an.

Parameter (P)

Variablen einer Methode, die in den runden Klammern hinter dem Methodennamen definiert werden und die beim Aufruf der Methode mit den Werten (Argumenten) initialisiert werden, die der Aufrufer der Methode übergibt.

PATH-Variable

Umgebungsvariable des Betriebssystems, in der die Verzeichnisse aufgeführt sind, die bei Bedarf vom System nach ausführbaren Programmen durchsucht werden.

Plattform (P)

Laufzeitumgebung für ein Programm (meist geprägt durch Hardware und Betriebssystem).

Polymorphie (P)

Erlaubt es, durch Überschreibung geerbter Methoden auf unterschiedlichen Objekten gleichnamige Operationen auszuführen.

Query (P)

Abfrage von Daten aus einer Datenbank.

Ressource (P)

Im allgemeinsprachlichen Sinne jede Ressource, die ein Programm nutzt (Arbeitsspeicher, Prozessorzeit, Datei-Handles etc.).

Im engeren Sinne Elemente wie Strings, Bilder, Klangdateien etc., die einen festen Bestandteil des Programms bilden (also nicht vom Programm bearbeitet werden), aber nicht im Code, sondern in eigenen Dateien definiert werden.

Schleife (P)

Programmkonstrukt zur mehrfachen Ausführung von Anweisungsblöcken.

Schnittstelle (P)

Synonym für Interface.

Der Begriff „Schnittstelle" wird in der Programmierung aber auch häufig im allgemeinen Sinne gebraucht. So bilden die Parameter und der Rückgabewert die Schnittstelle einer Methode und die `public`-Elemente einer Klasse bilden die öffentliche Schnittstelle einer Klasse.

Service (A)

Android-Komponente, die eine bestimmte Aufgabe erledigt, aber über keine eigene grafische Benutzeroberfläche verfügt. Dient zur Ausführung von Aufgaben im Hintergrund.

Set-Methode (P, Java)

Eine als `public` definierte Methode für den schreibenden Zugriff auf ein `private`-Feld.

Sprite

Gezeichnete Figur, die animiert wird.

SQL (P)

Kommandosprache zur Kommunikation mit relationalen Datenbanken.

SQLite (A, P)
In Android integriertes Datenbanksystem.

Standardkonstruktor (P)
Konstruktor, der ohne Argumente aufgerufen werden kann. Der vom Compiler bei Bedarf erzeugte Ersatzkonstruktor ist ein Standardkonstruktor.

Stream (P)
Bezeichnung für einen Datenstrom zwischen einer Ein- oder Ausgabeeinheit und dem Programm.

String (P)
Zeichenkette.

Toast (A)
Eine unaufdringliche Nachricht, die üblicherweise am unteren Bildschirmrand eingeblendet wird und nach kurzer Zeit von selbst wieder verschwindet.

Überladung (P)
Bezeichnet die Definition mehrerer Methoden gleichen Namens, die sich lediglich durch die Anzahl und Typen ihrer Parameter unterscheiden. Alle in einer Klasse überladenen Methoden gleichen Namens sollten grundsätzlich die gleiche Aufgabe übernehmen (z. B. addieren()).

Überschreibung (P)
Von Überschreibung spricht man, wenn man in einer abgeleiteten Klasse für eine geerbte Methode eine neue, individuelle Implementierung (Anweisungsblock) definiert. Der Sinn ist, dass die abgeleitete Klasse auf einen entsprechenden Methodenaufruf in spezifischer Weise reagiert.

UI (P)
Abkürzung für „User Interface" („Benutzerschnittstelle").

Umgebungsvariable
Variable des Betriebssystems.

Variable (P)
Variablen sind Zwischenspeicher, in denen man Werte ablegen kann. Jede Variable verfügt über einen Namen, den man bei der Definition der Variablen angibt und über den man den aktuellen Wert der Variablen abfragen oder ihr einen neuen Wert zuweisen kann.

Vererbung (P)

Klassen lassen sich in Klassenhierarchien zusammenfassen. Abgeleitete Klassen können die Eigenschaften der übergeordneten Klasse übernehmen (erben).

View (A)

Rechteckiges Element einer grafischen Benutzeroberfläche (GUI), das sich selbst zeichnet und grundsätzlich mit dem Anwender interagieren kann.

ViewGroup (A)

Container-Views, die andere Views in sich aufnehmen können. Viewgroups, die andere Views nicht nur aufnehmen, sondern auch noch nach bestimmten Regeln anordnen, bezeichnet man als Layouts.

Whitespace (P)

Zeichen, die Leerräume erzeugen: Leerzeichen, Tabulatoren, Zeilenumbruch.

Widget (A)

View, mit der der Anwender interagieren kann (Button, TextView etc.).

Windows Explorer

Dateimanager des Windows-Betriebssystems. Aufruf mit `WinBef`+`E`.

Zugriffsspezifizierer (P)

Die Zugriffsspezifizierer `public`, `protected`, `<keine Angabe>` und `private` kommen bei der Klassendefinition zum Einsatz und regeln die Sichtbarkeit und Verfügbarkeit der Klasse und ihrer Elemente.

Index

Symbole
@Override 30

A
ActionBar 212, 215
Action-Item 215
Action-Menü 212
Activities 21, 23, 29, 50
- beenden 256
- Ergebnisse zurücksenden 256, 268
- Manifestdatei 255
- Start-Activity 58
- starten 250
Activity
- fileList() 263
- findViewById() 130
- finish() 184, 256
- getFilesDir() 263
- getIntent() 253
- getResources() 139
- getSystemService() 301
- onContextItemSelected() 221
- onCreate() 30
- onCreateContextMenu() 218
- onCreateDialog() 234
- onCreateOptionsMenu() 215 f.
- onOptionsItemSelected() 221
- openFileInput() 261
- openFileOutput() 261
- registerForContextMenu() 218
- setContentView() 30, 32, 128
- startActivity() 252
- startActivityForResult() 268
Activity-Menü 211
Adapter 107
- ArrayAdapter 365
- BaseAdapter 358
- Bilddaten 230
- SimpleCursorAdapter 325

AdapterContextMenuInfo 222
adb 396
addView() (ViewGroup) 195
ADM 186, 396
- Devices-Fenster 397
- Emulator Control-Fenster 400
- File Explorer-Fenster 399
- LogCat-Fenster 398
- LogCat-Filter anlegen 398
- starten 397
AlertDialog 235
android
- alpha 90
- background 90, 109
- checkedButton (RadioGroup) 117
- checked (CheckBox) 115
- checked (RadioButton) 117
- checked (Switch) 117
- checked (ToggleButton) 118
- columnCount (GridLayout) 105
- contentDescription 121
- contentDescription (ImageButton) 116
- contentDescription (ImageView) 116
- focusable 121
- gravity (LinearLayout) 100
- id 90
- inputType (EditText) 116
- layout_above (RelativeLayout) 103
- layout_align... (RelativeLayout) 103
- layout_below (RelativeLayout) 103
- layout_center... (RelativeLayout) 103
- layout_columnWidth (GridView) 108
- layout_gravity (GridView) 108
- layout_gravity (LinearLayout) 101
- layout_height 97

- layout_horizontalSpacing (GridView) 108
- layout_marginBottom 99
- layout_marginLeft 99
- layout_marginRight 99
- layout_marginTop 99
- layout_numColumns (GridView) 108
- layout_stretchMode (GridView) 108
- layout_toLeftOf (RelativeLayout) 103
- layout_toRightOf (RelativeLayout) 103
- layout_verticalSpacing (GridView) 108
- layout_weight (LinearLayout) 101
- layout_width 97
- max (ProgressBar) 116
- minLines (EditText) 115
- onItemSelected (Spinner) 117
- orientation (LinearLayout) 100
- orientation (RadioGroup) 117
- padding 90
- password (EditText) 116
- progress (ProgressBar) 116
- prompt (Spinner) 117
- rotationX 90
- rowCount (GridLayout) 105
- scaleType (ImageView) 116
- src (ImageButton) 116
- src (ImageView) 116
- style (ProgressBar) 116
- text (Button) 115
- text (CheckBox) 115
- text (EditText) 115
- textOff (Switch) 117
- textOff (ToggleButton) 118
- textOn (Switch) 117
- textOn (ToggleButton) 118
- text (RadioButton) 117
- textSize (TextView) 118

- textStyle (TextView) 118
- text (Switch) 117
- text (TextView) 118
- typeface (TextView) 118
- visibility 90

Android
- Google Play 373, 397
- Hilfsmittel 3
- Market Place 373
- Plattformen 10
- Referenz der API 12
- SDK 3
- SDK-Manager 9
- Versionsnummern 15

Android-Architektur 177
Android-Bibliothek 54
Android Device Monitor 186, 396
Android Monitor 42
android.permission.ACCESS_
 COARSE_LOCATION 333
android.permission.ACCESS_FINE_
 LOCATION 333
android.permission.VIBRATE 353

Android SDK
- Dokumentation 12
- Unterverzeichnisse 12

Android Studio 3, 383
- API-Dokumentation anzeigen 71
- Apps bauen 37
- Apps erstellen 37
- Apps exportieren 386
- Code Folding 65
- Code-Generierung 76
- Dateien suchen 71
- Dateiverlauf 81
- Dialogfeld New Project 18
- Eclipse-Projekte importieren 385
- geerbte Methoden überschreiben 77
- Hierarchie-Ansicht 94
- Installation 5
- Klammerpaare identifizieren 74
- Klasse anlegen 81
- Klassendefinition suchen 71
- Klassen-Informationen 71
- Live Templates 75
- Local History 81
- Methoden-Informationen 71
- Probleme bei der Ausführung 385
- Projektansicht 25
- Projektansicht aktualisieren 135
- Projekte anlegen 18, 383
- Projekte ausführen 384
- Projekte löschen 385
- Projekt in Explorer 26
- Properties-Fenster 386
- Quelldateien laden 56
- Refactoring 78

- Run-Konfigurationen 385
- Surround 75
- Syntaxfehler beseitigen 69
- Syntaxhervorhebung 64
- Verwendungen (Usages) suchen 73
- Wörterbuch 386
- Zeichenkette global suchen 73
- Zeichenkette suchen 73
- Zeilennummern 74

API 9
- Bezug zu Android-Version 15
- Referenz 12

APK-Datei 59, 179
App-Bar 212
AppBar 215
AppCompatDialogFragment 234

Apps
- Activities 21, 23, 29, 50
- Android-Bibliothek 28
- an Gerätekonfiguration anpassen 152
- Anwendungsname 20
- APK-Datei 59
- Application Not Responding-Meldung 54
- bauen (Build) 37
- beenden (finish() 184
- Benutzeroberfläche 85, 118
- Bildschirmseiten 50
- Compile-SDK 21
- deinstallieren 396
- Ereignisse 157
- erstellen (Build) 37
- exportieren 376, 386
- Galerien 107
- Grundgerüst 26
- Hoch- und Querformat 126
- Intents 51
- Komponenten 54
- Launcher Icon 127
- Launcher-Icon ändern 48
- Layout 31
- Layoutdatei 32
- Manifestdatei 58
- mehrsprachig 367
- Minimum SDK-Version 21
- Paket 20, 28, 56
- Portrait/Landscape 126
- Präferenzen 259
- Projekt anlegen 18
- Projektname 20
- Ressourcen 34, 133
- Ressourcendateien 57, 135
- R.java 32, 56, 136, 138
- R-Klasse 32
- Screenshots für die Veröffentlichung 397

- signieren 376
- Strings 34
- strings.xml 34
- Target-SDK 21
- testen, auf Smartphone 45
- testen, im Emulator 38
- veröffentlichen 373
- Views 52
- weitergeben 373
- zeitraubende Operationen 54
- Zugriff auf Dateisystem 260
- Zugriff auf SD-Karte 264

App-Symbol 127
Arbeitsthread 241
ArrayAdapter 365
ART 4
ART Virtual Machine 178
assets 155
AsyncTask 348
- doInBackground() 349
- execute() 348

Attribute, *siehe auch* android 89
- allgemeine 90
- Layoutparameter 96
- Namespace 90
- style 148

Audio
- MediaPlayer 284
- Ressourcen 281
- SoundPool 282
- Töne abspielen 290

AudioTrack 291
Außenabstand (Margin) 99
AVD 390
- einrichten 38

B

Back-Stack 180
- Fragments 226

BaseAdapter 358
- getCount() 359
- getItem() 359
- getView() 358

Bauen 37
Beispiele
- Bildergalerie 357
- Funktionsplotter 209
- Geolokation 331
- Kratzbild 201
- Quiz-App 273
- Reaktions-App 267
- Sensoren 299
- TicTacToe-App 341
- UFO-App 203
- von der Website 410

Benutzeroberfläche 85

Index

Benutzeroberflächen
- Design 118
- erleichterte Bedienbarkeit 121
- Hoch- und Querformat 126
- Layout-Views 95
- Widgets (Steuerelemente) 114

Berechtigungen
- android.permission.ACCESS_COARSE_LOCATION 333
- android.permission.ACCESS_FINE_LOCATION 333
- android.permission.VIBRATE 353

Beschleunigungssensor 305
Bilder 145, 292
- Bildergalerien 357
- Formate 146
- Größe 146
- hineinzeichnen 201
- Hintergrundbilder 111
- laden 200
- per Code laden 292
- zeichnen 203

Bildergalerien 357
Bildschirmdichte 128
Bildschirmseiten 50
- Design 85, 118
- Hierarchie 94
- Hoch- und Querformat 126
- Layout-Views 95
- Portrait/Landscape 126
- View-Elemente 52
- Widgets (Steuerelemente) 114
- Wurzelelement 88
- XML-Code 88

Bitmap 292
BitmapFactory 292
- decodeResource() 292

Breakpoint 402
Broadcast 257
Broadcast Intents 52, 257
Broadcast Receiver 53
Buch-DVD 4
- Beispiele 409

Buch-Material 409
Buch-Website 14
Build (Bauen) 37
Bundle 252 f.
Button 115
- onClick 115
- text 115

C

Calendar 238
Callback 237
Canvas 191
- drawBitmap() 197, 207
- drawCircle() 198
- drawColor() 197
- drawLine() 198
- drawLines() 198
- drawOval() 198
- drawPoints() 198
- drawRect() 198
- drawRGB() 197
- drawRoundRect() 198
- drawText() 198
- fill...() 198
- scale() 198
- translate() 198

CheckBox 115
- checked 115
- isChecked() 115
- text 115

Class-Literal 252
close() (SQLiteDatabase) 319
Color 199
Compile-SDK
- eines Projekts 21
- nachträglich ändern 47

Content Provider 53, 329
ContentValues 321
convert() (Location) 335
create() (MediaPlayer) 284
Cursor 322
- getCount() 322
- getInt() 323
- getString() 323
- moveToFirst() 323

D

Dalvik 4
Dalvik Virtual Machine 178
Dateien 260
- assets 155
- auf SD-Karte 264
- lesen 261
- Ressourcen 264
- schreiben 261
- Textdateien 262

Daten 259
- als Preferences speichern 259
- Persistenz 259

Datenbanken
- als Ressourcen 319
- anlegen 316
- Datensatz 315
- Datensätze aktualisieren 324
- Datensätze einfügen 321
- Datensätze lesen 322
- Datensätze löschen 324
- Fremdschlüssel 316
- Groß- und Kleinschreibung 319
- öffnen 316
- Primärschlüssel 316, 318
- relationale 315
- schließen 319
- SQL 316
- SQLite 315
- Treiber 316

DatePickerDialog 237
Datum, Auswahl über Dialog 237
DDMS 396
Debugging
- ADM 396
- Debugger 401
- Haltepunkte 403
- Logausgabe 184
- starten 401
- Variablen inspizieren 404

decodeResource() (BitmapFactory) 292
delete() (SQLiteDatabase) 324
Designer
- Endgeräte simulieren 95
- UI-Elemente ausrichten 92
- UI-Elemente konfigurieren 94
- UI-Hierarchie 94

Dialog 233
Dialoge 233
- AlertDialog 235
- anzeigen 235
- eigene 242
- erzeugen 234

DialogFragment 224, 234
- getActivity() 235
- onCreateDialog() 234
- onCreateView() 234

distanceBetween() (Location) 335
distanceTo() (Location) 335
doInBackground() (AsyncTask) 349
DPAD 121, 392
Drawable 192
drawBitmap() (Canvas) 197
drawCircle() (Canvas) 198
drawColor() (Canvas) 197, 207
drawLine() (Canvas) 198
drawLines() (Canvas) 198
drawOval() (Canvas) 198
drawPoints() (Canvas) 198
drawRect() (Canvas) 198
drawRGB() (Canvas) 197
drawRoundRect() (Canvas) 198
drawText() (Canvas) 198
drawTextOnPath () (Canvas) 209
DVD, zum Buch 4, 409

E

EditText 115
- getText() 116
- inputType 116
- minLines 115

- password 116
- text 115
Emulator 38, 389
- AVD einrichten 38
- AVD-Gerät 390
- Hoch- und Querformat 127
- SD-Karte 390
- Startoptionen 393
- zurücksetzen 394
encode() (Uri) 286
Environment 266
Erdanziehung 306
Ereignisse 157
- Activity-Klasse 166
- anonyme Listener-Klassen 165
- anonyme Listener-Objekte 166
- Behandlungscode einrichten 158
- Gesten 174
- Klickereignisse 158
- Listener-Interfaces 158, 161 f.
- Listener-Methoden
  implementieren 159
- Listener-Objekt registrieren 159
- Menüs 221
- Multi-Touch 172
- OnClickListener 158, 161
- OnDragListener 161
- OnFocusChangeListener 162
- OnKeyListener 162
- OnLongClickListener 162
- OnTouchListener 162, 168
- Sender ermitteln 167
- Spinner 366
- Tastaturereignisse 207
- Tippereignisse 168
- View-Parameter 167
- Wischereignisse 170
Erstellen 37
execSql() (SQLiteDatabase) 318
execute() (AsyncTask) 348
Exportieren
- Apps 386
externer Speicher 260

F

Farben 109, 141, 199
Fehlermeldungen
- beheben 38
FileInputStream 261
fileList() (Activity) 263
FileOutputStream 261
fill...() (Canvas) 198
fill_parent 97
Filter 306
- Hochpass 308
- Tiefpass 307
findViewById() (Activity) 130

finish() (Activity) 184, 256
Fokus
- Views 121
Folding 65
Fotos 295
Fragment 224
FragmentManager 225
Fragments 53, 223
- Back-Stack 226
FragmentTransaction 226
FrameLayout 108

G

Geokoordinaten
- dezimal 334
- sexagesimal 334
Geolokation 331
- Daten empfangen 332
- Empfänger abmelden 333
- GPS 331
- Netzwerk 331
- Provider 331
- Verfügbarkeit 331
Gesten 174
getAccuracy() (Location) 340
getAction() (MotionEvent) 169
getActivity() (DialogFragment) 235
getAltitude() (Location) 335
getBearing() (Location) 335
getCount() (BaseAdapter) 359
getCount() (Cursor) 322
getExternalStorageDirectory()
  (Environment) 266
getFilesDir() (Activity) 263
getInt() (Cursor) 323
getIntent() (Activity) 253
getItem() (BaseAdapter) 359
getItemId() (MenuItem) 221
getLatitude() (Location) 334
getLongitude() (Location) 334
getMenuInfo() (MenuItem) 222
getReadableDatabase()
  (SQLiteOpenHelper) 317
getResources() (Activity) 139
getSensorList() (SensorManager)
  301
getSpeed() (Location) 335
getString() (Cursor) 323
getSystemService() (Activity) 301
getText() (EditText) 116
getTime() (Location) 334
getView() (BaseAdapter) 358
getWritableDatabase()
  (SQLiteOpenHelper) 317
getX() (MotionEvent) 171
getY() (MotionEvent) 171
Gliederung 65

Google Play 373
GPS 331
GPX 338
Gradientenfüllung 209
Grafik 191
- Bilder zeichnen 203
- Canvas 191
- Farben 199
- Füllung 199
- Koordinaten 199
- onDraw() 191, 195
- Sprites 203
- Umrisse 199
- Zeichenwerkzeuge 192
- zeichnen 196
Gravitation
- Somigliana 306
- Vektor ermitteln 309
Gravity (LinearLayout) 100
GridLayout 105
- columnCount 105
- rowCount 105
GridView 107, 357
- layout_columnWidth 108
- layout_gravity 108
- layout_horizontalSpacing 108
- layout_numColumns 108
- layout_stretchMode 108
- layout_verticalSpacing 108
Größenangaben 98, 140
Groß- und Kleinschreibung
- Datenbanken 319
- Klassennamen 29
GUI
- *siehe* Benutzeroberflächen

H

Haltepunkte 402
Handler 244, 354
- handleMessage() 356
- sendMessage() 355
- sendMessageDelayed() 356
hasAccuracy() (Location) 340
HAXM 42
Hierarchy Viewer 112
Hintergrund 109
Hintergrundbilder 111
Hochpass 308

I

Icon-Menü 211
ID 32
IDE 3
ImageButton 116
- contentDescription 116

- onClick() 116
- src 116
ImageView 116
- contentDescription 116
- scaleType 116
- setImageBitmap() 292
- setImageResource() 292
- src 116
import 28
Importieren
- Klassen 28
- Projekte 385
Innenabstand (Padding) 90
insert() (SQLiteDatabase) 321
Installation
- Android Studio 5
- JDK (Java) 4
Intent (Klasse) 248
Intents 51, 247
- Action 248
- Broadcast Intents 52, 257
- Bundle-Daten 251, 253
- Category 248
- Component 248
- Data 248
- Daten auslesen 253
- empfangen 253
- erzeugen 251
- explizite 249
- Extras 248
- implizite 249
- Intent-Filter 249
- senden 252
- Start-Activity 250
- zusätzliche Daten mitgeben 251
interner Speicher 260
isChecked() (CheckBox) 115
isProviderEnabled()
    (LocationManager) 332

J

jarsigner 376
Java
- JDK 4
- JRE 4
Java-Tutorium 409
JDK (Java) 4
- Installation 4
JRE (Java) 4

K

Kamera 295
keystore 376
KillableAfter-Flag 182
Klassen

- importieren 28
- Namen 29
Klickereignisse 158
Kontextmenüs 211, 217
Koordinaten, Grafik 199

L

Lagesensor 309
Launcher-Icon ändern 48
Layout 85
- Design-Ansicht 92
- GridLayout 105
- LinearLayout 100
- RelativeLayout 101
- TableLayout 104
Layoutdateien
- selbst definierte View-Klassen 193
- XML-Code 88
Layout-Designer 88, 92
Layoutparameter, allg. 96
- layout_height 97
- layout_marginBottom 99
- layout_marginLeft 99
- layout_marginRight 99
- layout_marginTop 99
- layout_width 97
Layouts 31, 146
- Attribute 89
- Designrichtlinien 118
- Größenangaben 98
- Hierarchie 94
- Hoch- und Querformat 126
- IDs zuweisen 129
- im Hierarchy Viewer 112
- laden 128
- per Code 31
- per XML 31
- Portrait / Landscape 126
- setContentView() 32
- Stile 148
- XML-Code 88
- XML-Dateien 32
Layout-Views 53, 95
- FrameLayout 108
- GridView 107
Lebenszyklus, App 179
LIFO-Prinzip 180
LinearGradient 209
LinearLayout 100
- gravity 100
- layout_gravity 101
- layout_weight 101
- orientation 100
Listener-Interfaces 158, 161 f.
Listenfelder 364
ListFragment 224, 229

ListView 325
load() (SoundPool) 283
Location
- convert() 335
- distanceBetween() 335
- distanceTo() 335
- getAccuracy() 340
- getAltitude() 335
- getBearing() 335
- getLatitude() 334
- getLongitude() 334
- getSpeed() 335
- getTime() 334
- hasAccuracy() 340
LocationListener 332
- onLocationChanged() 334
LocationManager 331
- isProviderEnabled() 332
- removeUpdates() 333
- requestLocationUpdates() 333
Log 184
Logging 184, 398
Lösungen
- zu den Übungen 411

M

makeText() (Toast) 244
Manifestdatei 58
- Activities eintragen 255
- Berechtigungen (Permissions) 286
Margin (Außenabstand) 99, 119
Market Place 373
match_parent 97
Material zum Buch 409
MediaController 293
MediaPlayer 284
- Audiodateien abspielen 285
- Audiodateien aus dem Internet abspielen 285
- Audioressourcen abspielen 284
- create() 284
- Endlosschleife 290
- pause() 285
- prepare() 288
- release() 289
- setDataSource() 288
- setLooping() 290
- start() 285
- stop() 285
- Systemressourcen freigeben 289
- wiederverwenden 287
MediaStore 296
Mehrsprachigkeit 144, 367
Menüeinträge ActionBar 215
MenuInflater 216
MenuItem 221
- getItemId() 221

- getMenuInfo() 222
MenuItem.OnMenuItemClickListener 222
Menüs 211
- Action-Menü 212
- Ereignisbehandlung 221
- Kontextmenüs 211, 217
- MenuInflater 216
- Optionen-Menü 211, 216
- Popup-Menü 212, 219
- Ressourcen 147, 213
- Submenüs 211
- Untermenüs 211, 220
Methoden
- Callback 237
- überschreiben 186
Minimum SDK-Version 21
MotionEvent 169
- ACTION_DOWN 169
- ACTION_MOVE 169
- ACTION_POINTER_DOWN 172
- ACTION_POINTER_UP 172
- ACTION_UP 169
- getAction() 169
- getX() 171
- getY() 171
moveToFirst() (Cursor) 323
Multimedia 281
- Audiodateien 284
- Bilder 292
- Fotos 295
- Kamera 295
- Ressourcen 147
- Soundeffekte 282
- Video 293
- Videos 295
Multi-Touch 172

O

onClick() (ImageButton) 116
OnClickListener 158, 161
- onClick() 158, 161
onClick() (OnClickListener) 158, 161
onClick() (RadioButton) 117
onClick() (ToggleButton) 118
onClose() (SQLiteOpenHelper) 319
OnCompletionListener 286
- onCompletion() 286
onContextItemSelected() (Activity) 221
onCreate() (Activity) 30
onCreateContextMenu() (Activity) 218
onCreateDialog() (Activity) 234
onCreateDialog() (DialogFragment) 234

onCreateOptionsMenu() (Activity) 215 f.
onCreate() (SQLiteOpenHelper) 317
onCreateView() (DialogFragment) 234
OnDragListener 161
- onDrag() 161
onDraw() (View) 191, 195
OnFocusChangeListener 162
- onFocusChange() 162
OnItemClickListener 362
- onItemClick() 362
OnItemSelectedListener 366
- onItemSelected() 366
- onNothingSelected() 366
onKeyDown() (View) 207
OnKeyListener 162, 298
- onKey() 162
OnLoadCompleteListener 283
- onLoadComplete() 283
onLocationChanged() (LocationListener) 334
OnLongClickListener 162
- onLongClick() 162
onOptionsItemSelected() (Activity) 221
onSensorChanged() (SensorEventListener) 302 f.
onTouchEvent() (View) 172
OnTouchListener 162, 168
- onTouch() 162, 168
onTouch() (Switch) 117
onUpgrade() (SQLiteOpenHelper) 319
openFileInput() (Activity) 261
openFileOutput() (Activity) 261
Optionen-Menü 211, 216
Overflow-Menü 215

P

package 28
PackageManager 257
Padding (Innenabstand) 90, 119
Paint 192
- setAlpha() 209
- setColor() 196
- setStrokeWidth() 196
- setStyle() 199
Pakete 20, 28, 56
parse() (Uri) 286
Path 209
pause() (MediaPlayer) 285
Permission
- READ_EXTERNAL_STORAGE 265
- WRITE_EXTERNAL_STORAGE 265
Permissions 265
Plattformen (Android) 10

play() (SoundPool) 284
Pointer 172
PointerCoords 172
Popup-Menü 212, 219
postInvalidate() (View) 271
Preferences 259
prepare() (MediaPlayer) 288
ProgressBar 116
- max 116
- progress 116
- style 116
ProgressDialog 240
Projekte
- anlegen 18
- auf der Festplatte 25
- Dateien 55
- Grundgerüst 26
- Projektverzeichnis 25
- Wizards 18
Properties 94

Q

query() (SQLiteDatabase) 322
Quiz-App 273

R

RadioButton 117
- checked 117
- onClick() 117
- text 117
RadioGroup 117
- checkedButton 117
- orientation 117
random() (Math) 330
Reaktions-App 267
RectF 199
Referenz, der Android-API 12
registerForContextMenu() (Activity) 218
register() (Sensor) 302
RelativeLayout 101
- layout_above 103
- layout_align... 103
- layout_below 103
- layout_center... 103
- layout_toLeftOf 103
- layout_toRightOf 103
release() (MediaPlayer) 289
removeUpdates() (LocationManager) 333
requestLocationUpdates() (LocationManager) 333
Ressourcen 34, 133
- als Objekte laden 139

- alternative Ressourcenversionen 152
- an Attribute zuweisen 137
- anlegen 134
- an View-Eigenschaften zuweisen 136
- Audiodateien 281
- Bilder 145
- Dateien 264
- Dateinamen 135
- Datenbanken 319
- entfernen 140
- Farben 141
- Format 134
- Größenangaben 140
- im Code 139
- Layouts 146
- Lokalisierung 144
- Mehrsprachigkeit 367
- Menüs 147, 213
- Multimedia 147
- Rohdaten 147
- Speicherort 135
- Stile 148
- Strings 142
- verwenden 136
- Videodateien 281
- XML-Drawable 145
Ressourcendateien 135
R.java 32, 56, 136, 138
R-Klasse 32
Rohdaten 147
Root-Activity 180
Run-Konfigurationen 385

S

scale() (Canvas) 198
Schlüssel 375
SDK
- für Android 3, 9
- Version 21
SD-Karte
- Emulator 390
- Test auf Existenz 266
- Zugriff 264
sendMessageDelayed() (Handler) 356
sendMessage() (Handler) 355
Sensor 300, 302
- register() 302
- Typen-Konstanten 299 f.
Sensoren 299
- bei Sensor registrieren 302
- Beschleunigungssensor 305
- Daten auslesen 303
- Filter 306
- Lagesensor 309

- Sensortypen 299 f.
- verfügbare Sensoren 300
- Werte 304
SensorEvent 300, 304
SensorEventListener 300, 302
- onSensorChanged() 302 f.
SensorManager 300 f.
- getDefaultSensor() 301
- getSensorList() 301
Services 53
setAlpha() (Paint) 209
setColor() (Paint) 196
setContentView() (Activity) 30, 32, 128
setDataSource() (MediaPlayer) 288
setGravity() (Toast) 244
setImageBitmap() (ImageView) 292
setImageResource() (ImageView) 292
setLooping() (MediaPlayer) 290
setStrokeWidth() (Paint) 196
setStyle() (Paint) 199
SharedPreferences 259
show() (Toast) 244
Signieren 375
SimpleCursorAdapter 325
Somigliana 306
Sound 281
- Audiodateien 284
- MediaPlayer 284
- Soundeffekte 282
- SoundPool 282
- Töne 290
SoundPool 282
- load() 283
- play() 284
Spinner 117, 364
- Ereignisbehandlung 366
- konfigurieren 364
- mit Daten füllen 365
- onItemSelected 117
- prompt 117
Sprites 203
SQL 316
SQLiteDatabase 317
- close() 319
- delete() 324
- execSql() 318
- insert() 321
- query() 322
- update() 324
SQLiteOpenHelper 316
- getReadableDatabase() 317
- getWritableDatabase() 317
- onClose() 319
- onCreate() 317
- onUpgrade() 319
Start-Activity 58

startActivity() (Activity) 252
startActivityForResult() (Activity) 268
start() (MediaPlayer) 285
startTone() (ToneGenerator) 290
StatFs 267
Stile 148
- an Activities zuweisen 151
- an Views zuweisen 148
- definieren 148
- parent-Attribut 151
- Themes 151
- Vererbung 150
stop() (MediaPlayer) 285
stopTone() (ToneGenerator) 291
Strings 34, 142
- in Ressourcen verwandeln 34
strings.xml 34
style-Attribut 148
Switch 117
- checked 117
- onTouch() 117
- text 117
- textOff 117
- textOn 117
Syntaxhervorhebung 64

T

TableLayout 104
TableRow 104
Target-SDK
- eines Projekts 21
- nachträglich ändern 47
Task 180
Tastaturereignisse 207
Testen
- auf Smartphone 45
- im Emulator 38
TextView 118
- text 118
- textSize 118
- textStyle 118
- typeface 118
Themes 151
Threads 241, 270
TicTacToe-App 341
Tiefpass 307
TimePickerDialog 237 f.
Timer 83
TimerTask 83
Tippereignisse 168
Toast 244
- makeText() 244
- setGravity() 244
- show() 244
Toasts 158, 244
ToggleButton 118

- checked 118
- onClick() 118
- textOff 118
- textOn 118
ToneGenerator 290
- startTone() 290
- stopTone() 291
Tools
- jarsigner 376
- keystore 376
translate() (Canvas) 198

U

UFO-App 203
UI *siehe* Benutzeroberflächen
UI-Elemente 114
Untermenüs 211, 220
update() (SQLiteDatabase) 324
Uri 285
- encode() 286
- parse() 286
USB-Debugging einstellen 45

V

Veröffentlichung 373
- Screenshots der App 397
Vibrator 353
- vibrate() 353
Vibrieren 353
Video 281

- MediaPlayer 293
- Ressourcen 281
Videos 295
VideoView 293
View 85
- eigene View-Klassen erzeugen 193
- eigene View-Klassen in XML 193
- onDraw() 191
- onKeyDown() 207
- onTouchEvent() 172
- postInvalidate() 271
ViewGroup 85
- addView() 195
- Layoutparameter 96
- Layoutregeln 96
ViewGroups 53, 99
Views 52
- Attribute 89
- Drehung 90
- Eigenschaften 94
- Fokussierbarkeit 121
- Hierarchie 94
- Hintergrund 90, 109
- Hintergrundbild 111
- Hintergrundfarbe 109
- ID 90
- Innenabstand (Padding) 90
- Kontextmenüs 217
- Layout-Views 53, 95
- mit ID verbinden 129
- Sichtbarkeit 90
- Transparenz 90

- ViewGroups (Container) 53, 99
- Widgets 53, 114
- Zeichenflächen 53
- zeichnen 191
- Zugriff in Code 130

W

Website, zu Buch 14
WebView 118
WebViewFragment 224
Widgets 53, 114
Wischereignisse 170
Wizards 18
wrap_content 97

X

XML-Drawable 145
xml-Layouts 32

Z

Zeichenflächen 53
Zeichnen 196
Zeit, Auswahl über Dialog 238
Zertifikat, digitales 375
Zoomen 174
Zufallsgenerator 271
Zugriffsrechte 265
Zurück-Taste 120

HANSER

Programmieren lernen mit C++

Breymann
C++
eine Einführung
398 Seiten. Inklusive E-Book
€ 10,–. ISBN 978-3-446-44637-3

Auch einzeln als E-Book erhältlich
€ 7,99. E-Book-ISBN 978-3-446-44912-1

- Das gesamte C++-Grundwissen im praktischen Taschenbuchformat
- Vom ersten einfachen Programm bis zu komplexen Anwendungen
- Sämtliche Grundlagen (Klassen, Vererbung, Polymorphie, Templates usw.) kurz und übersichtlich dargestellt
- Topaktuell: entspricht dem ISO-Standard 2014
- Enthält einfache Computerspiele als nachvollziehbare Beispiele
- Mit zahlreichen Übungen zur Lernkontrolle

Mehr Informationen finden Sie unter **www.hanser-fachbuch.de**

HANSER

That's just unreal!

Richartz

Spiele entwickeln mit Unreal Engine 4
Programmierung mit Blueprints,
Grundlagen & fortgeschrittene Techniken
440 Seiten. Komplett in Farbe
€ 39,99. ISBN 978-3-446-44635-9

Auch als E-Book erhältlich
€ 31,99. E-Book-ISBN 978-3-446-44806-3

Dieses Buch bietet Ihnen einen profunden Einstieg in die Welt der Spieleentwicklung mit Unreal Engine 4. Umfassend lernen Sie das Arbeiten mit der Engine, die visuelle Programmierung mit Blueprints und viele weitere Aspekte der Spieleentwicklung. Sie werden sehen, dass Sie alles, was Sie sich vorstellen, auch umsetzen können.

Viele kleinere Beispiele und Aufgaben zwischendurch helfen Ihnen, das Gelernte umsetzen und evaluieren zu können. Auf der Website zum Buch finden Sie das Spiel, sämtliche Projektdateien des Spiels sowie Videotutorials.

Mehr Informationen finden Sie unter **www.hanser-fachbuch.de**